Los 300 Mejores Consejos para Destacar y Dominar las Ventas en Redes Sociales

Carlos Martínez Correa

Prólogo

Bienvenido al viaje definitivo para destacar y dominar las ventas en redes sociales.

Las redes sociales son un campo de batalla donde la atención del público es el trofeo más codiciado. En un mundo donde millones de publicaciones compiten cada segundo, este libro te ofrece la ventaja decisiva para destacar, conectar y triunfar. No importa si eres un emprendedor, creador de contenido o profesional del marketing, aquí encontrarás los secretos de los mejores vendedores y comunicadores efectivos en redes sociales.

Pero esto no es solo un manual de técnicas. Este libro es una obra creada con meticulosa dedicación, diseñada para inspirarte y llevarte al siguiente nivel. Cada consejo que leerás está formulado no solo para informarte, sino para transformar tu forma de comunicarte y hacerte sentir que hablas directamente al corazón de tu audiencia.

Los 300 consejos que componen esta obra están estructurados en bloques temáticos cuidadosamente seleccionados para que avances paso a paso, desde los fundamentos más esenciales hasta estrategias avanzadas de impacto visual, fidelización, y viralidad. Cada capítulo representa una herramienta imprescindible en tu arsenal como vendedor en redes sociales.

Prepárate para descubrir cómo los principios de la psicología, la creatividad, la persuasión y la innovación se fusionan para transformar publicaciones ordinarias en imanes irresistibles de atención y conversión. Más que un libro, este es tu socio estratégico en el camino hacia el éxito digital.

Estás a punto de convertirte en un maestro de la comunicación digital. Así que abre las páginas, deja que estas palabras te desafíen y te inspiren, y recuerda que el éxito en redes sociales no es solo una cuestión de estrategias, sino de conectar de verdad con las personas; con autenticidad y ofreciéndoles lo mejor.

El final del libro incluye una pequeña guía de regalo con **Las 12 Llaves de Oro que te Abrirán las Puertas de la Comunicación Efectiva**.

Sobre el Autor

Carlos Martínez Correa: El Alquimista de las Palabras y las Redes

El Guerrero Redefinido en Comunicación y ventas

Desde Cádiz hasta los rincones más profundos del mundo digital, Carlos Martínez Correa ha transformado vidas a través de su conocimiento, empatía y pasión por comunicar. Escritor independiente, visionario y mentor autodidacta, Carlos ha dedicado más de 15.000 horas a profundizar en disciplinas tan diversas como la alimentación consciente, psicología, espiritualidad, buenos hábitos de vida... (desarrollo personal en todos sus ámbitos), dominando todos esos campos. Este bagaje multifacético lo convierte en una figura única al adentrarse en el universo de la comunicación efectiva y las ventas creando una experiencia inigualable con este libro.

El Arte de Vender y Conectar

Carlos no solo estudia; su vida es un reflejo de lo que enseña. Desde dirigir un herbolario en su ciudad y dar a sus clientes incontables recomendaciones hasta trasladar su conocimiento al vasto mundo digital, ha ayudado a miles de personas a cuidar su salud, su bienestar y ahora, sus ingresos. Con un enfoque integral que une ciencia, empatía y estrategia, Carlos ha perfeccionado el arte de convertir ideas complejas en acciones simples y efectivas. Su misión en este libro es clara: empoderar a personas de todas las edades para que dominen las redes sociales y construyan un futuro próspero.

Un Viaje de Superación y Propósito

El camino no ha sido fácil. Desde enfrentar fracasos en negocios hasta reinventarse tras tocar fondo, su historia está marcada por el coraje, la resiliencia y el aprendizaje constante.

Carlos emerge con una perspectiva renovada sobre la autenticidad, la perseverancia y el éxito. Su enfoque se basa en la premisa de que todos podemos lograr la abundancia si aportamos un valor genuino al mundo. **Realmente importas con lo que aportas;** cuanto más útil eres, más valioso te vuelves también.

La Voz de un Mentor para la Nueva Era de la Consciencia Humana

Carlos es más que un escritor o divulgador; es un guía que entiende las necesidades reales de quienes buscan transformar sus vidas. En este libro, comparte herramientas prácticas y consejos que han sido probados y perfeccionados por incontables personas, siendo el mismo un experimento perfecto como consumidor de productos de redes sociales que ahora entiende a la perfección cómo ha sido atraído a cada uno de ellos. Su visión es sencilla pero poderosa: en un mundo donde principalmente las redes sociales son la mayor oportunidad que jamás ha existido en la historia para prosperar, **la educación y la acción** son la clave para triunfar y muchos, como yo, agradecen el valor que tantos ofrecen.

"Si crees en ti, ya tienes la mitad del camino recorrido"

Con una mezcla perfecta de sabiduría, humanidad y estrategia, Carlos invita a los lectores a unirse a su visión. Este libro es más que una guía; es una experiencia transformadora que te llevará de ser un simple usuario de redes sociales a un maestro de la persuasión y las ventas.

Agradecimientos

Este libro no sería posible sin las personas que me han inspirado, apoyado y acompañado en este camino.

A ti, querido lector, por confiar en estas páginas como una guía hacia tu éxito. Espero que cada consejo aquí contenido te acerque un poco más a tus metas.

A mis hijos Yara y Karim por su inigualable apoyo y por recordarme cada día la importancia de soñar en grande. Gracias por vuestra comprensión e inspirarme a ser mejor en cada paso del camino.

A mi familia (sobre todo a Rocío), por su infinita paciencia, por creer en mí incluso cuando el camino se hacía cuesta arriba, y por estar siempre ahí como mi base y mi refugio. Este logro también es vuestro.

Y finalmente, **a todos los maestros, colegas y amigos** que me han enseñado que en la comunicación efectiva reside el poder de transformar realidades.

Introducción

¿Qué hace que algunos mensajes se queden grabados en nuestra memoria mientras otros se pierden en el ruido? La respuesta está en la forma en que conectamos emocionalmente con las personas.

Las redes sociales son mucho más que un espacio para vender productos; son una plataforma para compartir historias, emociones y experiencias. En este libro, aprenderás a dominar el arte de comunicar de manera efectiva, captando no solo la atención, sino también los corazones de tu audiencia.

Estás a punto de embarcarte en una aventura que cambiará tu manera de vender y comunicar para siempre. ¿Listo para desatar tu potencial? ¡Tu éxito comienza aquí!

¿Cómo está estructurado este libro?

Cada bloque representa un paso en tu evolución como comunicador digital, comenzando desde los fundamentos más esenciales y avanzando hacia estrategias más sofisticadas y de alto nivel. Finalmente, encontrarás como bonus extra una guía muy útil de comunicación efectiva.

1. **Cimientos Infalibles** *(Bloque 1)*: Aprende a construir una base sólida para tu presencia en redes sociales.
2. **Comunicación Emocional** *(Bloque 2)*: Aprende a conectar y persuadir con mensajes que emocionen.
3. **Conquista de Audiencias y Segmentación Precisa** *(Bloque 3)*: Llega a las personas correctas con mensajes personalizados y efectivos.
4. **Creatividad Imparable** *(Bloque 4)*: Descubre cómo deslumbrar con ideas únicas que capturan la atención.
5. **Conexión Humana** *(Bloque 5)*: Aprende a conectar de manera auténtica y significativa.
6. **Impacto Visual** *(Bloque 6)*: Descubre cómo el diseño puede ser tu mejor aliado.

7. **Estrategias de Personalización y Conexión Directa** *(Bloque 7)*: Crea relaciones únicas y auténticas con tu audiencia.
8. **Construcción de Autoridad y Credibilidad** *(Bloque 8)*: Posiciónate como un líder confiable en tu nicho.
9. **Psicología Aplicada para Impacto Profundo** *(Bloque 9)*: Conecta emocionalmente con tu audiencia utilizando estrategias psicológicas.
10. **Persuasión y Conversión** *(Bloque 10)*: Domina las técnicas para convertir interacciones en ventas.
11. **Estrategias de Conversión y Monetización** *(Bloque 11)*: Transforma tus interacciones en resultados tangibles.
12. **Fidelización y Creación de Comunidades Exclusivas** *(Bloque 12)*: Convierte seguidores en defensores leales de tu marca.
13. **Gestión de Crisis y Reputación Digital** *(Bloque 13)*: Resuelve conflictos y protege la imagen de tu marca.
14. **Estrategias de Viralidad y Crecimiento Orgánico** *(Bloque 14)*: Potencia tu contenido para llegar a audiencias masivas.
15. **Contenido Viral y Estrategias de Tendencias** *(Bloque 15)*: Usa tendencias para potenciar tu alcance y relevancia.
16. **Optimización Constante y Estrategias Basadas en Datos** *(Bloque 16)*: Usa datos y métricas para mejorar continuamente.
17. **Automatización y Optimización Estratégica** *(Bloque 17)*: Implementa herramientas digitales para hacer más eficiente tu estrategia.
18. **Comunicación Visual y Diseño Impactante** *(Bloque 18)*: Impresiona con un diseño visual que capture la atención.
19. **Estrategias de Crecimiento Sin Límites** *(Bloque 19)*: Estrategias para ampliar tu alcance de manera exponencial.
20. **Innovación Constante y Evolución de tu Marca** *(Bloque 20)*: Mantén tu estrategia fresca y relevante para liderar el mercado.
21. **Bonus Extra: Las 12 Llaves de Oro que te Abrirán las Puertas de la Comunicación Efectiva** (*Bloque Extra*): Una guía extraordinaria para perfeccionar tus habilidades de comunicación.

Índice:

Bloque 1: "Cimientos Infalibles para una Presencia Poderosa"

Bloque 2: "Comunicación Emocional para Conectar y Persuadir"

24. Lanza Dinámicas Que Inviten a Compartir Experiencias Personales. *(68)*
25. Publica Contenidos Inspirados en Momentos de Solidaridad. *(70)*
26. Diseña Campañas Basadas en la Resiliencia de Tu Marca. *(72)*
27. Lanza Encuestas Que Reflejen el Impacto de Tu Comunicación. *(73)*
28. Genera Historias Basadas en Logros Humanitarios Reales. *(75)*
29. Publica Retos Que Inviten a Tu Comunidad a Inspirarse. *(77)*
30. Diseña Contenidos Que Resalten el Impacto de las Relaciones Humanas. *(78)*

Bloque 3: "Conquista de Audiencias y Segmentación Precisa"

31. Realiza Encuestas Segmentadas para Conocer a Tu Público. *(81)*
32. Diseña Contenidos Basados en Hábitos Específicos de Tu Nicho. *(83)*
33. Lanza Campañas Exclusivas para Grupos Demográficos Clave. *(84)*
34. Publica Contenidos Adaptados a Diferentes Idiomas y Culturas. *(86)*
35. Crea Encuestas Que Identifiquen Necesidades Emergentes. *(88)*
36. Publica Retos Temáticos Exclusivos para Subnichos. *(90)*
37. Diseña Estrategias Basadas en Horarios de Mayor Consumo. *(92)*
38. Lanza Dinámicas Que Fomenten la Inclusión de Todos los Grupos. *(93)*
39. Publica Historias Que Resalten el Valor de Tu Diversidad. *(95)*
40. Genera Contenidos Que Representen Necesidades Locales. *(97)*
41. Lanza Campañas Centradas en Intereses Específicos del Cliente Ideal. *(98)*
42. Diseña Retos Basados en Problemas Comunes Segmentados. *(100)*
43. Publica Contenidos Adaptados a las Prioridades de Tu Público. *(102)*
44. Lanza Encuestas para Conocer Barreras Comunes de Entrada. *(104)*
45. Crea Historias Visuales Que Destaquen Experiencias Segmentadas. *(106)*

Bloque 4: "Creatividad Imparable para Deslumbrar y Capturar"

Bloque 5: "Conexión Humana y Mensajes Memorables"

Bloque 6: "Impacto Visual y Experiencias Únicas"

Bloque 7: "Estrategias de Personalización y Conexión Directa"

Bloque 8: "Construcción de Autoridad y Credibilidad"

Bloque 9: "Psicología Aplicada para Impacto Profundo"

Bloque 10: "Persuasión y Conversión al Más Alto Nivel"

Bloque 11: "Estrategias de Conversión y Monetización"

Bloque 12: "Fidelización y Creación de Comunidades Exclusivas"

Bloque 13: "Gestión de Crisis y Reputación Digital"

Bloque 14: "Estrategias de Viralidad y Crecimiento Orgánico"

196. Publica Contenidos Inspirados en Momentos Memorables de Cultura Pop. *(377)*
197. Lanza Retos Que Inviten a Participar Masivamente. *(379)*
198. Crea Campañas Basadas en Noticias Virales Relevantes. *(381)*
199. Diseña Encuestas Que Inviten a Predecir Tendencias Futuras. *(382)*
200. Publica Videos Que Reflejen Transformaciones Inspiradoras. *(384)*
201. Lanza Dinámicas Basadas en Competencias Amistosas. *(386)*
202. Publica Historias Inspiradas en la Superación Personal. *(388)*
203. Diseña Retos en Pareja para Incrementar la Interacción. *(389)*
204. Lanza Contenidos que Representen Celebraciones Internacionales. *(391)*
205. Publica Videos en Formato Meme para Conectar con Audiencias Jóvenes. *(393)*
206. Diseña Contenidos Virales Basados en la Nostalgia. *(395)*
207. Publica Historias Basadas en Iconos Culturales Actuales. *(396)*
208. Lanza Encuestas Relacionadas con Cambios Sociales Actuales. *(398)*
209. Crea Dinámicas Basadas en Experiencias de Multitudes. *(400)*
210. Diseña Videos Cortos con Historias Impactantes. *(402)*

Bloque 15: "Contenido Viral y Estrategias de Tendencias"

211. Publica Videos Cortos Inspirados en Noticias Relevantes. *(404)*
212. Diseña Retos Basados en Desafíos Virales de tu Industria. *(405)*
213. Genera Historias Inspiradas en Eventos Globales Populares. *(407)*
214. Publica Comparaciones Visuales Basadas en Tendencias Actuales. *(409)*
215. Diseña Campañas Inspiradas en Memes Populares. *(411)*
216. Lanza Encuestas sobre Opiniones de Eventos en Tendencia. *(413)*
217. Genera Videos Basados en Reacciones y Respuestas Creativas. *(415)*
218. Publica Historias que Resalten Cambios Clave en el Entorno Social. *(416)*
219. Diseña Contenidos que Resuman Momentos Virales en tu Nicho. *(418)*

220. Lanza Dinámicas Basadas en Predicciones de Futuras Tendencias. *(420)*
221. Publica Retos que Inviten a tu Audiencia a Participar en Movimientos Actuales. *(421)*
222. Genera Historias Visuales Inspiradas en Iconos Populares. *(423)*
223. Diseña Encuestas sobre Expectativas Futuras en el Mercado. *(425)*
224. Publica Historias Basadas en la Adaptación a Nuevas Tendencias. *(427)*
225. Lanza Campañas Basadas en Temas de Interés Cultural Global. *(429)*

Bloque 16: "Optimización Constante y Estrategias Basadas en Datos"

226. Realiza Análisis de Métricas para Ajustar Tu Contenido. *(431)*
227. Diseña Campañas Basadas en Resultados de Pruebas A/B. *(433)*
228. Publica Informes Visuales Que Destaquen Resultados Clave. *(435)*
229. Lanza Retos Basados en Métricas de Crecimiento. *(436)*
230. Publica Comparaciones Visuales Basadas en Tendencias. *(438)*
231. Diseña Encuestas para Explorar la Percepción de Tu Marca. *(440)*
232. Genera Reportes Visuales Basados en Resultados Tangibles. *(441)*
233. Publica Retos que Midan el Impacto de Tu Contenido en Tiempo Real. *(443)*
234. Diseña Campañas Basadas en Resultados de Encuestas Relevantes. *(445)*
235. Publica Historias Basadas en el Análisis de Feedback Recibido. *(447)*
236. Lanza Encuestas Que Identifiquen Áreas de Mejora. *(449)*
237. Diseña Contenidos Basados en Expectativas de Crecimiento. *(450)*
238. Genera Campañas Basadas en Objetivos Claros de Conversión. *(452)*
239. Publica Comparativas Visuales que Representen Cambios. *(454)*
240. Crea Historias Visuales Basadas en Éxitos Medibles. *(456)*

Bloque 17: "Automatización y Optimización Estratégica"

Bloque 18: "Comunicación Visual y Diseño Impactante"

Bloque 19: "Estrategias de Crecimiento Sin Límites"

Bibliografía

Los 300 Mejores Consejos para Destacar y Dominar las Ventas en Redes Sociales

Bloque 1: "Cimientos Infalibles para una Presencia Poderosa"

Consejo 1: Define Tu Nicho con Precisión y Claridad

¿Qué significa?
Definir tu nicho es identificar el área específica del mercado en la que deseas destacarte. No se trata de intentar llegar a todo el mundo, sino de enfocarte en un segmento concreto que valore tus productos o servicios. Al delimitar tu nicho, estás posicionando tu marca como una solución especializada para una necesidad específica.

Por ejemplo, en lugar de vender "ropa deportiva", podrías especializarte en "ropa deportiva para mujeres que practican yoga al aire libre". Esto no solo te diferencia de la competencia, sino que también te permite conectar mejor con un público objetivo y aumentar la probabilidad de conversión.

¿Por qué es importante?
El mercado digital está saturado de ofertas genéricas. Al definir un nicho claro, reduces la competencia directa y mejoras tu capacidad de captar la atención de tu audiencia ideal. Además, te ayuda a diseñar mensajes más personalizados, construir confianza y generar una comunidad leal en torno a tu marca.

Las marcas que no tienen un nicho definido suelen perderse en la multitud, mientras que aquellas que saben a quién sirven se convierten en referentes en su área.

¿Cómo hacerlo?

1. **Analiza tus Pasiones y Habilidades:** Reflexiona sobre lo que te apasiona y en lo que eres experto. Esto te ayudará a identificar un área donde puedas ofrecer valor genuino.
2. **Investiga a tu Audiencia:** Utiliza herramientas como encuestas, grupos de discusión y análisis de datos para descubrir las necesidades, deseos y problemas específicos de tu público potencial.
3. **Estudia a tu Competencia:** Observa qué están haciendo otras marcas en tu área de interés. Identifica sus fortalezas y debilidades, y encuentra un punto diferencial que puedas explotar.
4. **Identifica un Problema Específico:** Define el problema que tu producto o servicio puede resolver mejor que cualquier otra solución disponible en el mercado.
5. **Crea un Perfil de Cliente Ideal:** Detalla las características demográficas, comportamientos, intereses y desafíos de tu audiencia ideal. Esto será la base de todas tus estrategias.

Ejemplo práctico
Supongamos que eres un entrenador personal. En lugar de ofrecer servicios de entrenamiento general, podrías definir tu nicho como: "Entrenamiento para personas mayores de 50 años que buscan mejorar su calidad de vida sin ejercicios extremos".

Con este enfoque, tu comunicación sería algo como:
"Descubre cómo mantenerte activo, fuerte y saludable a los 50 y más con entrenamientos diseñados especialmente para ti."

Este mensaje es más específico y atractivo para ese público que un enfoque genérico.

Consejos Brutales:

1. **Sé Firme con tu Elección:**
   Una vez que elijas un nicho, comprométete. Cambiar de dirección constantemente puede confundir a tu audiencia y diluir tu mensaje.
2. **Adáptate Según los Datos:**
   No temas ajustar tu nicho si descubres que otro segmento responde mejor a tus esfuerzos. Los datos deben guiar tus decisiones.
3. **No Trates de Gustar a Todos:**
   Intentar complacer a una audiencia muy amplia puede diluir tu impacto. Es mejor ser altamente relevante para un grupo pequeño que irrelevante para muchos.

Acción Inmediata:
Tómate 30 minutos para analizar tu mercado y definir un nicho claro. Crea una lista con las características principales de tu público ideal, su problema más urgente y cómo tu marca puede resolverlo de manera única. Luego, revisa tu contenido actual para asegurarte de que esté alineado con ese enfoque.

Consejo 2: Crea un Perfil de Redes Sociales Magnético

¿Qué significa?
Un perfil magnético es una combinación estratégica de elementos visuales, textuales y funcionales que atraen a tu audiencia ideal y la invitan a interactuar contigo. Es el punto de entrada para muchas personas, así que debe reflejar la esencia de tu marca de manera clara, profesional y atractiva.

Desde la foto de perfil hasta la biografía y los enlaces, cada elemento debe comunicar quién eres, qué ofreces y por qué alguien debería seguirte o comprarte. Un perfil bien optimizado no solo atrae seguidores, sino que también convierte visitas en clientes.

¿Por qué es importante?

En redes sociales, la primera impresión cuenta más de lo que imaginas. Un perfil descuidado o genérico puede hacer que pierdas oportunidades valiosas. Por el contrario, un perfil magnético genera confianza, interés y acción inmediata.

Tu perfil es como tu tarjeta de presentación digital. Si está bien diseñado, será una herramienta poderosa para captar la atención de tu audiencia y diferenciarte de la competencia.

¿Cómo hacerlo?

1. **Elige una Foto de Perfil Profesional y Reconocible:**
   Si eres una marca personal, utiliza una foto clara y amigable. Si eres una empresa, usa tu logotipo, pero asegúrate de que sea visualmente atractivo incluso en formatos pequeños.
2. **Escribe una Biografía Poderosa:**
   Usa palabras clave que definan quién eres y qué ofreces. Hazlo breve pero impactante. Por ejemplo:
   "Ayudo a emprendedores a crecer en redes sociales ✒ | Tips de marketing ✏ | Descubre más ✐ ".
3. **Incluye un Llamado a la Acción (CTA):**
   Invita a tu audiencia a realizar una acción específica, como visitar tu sitio web, suscribirse a tu newsletter o comprar un producto. Usa enlaces inteligentes para dirigirlos.
4. **Alinea tu Identidad Visual:**
   Utiliza los mismos colores, fuentes y estilo que en el resto de tus plataformas. Esto refuerza tu marca y hace que seas fácilmente reconocible.
5. **Destaca Contenido Clave:**
   Si la red lo permite (como Instagram con sus historias destacadas), resalta publicaciones o temas que representen lo mejor de tu oferta.
6. **Optimiza para Búsquedas:**
   Usa palabras clave relevantes en tu nombre y biografía para que las personas puedan encontrarte fácilmente cuando busquen productos o servicios relacionados con tu nicho.

7. **Mantén tu Información Actualizada:**
   Asegúrate de que los enlaces funcionen, los números de contacto sean correctos y cualquier promoción esté vigente.

Ejemplo práctico
Imagina que eres un coach de bienestar y tu perfil de Instagram se ve así:

- **Foto de perfil:** Una imagen tuya sonriente en un entorno natural.
- **Biografía:**
  "Transforma tu energía, tu mente y tu cuerpo 🌱 *| Sesiones personalizadas* 💧 *| Reserva tu consulta aquí* 🍄 *"*
- **Enlace:** Un linktree con opciones para reservar sesiones, leer tu blog o seguirte en otras redes sociales.
- **Historias destacadas:** Testimonios de clientes, tips rápidos de bienestar y un detrás de cámaras de tu día a día.

Este perfil transmite profesionalismo, claridad y un propósito atractivo.

Consejos Brutales:

1. **Mide tu Impacto:**
   Usa herramientas como analytics de Instagram o Facebook para medir cuántas personas interactúan con tu perfil y optimiza según los resultados.
2. **Haz una Auditoría Visual:**
   Revisa cómo se ve tu perfil desde los ojos de un visitante por primera vez. ¿Es atractivo? ¿Transmite confianza? Pide feedback a amigos o colegas.
3. **No Sobre compartas Información:**
   Mantén tu perfil limpio y evita saturarlo con demasiados elementos que puedan distraer.

Acción Inmediata:
Hoy mismo, revisa tu perfil en cada red social. Asegúrate de que la foto, la biografía y los enlaces sean atractivos y funcionales. Si tienes historias destacadas, actualízalas con contenido reciente que refleje lo mejor de tu marca.

Consejo 3: Aprende a Escribir Titulares que Atrapen Desde el Primer Momento

¿Qué significa?

Los titulares son la puerta de entrada a tu contenido. Un buen titular no solo capta la atención de tu audiencia, sino que también los persuade de quedarse, leer, ver o interactuar con lo que ofreces. Es el gancho emocional o informativo que decide si alguien sigue leyendo o pasa de largo.

Un titular impactante combina claridad, relevancia y curiosidad. Debe hablar directamente a los deseos, necesidades o intereses de tu público.

¿Por qué es importante?

En redes sociales, donde las personas pasan rápidamente de una publicación a otra, los titulares son tu mejor arma para detener el "scroll". Si tu titular no es lo suficientemente atractivo, incluso el contenido más valioso puede quedar ignorado.

Un titular efectivo no solo aumenta el alcance de tus publicaciones, sino que también mejora el engagement y las conversiones, ayudándote a cumplir tus objetivos de marketing.

¿Cómo hacerlo?

1. **Conoce a Tu Audiencia:**
   Antes de escribir cualquier titular, entiende qué le interesa a tu público. ¿Qué problemas quieren resolver? ¿Qué los inspira? Usa este conocimiento para personalizar tus mensajes.
2. **Incluye Números o Datos Específicos:**
   Los titulares con números son claros y fáciles de procesar. Ejemplo:
   "5 Claves para Triplicar tus Ventas en Instagram".
3. **Usa Preguntas que Generen Curiosidad:**
   Haz preguntas que despierten el interés de tu audiencia. Ejemplo:
   "¿Estás cometiendo este error en tus redes sociales?".
4. **Apela a las Emociones:**
   Usa palabras que evoquen sentimientos como urgencia, alegría o

sorpresa. Ejemplo:
"Descubre el Secreto para Aumentar tu Confianza en 7 Días".

5. **Sé Directo y Promete Valor:**
Haz que tu titular deje claro qué ganará la persona al leer tu contenido. Ejemplo:
"Aprende a Diseñar una Estrategia Viral desde Cero".

6. **Usa Verbos de Acción:**
Comienza tus titulares con verbos que impulsen a actuar. Ejemplo:
"Crea Publicaciones que Conecten Emocionalmente en Minutos".

7. **Prueba Diferentes Estilos:**
Experimenta con titulares cortos, largos, humorísticos o formales. Analiza cuáles resuenan mejor con tu audiencia.

Ejemplo práctico
Digamos que estás promocionando un curso de fotografía móvil:

- Genérico: "Curso de fotografía para principiantes".
- Impactante: "Domina la Fotografía Móvil: Crea Imágenes Impactantes con tu Teléfono".

El segundo titular no solo informa, sino que también inspira acción y entusiasmo.

Consejos Brutales:

1. **Usa Herramientas de Análisis de Titulares:**
Plataformas como CoSchedule Headline Analyzer te ayudan a evaluar la efectividad de tus titulares y ofrecen sugerencias de mejora.

2. **Prueba A/B:**
Publica dos versiones del mismo contenido con diferentes titulares y analiza cuál genera más interacción. Esto te ayudará a entender qué tipo de enfoque funciona mejor.

3. **Evita el Clickbait:**
No prometas algo que tu contenido no pueda cumplir. La honestidad fortalece la confianza de tu audiencia.

Acción Inmediata:
Elige una de tus publicaciones recientes con poco rendimiento y crea un nuevo titular siguiendo estas estrategias. Cámbialo hoy mismo y observa si mejora la interacción en las próximas 48 horas.

Consejo 4: Perfecciona el Uso de Hashtags Estratégicos

¿Qué significa?
Los hashtags son etiquetas clave que agrupan contenido relacionado en redes sociales. Son la herramienta perfecta para que tus publicaciones lleguen a personas interesadas en tu nicho, aumentando tu visibilidad y atrayendo a una audiencia más específica. Un hashtag bien utilizado actúa como un puente que conecta tu contenido con quienes lo están buscando.

¿Por qué es importante?
El uso estratégico de hashtags multiplica tu alcance de forma orgánica. Al incluir hashtags relevantes, puedes entrar en conversaciones, aparecer en búsquedas y conectar con comunidades interesadas en tus temas. Además, son fundamentales para segmentar tu contenido y posicionarte en nichos específicos.

¿Cómo hacerlo?

1. **Investiga Hashtags Relevantes:**
   Usa herramientas como Hashtagify o las sugerencias de Instagram para descubrir hashtags populares en tu industria. Combina hashtags de alto volumen (como #MarketingDigital) con otros más específicos (como #EstrategiaRedes).
2. **Crea una Lista de Hashtags Personalizada:**
   Define un conjunto de hashtags para diferentes objetivos, como atraer clientes, destacar productos o unirte a tendencias.
3. **Asegúrate de que Sean Específicos y Contextuales:**
   Evita usar hashtags genéricos o irrelevantes. Por ejemplo, si vendes ropa sostenible, usa etiquetas como #ModaSostenible o #EstiloEco.

4. **No Sobrecargues tus Publicaciones:**
   En plataformas como Instagram, entre 5 y 10 hashtags bien seleccionados suelen funcionar mejor que usar el máximo permitido.
5. **Incluye Hashtags en el Texto y los Comentarios:**
   Publicar hashtags en el primer comentario en lugar del pie de foto puede hacer que tus publicaciones se vean más limpias y profesionales.
6. **Usa Hashtags de Tendencias:**
   Aprovecha hashtags relacionados con eventos actuales o días temáticos (como #DíaDeLaTierra o #BlackFriday).
7. **Crea tu Propio Hashtag:**
   Diseña un hashtag único para tu marca y fomenta que tu audiencia lo use. Por ejemplo, una marca de comida saludable podría usar #ComeFresco.

Ejemplo práctico
Si tienes un negocio de fitness y estás publicando sobre una nueva rutina de ejercicios:

- Genérico: "#Ejercicio #Fitness".
- Estratégico: "#RutinaFullBody #EntrenamientoEnCasa #SaludYBienestar".

El segundo conjunto de hashtags conecta directamente con usuarios interesados en tu tipo específico de contenido.

Consejos Brutales:

1. **Monitorea el Rendimiento de tus Hashtags:**
   Usa métricas de redes sociales para identificar qué hashtags generan más alcance e interacción. Ajusta tu estrategia según estos datos.
2. **Participa en Comunidades de Hashtags:**
   Interactúa con publicaciones que usen los mismos hashtags. Esto aumenta tu visibilidad y construye conexiones dentro de tu nicho.
3. **Renueva tus Hashtags Regularmente:**
   Mantente actualizado con tendencias y evita usar siempre los mismos hashtags. Esto mantiene tu contenido fresco y relevante.

Acción Inmediata:
Revisa tu próxima publicación y añade un conjunto de 5-10 hashtags
bien investigados y estratégicos. Incluye una mezcla de etiquetas
populares y específicas, y mide los resultados en las próximas 24-48
horas.

Consejo 5: Usa Historias para Conectar Emocionalmente con Tu Audiencia

¿Qué significa?
Las historias en redes sociales son una herramienta poderosa para
conectar de manera directa y personal con tu audiencia. Estas
publicaciones temporales, disponibles en plataformas como Instagram,
Facebook y WhatsApp, permiten compartir momentos auténticos,
promover productos o servicios y humanizar tu marca en formatos
fáciles de consumir.

¿Por qué es importante?
Las historias generan cercanía y espontaneidad, cualidades que las
audiencias valoran enormemente. Al ser temporales, fomentan la
interacción inmediata, aumentando el engagement y posicionándote
como una marca accesible y conectada con su comunidad.

¿Cómo hacerlo?

1. **Comparte Contenido Diario:**
   Mantén la presencia constante en las historias con publicaciones
   que reflejen tanto la personalidad de tu marca como los intereses
   de tu audiencia.
2. **Muestra el Lado Humano de tu Marca:**
   Comparte contenido detrás de cámaras, procesos creativos o
   momentos cotidianos que hagan que tu audiencia se sienta parte
   de tu mundo.
3. **Incorpora Encuestas y Preguntas:**
   Usa herramientas interactivas como encuestas, preguntas o
   deslizadores para fomentar la participación y obtener valiosa
   retroalimentación.

4. **Crea Historias con Propósitos Claros:**
   Cada historia debe tener un objetivo: educar, entretener, inspirar o vender. Planifica tus publicaciones para que sigan un flujo lógico.
5. **Usa Textos y Stickers Estratégicamente:**
   Añade subtítulos y elementos visuales para reforzar tu mensaje y captar la atención, especialmente de aquellos que ven las historias sin sonido.
6. **Aprovecha las Historias Destacadas:**
   Organiza tus mejores historias en secciones destacadas en tu perfil. Esto crea una biblioteca de contenido relevante para nuevos visitantes.
7. **Incluye Llamadas a la Acción (CTAs):**
   Aprovecha el swipe-up (si tienes más de 10k seguidores) o vincula tus historias a publicaciones, productos o sitios web para guiar a tu audiencia hacia el siguiente paso.

Ejemplo práctico
Si eres un restaurante y quieres promover un nuevo platillo:

- Día 1: Muestra un video detrás de cámaras mientras se prepara el platillo.
- Día 2: Comparte una encuesta: "¿Cuál salsa prefieres para acompañarlo?"
- Día 3: Publica un testimonio de un cliente probándolo.
- Día 4: Lanza una historia con CTA: "Haz tu pedido hoy mismo".

Este enfoque mantiene a tu audiencia interesada y comprometida mientras construyes expectativa.

Consejos Brutales:

1. **Crea Series de Historias:**
   Divide un tema en varios segmentos para mantener la atención de tu audiencia. Por ejemplo, una serie de "Consejos rápidos" o "Tutoriales exprés".
2. **Involucra a tu Comunidad:**
   Pide a tus seguidores que etiqueten a tu marca en sus historias usando tu producto o servicio y republica las mejores.

3. **Usa Historias para Exclusividades:**
   Anuncia ofertas, descuentos o productos exclusivos solo
   disponibles para quienes vean tus historias.

Acción Inmediata:
Publica una historia hoy mismo mostrando un aspecto único de tu marca.
Usa un sticker interactivo (encuesta, preguntas o deslizadores) para
aumentar el engagement y medir la respuesta de tu audiencia.

Consejo 6: Publica Contenido Educativo que Demuestre Tu Autoridad

¿Qué significa?
El contenido educativo consiste en crear publicaciones, videos, artículos
o infografías que proporcionen información valiosa, relevante y práctica
a tu audiencia. Este tipo de contenido no solo responde a preguntas o
resuelve problemas, sino que también posiciona a tu marca como experta
en su industria.

¿Por qué es importante?
Las personas confían en marcas que las ayudan a aprender y crecer.
Cuando publicas contenido educativo, no solo captas la atención de tu
público objetivo, sino que también construyes credibilidad y fomentas
relaciones de largo plazo. Este tipo de contenido es esencial para
convertir seguidores en clientes.

¿Cómo hacerlo?

1. **Identifica los Problemas de tu Audiencia:**
   Realiza investigaciones o encuestas para descubrir las principales
   dudas, necesidades o intereses de tus seguidores.
2. **Elige Formatos Visuales Atractivos:**
   Usa infografías, carruseles en Instagram, videos explicativos o
   blogs bien diseñados para hacer tu contenido más atractivo y
   fácil de consumir.

3. **Simplifica Información Compleja:**
   Traducir datos complicados en conceptos claros y accesibles demuestra conocimiento sin intimidar a tu audiencia.
4. **Crea Tutoriales Paso a Paso:**
   Ayuda a tu audiencia a lograr algo específico. Por ejemplo, si eres un entrenador personal, muestra cómo ejecutar correctamente un ejercicio.
5. **Comparte Listas de Consejos Prácticos:**
   Publica listas breves pero útiles, como "5 maneras de ahorrar energía" o "3 errores comunes al iniciar un negocio".
6. **Publica Respuestas a Preguntas Frecuentes:**
   Identifica las dudas más comunes en tu industria y crea contenido que las responda. Esto puede ser en formato de texto, video o historias.
7. **Añade Referencias y Fuentes Confiables:**
   Respáldate con estudios, estadísticas o testimonios que refuercen tu mensaje.

Ejemplo práctico
Si eres un dermatólogo promocionando una línea de cuidado facial:

- Publica un video explicativo sobre "Los 3 pasos básicos para una rutina nocturna de cuidado facial".
- Comparte un carrusel con imágenes antes y después del uso de tus productos.
- Ofrece un descargable gratuito titulado: "Guía definitiva para cuidar tu piel según tu tipo".

Este enfoque no solo educa, sino que también posiciona tu marca como un recurso confiable en el cuidado de la piel.

Consejos Brutales:

1. **Haz que sea Compartible:**
   Diseña contenido tan valioso que tu audiencia lo quiera compartir con sus amigos, aumentando tu alcance orgánico.
2. **Incorpora Historias Personales:**
   Relata cómo tú o alguien más resolvió un problema usando el conocimiento que estás compartiendo. Esto hace que el contenido sea más relatable.

3. **Reutiliza y Adapta tu Contenido:**
   Convierte una publicación de blog en un video, una infografía o
   un episodio de podcast para maximizar su alcance.

Acción Inmediata:
Hoy mismo, crea una publicación educativa basada en una pregunta
común en tu nicho. Usa un formato visual atractivo, como un carrusel o
un video corto, y añade un CTA que invite a tu audiencia a guardar y
compartir el contenido.

Consejo 7: Haz Encuestas Interactivas para Involucrar a Tu Comunidad

¿Qué significa?
Las encuestas interactivas son herramientas que permiten a tu audiencia
participar activamente en la conversación, expresando sus opiniones,
preferencias o experiencias. Estas pueden realizarse en plataformas
como Instagram Stories, Twitter o LinkedIn para crear una interacción
directa y significativa.

¿Por qué es importante?
Las encuestas generan engagement inmediato, hacen sentir a tu
audiencia valorada y pueden proporcionarte información valiosa sobre
sus necesidades e intereses. Además, este tipo de interacción fomenta la
lealtad, ya que los seguidores se sienten parte activa de tu comunidad.

¿Cómo hacerlo?

1. **Selecciona Temas Relevantes:**
   Asegúrate de que las preguntas estén alineadas con los intereses
   y problemas de tu audiencia. Por ejemplo, si tienes un
   restaurante, podrías preguntar: "¿Prefieres dulce o salado para el
   desayuno?".
2. **Mantén las Preguntas Simples y Directas:**
   Usa lenguaje claro y fácil de entender para animar a más
   personas a participar.

3. **Incluye Opciones Claras y Atractivas:**
   En Instagram Stories, por ejemplo, las respuestas deben ser visualmente llamativas, como emojis o frases cortas.
4. **Crea Encuestas Temáticas:**
   Relaciona tus preguntas con eventos actuales, tendencias o temporadas. Por ejemplo: "¿Qué sabor de helado es perfecto para este verano? 🍦 🍉 ".
5. **Usa los Resultados para Crear Contenido:**
   Una vez que obtengas las respuestas, úsalas para generar nuevas publicaciones. Por ejemplo: "El 70% de ustedes prefiere café sobre té. Aquí tienen nuestra receta de café especial".
6. **Hazlo Divertido y Casual:**
   No todas las encuestas tienen que ser serias. Usa humor para conectar emocionalmente con tu audiencia. Por ejemplo: "¿Piñas en la pizza? 🍍 Sí o no".
7. **Responde a los Resultados:**
   Muestra que valoras la participación de tu audiencia comentando o creando contenido basado en las respuestas obtenidas.

Ejemplo práctico
Si eres un creador de contenido fitness:

- Publica una encuesta en Instagram Stories preguntando: "¿Qué prefieres en un día libre? 🛋 Relajarte o 🏋 Entrenar".
- Usa los resultados para crear una publicación: "El 60% de ustedes elige relajarse. Aquí están mis mejores tips para mantenerse activo mientras descansan".

Este enfoque involucra a tu comunidad y refuerza tu posición como un creador atento a sus preferencias.

Consejos Brutales:

1. **Premia la Participación:**
   Ofrece un incentivo para quienes participen, como un descuento exclusivo, un recurso gratuito o un shoutout.
2. **Experimenta con Formatos Creativos:**
   Usa cuestionarios, encuestas deslizantes, GIFs o imágenes personalizadas para captar más atención.

3. **Integra a los Resultados en Tu Estrategia:**
Si notas que la mayoría de tu audiencia prefiere cierto producto o estilo de contenido, ajusta tus esfuerzos en consecuencia.

Acción Inmediata:
Publica una encuesta hoy en tu plataforma favorita con una pregunta sencilla y relevante para tu audiencia. Analiza las respuestas y prepara un contenido que destaque los resultados.

Consejo 8: Diseña Publicaciones que Inspiren Acciones Concretas

¿Qué significa?
Diseñar publicaciones que inspiran acciones concretas implica crear contenido claro, atractivo y orientado a un propósito específico, como visitar tu sitio web, comprar un producto, compartir la publicación o interactuar de alguna forma. Estas publicaciones deben guiar a tu audiencia hacia un objetivo con mensajes persuasivos y llamados a la acción (CTAs) efectivos.

¿Por qué es importante?
Una publicación bien diseñada puede ser el puente entre la inspiración y la acción. En un entorno digital saturado de contenido, una publicación clara y orientada a resultados ayuda a captar la atención, generar engagement y aumentar las conversiones.

¿Cómo hacerlo?

1. **Define un Propósito Claro:**
Antes de crear la publicación, establece qué quieres que haga tu audiencia. ¿Deseas que hagan clic en un enlace, dejen un comentario o compren algo?
2. **Crea un Mensaje Directo:**
Usa un lenguaje sencillo y directo que elimine la ambigüedad. Por ejemplo, "Descarga nuestra guía gratuita ahora" es más efectivo que "Conoce más sobre nosotros".

3. **Incorpora un Diseño Visual Atractivo:**
   Usa colores llamativos, tipografía clara y elementos visuales que guíen la mirada hacia el CTA. Por ejemplo, coloca un botón destacado o utiliza flechas para dirigir la atención.
4. **Agrega Beneficios Claros:**
   Explica qué obtendrá tu audiencia al seguir la acción. Por ejemplo: "¡Gana un 20% de descuento al suscribirte hoy!" o "Accede a recetas exclusivas en solo un clic".
5. **Usa Elementos de Urgencia:**
   Crea un sentido de inmediatez con frases como "Última oportunidad", "Disponible por tiempo limitado" o "Quedan pocas plazas".
6. **Incorpora Emojis y Elementos Dinámicos:**
   Los emojis pueden hacer que tu mensaje sea más amigable y captar la atención. Por ejemplo: " 👗 ¡Descubre tu estilo! 👗 Haz clic aquí 👆 ".
7. **Asegúrate de que sea Fácil de Seguir:**
   Proporciona enlaces funcionales, botones visibles o instrucciones claras para que tu audiencia pueda completar la acción sin complicaciones.

Ejemplo práctico
Si eres un coach de bienestar:

- Publicación genérica: "Descubre cómo mejorar tu bienestar con nuestros servicios".
- Publicación inspiradora: "¿Quieres transformar tu vida en solo 21 días? 🌟 Descarga mi guía gratuita y comienza tu camino hacia el bienestar hoy mismo. 👉 Enlace en la bio".

El segundo ejemplo guía a la audiencia a tomar una acción específica mientras destaca el beneficio inmediato.

Consejos Brutales:

1. **Personaliza el Mensaje:**
   Adapta tus publicaciones al segmento específico de tu audiencia. Por ejemplo, usa mensajes diferentes para nuevos seguidores y clientes frecuentes.

2. **Incluye Pruebas Sociales:**
   Agrega testimonios o estadísticas que respalden el beneficio de la acción que propones. Por ejemplo: "El 95% de nuestros clientes vieron resultados en menos de un mes".
3. **Optimiza para Móvil:**
   Asegúrate de que tus CTAs sean fácilmente visibles y clicables en dispositivos móviles, donde la mayoría de las personas consume contenido.

Acción Inmediata:
Crea una publicación hoy con un CTA claro y atractivo. Usa un diseño visual impactante y acompaña el mensaje con un beneficio específico. Observa cómo tu audiencia responde y ajusta tus estrategias según los resultados.

Consejo 9: Lanza Campañas Basadas en Psicología del Color para Influir

¿Qué significa?
La psicología del color se refiere al impacto emocional y psicológico que los colores tienen en las personas. En las redes sociales, el uso estratégico del color en tus campañas puede evocar emociones, generar asociaciones y motivar acciones específicas. Por ejemplo, el rojo transmite urgencia y pasión, mientras que el azul sugiere confianza y calma.

¿Por qué es importante?
Los colores son una herramienta poderosa para captar la atención y comunicar un mensaje sin palabras. Usar colores adecuados para tu audiencia y propósito puede mejorar el reconocimiento de tu marca, aumentar el engagement y, en última instancia, influir en las decisiones de compra.

¿Cómo hacerlo?

1. **Conoce el Significado de los Colores:**
   Investiga cómo los colores afectan las emociones y comportamientos de tu público objetivo. Por ejemplo:
   - **Rojo:** Urgencia, pasión, energía.
   - **Azul:** Confianza, seguridad, tranquilidad.
   - **Amarillo:** Optimismo, felicidad, atención.
   - **Verde:** Salud, naturaleza, equilibrio.

2. **Estudia a tu Audiencia:**
   Asegúrate de que los colores que elijas resuenen con la cultura, valores y emociones de tu público objetivo. Por ejemplo, el blanco puede simbolizar pureza en algunos países, pero luto en otros.

3. **Usa Colores para Resaltar CTAs:**
   Elige un color que contraste con el fondo para que los botones o enlaces sean más visibles y atractivos.

4. **Mantén la Coherencia de tu Marca:**
   Integra los colores de tu identidad visual en todas tus publicaciones para crear reconocimiento y consistencia.

5. **Crea Combinaciones Armónicas:**
   Usa herramientas como Adobe Color o Canva para encontrar esquemas de colores complementarios o análogos que sean atractivos y agradables a la vista.

6. **Prueba y Optimiza:**
   Experimenta con diferentes colores para ver cuáles generan más clics, comentarios o conversiones. Realiza pruebas A/B para identificar las combinaciones más efectivas.

Ejemplo práctico
Si promocionas un programa de relajación:

- Campaña estándar: "Descubre cómo relajarte con nuestro programa".
- Campaña basada en psicología del color:
  - Fondo azul claro para transmitir calma.
  - Botón de acción verde para sugerir equilibrio y esperanza.

- Texto en blanco para generar claridad y limpieza visual.
  " 🌿 Relájate y encuentra tu equilibrio interior. Haz clic aquí para comenzar hoy mismo."

Consejos Brutales:

1. **Adapta los Colores a la Estación o Temporada:**
   Usa tonos cálidos como rojos y naranjas en otoño o colores vivos como amarillo y verde en primavera para mantener relevancia estacional.
2. **Usa Colores en Movimiento:**
   Implementa videos o GIFs que combinen colores dinámicos para captar la atención rápidamente en plataformas como Instagram o TikTok.
3. **Evita Sobrecargar tu Diseño:**
   Limita la paleta a 2-3 colores principales por publicación para mantener la claridad y evitar distracciones.

Acción Inmediata:
Crea una publicación hoy usando un esquema de colores alineado con el mensaje que deseas transmitir. Asegúrate de usar un CTA con un color que contraste para captar más clics. Analiza los resultados y ajusta tu estrategia de color según el engagement.

Consejo 10: Publica Testimonios Impactantes en Formatos Visuales

¿Qué significa?
Un testimonio es una declaración o experiencia compartida por un cliente satisfecho que destaca los beneficios de tu producto o servicio. Transformarlo en un formato visual atractivo, como un video corto, una infografía o una cita sobre una imagen, puede amplificar su impacto en las redes sociales.

¿Por qué es importante?
Las personas confían más en la experiencia de otros clientes que en los

mensajes directos de las marcas. Un testimonio visual añade autenticidad y capta la atención de forma más efectiva, generando confianza y motivando decisiones de compra.

¿Cómo hacerlo?

1. **Recopila Testimonios Auténticos:**
   Solicita comentarios a tus clientes más satisfechos. Pregunta sobre su experiencia, los resultados obtenidos y cómo tu producto o servicio mejoró su vida.
2. **Elige el Formato Ideal:**
   o **Videos:** Un cliente hablando de su experiencia puede ser más convincente que texto plano.
   o **Infografías:** Combina citas breves con datos relevantes o estadísticas.
   o **Imágenes con Citas:** Usa fotos atractivas como fondo y coloca la cita en un diseño limpio y profesional.
3. **Añade un Elemento Humano:**
   Incluye el rostro, el nombre o la ocupación del cliente (con su permiso) para aumentar la credibilidad. Si es posible, muestra el "antes y después" para visualizar el impacto.
4. **Integra tu Marca:**
   Asegúrate de que los colores, fuentes y estilo visual coincidan con la identidad de tu marca.
5. **Optimiza para Redes Sociales:**
   Adapta el formato a cada plataforma. Por ejemplo:
   o Videos cortos de menos de 60 segundos para Instagram Reels o TikTok.
   o Publicaciones cuadradas o verticales para Instagram.
   o Historias con elementos interactivos, como encuestas o enlaces directos.

Ejemplo práctico
Un negocio de cuidado facial podría transformar un testimonio genérico:

- **Texto plano:** "Mi piel nunca había estado tan radiante. Este producto es increíble."
  En una publicación visual:
- **Video testimonial:** Un cliente mostrando el antes y después mientras comparte su experiencia.

- **Cita visual:** Una foto del cliente sonriendo con la frase: "¡Nunca me había sentido tan segura en mi propia piel! ☀ Gracias por devolverme mi brillo".

Consejos Brutales:

1. **Incentiva a tus Clientes:**
   Ofrece descuentos, productos gratuitos u otros beneficios a cambio de testimonios auténticos y detallados.
2. **Crea Historias de Éxito Complejas:**
   Combina varios testimonios en un video o carrusel para mostrar diversidad en los resultados.
3. **Humaniza a tu Marca:**
   Resalta cómo ayudaste al cliente a superar un problema, enfocándote en su transformación emocional, no solo en el resultado tangible.

Acción Inmediata:
Elige un cliente satisfecho y pídele que comparta su experiencia en un formato que prefiera. Diseña una publicación visual con su testimonio y publícala hoy. No olvides incluir un CTA claro, como: "¿Listo para tu transformación? Contáctanos ahora."

Consejo 11: Utiliza la Técnica de "FOMO" para Incrementar la Urgencia

¿Qué significa?
"FOMO" (Fear of Missing Out) o el "miedo a perderse algo" es una técnica psicológica que crea un sentido de urgencia en tu audiencia. Consiste en diseñar estrategias que hagan que los usuarios sientan que deben actuar de inmediato para no perder una oportunidad única.

¿Por qué es importante?
Las decisiones de compra a menudo están impulsadas por emociones. El FOMO estimula la acción rápida al destacar la exclusividad o la temporalidad de tu oferta. Esto puede aumentar significativamente las

conversiones y mantener a tu audiencia atenta a tus próximas publicaciones.

¿Cómo hacerlo?

1. **Crea Escasez:**
   o Muestra un número limitado de productos disponibles. Por ejemplo: "¡Solo quedan 10 unidades en stock!"
   o Usa frases como "Oferta válida hasta agotar existencias".
2. **Destaca la Temporalidad:**
   o Establece fechas límite claras. Ejemplo: "Promoción válida solo por 24 horas".
   o Utiliza temporizadores en tus publicaciones o en tu sitio web para reforzar la urgencia visualmente.
3. **Ofertas Exclusivas:**
   o Diseña campañas accesibles solo para ciertos grupos, como "Solo para los primeros 50 compradores" o "Descuento exclusivo para suscriptores de la newsletter".
4. **Comparte Participación Activa:**
   o Muestra evidencia de otros usuarios aprovechando la oferta. Por ejemplo: "300 personas ya se han registrado, ¡no te quedes fuera!"
5. **Crea Expectativa con Anticipación:**
   o Habla de la oferta antes de lanzarla para generar interés. Usa frases como: "Prepárate para algo que no querrás perderte".
6. **Ofrece Beneficios Únicos:**
   o Resalta ventajas que no estarán disponibles nuevamente, como acceso a contenido premium o productos de edición limitada.

Ejemplo práctico
Una tienda online de ropa podría publicar:

- **Texto genérico:** "Descuentos en toda la tienda".
- **Aplicando FOMO:** "¡Último día! 🌑 Solo hasta la medianoche, disfruta de un 30% de descuento en nuestra nueva colección. ¡Quedan pocas tallas disponibles!"

Consejos Brutales:

1. **Usa Temporizadores Animados:**
   Coloca temporizadores digitales en tus publicaciones o anuncios para hacer la urgencia visualmente ineludible.
2. **Involucra la Comunidad:**
   Muestra cuántas personas están aprovechando la oferta. Ejemplo: "¡Más de 1,000 ya han comprado este producto!"
3. **Integra el FOMO en los Emails:**
   En tus campañas de correo electrónico, usa líneas como: "Tiempo limitado: 2 horas restantes para obtener este descuento".

Acción Inmediata:
Identifica una oferta o producto en tu catálogo y crea una campaña usando FOMO. Diseña una publicación con un temporizador y un CTA como: "Compra ahora antes de que se agote". Lánzala en tus redes sociales y observa la respuesta inmediata.

Consejo 12: Establece Rutinas de Publicación Consistentes y Relevantes

¿Qué significa?
Las rutinas de publicación son un cronograma estratégico que define cuándo, cómo y qué tipo de contenido compartir en tus redes sociales. Este hábito crea expectativas en tu audiencia y te ayuda a mantener un flujo constante de interacción.

¿Por qué es importante?
La consistencia en las publicaciones genera confianza y fomenta el compromiso. Una audiencia sabe qué esperar de ti, lo que aumenta la posibilidad de que interactúen con tu contenido. Además, el algoritmo de muchas plataformas favorece a los perfiles que publican de manera regular.

¿Cómo hacerlo?

1. **Define un Calendario de Contenidos:**

- o Establece días y horarios específicos para publicar. Por ejemplo, los lunes para contenido educativo, los miércoles para promociones y los viernes para historias de clientes.
- o Usa herramientas como Trello, Asana o Hootsuite para organizar tu planificación.

2. **Ajusta a los Momentos Ideales:**
   - o Analiza tus métricas para identificar cuándo tu audiencia está más activa.
   - o Publica en esos horarios para maximizar la visibilidad.

3. **Crea Categorías de Contenido:**
   - o Alterna entre tipos de contenido: educativo, motivacional, promocional e interactivo.
   - o Esto mantiene a tu audiencia interesada y evita que tu perfil se vuelva monótono.

4. **Automatiza Publicaciones:**
   - o Usa plataformas como Buffer o Later para programar tus publicaciones con antelación. Esto asegura consistencia incluso en días ocupados.

5. **Evalúa y Ajusta:**
   - o Revisa regularmente el desempeño de tus publicaciones. Si notas que cierto contenido no está resonando, ajusta la estrategia en lugar de mantener un enfoque rígido.

Ejemplo práctico

Un entrenador personal podría establecer esta rutina:

- **Lunes:** Tip del día sobre alimentación saludable.
- **Miércoles:** Historia de éxito de un cliente.
- **Viernes:** Ejercicio de la semana con un video tutorial.
- **Domingo:** Sesión de preguntas y respuestas en vivo.

Consejos Brutales:

1. **Crea Expectativa:**
   Si siempre publicas los martes una "herramienta secreta de la semana", tu audiencia comenzará a esperarla ansiosamente. Esto refuerza la interacción.

2. **Hazlo Temático:**
   Usa hashtags recurrentes para tus publicaciones, como

#MotivaciónLunes o #RecetaRápidaViernes, para reforzar la identidad de tu contenido.

3. **Integra Recordatorios:**
   Envía emails o notificaciones push a tu audiencia recordándoles los momentos clave de tu calendario de contenido.

Acción Inmediata:
Hoy mismo, diseña un calendario para la próxima semana. Divide tus publicaciones en categorías y horarios óptimos. Usa una herramienta de automatización para programarlas y dedica tiempo a medir su impacto después.

Consejo 13: Crea Retos Temáticos que Aumenten la Participación

¿Qué significa?
Un reto temático es una actividad o desafío diseñado para involucrar a tu audiencia de manera directa, mientras refuerza la identidad de tu marca. Puede ser un desafío semanal, un concurso o una serie de publicaciones interactivas que motiven a los usuarios a participar activamente.

¿Por qué es importante?
Los retos temáticos generan un alto nivel de interacción y compromiso. Además, incentivan a tu audiencia a compartir contenido relacionado con tu marca, lo que aumenta tu visibilidad y fomenta una comunidad activa y leal.

¿Cómo hacerlo?

1. **Define un Tema Claro y Relevante:**
   o Elige un tema que conecte directamente con tu audiencia y tu propuesta de valor. Por ejemplo, una marca de alimentación saludable podría crear un reto de "7 días de recetas veganas".
2. **Establece Objetivos Concretos:**
   o ¿Quieres aumentar seguidores, generar contenido generado por usuarios (UGC) o simplemente fortalecer la

conexión con tu comunidad? Define el propósito del reto desde el principio.

3. **Crea Instrucciones Simples:**
   o Asegúrate de que los pasos para participar sean claros y fáciles de seguir. Publica un post o video explicativo con ejemplos.
4. **Incentiva la Participación:**
   o Ofrece premios atractivos como descuentos, productos gratuitos o reconocimiento público en tus redes. Esto motivará a más personas a unirse.
5. **Promociona el Reto:**
   o Usa todos tus canales para anunciarlo: historias, posts, emails, y colaboraciones con influencers. Asegúrate de que el mensaje sea emocionante y convincente.
6. **Interactúa Durante el Reto:**
   o Comenta, comparte y reacciona a las publicaciones de los participantes. Esto los motivará a seguir activos.

Ejemplo práctico

Una marca de fitness lanza el "Reto de 30 días para fortalecer tu core":

- Publican un video tutorial diario en Instagram con un ejercicio.
- Los participantes deben compartir sus avances etiquetando la marca y usando un hashtag especial, como #RetoCore2024.
- Al final del reto, el participante más comprometido gana un kit de entrenamiento.

Consejos Brutales:

1. **Usa Hashtags Exclusivos:**
   Crea un hashtag único para tu reto. Esto facilita la organización y seguimiento del contenido generado por los participantes.
2. **Colabora con Microinfluencers:**
   Pídeles que participen en el reto y lo promocionen en sus redes. Su influencia aumentará la participación y el alcance.
3. **Fomenta la Competitividad Saludable:**
   Publica tablas de progreso o destaca a los participantes más activos. Esto incentiva a otros a esforzarse más.

Acción Inmediata:
Diseña un reto temático para la próxima semana. Define un tema relevante, prepara los materiales necesarios y anúncialo en tus redes. Usa historias para explicar los pasos y publica recordatorios diarios durante el reto.

Consejo 14: Comparte Historias de Transformación de Clientes Reales

¿Qué significa?
Compartir historias de clientes reales que han experimentado un cambio positivo gracias a tu producto o servicio es una herramienta poderosa para conectar con tu audiencia. Estas historias humanizan tu marca, muestran pruebas tangibles de su impacto y generan confianza en nuevos prospectos.

¿Por qué es importante?
Las personas confían más en las experiencias de otros consumidores que en la publicidad tradicional. Al compartir historias auténticas, tu marca no solo inspira, sino que también refuerza su credibilidad y fomenta la empatía.

¿Cómo hacerlo?

1. **Selecciona Casos Impactantes:**
   o   Identifica clientes que hayan tenido resultados destacados o experiencias memorables con tu marca. Sus historias deben ser relevantes y emotivas.
2. **Obtén Permiso y Detalles:**
   o   Pide autorización a los clientes para compartir su historia. Recolecta información detallada sobre su experiencia, incluyendo el antes y el después de usar tu producto o servicio.
3. **Elige el Formato Adecuado:**
   o   Las historias pueden presentarse como videos, publicaciones de texto con imágenes, carruseles o incluso

como entrevistas en vivo. Adapta el formato según la plataforma.

4. **Incluye Detalles Auténticos:**
   o Resalta los retos que enfrentaban, cómo tu producto los ayudó y los resultados obtenidos. La autenticidad es clave para generar impacto.
5. **Integra Llamadas a la Acción (CTA):**
   o Al final de la historia, invita a la audiencia a explorar tu producto o servicio, con un enlace directo o una oferta especial.

Ejemplo práctico

Una empresa de coaching personal publica la historia de Ana, una joven que logró superar su ansiedad social gracias a sus programas:

- Muestran fotos de Ana antes y después de su transformación.
- Incluyen un breve video donde ella describe cómo cambió su vida con la ayuda del coaching.
- Terminan la publicación con un CTA: "¿Listo para empezar tu propio cambio? Reserva una consulta gratuita hoy".

Consejos Brutales:

1. **Usa Testimonios en Video:**
   Los videos son más efectivos para transmitir emociones. Incluye tomas auténticas de los clientes contando sus historias en sus propias palabras.
2. **Crea una Serie de Historias:**
   Publica regularmente relatos de diferentes clientes. Esto genera un efecto acumulativo que refuerza la confianza en tu marca.
3. **Destaca Datos y Logros Cuantificables:**
   Si es posible, incluye números claros. Por ejemplo: "Duplicaron sus ventas en tres meses" o "Perdieron 10 kg en 8 semanas".

Acción Inmediata:

Identifica hoy mismo a dos o tres clientes que hayan experimentado un cambio significativo gracias a tu marca. Ponte en contacto con ellos, obtén su permiso y prepara la primera publicación de su historia. ¡Haz que tu audiencia vea el impacto real de tu producto!

Consejo 15: Diseña Contenidos Educativos que Posicionen Tu Marca Como Líder

¿Qué significa?

Los contenidos educativos son aquellos que ofrecen valor al enseñar, explicar o resolver problemas específicos para tu audiencia. Este tipo de contenido no solo construye confianza, sino que también posiciona a tu marca como un referente experto en su nicho.

¿Por qué es importante?

Cuando compartes conocimientos útiles y prácticos, tu audiencia comienza a verte como una fuente confiable de información. Esto no solo mejora tu reputación, sino que también fomenta el compromiso y atrae a más personas interesadas en lo que ofreces. Además, un contenido educativo bien diseñado puede generar tráfico constante y aumentar las conversiones.

¿Cómo hacerlo?

1. **Identifica los Problemas de tu Audiencia:**
   o Descubre cuáles son las dudas, retos o necesidades recurrentes en tu comunidad. Usa encuestas, análisis de comentarios o interacciones en tus publicaciones para obtener información.
2. **Crea Contenido Relevante:**
   o Asegúrate de que cada publicación resuelva una pregunta específica o proporcione una guía clara. Usa formatos como infografías, videos explicativos o publicaciones paso a paso.
3. **Simplifica Información Compleja:**
   o Presenta los conceptos difíciles de manera sencilla y atractiva. Utiliza analogías, ejemplos prácticos y visuales claros para facilitar la comprensión.
4. **Ofrece Recursos Descargables:**
   o Diseña guías, plantillas o e-books que tu audiencia pueda guardar y usar. Esto también puede ser una oportunidad

para capturar correos electrónicos y construir una lista de contactos.

5. **Interactúa con tu Audiencia:**
   o   Invita a tus seguidores a hacer preguntas relacionadas con los temas que tratas. Responde directamente o crea nuevas publicaciones basadas en esas inquietudes.

Ejemplo práctico

Una marca de cosméticos naturales crea una serie de publicaciones educativas sobre el cuidado de la piel:

- **Infografía:** Cómo leer las etiquetas de productos cosméticos.
- **Video:** Los beneficios de usar ingredientes naturales para diferentes tipos de piel.
- **Post:** Un tutorial paso a paso sobre cómo hacer una rutina facial con sus productos.
- Terminan cada publicación con un CTA: "Descarga nuestra guía gratuita sobre cuidados para piel sensible aquí".

Consejos Brutales:

1. **Usa Formatos Evergreen:**
   Crea contenido que sea útil a largo plazo y pueda ser republicado con pequeñas actualizaciones. Esto asegura que siga generando valor continuamente.
2. **Colabora con Expertos:**
   Trabaja con especialistas o influencers de tu industria para agregar credibilidad y alcance a tu contenido educativo.
3. **Crea Series de Contenido:**
   Divide temas más amplios en varias publicaciones para mantener a tu audiencia interesada y esperando el próximo post.

Acción Inmediata:

Identifica un problema común en tu nicho y crea una publicación educativa que lo resuelva. Utiliza un formato visual atractivo y acompáñalo con una invitación clara para que tu audiencia se suscriba o siga tu página para obtener más consejos útiles.

Bloque 2: "Comunicación Emocional para Conectar y Persuadir"

Consejo 16: Publica Historias Inspiradas en Momentos Transformadores

¿Qué significa?

Este consejo se enfoca en compartir historias impactantes que destaquen cambios significativos, ya sea en la vida de tus clientes o en el desarrollo de tu marca. Estas narrativas deben mostrar cómo superaste desafíos, alcanzaste metas importantes o ayudaste a otros a transformar sus vidas.

¿Por qué es importante?

Las historias de transformación generan una conexión emocional profunda con tu audiencia. Demuestran que tu marca no solo vende productos o servicios, sino que también impulsa cambios positivos y significativos. Este tipo de contenido refuerza la autenticidad y fomenta la lealtad de los clientes.

¿Cómo hacerlo?

1. **Encuentra un Momento Clave:**
   Identifica eventos en los que tu marca o producto tuvo un impacto transformador. Esto puede incluir el éxito de un cliente, la superación de una crisis empresarial o un logro significativo.
2. **Estructura la Historia:**
   - **Inicio:** Presenta el problema o situación inicial.
   - **Desarrollo:** Explica cómo intervino tu marca y cuál fue el proceso de cambio.
   - **Desenlace:** Muestra el resultado transformador y cómo se alcanzaron los objetivos.
3. **Hazlo Visual:**
   Usa imágenes o videos para acompañar la historia. Esto puede

incluir "antes y después", gráficos de progreso o clips testimoniales.

4. **Sé Emocionalmente Auténtico:**
Humaniza la historia destacando los sentimientos de las personas involucradas. Esto hace que el contenido sea más relatable y memorable.

5. **Incluye un Llamado a la Acción:**
Invita a tu audiencia a ser parte de su propia historia transformadora utilizando tus productos o servicios.

Ejemplo práctico:
Si eres un coach de vida:

- Historia: Comparte cómo un cliente pasó de sentirse estancado profesionalmente a obtener un ascenso gracias a tus sesiones.
- Visual: Un video corto donde el cliente relata su experiencia y el impacto de tus servicios.
- Llamado a la Acción: "¿Estás listo para escribir tu propia historia de éxito? Reserva tu primera sesión hoy."

Consejos Brutales:

- **Usa Testimonios Reales:** Las historias verdaderas son más poderosas que cualquier narrativa inventada.
- **Sé Breve pero Impactante:** En redes sociales, menos es más. Usa subtítulos y gráficos para mantener la atención.
- **Enfócate en los Resultados:** Haz que los logros sean el núcleo de la historia.

Acción Inmediata:
Piensa en un cliente, evento o logro reciente que pueda inspirar a otros. Crea una publicación en formato visual (imagen o video) y compártela hoy mismo. Incluye un mensaje que motive a tu audiencia a reflexionar sobre su propio potencial de transformación.

Consejo 17: Diseña Contenidos Basados en Valores Compartidos por Tu Audiencia

¿Qué significa?

Este consejo se centra en identificar los valores fundamentales de tu audiencia y construir contenido que los refleje y resuene con ellos. Los valores compartidos pueden incluir temas como sostenibilidad, inclusión, educación o desarrollo personal.

¿Por qué es importante?

Cuando alineas tu mensaje con los valores de tu audiencia, creas un vínculo emocional más fuerte. Esto no solo aumenta la lealtad de los clientes, sino que también posiciona a tu marca como una que entiende y comparte sus ideales. En un mundo saturado de información, los valores auténticos son un diferenciador poderoso.

¿Cómo hacerlo?

1. **Investiga los Valores de tu Audiencia:**
   o Realiza encuestas o análisis de datos para comprender qué temas son importantes para ellos.
   o Observa tendencias en sus publicaciones y comentarios para identificar patrones.
2. **Define los Valores de tu Marca:**
   o Asegúrate de que los valores que promuevas sean consistentes con la identidad de tu marca.
3. **Crea Contenido Coherente:**
   o Diseña publicaciones que muestren cómo tus productos o servicios apoyan esos valores.
   o Utiliza narrativas, imágenes y videos que transmitan autenticidad.
4. **Involucra a tu Audiencia:**
   o Invita a tus seguidores a participar en campañas relacionadas con esos valores.
   o Usa hashtags y llamados a la acción que los animen a compartir sus propias experiencias.
5. **Mide el Impacto:**
   o Observa las métricas de interacción para evaluar si tu contenido está generando resonancia y compromiso.

Ejemplo práctico:
Si tu marca promueve la sostenibilidad:

- Publica historias de cómo tus productos utilizan materiales reciclados o procesos amigables con el medio ambiente.
- Comparte imágenes de clientes utilizando tus productos en entornos naturales.
- Llamado a la Acción: "¿Eres parte del cambio? Comparte tu experiencia con nosotros usando #SostenibilidadConEstilo."

Consejos Brutales:

- **Sé Genuino:** No promuevas valores que no practicas; tu audiencia lo notará.
- **Hazlo Parte de tu ADN:** No se trata solo de una publicación; tus valores deben reflejarse en todas las áreas de tu marca.
- **Crea Alianzas:** Colabora con influencers, marcas o causas que compartan tus valores para amplificar tu mensaje.

Acción Inmediata:
Elige un valor que sea esencial para tu audiencia y tu marca. Crea una publicación que lo celebre, ya sea con una historia, un dato interesante o una invitación a la acción. Comparte hoy y mide la respuesta para continuar afinando tu estrategia.

Consejo 18: Lanza Campañas Que Resalten Historias Humanas Reales

¿Qué significa?
Una campaña que se basa en historias humanas reales utiliza experiencias auténticas de personas para comunicar un mensaje poderoso. Estas historias pueden ser de tus clientes, empleados o miembros de tu comunidad y deben reflejar valores, logros o desafíos superados relacionados con tu marca.

¿Por qué es importante?
Las historias humanas tocan el corazón y la mente de las personas,

generando una conexión profunda. Esto construye confianza y empatía hacia tu marca, mientras que transmite credibilidad y autenticidad. Además, el contenido basado en experiencias reales es altamente compartible, lo que puede ampliar tu alcance de manera orgánica.

¿Cómo hacerlo?

1. **Encuentra Historias Inspiradoras:**
   - Habla con tus clientes para identificar experiencias significativas relacionadas con tu producto o servicio.
   - Investiga en tus interacciones en redes sociales para descubrir comentarios o testimonios impactantes.
2. **Involucra a los Protagonistas:**
   - Pide permiso a las personas para compartir sus historias. Involúcralas en el proceso para garantizar que su experiencia sea representada fielmente.
3. **Crea un Enfoque Visual Potente:**
   - Usa videos, fotografías y textos conmovedores que refuercen la emoción detrás de la historia.
   - Diseña un esquema narrativo claro: el desafío, la solución y el resultado positivo.
4. **Asocia la Historia con tu Marca:**
   - Muestra cómo tu producto, servicio o iniciativa contribuyó al resultado positivo de la historia.
5. **Amplifica el Mensaje:**
   - Publica estas historias en múltiples formatos y plataformas: redes sociales, blogs, correos electrónicos y anuncios pagados.
   - Usa hashtags personalizados para invitar a más personas a compartir sus experiencias similares.

Ejemplo práctico:
Si tu marca ofrece productos para el bienestar:

- Historia Real: Un cliente que mejoró su calidad de vida al usar tu producto.
- Publicación: "Conoce a Laura, quien transformó su rutina diaria y recuperó energía con nuestra ayuda. Descubre cómo tú también puedes lograrlo."

- Llamado a la Acción: "¿Tienes una historia similar? Compártela con nosotros usando #MiHistoriaDeBienestar."

Consejos Brutales:

- **No Fuerces la Narrativa:** Deja que las historias hablen por sí solas, evitando cualquier manipulación para hacerlas más impactantes.
- **Incluye Diversidad:** Asegúrate de que tus historias representen a una variedad de personas para conectar con diferentes segmentos de tu audiencia.
- **Invierte en Calidad:** Contrata fotógrafos o videógrafos si es necesario para capturar la esencia de las historias de manera profesional.

Acción Inmediata:
Hoy mismo, identifica una historia auténtica en tu comunidad o base de clientes. Contacta a la persona para obtener su permiso, escribe un borrador y diseña una publicación conmovedora para compartir en los próximos días.

Consejo 19: Publica Videos Que Destaquen Experiencias Emocionales Fuertes

¿Qué significa?
Este consejo se enfoca en crear videos que evoquen emociones profundas, como alegría, esperanza, inspiración o empatía. Estos videos conectan con la audiencia en un nivel humano, dejando una impresión duradera y motivándolos a interactuar con tu contenido.

¿Por qué es importante?
Las emociones son el motor de las decisiones humanas. Un video que despierta emociones fuertes es más memorable y tiene mayores probabilidades de ser compartido. Además, establece un vínculo emocional con tu audiencia, lo que fortalece la percepción positiva de tu marca.

¿Cómo hacerlo?

1. **Identifica la Emoción que Quieres Transmitir:**
   o Determina si tu video buscará inspirar, conmover, motivar o divertir.
   o Asegúrate de que esta emoción esté alineada con los valores de tu marca.
2. **Crea una Historia Visual:**
   o Usa un esquema narrativo claro: inicio, desarrollo y desenlace.
   o Asegúrate de que los personajes, escenarios y música refuercen la emoción que buscas transmitir.
3. **Aprovecha los Detalles Técnicos:**
   o Usa iluminación adecuada y colores que evoquen la emoción deseada.
   o Incorpora una banda sonora impactante que complemente el mensaje.
4. **Muestra Experiencias Reales o Relatables:**
   o Usa testimonios de clientes o recrea situaciones cotidianas con las que tu audiencia pueda identificarse.
5. **Incluye un Llamado a la Acción:**
   o Termina el video invitando a la audiencia a compartir sus propias experiencias, comentar o visitar tu página web.

Ejemplo práctico:
Si tu marca promueve productos ecológicos:

- Video: Una familia que transforma su hogar para ser más sostenible.
- Escenas: Niños plantando árboles, momentos felices usando productos ecológicos, y una reflexión sobre el impacto positivo.
- Mensaje final: "Un pequeño cambio puede hacer una gran diferencia. ¿Cuál será tu primer paso?"

Consejos Brutales:

- **No Subestimes el Silencio:** En algunos casos, pausas estratégicas o momentos de silencio pueden intensificar la emoción de una escena.

- **Mantén el Video Corto pero Intenso:** Los videos en redes sociales deben captar la atención en los primeros 3 segundos y no durar más de 90 segundos para maximizar el impacto.
- **Usa Microhistorias:** Si un video largo no es viable, crea una serie de videos cortos que juntos cuenten una historia más amplia.

Acción Inmediata:
Hoy, elige un tema emocional que resuene con tu audiencia y planifica un guion simple. Graba un video corto usando tu teléfono o herramientas básicas y edítalo con aplicaciones gratuitas como InShot o CapCut para añadir música y efectos emocionales. Publícalo esta semana.

Consejo 20: Crea Dinámicas Que Fomenten la Empatía Colectiva

¿Qué significa?
Diseñar dinámicas en redes sociales que inspiren a tu comunidad a ponerse en el lugar de los demás y a compartir historias que promuevan la comprensión, la solidaridad y el apoyo mutuo. Estas actividades fortalecen los lazos entre tus seguidores y posicionan tu marca como una fuerza positiva en la comunidad.

¿Por qué es importante?
La empatía es un poderoso conector emocional. Al fomentar dinámicas que refuercen este valor, generas un entorno donde tu marca se asocia con emociones positivas y auténticas. Además, aumenta la interacción entre los seguidores, lo que incrementa el alcance de tus publicaciones y refuerza tu reputación como una marca humana y comprometida.

¿Cómo hacerlo?

1. **Elige un Tema Universal:**
   - Identifica temas que despierten empatía, como la superación de desafíos, el apoyo en momentos difíciles o celebraciones de logros personales.

o   Asegúrate de que estén relacionados con los valores de tu marca.

2. **Diseña un Formato Interactivo:**
   o   Crea una campaña con hashtags que invite a los seguidores a compartir sus historias.
   o   Diseña encuestas o preguntas abiertas donde puedan expresar sus experiencias.

3. **Comparte Ejemplos Inspiradores:**
   o   Publica contenido que muestre ejemplos de empatía colectiva, ya sea a través de historias de tus clientes o de tu propio equipo.

4. **Involucra a la Comunidad:**
   o   Resalta las historias más significativas compartidas por tus seguidores.
   o   Organiza eventos virtuales, como charlas o mesas redondas, donde se compartan experiencias emotivas.

5. **Premia la Participación:**
   o   Ofrece incentivos a quienes participen activamente en la dinámica, como descuentos, menciones o productos exclusivos.

Ejemplo práctico:

- Campaña: "Historias de Empatía"
- Dinámica: Invita a tus seguidores a compartir historias de cómo ayudaron a alguien o fueron ayudados en momentos difíciles, usando el hashtag #EmpatíaQueInspira.
- Publicación inicial: "Todos tenemos una historia que merece ser escuchada. Comparte la tuya y celebremos juntos el poder de la empatía."

Consejos Brutales:

- **Sé el Ejemplo:** Comienza compartiendo una historia de empatía personal o de tu equipo para motivar a la comunidad a participar.
- **Crea Gráficos Emotivos:** Usa imágenes o videos que refuercen el mensaje emocional detrás de la campaña.
- **Evita la Superficialidad:** Asegúrate de que las dinámicas sean auténticas y significativas, no solo un intento de atraer atención.

Acción Inmediata:
Hoy mismo, diseña una publicación que introduzca una dinámica empática. Incluye una pregunta poderosa o un ejemplo personal que motive a tu audiencia a participar. Publica y monitoriza las interacciones para identificar historias destacadas que puedas compartir.

Consejo 21: Lanza Retos Basados en Historias Inspiradoras

¿Qué significa?
Los retos basados en historias inspiradoras son dinámicas en redes sociales que animan a tu audiencia a compartir experiencias significativas, logros personales o momentos de superación relacionados con el mensaje de tu marca. Estos retos no solo inspiran, sino que también fomentan un sentido de comunidad y propósito entre tus seguidores.

¿Por qué es importante?
Al conectar tu marca con historias reales e inspiradoras, humanizas tu contenido y creas una conexión emocional más profunda con tu audiencia. Este tipo de retos generan un alto nivel de interacción, aumentan el alcance orgánico y posicionan a tu marca como una fuente de motivación y apoyo.

¿Cómo hacerlo?

1. **Define un Tema Inspirador:**
   - Escoge un tema que resuene con los valores de tu marca y con las aspiraciones de tu audiencia. Ejemplo: "Superar límites", "Primera vez que lograste algo importante" o "Tu mayor lección en la vida".
2. **Crea un Hashtag Específico:**
   - Diseña un hashtag atractivo y fácil de recordar para agrupar todas las participaciones. Ejemplo: #MiHistoriaDeSuperación.
3. **Lanza el Reto con un Ejemplo:**

- Publica tu propia historia o la de alguien de tu equipo para animar a otros a compartir sus vivencias.
4. **Establece Incentivos:**
   - Ofrece premios simbólicos o menciones destacadas para motivar la participación. Asegúrate de que los incentivos estén alineados con los intereses de tu audiencia.
5. **Difunde las Mejores Historias:**
   - Selecciona las participaciones más inspiradoras y compártelas en tus perfiles, etiquetando a los autores y agradeciéndoles por participar.

Ejemplo práctico:

- Tema del reto: "Momentos que cambiaron tu vida".
- Publicación inicial: "Todos tenemos una historia que nos hizo más fuertes. Comparte la tuya con el hashtag #MiMomentoDeCambio y cuéntanos cómo superaste ese reto que parecía imposible."
- Incentivo: Las tres historias más impactantes serán destacadas en nuestras redes sociales y recibirán un regalo especial.

Consejos Brutales:

- **Promueve la Inclusión:** Asegúrate de que el reto sea accesible para toda tu audiencia, sin importar sus circunstancias.
- **Usa Formatos Diversos:** Permite que los participantes compartan sus historias a través de videos, textos o imágenes.
- **Responde y Conecta:** Interactúa con cada participación, agradeciendo y mostrando interés genuino en sus historias.

Acción Inmediata:
Hoy, diseña un post introductorio para el reto, incluyendo un tema inspirador y un ejemplo propio. Define un hashtag único y prepara un plan para compartir las historias más destacadas en los próximos días. Publica y observa cómo tu audiencia comienza a inspirarse mutuamente.

Consejo 22: Diseña Contenidos Que Resalten la Importancia de la Comunidad

¿Qué significa?

Este enfoque consiste en crear publicaciones que celebren, fortalezcan y destaquen el sentido de pertenencia y colaboración dentro de tu comunidad de seguidores. Resaltar la importancia de la comunidad implica reconocer las contribuciones de tus seguidores, fomentar la interacción entre ellos y reforzar los lazos emocionales que los unen a tu marca.

¿Por qué es importante?

Cuando tu audiencia siente que forma parte de algo más grande que ellos mismos, como una comunidad activa y valiosa, aumenta su lealtad hacia tu marca. Esto genera un impacto positivo en la interacción, las recomendaciones y, a largo plazo, en la fidelización. Además, una comunidad sólida crea un ecosistema donde los miembros se apoyan mutuamente y defienden tu marca de forma natural.

¿Cómo hacerlo?

1. **Crea Espacios de Interacción:**
   o Diseña publicaciones que incentiven la conversación entre seguidores. Por ejemplo:
   "¿Cuál es el mayor logro que has alcanzado este mes?"
   "Compártelo en los comentarios y celebra con nuestra comunidad".
2. **Destaca a Tus Seguidores:**
   o Publica historias o logros de tus seguidores como ejemplos de inspiración para el resto. Usa formatos como "Seguidor del mes" o "Historia destacada de la semana".
3. **Promueve Colaboraciones entre Miembros:**
   o Diseña dinámicas donde los seguidores trabajen juntos, como resolver un reto o participar en un concurso colaborativo.
4. **Celebra los Hitos de la Comunidad:**
   o Reconoce públicamente los logros colectivos, como alcanzar un número significativo de seguidores o completar un reto grupal.

5. **Usa Contenido Visual Atractivo:**
   - Comparte imágenes o videos que reflejen la diversidad y la unión de tu comunidad, reforzando el sentimiento de pertenencia.

Ejemplo práctico:

- Publicación: "Hoy queremos celebrar a nuestra increíble comunidad. Más de 10,000 personas se han unido para aprender, crecer y compartir. Gracias por ser parte de este viaje. Cuéntanos en los comentarios: ¿Qué es lo que más te gusta de nuestra comunidad? 🖤 #MiComunidadIncreíble."

Consejos Brutales:

- **Sé Consistente en el Reconocimiento:** No dejes que tus seguidores se sientan olvidados. Haz del reconocimiento una parte regular de tu estrategia.
- **Usa Encuestas y Preguntas:** Estas herramientas fomentan la participación activa y ayudan a recopilar ideas para futuros contenidos.
- **Fomenta la Diversidad y la Inclusión:** Asegúrate de que todos los miembros de tu comunidad sientan que tienen un lugar, sin importar sus diferencias.

Acción Inmediata:
Crea hoy mismo una publicación que reconozca a tu comunidad y destaque su valor. Usa imágenes auténticas y acompaña el post con una pregunta que invite a la interacción. Prepara un plan para compartir historias o logros de tus seguidores en las próximas semanas.

Consejo 23: Publica Historias Visuales Basadas en Superación de Retos

¿Qué significa?

Este consejo se centra en compartir historias visuales que destaquen cómo alguien ha superado un desafío relacionado con tu nicho o producto. Estas narrativas, acompañadas de imágenes o videos impactantes, inspiran a tu audiencia al mostrarles que los obstáculos pueden convertirse en éxitos.

¿Por qué es importante?

Las historias de superación generan una conexión emocional profunda. Ayudan a tu audiencia a visualizar su propia transformación y refuerzan la confianza en tu marca como una solución viable y empática. Además, este tipo de contenido suele ser muy compartido, ya que resuena tanto a nivel personal como colectivo.

¿Cómo hacerlo?

1. **Identifica Historias Relevantes:**
   o Busca ejemplos reales de clientes o usuarios que hayan superado un desafío importante gracias a tu producto o servicio.
2. **Utiliza Visuales de Alto Impacto:**
   o Combina imágenes del "antes" y "después", o incluye videos que ilustren el proceso de transformación.
3. **Estructura la Narrativa:**
   o Sigue una estructura clara: el reto inicial, las acciones tomadas (incluyendo cómo tu marca ayudó) y el resultado final.
4. **Sé Auténtico:**
   o Asegúrate de que las historias sean genuinas. La autenticidad es clave para generar credibilidad y confianza.
5. **Incluye una Llamada a la Acción:**
   o Al final de cada historia, invita a tu audiencia a compartir sus propios retos o a probar tu solución.

Ejemplo práctico:

- Publicación: "Conoce a Ana, una emprendedora que luchaba por equilibrar su vida personal y profesional. Gracias a nuestra app de gestión del tiempo, logró duplicar su productividad y ahora dedica más tiempo a lo que realmente importa: su familia. Tú también puedes transformar tu día a día. Descubre cómo en el enlace de nuestra bio. 🔑 ✦ #HistoriasDeSuperación."

Consejos Brutales:

- **Usa Historias con las que Tu Audiencia se Identifique:** Elige ejemplos que reflejen los retos comunes de tu público objetivo.
- **Acompaña las Historias con Testimonios:** Si es posible, incluye una cita directa de la persona protagonista para darle más credibilidad.
- **Invita a Participar:** Anima a tus seguidores a compartir sus propias historias usando un hashtag específico.

Acción Inmediata:
Busca un cliente o usuario que esté dispuesto a compartir su experiencia con tu producto o servicio. Prepara una publicación que cuente su historia usando imágenes o videos, y publícala esta semana. Acompáñala con un llamado a la acción que invite a otros a compartir sus retos y transformaciones.

Consejo 24: Lanza Dinámicas Que Inviten a Compartir Experiencias Personales

¿Qué significa?
Crear dinámicas que fomenten que tu audiencia comparta sus propias vivencias relacionadas con tu nicho o producto es una manera poderosa de generar engagement auténtico. Esto no solo crea contenido generado por el usuario (UGC), sino que también fortalece la relación entre tu marca y su comunidad.

¿Por qué es importante?
Las personas conectan profundamente con historias personales. Al

invitar a tu audiencia a compartir sus experiencias, estás creando un espacio de confianza y comunidad. Además, este tipo de dinámicas aumenta la visibilidad de tu marca, ya que las publicaciones de tus seguidores se convierten en una extensión de tu contenido.

¿Cómo hacerlo?

1. **Define el Tema de la Dinámica:**
   o Elige un tema que sea relevante para tu audiencia y esté relacionado con tu marca. Por ejemplo, "cuéntanos cómo lograste tu primer gran logro con la ayuda de X producto".
2. **Proporciona una Plantilla o Guía:**
   o Facilita el proceso ofreciendo una plantilla visual o preguntas guía que ayuden a tu audiencia a estructurar sus historias.
3. **Ofrece Incentivos:**
   o Motiva a los participantes ofreciendo un reconocimiento público, premios simbólicos o descuentos exclusivos.
4. **Promociona el Hashtag de la Dinámica:**
   o Crea un hashtag único y fácil de recordar para centralizar las participaciones y darle más alcance a la campaña.
5. **Comparte las Mejores Historias:**
   o Publica en tus propias redes las experiencias más emotivas, inspiradoras o creativas (con permiso de los participantes).

Ejemplo práctico:

- Dinámica: "¡Queremos saber tu historia! Cuéntanos cómo nuestro producto te ayudó a superar un reto personal. Usa el hashtag #MiTransformaciónCon[X] y etiqueta nuestra cuenta. Las mejores historias serán destacadas en nuestras redes y recibirán un regalo especial 🎁 ."

Consejos Brutales:

- **Hazlo Visual:** Invita a tu audiencia a incluir fotos o videos en sus publicaciones para hacerlo más impactante.

- **Involucra Influencers:** Colabora con microinfluencers que participen en la dinámica para inspirar a más personas a unirse.
- **Sé Activo en las Respuestas:** Comenta y comparte las publicaciones de los participantes para reforzar su compromiso.

Acción Inmediata:
Crea hoy una publicación anunciando tu nueva dinámica. Define el tema, el hashtag y las recompensas. Publica una historia o reel explicando cómo participar y motiva a tu audiencia a empezar a compartir.

Consejo 25: Publica Contenidos Inspirados en Momentos de Solidaridad

¿Qué significa?
Crear contenido que destaque actos de solidaridad, ya sea de tu marca, de tu comunidad o de un contexto más amplio, es una estrategia que conecta profundamente con las emociones de tu audiencia. Este tipo de publicaciones humanizan tu marca y generan un sentido de empatía y pertenencia.

¿Por qué es importante?
En un mundo donde las conexiones auténticas son altamente valoradas, mostrar solidaridad con causas sociales, iniciativas locales o eventos significativos puede fortalecer la imagen de tu marca. Además, fomenta la confianza y el respeto de tu audiencia al posicionarte como un actor comprometido y consciente.

¿Cómo hacerlo?

1. **Identifica Momentos de Solidaridad Relevantes:**
   o Busca eventos actuales, iniciativas comunitarias o historias personales que reflejen valores de solidaridad y generosidad.
2. **Participa Activamente en Causas Sociales:**

- Organiza campañas de recaudación de fondos, voluntariados o colaboraciones con ONGs. Documenta estas acciones y compártelas en tus redes.

3. **Crea Contenido Emocionalmente Impactante:**
   - Usa videos, imágenes o testimonios que transmitan el impacto positivo de las acciones solidarias.

4. **Invita a tu Audiencia a Participar:**
   - Involucra a tu comunidad invitándolos a ser parte de las iniciativas solidarias, ya sea compartiendo, donando o participando en actividades.

5. **Muestra Transparencia:**
   - Si estás recaudando fondos o donaciones, comunica claramente el destino y los resultados de las aportaciones.

Ejemplo práctico:

- Publicación: "En [marca] creemos en el poder de la comunidad. Por eso, este mes apoyamos la iniciativa [nombre de la causa], que busca llevar alimentos a familias en situación vulnerable. Únete a nosotros: por cada compra, donaremos un porcentaje para hacer la diferencia. 💚 #SolidaridadEnAcción"

Consejos Brutales:

- **Crea Historias Visuales:** Comparte videos cortos mostrando el impacto directo de las acciones solidarias en las personas beneficiadas.
- **Alía a Microinfluencers Locales:** Colabora con personas influyentes que compartan tus valores para amplificar el alcance de la iniciativa.
- **Haz Seguimiento de los Resultados:** Publica actualizaciones sobre el progreso y los logros obtenidos gracias al apoyo de tu comunidad.

Acción Inmediata:
Identifica una causa o historia relevante que resuene con los valores de tu marca. Crea un plan de contenido para destacarla en tus redes sociales durante esta semana e invita a tu comunidad a sumarse.

Consejo 26: Diseña Campañas Basadas en la Resiliencia de Tu Marca

¿Qué significa?
Las campañas basadas en resiliencia muestran cómo tu marca ha superado desafíos o adversidades, destacando su capacidad para adaptarse, innovar y crecer. Este enfoque fortalece la percepción de tu marca como confiable y resistente, incluso en tiempos difíciles.

¿Por qué es importante?
Compartir historias de resiliencia humaniza tu marca y genera empatía con tu audiencia. También inspira confianza, ya que muestra que tu empresa es capaz de enfrentar retos y salir fortalecida. Esto crea una conexión emocional con tu comunidad y les recuerda que estás ahí para ellos, incluso en momentos complejos.

¿Cómo hacerlo?

1. **Identifica Momentos de Desafío y Superación:**
   o Analiza eventos o etapas difíciles que tu marca haya enfrentado y cómo logró salir adelante.
2. **Crea una Narrativa Inspiradora:**
   o Diseña un relato que destaque los valores y decisiones que permitieron superar la adversidad.
3. **Usa Contenido Visual Impactante:**
   o Incluye videos, imágenes o gráficos que refuercen el mensaje de resiliencia.
4. **Integra la Participación de tu Comunidad:**
   o Invita a tus seguidores a compartir sus propias historias de resiliencia relacionadas con tu marca o producto.
5. **Enfatiza las Lecciones Aprendidas:**
   o Muestra cómo los desafíos fortalecieron tu marca y te permitieron ofrecer más valor a tu audiencia.

Ejemplo práctico:

- Publicación: "2020 fue un año de retos inimaginables. En [marca], enfrentamos desafíos que nos hicieron más fuertes y nos enseñaron a reinventarnos para seguir brindándote lo mejor.

Gracias a ti, seguimos creciendo juntos. ¿Qué te enseñó a ti ese año? 💪 #ResilienciaQueInspira"

Consejos Brutales:

- **Muestra el Proceso Completo:** Incluye desde el inicio del desafío hasta el momento en que lo superaste. Esto refuerza la autenticidad de tu historia.
- **Colabora con Empleados o Clientes:** Integra testimonios de personas que fueron parte de la experiencia y aportaron a la resiliencia de tu marca.
- **Apóyate en Datos:** Incluye estadísticas que respalden el impacto positivo de las decisiones tomadas durante el desafío.

Acción Inmediata:
Piensa en un momento significativo que tu marca haya superado. Escribe un guion que destaque los puntos clave de esa experiencia y diseña un contenido visual o narrativo para compartir en tus redes sociales esta semana.

Consejo 27: Lanza Encuestas Que Reflejen el Impacto de Tu Comunicación

¿Qué significa?
Las encuestas son herramientas poderosas para obtener feedback directo de tu audiencia. Lanzar encuestas que evalúen el impacto de tus mensajes, campañas y contenidos te ayuda a identificar qué está funcionando y qué aspectos necesitan mejoras.

¿Por qué es importante?
Conocer cómo percibe tu audiencia tu comunicación te permite ajustar tu estrategia para que sea más efectiva. Además, al involucrar a tu comunidad en este proceso, fomentas su participación activa y les haces sentir que sus opiniones importan, lo que fortalece la conexión con tu marca.

¿Cómo hacerlo?

1. **Define el Objetivo de la Encuesta:**
   o Determina si deseas evaluar una campaña específica, el tono de tus mensajes o la claridad de tus llamados a la acción.
2. **Elige Preguntas Clave:**
   o Céntrate en preguntas breves y claras, como:
     ▪ "¿Qué opinas del tono de nuestras publicaciones recientes?"
     ▪ "¿Nuestros mensajes son claros y fáciles de entender?"
     ▪ "¿Qué contenido te resulta más útil o inspirador?"
3. **Selecciona la Plataforma Adecuada:**
   o Usa herramientas como encuestas de Instagram, formularios en Google Forms o preguntas en Twitter.
4. **Haz la Encuesta Visualmente Atractiva:**
   o Incluye colores, gráficos y diseños que capten la atención de tu audiencia y les motiven a participar.
5. **Comparte los Resultados:**
   o Una vez recopilada la información, publica los resultados clave y explica cómo influirán en tus futuras estrategias.

Ejemplo práctico:

- Publicación en Instagram: "¡Queremos escuchar tu opinión! 😊 Responde nuestra encuesta y ayúdanos a mejorar nuestras publicaciones para ti. Tu voz importa. 🗣 Link en la bio. #FeedbackConectado"

Consejos Brutales:

- **Sé Transparente:** Comparte los resultados de la encuesta y agradece a los participantes. Esto refuerza la confianza en tu marca.
- **Premia la Participación:** Ofrece descuentos o regalos pequeños para incentivar a más personas a participar.

- **Usa la Información para Innovar:** Aplica los insights obtenidos para ajustar tu tono, contenido o estrategias de publicación.

Acción Inmediata:
Crea una encuesta breve y sencilla hoy mismo en tus redes sociales. Define una pregunta clave sobre tu comunicación y lanza la encuesta. Publica los resultados y las conclusiones la próxima semana.

Consejo 28: Genera Historias Basadas en Logros Humanitarios Reales

¿Qué significa?
Contar historias reales de logros humanitarios asociados a tu marca o a las comunidades con las que trabajas es una estrategia emocionalmente poderosa. Estas historias no solo inspiran, sino que también humanizan tu marca, destacando su compromiso con valores sociales y su impacto positivo en el mundo.

¿Por qué es importante?
En un entorno donde los consumidores valoran cada vez más el propósito detrás de las marcas, destacar tu impacto en causas humanitarias puede fortalecer la lealtad y confianza de tu audiencia. Estas historias no solo refuerzan tu reputación, sino que también motivan a otros a unirse a tus esfuerzos.

¿Cómo hacerlo?

1. **Identifica Logros Significativos:**
   - Busca proyectos o iniciativas en las que tu marca haya participado directamente o indirectamente. Por ejemplo, donaciones, voluntariado, apoyo a comunidades desfavorecidas, etc.
2. **Selecciona Historias Inspiradoras:**
   - Prioriza aquellas que resalten un impacto claro y significativo, como mejorar la calidad de vida de personas o resolver problemas urgentes.

3. **Involucra Testimonios Reales:**
   o   Incluye relatos de personas que se hayan beneficiado de estas acciones. Sus palabras añaden autenticidad y profundidad emocional.
4. **Usa Formatos Visuales:**
   o   Crea videos, infografías o galerías de fotos que muestren el antes y después, o momentos clave del proyecto.
5. **Crea un Llamado a la Acción:**
   o   Anima a tu audiencia a unirse a la causa mediante donaciones, participación activa o simplemente compartiendo la historia.

Ejemplo práctico:

- Video en redes sociales: "Con tu apoyo, logramos llevar agua potable a 50 familias en comunidades rurales. Mira cómo juntos hicimos la diferencia. 💧 🌍 #ImpactoReal #HumanidadEnAcción"

Consejos Brutales:

- **Asocia tu Marca a Causas Relevantes:** Trabaja con ONG o fundaciones que compartan tus valores para maximizar el impacto.
- **Sé Transparente con los Datos:** Muestra cifras y resultados claros para respaldar la historia y generar confianza.
- **Celebra los Pequeños Logros:** Aunque el impacto no sea masivo, cada contribución cuenta y puede ser el inicio de algo mayor.

Acción Inmediata:
Identifica un logro humanitario reciente relacionado con tu marca. Desarrolla una publicación que combine fotos o videos con un texto emotivo, y lanza la historia en tus redes esta misma semana. No olvides invitar a tu audiencia a ser parte de futuros esfuerzos.

Consejo 29: Publica Retos Que Inviten a Tu Comunidad a Inspirarse

¿Qué significa?

Crear retos en redes sociales que motiven a tu comunidad a reflexionar, compartir sus metas o incluso lograr pequeños objetivos personales, genera un vínculo emocional poderoso. Estos desafíos no solo conectan a tus seguidores entre sí, sino que también posicionan a tu marca como una fuente de inspiración y apoyo.

¿Por qué es importante?

Los retos motivadores generan interacción genuina, aumentan el alcance de tu contenido y refuerzan la percepción de tu marca como una entidad que fomenta el crecimiento personal y colectivo. Además, al inspirar a tu comunidad, se fortalecen los lazos emocionales y la fidelidad hacia tu marca.

¿Cómo hacerlo?

1. **Define un Propósito Claro:**
   o El reto debe tener un objetivo significativo, como fomentar el bienestar, la creatividad o el optimismo. Por ejemplo: "Comparte una foto de algo que te inspire todos los días durante una semana".
2. **Hazlo Accesible:**
   o Asegúrate de que el desafío sea fácil de entender y participar. La simplicidad fomenta la participación masiva.
3. **Usa un Hashtag Representativo:**
   o Crea un hashtag único y atractivo que identifique el reto. Esto permitirá a los participantes seguir y compartir sus publicaciones fácilmente.
4. **Proporciona Ejemplos:**
   o Publica tu propia participación o muestra ejemplos de otros para inspirar a tu audiencia a unirse.
5. **Destaca las Contribuciones de tu Comunidad:**
   o Reconoce públicamente a quienes se unan al reto. Esto puede ser con reposts, menciones o premios simbólicos.

Ejemplo práctico:

- **Reto "Tu Momento Inspirador":**
  "Comparte una foto o video de algo que te inspire profundamente usando el hashtag #MiMomentoInspirador. Publicaremos nuestras favoritas durante toda la semana. ✳ ✦ "

Consejos Brutales:

- **Involucra Influencers:** Invita a personas influyentes a participar primero para atraer más participantes.
- **Crea un Elemento Visual:** Diseña un gráfico atractivo que explique el reto para hacerlo más viral.
- **Ofrece un Premio Emocional:** Aunque no siempre sea tangible, un premio como reconocimiento público puede ser altamente motivador.

Acción Inmediata:
Hoy mismo, diseña un reto que fomente la inspiración entre tus seguidores. Define el hashtag, crea un post inicial con tu ejemplo y lanza el desafío. Promociónalo durante una semana para maximizar la participación.

Consejo 30: Diseña Contenidos Que Resalten el Impacto de las Relaciones Humanas

¿Qué significa?
Las relaciones humanas son una fuente inagotable de inspiración y conexión emocional. Diseñar contenidos que reflejen el poder de las conexiones interpersonales puede captar la atención de tu audiencia y reforzar valores como la empatía, la colaboración y el apoyo mutuo.

¿Por qué es importante?
Mostrar cómo tu marca fomenta o se beneficia de las relaciones humanas no solo humaniza tu negocio, sino que también crea un vínculo más

profundo con tu audiencia. Las personas se identifican con historias que reflejan sus propias experiencias de conexión y colaboración.

¿Cómo hacerlo?

1. **Cuenta Historias Inspiradoras:**
   o Relata cómo las relaciones, ya sea entre compañeros de equipo, clientes o comunidades, han generado un impacto positivo gracias a tu producto o servicio.
2. **Destaca el Trabajo en Equipo:**
   o Publica imágenes, videos o testimonios que reflejen el valor de trabajar juntos para alcanzar objetivos comunes.
3. **Crea Contenido Interactivo:**
   o Invita a tu audiencia a compartir cómo las relaciones personales o profesionales han transformado sus vidas, vinculando este tema con los valores de tu marca.
4. **Utiliza Imágenes que Evocan Calidez:**
   o Las fotos y videos que muestran abrazos, sonrisas o momentos de apoyo refuerzan la conexión emocional.
5. **Involucra a tu Comunidad:**
   o Organiza dinámicas que incentiven la colaboración, como proyectos grupales o eventos digitales donde puedan participar juntos.

Ejemplo práctico:

- **Campaña "Conexiones que Transforman":**
  Crea un video corto donde diferentes clientes o empleados compartan cómo sus relaciones se han fortalecido gracias a tu producto o servicio. Termina con un mensaje inspirador como: "Juntos, siempre somos más fuertes".

Consejos Brutales:

- **Explora Diferentes Formatos:** Desde videos emotivos hasta entrevistas con clientes, el formato puede ser tan diverso como lo permita tu creatividad.
- **Invita Historias Reales:** Ofrece a tu audiencia la oportunidad de contar cómo tu marca los ayudó a fortalecer una relación importante.

- **Integra una Llamada a la Acción:** Al final de cada contenido, anima a tu audiencia a etiquetar a alguien importante en sus vidas o a compartir sus propias historias.

Acción Inmediata:
Hoy mismo, diseña una publicación con una foto o video que celebre el impacto de una relación significativa, ya sea profesional o personal. Agrega un mensaje que invite a tu audiencia a compartir experiencias similares en los comentarios o con un hashtag.

Bloque 3: "Conquista de Audiencias y Segmentación Precisa"

Consejo 31: Realiza Encuestas Segmentadas para Conocer a Tu Público

¿Qué significa?
Una encuesta segmentada es una herramienta estratégica que permite recopilar información específica de diferentes grupos dentro de tu audiencia. Segmentar significa dividir a tus seguidores en categorías basadas en intereses, ubicación, edad, comportamientos o cualquier otro criterio relevante.

¿Por qué es importante?
Entender a tu audiencia a nivel profundo es clave para ofrecer contenido y productos que realmente resuenen con ellos. Las encuestas segmentadas te ayudan a identificar necesidades únicas y a adaptar tus estrategias para cada grupo, aumentando la conexión y la conversión.

¿Cómo hacerlo?

1. **Define los Segmentos Clave**
   Identifica los criterios más importantes para dividir tu audiencia, como edad, ubicación, intereses o nivel de interacción con tu marca.
2. **Crea Preguntas Relevantes para Cada Grupo**
   Adapta las preguntas a las características de cada segmento. Por ejemplo, pregunta sobre hábitos de consumo a compradores frecuentes y sobre preferencias de contenido a nuevos seguidores.
3. **Utiliza Herramientas de Encuestas**
   Plataformas como Google Forms, Typeform o encuestas en Instagram y Twitter te permiten crear y distribuir fácilmente encuestas segmentadas.

4. **Hazlas Breves y Atractivas**
   Mantén las encuestas cortas, con un diseño atractivo y lenguaje claro para motivar la participación.
5. **Ofrece Incentivos**
   Anima a tu audiencia a responder con descuentos, acceso exclusivo a contenido o sorteos.
6. **Analiza los Resultados y Actúa**
   Clasifica y analiza las respuestas por segmento para entender tendencias, necesidades y oportunidades de mejora. Usa estos datos para ajustar tus estrategias de marketing y producto.

Ejemplo práctico:
Si vendes productos de cuidado personal, crea una encuesta para hombres y otra para mujeres con preguntas específicas sobre hábitos de uso, preferencias de fragancias o necesidades de piel. Con esta información, lanza campañas personalizadas para cada segmento.

Consejos Brutales:

- **Personaliza la Distribución:** Envía las encuestas directamente a los segmentos, usando mensajes personalizados para aumentar la tasa de respuesta.
- **Realiza Encuestas Interactivas:** Usa encuestas dinámicas que cambien las preguntas en función de las respuestas previas.
- **Repite el Proceso Regularmente:** Las preferencias cambian. Programa encuestas cada trimestre para mantenerte actualizado.

Acción Inmediata:
Diseña una encuesta breve para uno de tus segmentos clave. Distribúyela en tus redes sociales o vía email, analiza los resultados y crea una acción específica basada en la información recopilada.

Consejo 32: Diseña Contenidos Basados en Hábitos Específicos de Tu Nicho

¿Qué significa?
Los hábitos específicos de tu nicho son patrones recurrentes de comportamiento que tu audiencia realiza de manera constante, como horarios de actividad en redes sociales, intereses comunes o preferencias de contenido. Diseñar contenido alineado con estos hábitos te permite conectar de forma más efectiva y generar mayor impacto.

¿Por qué es importante?
Cuando comprendes cómo actúa tu audiencia y adaptas tu contenido a sus rutinas y preferencias, maximizas la probabilidad de que interactúen contigo. Esto no solo aumenta la visibilidad, sino que también refuerza la relevancia de tu marca en su día a día.

¿Cómo hacerlo?

1. **Identifica los Hábitos Clave**
   Usa herramientas como Google Analytics, Instagram Insights o encuestas para identificar comportamientos comunes, como horarios de conexión, temas de interés o formatos favoritos (videos, imágenes, textos).
2. **Segmenta tu Audiencia**
   Divide a tus seguidores según sus hábitos. Por ejemplo, separa a quienes interactúan más por la mañana de aquellos que lo hacen por la noche.
3. **Crea Contenido Personalizado**
   Diseña publicaciones que se alineen con estos patrones. Si sabes que tu audiencia prefiere contenido educativo, comparte guías, tutoriales o listas prácticas.
4. **Sincroniza el Momento de Publicación**
   Programa tus publicaciones en los horarios en los que tu audiencia está más activa para maximizar el alcance y la interacción.
5. **Incorpora Formatos Recurrentes**
   Introduce series o segmentos regulares, como "Consejo de los Lunes" o "Tips para el Fin de Semana", que se adapten a los hábitos y expectativas de tu público.

6. **Mide y Ajusta**

   Analiza las métricas de cada contenido y ajusta en función de los resultados para optimizar la estrategia.

Ejemplo práctico:

Si tu nicho son profesionales que buscan mejorar su productividad, publica tips rápidos o herramientas útiles los lunes por la mañana, momento en el que suelen planificar su semana. Esto conecta con su necesidad de empezar bien la jornada laboral.

Consejos Brutales:

- **Explora los Microhábitos:** Identifica pequeños comportamientos específicos, como el uso de hashtags en comentarios o respuestas frecuentes, para ajustar detalles clave en tu estrategia.
- **Diseña Contenido Estacional:** Aprovecha los cambios de temporada o eventos relevantes para ofrecer contenido que se ajuste a los hábitos temporales de tu nicho.
- **Crea Encuestas Relámpago:** Usa encuestas en stories para descubrir hábitos emergentes y ajustar tus próximas publicaciones.

Acción Inmediata:

Revisa tus métricas y encuentra un patrón de horario o tipo de contenido que tenga mayor impacto. Diseña una publicación que se alinee con este hábito y prográmala para el momento óptimo.

Consejo 33: Lanza Campañas Exclusivas para Grupos Demográficos Clave

¿Qué significa?

Lanzar campañas exclusivas significa diseñar estrategias específicas dirigidas a segmentos particulares de tu audiencia, teniendo en cuenta características como edad, género, ubicación, ocupación o intereses. Esto te permite hablar directamente a sus necesidades, deseos y problemas únicos.

¿Por qué es importante?
Cuando te diriges a un grupo demográfico específico, tu mensaje se vuelve más relevante y personal. Esto aumenta la probabilidad de conversión y fortalece la relación con ese segmento, haciendo que se sientan comprendidos y valorados.

¿Cómo hacerlo?

1. **Segmenta Tu Audiencia**
   Usa herramientas de análisis como Facebook Audience Insights o Google Analytics para identificar subgrupos en tu audiencia principal. Por ejemplo, separa estudiantes universitarios de profesionales en activo.
2. **Crea Mensajes Personalizados**
   Adapta el tono, el lenguaje y el diseño de tus campañas según el grupo al que te diriges. Por ejemplo, un mensaje juvenil y divertido para adolescentes y un enfoque profesional para empresarios.
3. **Selecciona Canales Adecuados**
   Cada grupo demográfico prefiere ciertos canales. Por ejemplo, los jóvenes pueden estar más activos en TikTok, mientras que los profesionales usan LinkedIn.
4. **Diseña Ofertas Relevantes**
   Ajusta tus promociones para que se alineen con las prioridades de cada grupo. Por ejemplo, descuentos en tecnología para estudiantes o membresías exclusivas para emprendedores.
5. **Incluye Testimonios Relacionados**
   Utiliza casos de éxito o reseñas de personas que pertenezcan a ese grupo demográfico para generar confianza y conexión.
6. **Mide el Impacto**
   Analiza las métricas específicas de cada campaña para evaluar su efectividad y realizar ajustes en el futuro.

Ejemplo práctico:
Si tienes una marca de ropa deportiva, podrías diseñar una campaña enfocada en madres activas, destacando la comodidad y practicidad de tus prendas. Al mismo tiempo, puedes crear otra campaña para jóvenes universitarios, resaltando diseños modernos y funcionales.

Consejos Brutales:

- **Usa Datos Geográficos:** Lanza campañas específicas según regiones o ciudades, destacando valores o tradiciones locales que resuenen con el público.
- **Crea Experiencias Exclusivas:** Ofrece contenido, eventos o descuentos únicos que solo estén disponibles para el grupo objetivo, aumentando su percepción de valor.
- **Usa la Psicografía:** Además de datos demográficos, incluye características psicográficas como estilo de vida, valores o actitudes para una segmentación más profunda.

Acción Inmediata:
Selecciona uno de tus productos o servicios y define un grupo demográfico clave para promocionarlo. Diseña una publicación o anuncio específico y lanza una campaña dirigida solo a ese segmento.

Consejo 34: Publica Contenidos Adaptados a Diferentes Idiomas y Culturas

¿Qué significa?
Adaptar tus contenidos a diferentes idiomas y culturas consiste en ajustar tus mensajes para que resuenen con audiencias diversas, no solo lingüísticamente, sino también culturalmente. Esto implica traducir textos, rediseñar imágenes y reformular ideas para que sean culturalmente relevantes y respetuosas.

¿Por qué es importante?
En un mundo globalizado, es probable que tu marca atraiga a audiencias de diferentes regiones y antecedentes culturales. Al adaptar tus contenidos, no solo evitas malentendidos, sino que también demuestras empatía y compromiso hacia las necesidades específicas de cada grupo. Esto puede ayudarte a ampliar tu alcance y fortalecer la lealtad de los consumidores.

¿Cómo hacerlo?

1. **Investiga Tu Audiencia**
   Conoce los valores, tradiciones y preferencias culturales de las regiones o comunidades a las que deseas dirigirte.
2. **Contrata Traductores Expertos**
   Usa traductores humanos o servicios especializados para asegurarte de que tus mensajes no solo sean precisos, sino también culturalmente relevantes. Evita confiar únicamente en traductores automáticos.
3. **Rediseña Imágenes y Gráficos**
   Asegúrate de que las imágenes, colores y símbolos sean apropiados para el público objetivo. Por ejemplo, los colores tienen significados diferentes en cada cultura.
4. **Usa Tono y Estilo Adaptados**
   Ajusta el tono de tu comunicación según las normas culturales. Lo que funciona como humor en un país podría no ser bien recibido en otro.
5. **Adapta Ejemplos y Casos**
   Reemplaza referencias culturales que no sean universales. Por ejemplo, si mencionas deportes, usa ejemplos relevantes para el país objetivo.
6. **Colabora con Influencers Locales**
   Trabaja con creadores de contenido locales que entiendan el mercado y puedan ayudarte a comunicarte de manera efectiva.

Ejemplo práctico:
Si estás promocionando un curso de cocina, en un país hispanohablante podrías resaltar recetas tradicionales como tacos o paella. Mientras tanto, en una audiencia angloparlante, podrías enfocarte en recetas internacionales como macarrones con queso o curry tailandés.

Consejos Brutales:

- **Localiza en Lugar de Traducir:** No basta con traducir; adapta tu contenido para que se sienta local. Esto incluye la forma en que se presentan las fechas, medidas y precios.
- **Aprovecha Eventos Culturales:** Publica contenido alineado con celebraciones locales, como el Día de los Muertos en México o el Año Nuevo Lunar en Asia.

- **Escucha Feedback Local:** Permite que tu audiencia local te dé retroalimentación sobre lo que funciona y lo que no, y ajústate en consecuencia.

Acción Inmediata:
Selecciona un contenido ya existente y tradúcelo a un idioma relevante para un nuevo público objetivo. Adapta también las imágenes y mensajes para asegurarte de que conecten culturalmente con esa audiencia.

Consejo 35: Crea Encuestas Que Identifiquen Necesidades Emergentes

¿Qué significa?
Las encuestas son herramientas poderosas para interactuar con tu audiencia y recopilar información directamente de ellos. Diseñarlas para descubrir necesidades emergentes implica ir más allá de preguntas básicas, enfocándote en entender tendencias y problemas que aún no han sido totalmente abordados en tu nicho.

¿Por qué es importante?
Las necesidades emergentes representan oportunidades para innovar, adelantarte a la competencia y ofrecer soluciones que tu audiencia ni siquiera sabía que necesitaba. Una encuesta bien diseñada no solo te ayuda a detectar estas oportunidades, sino que también refuerza tu conexión con tu comunidad al demostrar interés en sus opiniones.

¿Cómo hacerlo?

1. **Define un Objetivo Claro**
   Antes de crear la encuesta, pregúntate qué información necesitas obtener. Por ejemplo, ¿buscas descubrir nuevas preferencias de productos o identificar problemas sin resolver?
2. **Mantén las Preguntas Simples y Directas**
   Usa lenguaje claro y evita preguntas confusas o demasiado largas. Las opciones de respuesta deben ser fáciles de entender y relevantes.

3. **Incluye Preguntas Abiertas y Cerradas**
   Mezcla preguntas de opción múltiple con algunas abiertas para obtener insights cualitativos. Ejemplo:
   - Pregunta cerrada: "¿Cuán satisfecho estás con los productos actuales del mercado?"
   - Pregunta abierta: "¿Qué característica te gustaría ver en futuros productos?"
4. **Usa Plataformas Digitales**
   Herramientas como Google Forms, Typeform o encuestas en redes sociales (Instagram Stories, Twitter Polls) te permiten llegar a un público amplio rápidamente.
5. **Ofrece un Incentivo**
   Atrae más participación ofreciendo un descuento, entrada a un sorteo o contenido exclusivo como agradecimiento por responder.
6. **Analiza los Resultados con Detalle**
   Revisa las respuestas y busca patrones o ideas recurrentes. Estas serán tu guía para desarrollar nuevas estrategias o productos.

Ejemplo práctico:
Si eres dueño de una tienda de ropa:

- Encuesta: "¿Qué tipo de prendas consideras esenciales para tu día a día?"
- Resultados: Si muchas personas mencionan la necesidad de ropa cómoda pero elegante para el teletrabajo, podrías desarrollar una línea específica para este propósito.

Consejos Brutales:

- **Mantén la Encuesta Breve:** No más de 5-10 preguntas para no aburrir a los participantes.
- **Personaliza las Encuestas:** Si tienes segmentos claros en tu audiencia, crea encuestas específicas para cada grupo.
- **Usa Preguntas de Escala:** Estas te ayudan a medir grados de interés o satisfacción, como "Del 1 al 5, ¿qué tan importante es la sostenibilidad en tus compras?".
-

Acción Inmediata:
Crea hoy una encuesta rápida de tres preguntas para tu audiencia en redes sociales, preguntando sobre sus preferencias o problemas actuales. Analiza las respuestas y planifica un contenido o producto que responda a esas necesidades.

Consejo 36: Publica Retos Temáticos Exclusivos para Subnichos

¿Qué significa?
Un reto temático es una campaña diseñada para involucrar y motivar a un grupo específico dentro de tu audiencia. Al centrarse en un subnicho, puedes personalizar el desafío para que sea más relevante y atractivo para ese segmento en particular, aumentando la participación y la conexión con tu marca.

¿Por qué es importante?
No todos los miembros de tu audiencia tienen los mismos intereses o necesidades. Adaptarte a los subnichos permite que tu marca sea percibida como más cercana y comprensiva. Además, los retos temáticos son ideales para generar comunidad, fidelizar seguidores y obtener contenido generado por usuarios.

¿Cómo hacerlo?

1. **Identifica un Subnicho Específico**
   Analiza tu audiencia y encuentra un grupo con intereses particulares. Por ejemplo, si tienes una marca de alimentos saludables, un subnicho podría ser personas interesadas en recetas rápidas para el trabajo.
2. **Define un Tema Relevante**
   Diseña el reto en torno a un tema que resuene con el subnicho. Ejemplo: "Crea almuerzos saludables en menos de 15 minutos" para el subnicho mencionado.
3. **Establece Duración y Reglas Claras**
   Mantén el reto breve y dinámico, entre 5 y 7 días, para

maximizar la participación. Explica cómo deben participar y qué deben compartir (fotos, videos, historias).

4. **Usa un Hashtag Exclusivo**
   Crea un hashtag único para centralizar el contenido del reto. Esto facilitará que los participantes encuentren inspiración en las publicaciones de otros.

5. **Proporciona Ejemplos o Guías Iniciales**
   Ayuda a los usuarios a empezar con publicaciones de muestra o plantillas que les den una idea clara de qué se espera.

6. **Ofrece un Incentivo**
   Motiva a tu audiencia con un premio atractivo para los participantes más creativos o comprometidos. Puede ser un descuento, producto exclusivo o reconocimiento público.

Ejemplo práctico:
Si tu marca vende accesorios de viaje, podrías lanzar un reto para los viajeros minimalistas:

- Tema: "Empaca para un fin de semana con solo una mochila".
- Hashtag: #ViajaLigeroChallenge.
- Incentivo: Una mochila de tu marca para la publicación más inspiradora.

Consejos Brutales:

- **Hazlo Visualmente Atractivo:** Crea gráficos y videos que expliquen el reto de manera clara y llamativa.
- **Interactúa con los Participantes:** Comenta, comparte y celebra las publicaciones de los usuarios para fomentar la comunidad.
- **Colabora con Influencers del Subnicho:** Involucra a personas influyentes para que promuevan el reto y aumenten su alcance.

Acción Inmediata:
Elige un subnicho de tu audiencia, define un tema relevante y crea un reto temático. Diseña una publicación anunciando el desafío e incluye instrucciones claras, el hashtag y el incentivo. Publica hoy mismo y observa cómo tu comunidad responde.

Consejo 37: Diseña Estrategias Basadas en Horarios de Mayor Consumo

¿Qué significa?

Las plataformas de redes sociales tienen momentos específicos en los que tu audiencia es más activa. Diseñar estrategias basadas en estos horarios implica optimizar tus publicaciones para aparecer cuando tus seguidores tienen más probabilidades de interactuar, aumentando la visibilidad y el impacto de tu contenido.

¿Por qué es importante?

Publicar en horarios estratégicos no solo incrementa el alcance de tu contenido, sino que también mejora las tasas de interacción y, en última instancia, las conversiones. Estar presente cuando tu audiencia está más activa asegura que tu mensaje no se pierda en el mar de publicaciones.

¿Cómo hacerlo?

1. **Analiza tus Métricas**
   Usa las herramientas analíticas de las plataformas sociales (como Instagram Insights, Facebook Analytics o Twitter Analytics) para identificar los días y horas con mayor actividad de tu audiencia.
2. **Segmenta por Zona Horaria**
   Si tienes una audiencia global, adapta tus horarios de publicación según las zonas horarias predominantes. Por ejemplo, si tu mayor público está en América Latina, publica según su horario local.
3. **Prueba Diferentes Momentos**
   Haz pruebas publicando en diferentes horas del día y días de la semana. Analiza el rendimiento para identificar los patrones más efectivos.
4. **Ajusta tu Contenido Según el Momento**
   Alinea tu mensaje con el contexto del horario. Por ejemplo, publicaciones inspiradoras por la mañana, contenido educativo al mediodía y mensajes relajantes o entretenidos por la noche.
5. **Programa tus Publicaciones**
   Usa herramientas de gestión de redes sociales como Hootsuite, Buffer o Later para programar publicaciones en los horarios clave, asegurando consistencia incluso si no puedes estar activo en esos momentos.

Ejemplo práctico:
Supongamos que administras una cuenta de recetas saludables. Al analizar tus métricas, descubres que tu audiencia está más activa los lunes a las 7:00 p. m. Publica contenido acorde, como:

- Un post titulado: "Recetas rápidas y saludables para comenzar la semana".
- Incluye un video o infografía con una receta fácil.

Consejos Brutales:

- **Apunta al Horario de Comida:** Si tu contenido está relacionado con alimentos, salud o estilo de vida, publica antes de las comidas principales.
- **Considera los Fines de Semana:** Muchas audiencias son más activas en redes sociales durante el sábado y el domingo. Aprovecha para compartir contenido aspiracional o educativo.
- **Mantente Flexible:** Las tendencias cambian, y los hábitos de tu audiencia también. Revisa tus métricas regularmente para adaptarte.

Acción Inmediata:
Analiza las métricas de la última semana en una de tus plataformas sociales. Identifica el horario con mayor interacción y programa tu próxima publicación para ese momento. Acompáñala con una llamada a la acción que motive a tus seguidores a interactuar.

Consejo 38: Lanza Dinámicas Que Fomenten la Inclusión de Todos los Grupos

¿Qué significa?
Las dinámicas inclusivas son actividades, retos o interacciones diseñadas para involucrar a todos los segmentos de tu audiencia, independientemente de su género, edad, cultura o habilidades. Estas estrategias crean un sentido de pertenencia y comunidad alrededor de tu marca.

¿Por qué es importante?

Fomentar la inclusión no solo mejora la percepción de tu marca como abierta y accesible, sino que también amplía tu alcance al atraer a una audiencia diversa. Las personas se sienten más conectadas con marcas que valoran y representan su identidad, lo que aumenta la fidelidad y las recomendaciones.

¿Cómo hacerlo?

1. **Conoce a Tu Audiencia**
   Realiza encuestas o revisa datos demográficos para identificar los diferentes grupos que conforman tu comunidad.
2. **Diseña Dinámicas Inclusivas**
   Crea actividades que puedan ser disfrutadas por todos. Por ejemplo, un reto de fotografía donde cada participante muestre su perspectiva única o un concurso que invite a compartir tradiciones locales.
3. **Usa un Lenguaje Neutral**
   Asegúrate de que los textos y descripciones de tus dinámicas no excluyan a nadie por género, edad o cultura.
4. **Representa la Diversidad en el Contenido**
   Al promocionar tus dinámicas, utiliza imágenes y ejemplos que reflejen a una audiencia diversa.
5. **Facilita la Participación**
   Asegúrate de que las reglas sean simples y que la actividad sea accesible para personas con diferentes habilidades o niveles de experiencia.

Ejemplo práctico:

Si tienes una marca de ropa, lanza una dinámica llamada:

- **"Estilo sin Fronteras"**
  Invita a tu comunidad a compartir fotos mostrando cómo combinan tus prendas según sus tradiciones culturales o estilos únicos. Premia a los participantes con mayor creatividad e interacción.

Consejos Brutales:

- **Colabora con Creadores Diversos:** Trabaja con influencers que representen diferentes grupos de tu audiencia para amplificar el alcance y la relevancia de tu dinámica.
- **Incluye Traducciones:** Si tu audiencia es internacional, ofrece contenido en varios idiomas para garantizar que todos puedan participar.
- **Resalta Historias Personales:** Publica las mejores participaciones destacando las historias detrás de cada una.

Acción Inmediata:
Diseña una dinámica sencilla y accesible que involucre a tu audiencia en un tema amplio, como "momentos felices". Publica una invitación abierta hoy mismo y destaca cómo planeas representar a todos los participantes en tus canales.

Consejo 39: Publica Historias Que Resalten el Valor de Tu Diversidad

¿Qué significa?
Destacar la diversidad significa mostrar cómo tu marca celebra y representa las múltiples identidades, culturas, estilos y perspectivas que existen dentro de tu audiencia y equipo. Esto puede incluir historias de clientes de diferentes orígenes, experiencias compartidas o cómo tus productos o servicios se adaptan a distintas necesidades.

¿Por qué es importante?
La diversidad fortalece la conexión emocional entre tu marca y tu audiencia. Ayuda a construir confianza y crea una imagen inclusiva que atrae a comunidades más amplias. Además, demuestra que valoras las diferencias y reconoces las necesidades únicas de cada individuo.

¿Cómo hacerlo?

1. **Encuentra Historias Reales**
   Identifica clientes, empleados o colaboradores que representen la diversidad que deseas mostrar.
2. **Haz Entrevistas Auténticas**
   Realiza preguntas que profundicen en sus experiencias, cómo llegaron a conocerte y cómo tu marca encaja en sus vidas.
3. **Usa Formatos Impactantes**
   Comparte estas historias en videos, carousels o reels, y asegúrate de incluir subtítulos para mejorar la accesibilidad.
4. **Conecta con Diferentes Comunidades**
   Publica las historias en espacios donde esas comunidades puedan sentirse reconocidas y valoradas.
5. **Involucra a Tu Audiencia**
   Invita a tus seguidores a compartir sus propias historias relacionadas con tu marca y cómo reflejan su identidad.

Ejemplo práctico:
Si tienes una marca de cosméticos, crea una serie llamada:

- **"Belleza sin Límites"**
  Cada semana, publica un video destacando a un cliente con una historia única: desde personas con pieles sensibles hasta quienes representan tradiciones culturales específicas.

Consejos Brutales:

- **Sé Coherente:** La diversidad no debe ser solo una campaña temporal; haz de esta estrategia un valor constante en tu comunicación.
- **Incluye Datos Visibles:** Resalta tu compromiso con la inclusión compartiendo estadísticas sobre la diversidad en tu equipo o la personalización de tus productos.
- **Evita Estereotipos:** Asegúrate de que tus historias no refuercen clichés, sino que celebren la individualidad y la autenticidad.

Acción Inmediata:
Escribe una publicación destacando una historia real de un cliente o colaborador que represente la diversidad de tu marca. Acompáñala con fotos o videos que refuercen el mensaje. Publica hoy mismo y anima a otros a compartir sus propias experiencias.

Consejo 40: Genera Contenidos Que Representen Necesidades Locales

¿Qué significa?
Crear contenido adaptado a las particularidades, intereses y necesidades de una región o comunidad específica. Esto incluye hablar de costumbres locales, eventos, problemas comunes y soluciones específicas.

¿Por qué es importante?
El contenido localizado genera una conexión inmediata con tu audiencia al demostrar que entiendes su entorno y desafíos. Esto no solo aumenta el engagement, sino que también posiciona tu marca como una que se preocupa y entiende a su comunidad.

¿Cómo hacerlo?

1. **Identifica las Necesidades Locales**
   Investiga qué temas son relevantes en tu región. Esto puede incluir eventos locales, problemas ambientales, costumbres culturales o cambios económicos.
2. **Colabora con Influencers Locales**
   Trabaja con personas influyentes de la comunidad para aumentar la credibilidad y visibilidad de tus mensajes.
3. **Adapta tu Mensaje**
   Usa el idioma, los modismos y las referencias locales en tus publicaciones. Esto ayuda a que el contenido sea más cercano y auténtico.
4. **Destaca tu Conexión con la Comunidad**
   Muestra cómo tu marca participa activamente en la comunidad local, ya sea a través de eventos, donaciones o campañas.

5. **Crea Contenidos Visuales Relevantes**
   Incluye imágenes, videos o gráficos que reflejen elementos
   visuales reconocibles de la región, como paisajes, edificios
   emblemáticos o tradiciones.

Ejemplo práctico:
Si estás en Cádiz y vendes productos sostenibles:

- Publica contenido relacionado con la importancia de preservar
  las playas locales.
- Ejemplo de post: "Cada botella reutilizable que compras ayuda a
  mantener las playas de Cádiz libres de plástico. Juntos, podemos
  hacer una diferencia local."

Consejos Brutales:

- **Saca Provecho de Festividades Locales:** Relaciona tus
  productos o servicios con eventos tradicionales o celebraciones
  populares.
- **Muestra tu Compromiso Ambiental o Social:** Destaca cómo tu
  marca responde a desafíos específicos de la comunidad, como
  sostenibilidad o apoyo a pequeños negocios.
- **Cuenta Historias Locales:** Comparte historias inspiradoras de
  personas de la región y cómo tu marca las ha ayudado.

Acción Inmediata:
Investiga un tema local relevante y crea un post visual o narrativo que
aborde este tema mientras destaca cómo tu marca se conecta con la
comunidad. Publica hoy mismo y mide la respuesta de tu audiencia.

Consejo 41: Lanza Campañas Centradas en Intereses Específicos del Cliente Ideal

¿Qué significa?
Diseñar campañas que hablen directamente a los intereses, hobbies y
preocupaciones específicas de tu cliente ideal, asegurándote de que el
mensaje resuene profundamente con ellos.

¿Por qué es importante?

Las personas responden mejor cuando sienten que el mensaje está hecho a su medida. Conectar a este nivel aumenta las tasas de interacción, la confianza en tu marca y, en última instancia, las conversiones.

¿Cómo hacerlo?

1. **Define el Perfil de tu Cliente Ideal**
   Usa datos demográficos, psicográficos y comportamientos para entender qué motiva a tu audiencia. Por ejemplo, si tu cliente ideal es un joven deportista, su interés principal podría ser optimizar su rendimiento físico.
2. **Crea Segmentos Personalizados**
   Divide a tu audiencia en segmentos más pequeños según intereses compartidos. Esto te permite crear mensajes altamente relevantes.
3. **Utiliza Historias Relacionadas**
   Cuenta historias que reflejen los intereses o aspiraciones de tu cliente ideal. Por ejemplo, si vendes equipos de camping, muestra la experiencia de alguien disfrutando de una aventura al aire libre.
4. **Aprovecha Herramientas de Publicidad**
   Usa plataformas como Facebook Ads o Google Ads para dirigir tus campañas a segmentos específicos. Estas herramientas permiten seleccionar intereses detallados para maximizar la precisión.
5. **Usa Visuales Atractivos y Relevantes**
   Asegúrate de que las imágenes, videos o infografías reflejen el estilo de vida y los intereses de tu cliente ideal.

Ejemplo práctico:

Si tu cliente ideal son padres jóvenes:

- Lanza una campaña que destaque cómo tus productos o servicios ayudan a simplificar su vida diaria.
- Ejemplo de post: "Sabemos que ser papá es un reto. Por eso creamos esta solución para hacer tus días más fáciles y disfrutar más tiempo con tu familia."

Consejos Brutales:

- **Pregunta Directamente:** Realiza encuestas en redes sociales para descubrir qué quieren o necesitan tus clientes. Usa esta información para afinar tus campañas.
- **Colabora con Influencers de Nicho:** Trabaja con personas influyentes que compartan los intereses de tu cliente ideal.
- **Destaca los Beneficios Personales:** Muestra cómo tu producto o servicio resuelve un problema o mejora la vida del cliente ideal de manera tangible.

Acción Inmediata:
Elige uno de tus productos o servicios y piensa en un interés específico de tu cliente ideal. Diseña un anuncio o publicación que conecte con ese interés y publícalo hoy mismo, optimizando los hashtags o las audiencias en las plataformas.

Consejo 42: Diseña Retos Basados en Problemas Comunes Segmentados

¿Qué significa?
Crear retos específicos que aborden problemas o necesidades compartidas por un grupo segmentado de tu audiencia. Estos retos no solo resuelven problemas, sino que también fomentan la interacción y el compromiso con tu marca.

¿Por qué es importante?
Los retos generan un sentido de comunidad y motivan a los participantes a actuar. Además, segmentarlos según problemas comunes asegura que sean relevantes y efectivos para un público determinado, aumentando su impacto.

¿Cómo hacerlo?

1. **Identifica Problemas Frecuentes en tu Segmento**
   Analiza las preguntas y quejas recurrentes de tu audiencia.

Por ejemplo, si tu público son emprendedores, podrían enfrentarse al desafío de organizar su tiempo de manera eficiente.

2. **Crea un Reto Específico y Alcanzable**
   Diseña un reto con pasos claros y un objetivo final concreto. Por ejemplo, "Organiza tu semana en 3 días con este plan efectivo".

3. **Ofrece Recursos y Herramientas**
   Proporciona guías, plantillas o videos para ayudar a los participantes a completar el reto. Esto también posiciona tu marca como una fuente confiable de soluciones.

4. **Incentiva la Participación Activa**
   Usa hashtags únicos y anima a los participantes a compartir sus avances y resultados en redes sociales. Ofrece recompensas simbólicas o tangibles, como menciones especiales o descuentos exclusivos.

5. **Genera Comunidad en Torno al Reto**
   Crea un espacio donde los participantes puedan interactuar, como un grupo en Facebook o una sección de comentarios activa en tus publicaciones.

Ejemplo práctico:
Si vendes productos de bienestar, puedes lanzar un reto de 7 días para mejorar la hidratación.

- Título: "Reto 7 Días de Hidratación Perfecta".
- Objetivo: Beber 2 litros de agua al día durante una semana y compartir cómo se sienten.
- Herramienta: Una tabla descargable para registrar el progreso diario.

Consejos Brutales:

- **Adapta el Reto a Diferentes Segmentos:** Crea versiones del mismo reto para distintos nichos. Por ejemplo, un reto de productividad puede adaptarse a estudiantes, emprendedores o trabajadores remotos.
- **Haz que sea Divertido:** Usa elementos de gamificación, como puntos o niveles, para mantener el interés.
- **Mide el Impacto:** Al final del reto, recopila comentarios para entender cómo benefició a tu audiencia y mejora futuros retos.

Acción Inmediata:
Selecciona un problema recurrente de un segmento de tu audiencia.
Diseña un reto de corta duración que lo aborde y publica un post
promocionándolo con instrucciones claras. Acompaña con un hashtag
único para rastrear la participación.

Consejo 43: Publica Contenidos Adaptados a las Prioridades de Tu Público

¿Qué significa?
Tus publicaciones deben reflejar lo que realmente le importa a tu
audiencia. Esto significa comprender sus necesidades, metas y
preocupaciones, y adaptar tu contenido para que responda directamente a
ellas.

¿Por qué es importante?
El contenido genérico no resuena con una audiencia específica. Al
centrarte en las prioridades de tu público, demuestras que los entiendes,
lo que fortalece tu conexión emocional con ellos y aumenta las
posibilidades de que interactúen, compartan y se conviertan en clientes
fieles.

¿Cómo hacerlo?

1. **Investiga a Fondo tu Audiencia**
   Usa encuestas, comentarios y análisis de interacciones para
   descubrir qué es lo más importante para ellos. Pregúntales
   directamente cuáles son sus prioridades actuales.
2. **Segmenta a Tu Público**
   Agrupa a tu audiencia según sus intereses o necesidades. Por
   ejemplo, un gimnasio podría identificar grupos interesados en
   pérdida de peso, aumento de masa muscular o bienestar general.
3. **Adapta Mensajes a Cada Grupo**
   Usa un tono y enfoque específico para cada segmento. Si hablas
   de productividad para emprendedores, tu contenido podría
   destacar "ganar tiempo para escalar tu negocio", mientras que

para estudiantes podrías enfocarte en "organizar mejor tus estudios".

4. **Crea Series Temáticas**

   Diseña publicaciones que exploren en profundidad los temas clave para cada segmento. Por ejemplo, una serie de posts sobre cómo optimizar el tiempo, desde estrategias generales hasta herramientas específicas.

5. **Usa Formatos que Resalten las Prioridades**

   Utiliza listas, gráficos y videos que simplifiquen la información y hagan que sea fácil de consumir. Si tu público busca información rápida, prioriza contenido breve pero impactante.

Ejemplo práctico:

Si tu público está compuesto por nuevos padres interesados en educación infantil, podrías publicar:

- Infografías: "5 maneras fáciles de estimular la creatividad en niños menores de 3 años".
- Videos cortos: Testimonios de padres que implementaron tus consejos con éxito.
- Encuestas: "¿Qué tema educativo te gustaría que abordemos la próxima semana?".

Consejos Brutales:

- **Habla con Datos Reales:** Incluye estadísticas y estudios relevantes para respaldar tus puntos. Esto te posiciona como una fuente confiable.
- **Aprovecha las Tendencias:** Identifica si las prioridades de tu audiencia coinciden con temas en tendencia. Esto amplifica el alcance y el interés.
- **Revisa y Ajusta:** Monitorea qué tipo de contenido obtiene mayor interacción y ajusta tu estrategia constantemente.

Acción Inmediata:

Revisa tu última publicación más exitosa y analiza qué prioridad de tu público abordó. Usa este análisis para crear una nueva publicación que profundice en esa misma prioridad, pero desde un ángulo diferente.

Consejo 44: Lanza Encuestas para Conocer Barreras Comunes de Entrada

¿Qué significa?
Las barreras de entrada son los obstáculos que impiden que tu público tome acción, como comprar un producto, registrarse en un servicio o interactuar con tu contenido. Lanzar encuestas te permite identificar esas barreras directamente desde la fuente: tu audiencia.

¿Por qué es importante?
Cuando entiendes qué frena a tus clientes, puedes ajustar tus estrategias para eliminar esos obstáculos. Esto no solo aumenta las conversiones, sino que también mejora la experiencia del cliente y refuerza la percepción positiva de tu marca.

¿Cómo hacerlo?

1. **Diseña Preguntas Específicas**
   Formula preguntas claras que aborden posibles problemas, como:
   - "¿Qué te detiene al comprar productos en línea?"
   - "¿Qué consideras más complicado al usar este tipo de servicio?"
2. **Usa Formatos Atractivos**
   Haz que las encuestas sean breves y visualmente atractivas. Usa plataformas como Instagram Stories, encuestas de Google Forms o herramientas integradas en tus redes sociales.
3. **Ofrece Incentivos**
   Motiva la participación ofreciendo descuentos, acceso exclusivo a contenido o sorteos entre quienes respondan.
4. **Segmenta las Encuestas**
   Envía preguntas diferentes según las características de tus audiencias. Esto asegura que obtengas datos más relevantes y útiles.
5. **Analiza las Respuestas con Detalle**
   Agrupa las respuestas por tema y prioriza las barreras más mencionadas. Esto te dará un enfoque claro sobre qué aspectos necesitan atención inmediata.
6. **Comunica Soluciones**
   Una vez que tengas la información, crea contenido que aborde

directamente las barreras identificadas. Por ejemplo, si tu público menciona dudas sobre seguridad en compras online, publica una guía sobre cómo tu sitio garantiza protección.

Ejemplo práctico:
Si tienes un negocio de cursos online y descubres que muchos mencionan "falta de tiempo" como una barrera:

- Solución: Promueve la flexibilidad de tus cursos con mensajes como: "Aprende en tu tiempo libre, sin horarios rígidos".
- Publicación: Crea un video de 15 segundos que muestre cómo alguien logra aprender mientras realiza tareas diarias.

Consejos Brutales:

- **Actúa Rápido:** Una vez identifiques una barrera, aborda el problema lo antes posible para evitar que afecte tus resultados.
- **Sé Transparente:** Comparte los resultados de la encuesta y cómo planeas solucionarlos. Esto genera confianza y refuerza tu conexión con la audiencia.
- **Prueba Diferentes Formatos:** Experimenta con encuestas abiertas y opciones de respuesta múltiple para obtener información desde diferentes ángulos.

Acción Inmediata:
Lanza una encuesta hoy en tus redes sociales con dos preguntas clave sobre posibles barreras. Por ejemplo:

1. "¿Qué te detiene al probar [tu producto/servicio]?"
2. "Si pudieras cambiar algo de nuestra experiencia, ¿qué sería?"

Monitorea las respuestas y utiliza esta información para crear contenido que ataque directamente esas barreras.

Consejo 45: Crea Historias Visuales Que Destaquen Experiencias Segmentadas

¿Qué significa?

Las experiencias segmentadas son historias diseñadas específicamente para diferentes grupos dentro de tu audiencia. En lugar de usar un enfoque general, destacas ejemplos únicos que resuenen con las necesidades, intereses y aspiraciones de cada segmento.

¿Por qué es importante?

Cada cliente es diferente, y las historias visuales personalizadas ayudan a que cada segmento se sienta comprendido y valorado. Esto genera conexiones emocionales más fuertes, fomenta la lealtad y mejora significativamente las tasas de conversión.

¿Cómo hacerlo?

1. **Identifica tus Segmentos Principales**
   Usa datos demográficos, comportamientos e intereses para dividir tu audiencia en grupos relevantes. Ejemplos comunes:
   - **Por edad:** Millennials, generación Z.
   - **Por intereses:** Deportistas, emprendedores.
   - **Por ubicación:** Urbano, rural.
2. **Encuentra Historias Representativas**
   Recopila casos reales o crea escenarios hipotéticos que reflejen las necesidades de cada segmento. Por ejemplo:
   - Un video para mamás trabajadoras mostrando cómo ahorrar tiempo usando tu producto.
   - Imágenes que resalten cómo tu servicio ayuda a estudiantes a organizarse mejor.
3. **Crea Contenido Visual Específico**
   Usa herramientas como Canva o Adobe Express para diseñar gráficos, infografías o videos que representen claramente las experiencias de cada segmento.
4. **Usa Lenguaje y Estilo Adaptado**
   Adapta los tonos y estilos de comunicación. Habla de forma directa y cercana al segmento al que te diriges.
5. **Publica en Canales Segmentados**
   Asegúrate de que cada historia visual se muestre en los canales

más frecuentados por ese segmento. Por ejemplo: TikTok para la generación Z, LinkedIn para profesionales.

6. **Involucra a tu Audiencia**
   Invita a tus seguidores a compartir sus experiencias relacionadas con tu marca. Destaca las mejores en tus redes, generando una comunidad participativa y auténtica.

Ejemplo práctico:
Si vendes ropa deportiva:

- **Segmento 1: Atletas profesionales.**
  Crea un video mostrando cómo tu ropa mejora el rendimiento en competiciones.
- **Segmento 2: Deportistas ocasionales.**
  Diseña una serie de imágenes que destaquen la comodidad para ejercicios casuales.

Consejos Brutales:

- **Haz Encuestas Previas:** Pregunta a tu audiencia sobre sus intereses y retos antes de crear contenido segmentado. Esto asegura que las historias sean más relevantes.
- **Incluye Diversidad Real:** Destaca personas con diferentes edades, culturas y estilos de vida para conectar con una audiencia más amplia.
- **Aplica Datos en Tiempo Real:** Usa herramientas de análisis para medir qué segmentos interactúan más con las historias y ajusta tu estrategia en consecuencia.

Acción Inmediata:
Hoy mismo, elige uno de tus segmentos clave y crea una historia visual breve adaptada a sus necesidades. Publica este contenido en el canal donde más se encuentran y mide la interacción que genera.

Bloque 4: "Creatividad Imparable para Deslumbrar y Capturar"

Consejo 46: Publica Infografías que Simplifiquen Datos Complejos

¿Qué significa?

Una infografía es una representación visual de datos o información diseñada para comunicar ideas de manera clara, atractiva y rápida. Simplificar conceptos complejos mediante gráficos, colores y texto breve no solo mejora la comprensión, sino que también incrementa el interés de tu audiencia.

¿Por qué es importante?

El contenido visual se procesa mucho más rápido que el texto, y las infografías tienen un potencial inmenso para captar la atención en redes sociales. Además, ayudan a que tu audiencia retenga la información con mayor facilidad, lo que te posiciona como una fuente valiosa de conocimiento en tu industria.

¿Cómo hacerlo?

1. **Selecciona un Tema Relevante:**
   - Elige un tema que sea importante para tu audiencia y que pueda beneficiarse de una representación visual. Por ejemplo, estadísticas, procesos paso a paso o comparaciones.
2. **Organiza la Información:**
   - Divide el contenido en secciones claras. Usa encabezados cortos y datos clave que sean fáciles de entender de un vistazo.

3. **Usa Herramientas de Diseño:**
   o Plataformas como Canva, Visme o Adobe Express ofrecen plantillas prediseñadas para crear infografías profesionales sin necesidad de habilidades avanzadas en diseño gráfico.
4. **Incorpora Colores y Tipografías Coherentes:**
   o Mantén la coherencia visual utilizando los colores y fuentes de tu marca. Asegúrate de que el texto sea legible y el diseño atractivo.
5. **Incluye un Llamado a la Acción:**
   o Al final de la infografía, invita a tu audiencia a interactuar: "Comparte si esto te ayudó", "Descarga la guía completa" o "Déjanos tus dudas en los comentarios".

Ejemplo práctico

Una empresa de alimentación saludable publica una infografía sobre "Los beneficios de las semillas de chía":

- **Sección 1:** Datos nutricionales con gráficos de barras.
- **Sección 2:** Beneficios clave explicados con iconos simples (por ejemplo, "mejora la digestión" junto a un icono de estómago).
- **Sección 3:** Una receta visual rápida usando semillas de chía.
- **CTA final:** "Guarda esta publicación para tus recetas saludables."

Consejos Brutales:

1. **Crea Infografías Verticales:**
   Diseña en formato vertical, ya que es más adecuado para dispositivos móviles, donde se consume la mayoría del contenido en redes sociales.
2. **Agrega Elementos Interactivos:**
   Si la plataforma lo permite, convierte tu infografía en un contenido interactivo donde los usuarios puedan hacer clic en diferentes partes para obtener más detalles.
3. **Optimiza para Compartir:**
   Incluye el logo de tu marca y un enlace a tu sitio web para que incluso si la infografía se comparte fuera de tus redes, siga siendo reconocida como tuya.

Acción Inmediata:
Hoy mismo, elige un tema clave de tu industria y diseña una infografía básica utilizando una herramienta gratuita. Publica el contenido acompañado de una breve descripción y observa cómo tu audiencia responde.

Consejo 47: Diseña Campañas de Gamificación que Enamoren a Tu Audiencia

¿Qué significa?
La gamificación consiste en aplicar elementos y dinámicas de juego en contextos no lúdicos, como campañas de marketing, para incentivar la participación y el compromiso. Estos elementos pueden incluir recompensas, niveles, retos, puntuaciones o premios que hagan que la experiencia de tu audiencia sea divertida y memorable.

¿Por qué es importante?
Incorporar gamificación en tus campañas en redes sociales aumenta el engagement y motiva a los usuarios a interactuar más con tu contenido. Las experiencias gamificadas generan una conexión emocional con tu marca, transformando a tus seguidores en participantes activos y aumentando la probabilidad de conversión.

¿Cómo hacerlo?

1. **Define un Objetivo Claro:**
   o Decide si buscas aumentar seguidores, fomentar la interacción, recopilar datos o promocionar un producto. Esto guiará el diseño de tu campaña.
2. **Crea una Dinámica Atractiva:**
   o Diseña un juego o reto relacionado con tu producto o servicio. Por ejemplo, un cuestionario interactivo, un concurso de fotos o un desafío de creatividad.
3. **Ofrece Recompensas Valiosas:**
   o Los premios pueden ser descuentos, productos exclusivos, menciones destacadas o acceso anticipado a lanzamientos. Asegúrate de que el premio sea atractivo y relevante para tu audiencia.
4. **Facilita la Participación:**

- o Mantén las reglas claras y simples. Evita procesos complicados que puedan desmotivar a los usuarios.

5. **Promueve el Sentido de Competencia:**
   - o Usa tablas de clasificación o avances en tiempo real para incentivar la participación y crear un sentido de urgencia.

6. **Utiliza Herramientas Adecuadas:**
   - o Plataformas como Easypromos o Woobox pueden ayudarte a diseñar y gestionar dinámicas gamificadas de manera profesional.

Ejemplo práctico

Una marca de café lanza un reto llamado "Diseña tu taza perfecta":

- Los participantes deben crear un diseño para una taza de café y publicarlo en Instagram usando un hashtag específico.
- Los diseños más votados recibirán un set de café premium y sus tazas serán producidas y vendidas por la marca.
- La campaña incluye niveles de interacción, como votaciones y comentarios en tiempo real, para mantener el interés activo.

Consejos Brutales:

1. **Aprovecha las Historias de Instagram:**
   Usa funciones como encuestas, preguntas y deslizadores de emojis para integrar dinámicas rápidas y sencillas que enganchen a tu audiencia.

2. **Crea Niveles de Participación:**
   Diseña una campaña con varios niveles o etapas. Por ejemplo, empieza con preguntas simples y avanza hacia retos más desafiantes para premiar la constancia.

3. **Involucra a Embajadores de Marca:**
   Colabora con influencers o microinfluencers para que participen en la campaña y motiven a su audiencia a unirse.

Acción Inmediata:

Diseña un reto simple para tu audiencia. Por ejemplo, un concurso de fotos relacionado con tu marca. Define las reglas, el premio y el hashtag, y lánzalo en tus redes sociales. Mide el nivel de participación y ajusta para futuras campañas.

Consejo 48: Genera Videos Cortos de Alto Impacto Visual

¿Qué significa?
El contenido corto es aquel que se presenta en un formato breve y directo, ideal para plataformas donde los usuarios consumen información rápidamente, como Instagram Stories, TikTok, Twitter, y YouTube Shorts. Este tipo de contenido se enfoca en captar la atención en pocos segundos y transmitir un mensaje claro, conciso y atractivo.

¿Por qué es importante?
Las personas tienen tiempos de atención cada vez más cortos, lo que hace que estos vídeos sean muy efectivos. Además, las plataformas visuales favorecen el contenido corto debido a su facilidad de consumir, compartir y generar interacciones rápidas, con lo que aumentan las posibilidades de viralización. Si logras captar la atención de tu audiencia rápidamente, estarás en el camino correcto para generar más interacción y, a su vez, más conversiones.

¿Cómo hacerlo?

1. **Céntrate en un Mensaje Clave:**
   o Define un único objetivo o mensaje para cada video, como destacar un beneficio del producto, contar una microhistoria o lanzar una promoción.
2. **Captura la Atención en los Primeros 3 Segundos:**
   o Usa elementos visuales impactantes, textos llamativos o sonidos que conecten de inmediato con la audiencia.
3. **Mantén el Ritmo Ágil:**
   o Evita pausas largas o transiciones lentas. Cambia de escena rápidamente, utiliza efectos visuales y asegúrate de que el video fluya con energía.
4. **Incluye una Llamada a la Acción (CTA):**
   o Termina el video con un CTA claro, como "Descúbrelo ahora", "Haz clic en el enlace" o "Participa en nuestro concurso".
5. **Usa Música y Sonidos Relevantes:**

o Selecciona canciones populares o efectos de sonido que complementen la temática del video. Asegúrate de cumplir con las políticas de derechos de autor.

6. **Aprovecha las Tendencias:**
   o Crea videos basados en retos o formatos populares en las plataformas para aumentar la probabilidad de que se vuelvan virales.

7. **Optimiza para Móviles:**
   o Usa formato vertical y texto claro para asegurarte de que el video se vea bien en dispositivos móviles.

Ejemplo práctico

Una marca de cuidado capilar crea un video de 15 segundos:

- Inicio: Una imagen impactante de cabello dañado con el texto "¿Cabello seco y sin vida?"
- Desarrollo: Muestra el producto en acción con tomas rápidas y visuales llamativos.
- Final: Un cabello brillante y saludable acompañado de la frase "Transforma tu cabello en 7 días. Pruébalo hoy".

Consejos Brutales:

1. **Integra Transiciones Creativas:**
   Usa movimientos de cámara, efectos de zoom o cambios de color para mantener a los espectadores cautivados. Herramientas como CapCut o Adobe Premiere Rush pueden facilitar esto.

2. **Añade Subtítulos Impactantes:**
   Muchos usuarios ven videos sin sonido. Usa subtítulos con tipografía atractiva para reforzar tu mensaje y captar la atención visual.

3. **Utiliza la Psicología del Color:**
   Los colores llamativos y contrastantes ayudan a destacar tu video y evocan emociones que complementan tu mensaje.

Acción Inmediata:

Comienza hoy mismo a crear contenido corto de alto impacto para tus redes sociales. Piensa en una oferta o mensaje clave que puedas comunicar en 15 segundos y publícalo en tus plataformas principales.

Analiza la respuesta de tu audiencia y ajusta tu enfoque según los resultados.

Consejo 49: Lanza Retos Virales Basados en Tu Propuesta de Valor

¿Qué significa?
Un reto viral es una actividad creativa y divertida que invita a tu audiencia a participar y compartir sus propias versiones, ampliando el alcance de tu marca de manera exponencial. La clave está en vincular el reto directamente con los valores o productos de tu marca, logrando que sea relevante, memorable y fácil de replicar.

¿Por qué es importante?
Los retos virales generan altos niveles de participación, posicionan tu marca como innovadora y fomentan una conexión emocional con tu audiencia. Además, al ser compartidos por usuarios, incrementan la visibilidad de tu contenido de forma orgánica y atraen a nuevos seguidores interesados.

¿Cómo hacerlo?

1. **Define un Objetivo Claro:**
   - Decide qué quieres lograr con el reto: mayor reconocimiento, promover un producto o aumentar el engagement.
2. **Hazlo Simple y Replicable:**
   - Diseña un reto que cualquiera pueda realizar con facilidad, sin necesidad de recursos complicados. Ejemplo: un movimiento de baile o una receta rápida.
3. **Incorpora tu Producto o Mensaje:**
   - Asegúrate de que el reto esté alineado con lo que tu marca representa. Por ejemplo, si vendes zapatillas, crea un reto de saltos o carreras.
4. **Utiliza un Hashtag Único:**

- o Crea un hashtag específico para que los participantes puedan etiquetar su contenido, facilitando el seguimiento del impacto del reto.
5. **Involucra a Influencers:**
   - o Colabora con creadores de contenido para lanzar el reto y asegurarte de que llegue a una audiencia más amplia desde el principio.
6. **Ofrece Incentivos:**
   - o Motiva la participación ofreciendo premios para los videos más creativos, las mayores visualizaciones o los más compartidos.
7. **Comparte las Participaciones:**
   - o Reposteos y comentarios en las publicaciones de los participantes fomentan la participación activa y refuerzan la comunidad.

Ejemplo práctico
Una marca de batidos saludables lanza el "Reto 7 Días Saludables":

- Los usuarios comparten videos o fotos mostrando cómo integran el batido en su rutina diaria.
- Usan el hashtag #Reto7DíasSaludables para participar.
- La marca ofrece un año de batidos gratis al mejor video.

Consejos Brutales:

1. **Hazlo Emocionalmente Relevante:**
   - o Los retos que apelan a emociones como la felicidad, el humor o el logro personal tienen más probabilidades de ser compartidos.
2. **Adapta el Reto a la Plataforma:**
   - o En TikTok, apuesta por música y bailes; en Instagram, por visuales impactantes; en Facebook, por historias personales.
3. **Crea Expectativa Previa:**
   - o Anuncia el reto con publicaciones teaser para despertar la curiosidad y asegurar un buen lanzamiento.

Acción Inmediata:
Piensa en un desafío relacionado con tu producto o nicho y crea un

hashtag único. Invita a tus seguidores a participar publicando su versión del reto en las próximas 48 horas. Colabora con un influencer para generar tracción inicial.

Consejo 50: Crea Contenido Inspirado en Noticias y Tendencias Actuales

¿Qué significa?
El contenido inspirado en noticias o tendencias actuales aprovecha eventos, memes, temas virales o cambios culturales relevantes para conectar con la audiencia en tiempo real. Este enfoque permite que tu marca sea percibida como moderna, receptiva y al día con lo que sucede en el mundo.

¿Por qué es importante?
El contenido relacionado con tendencias capta más atención porque se conecta con lo que la audiencia ya está pensando o discutiendo. Además, fomenta la interacción inmediata, ya que aprovecha el interés colectivo del momento.

¿Cómo hacerlo?

1. **Monitorea las Tendencias:**
   o Usa herramientas como Google Trends, TrendSpottr o la pestaña de "explorar" en redes sociales para identificar qué temas están en auge.
2. **Adapta las Noticias a tu Marca:**
   o Asegúrate de que las tendencias estén alineadas con los valores y el tono de tu marca. Si algo no encaja, no lo fuerces.
3. **Sé Ágil y Relevante:**
   o La oportunidad es clave. Publica contenido mientras el tema aún es popular para aprovechar el impulso.
4. **Integra Mensajes Estratégicos:**
   o Relaciona las tendencias con tu producto o mensaje para que el contenido sea relevante tanto para el tema como para tu marca.

5. **Usa Recursos Visuales:**
   o Imágenes, memes y videos relacionados con tendencias tienden a captar más atención que los textos largos.
6. **Participa en Conversaciones:**
   o Interactúa con la audiencia en torno a la tendencia, respondiendo a comentarios o participando en debates relacionados.
7. **Mide el Impacto:**
   o Analiza el alcance y las interacciones del contenido para entender qué tipo de tendencias funcionan mejor con tu audiencia.

Ejemplo práctico
Una tienda de moda sostenible crea contenido durante el Día de la Tierra:

- Publica imágenes de sus procesos ecológicos bajo el título: "Hoy más que nunca, cada elección cuenta. 🌍 "
- Comparte estadísticas sobre la contaminación de la moda rápida, adaptándolas a su propuesta de valor.
- Lanza una promoción especial con el hashtag #ModaConImpactoPositivo.

Consejos Brutales:

1. **Evita Temas Controvertidos:**
   o No todas las tendencias son seguras para marcas. Evita polémicas que puedan alienar a tu audiencia.
2. **Sé Creativo y Original:**
   o No te limites a repetir lo que otros ya están haciendo. Encuentra una forma única de abordar la tendencia.
3. **Anticipa las Reacciones:**
   o Antes de publicar, considera cómo podrían interpretarlo diferentes segmentos de tu audiencia.

Acción Inmediata:
Hoy mismo, busca una tendencia o evento relevante en tu nicho. Crea un post que conecte con ese tema y publica antes de que pierda relevancia. Mide las interacciones para evaluar el impacto.

Consejo 51: Publica Comparativas Visuales Atractivas y Claras

¿Qué significa?
Las comparativas visuales son gráficos, imágenes o videos que presentan una comparación clara entre dos o más elementos, como productos, servicios o situaciones antes y después. Este tipo de contenido permite a tu audiencia comprender rápidamente las diferencias o beneficios de tu oferta.

¿Por qué es importante?
En redes sociales, el tiempo de atención es breve. Una comparativa visual puede transmitir información compleja en segundos, ayudando a tu audiencia a tomar decisiones informadas. Además, este formato genera confianza, ya que demuestra de manera tangible el valor de lo que ofreces.

¿Cómo hacerlo?

1. **Identifica Elementos Comparables:**
   - Encuentra aspectos que resalten la superioridad de tu producto o servicio frente a la competencia, o muestra el impacto del "antes y después" de usarlo.
2. **Usa Diseño Profesional:**
   - Utiliza herramientas como Canva o Photoshop para crear comparativas visualmente atractivas. Asegúrate de que los colores, tipografías y gráficos sean coherentes con tu identidad de marca.
3. **Incluye Datos Relevantes:**
   - Agrega cifras, porcentajes o indicadores que respalden tu mensaje. Ejemplo: "50% más rápido" o "3 veces más duradero".
4. **Simplifica el Mensaje:**
   - Evita sobrecargar el diseño con texto. Utiliza frases concisas y claras para acompañar las imágenes.
5. **Elige Formatos Impactantes:**

o Los videos de corta duración, los carruseles en Instagram o las infografías son ideales para presentar comparativas.

6. **Usa Testimonios Visuales:**
   o Incluye imágenes reales o citas de clientes que respalden la comparación.

7. **Incluye una Llamada a la Acción (CTA):**
   o Motiva a la audiencia a dar el siguiente paso, como "Descubre más" o "Prueba ahora".

Ejemplo práctico

Un gimnasio publica un carrusel en Instagram mostrando:

- **Imagen 1:** Una persona con hábitos sedentarios.
- **Imagen 2:** La misma persona después de tres meses entrenando.
- Títulos: "Antes: Falta de energía. Después: ¡Confianza total!".
- CTA: "Empieza tu transformación hoy".

Consejos Brutales:

1. **Apuesta por la Autenticidad:**
   o Las comparaciones deben ser reales. Evita ediciones exageradas o datos falsos; esto puede dañar tu reputación.

2. **Usa Historias Visuales:**
   o Muestra el progreso como un viaje, con imágenes que cuenten cómo se alcanzaron los resultados.

3. **Prueba Diferentes Formatos:**
   o Experimenta con carruseles, videos de transición o GIFs para descubrir cuál genera mayor impacto.

Acción Inmediata:

Elige hoy un producto o servicio de tu catálogo. Crea una comparativa visual que resalte su beneficio clave y publícala en tu red social más activa. Asegúrate de medir el alcance e interacción para ajustar futuras publicaciones.

Consejo 52: Experimenta con Realidad Aumentada para Crear Experiencias

¿Qué significa?

La realidad aumentada (AR) es una tecnología que combina elementos digitales con el mundo real, permitiendo que los usuarios interactúen con objetos, imágenes o experiencias virtuales superpuestas a su entorno. Implementarla en tu estrategia de redes sociales puede revolucionar la manera en que los clientes perciben y se conectan con tu marca.

¿Por qué es importante?

La AR ofrece experiencias inmersivas y únicas, generando un impacto memorable. Permite a los clientes visualizar productos en tiempo real, probar funcionalidades de forma interactiva o explorar tu marca desde una perspectiva innovadora. Esto aumenta la probabilidad de compromiso, fidelidad y conversión.

¿Cómo hacerlo?

1. **Define el Propósito de la Experiencia AR:**
   - ¿Quieres que los usuarios prueben virtualmente tus productos? ¿Deseas crear una experiencia de marca única? Determina qué objetivo cumplirás con la AR.
2. **Usa Plataformas que Faciliten la AR:**
   - Redes como Instagram, Snapchat y TikTok ya tienen herramientas integradas para crear filtros y efectos AR personalizados.
3. **Hazlo Funcional y Divertido:**
   - Diseña experiencias que sean tanto prácticas como entretenidas. Por ejemplo, filtros que permitan "probarse" un producto o explorar características exclusivas.
4. **Involucra a tu Audiencia:**
   - Invita a los usuarios a interactuar con la experiencia y a compartirla en sus redes, ampliando el alcance de tu marca.
5. **Mide el Impacto:**
   - Analiza datos como interacciones, tiempo de uso y contenido generado por los usuarios para medir el éxito de tu campaña de AR.

Ejemplo práctico

Si tienes una marca de muebles, podrías usar AR para permitir que los clientes "coloquen" virtualmente tus productos en sus hogares antes de comprarlos. Esto elimina la incertidumbre y facilita la decisión de compra.

Consejos Brutales:

1. **Ofrece Exclusividad:**
   o Crea experiencias AR que estén disponibles solo por tiempo limitado para generar un sentido de urgencia y exclusividad.
2. **Aprovecha los Lanzamientos de Productos:**
   o Diseña experiencias AR para presentar nuevos productos de manera innovadora, como un "desempaquetado virtual".
3. **Integra la AR con Campañas Multicanal:**
   o Complementa tu experiencia AR con publicaciones, anuncios y correos electrónicos para maximizar el impacto.

Acción Inmediata:

Elige un producto o servicio clave de tu marca y diseña una experiencia AR sencilla utilizando herramientas disponibles en redes sociales. Lánzala junto con una campaña promocional que invite a los usuarios a interactuar y compartir sus experiencias

---

Consejo 53: Crea Mini-Tutoriales que Destaquen Funcionalidades Únicas

¿Qué significa?

Los mini-tutoriales son breves demostraciones visuales o explicativas que muestran a tu audiencia cómo usar tus productos o servicios. Estos contenidos destacan características específicas de manera simple y atractiva, ayudando a los usuarios a comprender rápidamente el valor que ofreces.

¿Por qué es importante?

Los clientes actuales valoran la claridad y la facilidad. Un mini-tutorial puede responder preguntas comunes, resolver dudas y destacar beneficios únicos. Además, estos videos breves son altamente compartibles, aumentando tu alcance en redes sociales.

¿Cómo hacerlo?

1. **Elige Funcionalidades Clave:**
   - Identifica las características de tu producto que sean más útiles, innovadoras o diferenciadoras.
2. **Simplifica el Contenido:**
   - Divide la información en pasos simples y visuales. Usa textos claros y evita tecnicismos innecesarios.
3. **Usa Herramientas de Video Atractivas:**
   - Plataformas como Instagram Reels, TikTok o YouTube Shorts son ideales para crear contenido rápido y efectivo.
4. **Agrega Valor Práctico:**
   - Muestra cómo resolver un problema o mejorar una experiencia cotidiana con tu producto.
5. **Incluye Call-to-Actions (CTA):**
   - Finaliza el tutorial invitando a tu audiencia a probar el producto, dejar un comentario o visitar tu web.

Ejemplo práctico

Si vendes un software de edición de fotos, un mini-tutorial podría mostrar cómo usar una herramienta específica, como el ajuste de colores en 3 pasos rápidos.

Consejos Brutales:

1. **Adapta el Formato al Público:**
   - Si tu audiencia es joven, añade música popular o transiciones dinámicas. Para profesionales, prioriza la claridad y el tono informativo.
2. **Usa Testimonios:**
   - Combina tus tutoriales con pequeños clips de usuarios reales mostrando los resultados que obtuvieron.
3. **Hazlo Interactivo:**

- Publica encuestas o preguntas en tus historias para que la audiencia vote qué tutorial quieren ver primero.

Acción Inmediata:
Elige una funcionalidad de tu producto que desees destacar y crea un mini-tutorial hoy. Publica en tus redes sociales y mide la interacción para identificar cómo mejorar futuras publicaciones.

Consejo 54: Diseña Series de Contenido para Mantener el Interés Continuo

¿Qué significa?
Una serie de contenido es una estrategia que consiste en dividir un tema amplio en varias publicaciones o episodios. Cada entrega ofrece valor por sí misma, pero en conjunto forman una narrativa o guía más completa. Es como una "serie de televisión" para tu audiencia, manteniéndola enganchada y esperando la próxima publicación.

¿Por qué es importante?
Las series fomentan la fidelidad y la expectativa, haciendo que los usuarios vuelvan a tus perfiles de forma recurrente. Además, este formato te permite explorar un tema en profundidad sin saturar a tu audiencia con información excesiva de una sola vez.

¿Cómo hacerlo?

1. **Selecciona un Tema Atractivo:**
   - Elige un tema relevante para tu audiencia y divídelo en subtemas. Por ejemplo, "Cómo construir tu marca personal" podría convertirse en una serie de 5 publicaciones: definición, diseño visual, tono de voz, redes sociales y consejos avanzados.
2. **Planifica una Estrategia de Publicación:**
   - Decide la frecuencia de publicación (diaria, semanal, etc.) y establece un calendario.
3. **Crea una Narrativa o Secuencia:**

- o Asegúrate de que cada parte de la serie tenga sentido por sí misma, pero que también motive a los usuarios a buscar el próximo episodio.
4. **Incluye Ganchos Finales:**
   - o Finaliza cada publicación con un adelanto del próximo tema para mantener la atención.
5. **Usa Formatos Variados:**
   - o Combina imágenes, videos, infografías y textos para mantener el contenido dinámico y atractivo.

Ejemplo práctico

Si tienes una tienda de alimentos saludables, podrías lanzar la serie "7 días, 7 recetas saludables". Cada día publicas una receta rápida y deliciosa con ingredientes de tu tienda, y al final ofreces un e-book gratuito con todas las recetas.

Consejos Brutales:

1. **Promueve el Episodio Anterior y el Siguiente:**
   - o Al inicio de cada publicación, recuerda a tu audiencia dónde pueden encontrar los episodios anteriores.
2. **Haz un Resumen Final:**
   - o Al terminar la serie, crea una publicación que recopile todos los episodios. Esto da un valor adicional a quienes se lo perdieron y refuerza el impacto de tu mensaje.
3. **Invita a la Participación:**
   - o Pide a tu audiencia que comparta ideas para futuras series o que voten por el próximo tema a tratar.

Acción Inmediata:

Escribe una lista de 3 temas relevantes para tu audiencia que puedan convertirse en series. Escoge uno, divide el tema en episodios y planifica las fechas de publicación. ¡El primer episodio puede salir hoy!

Consejo 55: Publica Videos que Rompan Mitos Comunes en Tu Industria

¿Qué significa?

Desmentir mitos populares en tu industria es una estrategia poderosa para posicionarte como una fuente confiable de información. Este tipo de contenido no solo educa, sino que también genera curiosidad y despierta interés en tu audiencia al abordar conceptos erróneos que probablemente muchos creen verdaderos.

¿Por qué es importante?

Al romper mitos, demuestras tu conocimiento y experiencia, fortaleciendo tu autoridad en el nicho. Además, este enfoque fomenta la interacción, ya que invita a debates y discusiones en los comentarios. La gente valora las nuevas perspectivas, y este tipo de contenido tiende a compartirse ampliamente.

¿Cómo hacerlo?

1. **Identifica Mitos Relevantes:**
   o Investiga ideas erróneas comunes en tu industria. Por ejemplo, en el fitness, podrías abordar "No comer carbohidratos por la noche engorda".
2. **Crea Videos Breves y Directos:**
   o Expón el mito y desmiéntelo con información clara y respaldada por datos. Usa gráficos, animaciones o demostraciones prácticas para ilustrar tus puntos.
3. **Incluye una Introducción Impactante:**
   o Captura la atención desde el principio con frases como: "¿Sabías que este consejo popular puede estar perjudicándote más de lo que crees?".
4. **Respáldalo con Fuentes o Evidencia:**
   o Agrega credibilidad citando estudios, experiencias personales o testimonios de expertos.
5. **Finaliza con una Llamada a la Acción:**
   o Anima a tu audiencia a comentar, compartir sus propias ideas o incluso preguntar sobre otros mitos que les gustaría que desmientas.

Ejemplo práctico
Si tienes una marca de cosméticos:

- **Mito:** "Todos los productos naturales son seguros para la piel".
- **Video:** Muestra cómo algunos ingredientes naturales pueden causar reacciones adversas en ciertos tipos de piel y educa a tu audiencia sobre cómo elegir productos adecuados.

Consejos Brutales:

1. **Usa Formatos Comparativos:**
   o Compara el mito con la realidad lado a lado en una misma pantalla para mayor impacto visual.
2. **Invita a Colaboradores Expertos:**
   o Si puedes, incluye a especialistas en el tema para respaldar tus argumentos y añadir autoridad.
3. **Añade Humor y Relatabilidad:**
   o Haz que el video sea entretenido con ejemplos cotidianos o toques de humor para captar la atención de un público más amplio.

Acción Inmediata:
Elige un mito común en tu industria, escribe un guion breve para desmentirlo y graba un video de menos de 60 segundos. Súbelo con un título atractivo, como "¡Deja de creer esto! Mito desmentido en 60 segundos".

Consejo 56: Comparte Historias Inspiradoras Basadas en Logros Reales

¿Qué significa?
Las historias reales de éxito tienen un poder increíble para motivar, inspirar y construir una conexión emocional con tu audiencia. Al compartir logros auténticos de clientes, colaboradores o incluso de tu propia marca, muestras el impacto tangible de lo que ofreces, generando confianza y admiración.

¿Por qué es importante?

Las personas se conectan con experiencias genuinas. Al compartir historias inspiradoras, demuestras cómo tu producto o servicio transforma vidas, resolviendo problemas reales o ayudando a alcanzar metas. Esto convierte a tu marca en una herramienta de cambio, no solo un proveedor.

¿Cómo hacerlo?

1. **Identifica Logros Significativos:**
   o   Selecciona casos reales de éxito relacionados con tu producto o servicio. Asegúrate de que sean historias auténticas y emocionantes.
2. **Crea una Narrativa Clara:**
   o   Usa una estructura simple:
      - **Inicio:** Presenta al protagonista (cliente o miembro del equipo) y su desafío inicial.
      - **Desarrollo:** Explica cómo tu marca ayudó a superar el desafío.
      - **Desenlace:** Muestra el resultado final, destacando los beneficios obtenidos.
3. **Utiliza Elementos Visuales:**
   o   Incluye fotos, videos o gráficos que refuercen la historia. Por ejemplo, un video corto que muestre el antes y el después del cliente puede ser extremadamente efectivo.
4. **Hazlo Relatable:**
   o   Resalta detalles que tu audiencia pueda reconocer o experimentar. Esto ayuda a que se vean reflejados en la historia.
5. **Incluye Testimonios en Primera Persona:**
   o   Si es posible, deja que el protagonista cuente su historia con sus propias palabras. Esto aumenta la autenticidad y el impacto emocional.

Ejemplo práctico

Si tienes un negocio de asesoramiento financiero:

- **Inicio:** "María era una madre soltera luchando por organizar sus finanzas personales."

- **Desarrollo:** "Con nuestras sesiones de coaching, aprendió a priorizar gastos y construir un fondo de emergencia en solo seis meses."
- **Desenlace:** "Hoy, María no solo tiene estabilidad económica, sino que también está enseñando a sus hijos la importancia del ahorro."

Consejos Brutales:

1. **Incluye Datos Concretos:**
   - Usa cifras para respaldar los resultados. Por ejemplo: "Aumentó sus ingresos en un 30% en tres meses".
2. **Humaniza la Historia:**
   - Muestra emociones reales del protagonista: alegría, alivio o incluso momentos difíciles que superaron.
3. **Crea Series de Logros:**
   - Publica varias historias inspiradoras en un formato de serie para mantener a tu audiencia interesada y comprometida.

Acción Inmediata:
Contacta a un cliente o colaborador que haya tenido éxito gracias a tu marca. Pide permiso para compartir su historia y crea una publicación con imágenes o videos que ilustren su viaje. Incluye una llamada a la acción, como: "¿Te inspiró esta historia? Descubre cómo también podemos ayudarte".

Consejo 57: Lanza Dinámicas de Participación con Emojis

¿Qué significa?
Las dinámicas con emojis son actividades interactivas que utilizan estos símbolos visuales para comunicar, responder o participar en una conversación. Funcionan como un lenguaje universal que conecta emocionalmente con tu audiencia, haciéndola sentir parte de la experiencia de una manera creativa y divertida.

¿Por qué es importante?

Los emojis son una herramienta poderosa para captar la atención y fomentar el engagement. Añaden un toque de humanidad y cercanía a tus publicaciones, haciéndolas más atractivas. Al integrarlos en dinámicas específicas, puedes generar mayor interacción y aumentar la visibilidad de tus publicaciones en los algoritmos de redes sociales.

¿Cómo hacerlo?

1. **Crea Encuestas con Emojis:**
   - Publica una pregunta y ofrece opciones de respuesta con emojis.
   - Ejemplo: "¿Qué prefieres para tu desayuno? 🍩 o 🍎 ?"
2. **Retos de Asociación:**
   - Invita a tu audiencia a relacionar un emoji con una experiencia o producto.
   - Ejemplo: "¿Qué emoji describe cómo te sientes usando nuestro producto? 🤩 😎 💪 ".
3. **Historias Interactivas:**
   - Usa encuestas o deslizadores en las historias de Instagram para que tu audiencia participe usando emojis.
4. **Cuestionarios con Opciones Visuales:**
   - Publica un test rápido con emojis como respuestas.
   - Ejemplo: "¿Cuál de estas actividades te motiva más? 🏋️ 🧘 🚴 ".
5. **Convierte Emojis en un Código Secreto:**
   - Publica mensajes o promociones donde los emojis sean pistas que lleven a un código o descuento especial.
   - Ejemplo: "Descifra este mensaje y gana un cupón: 🎁 ➡️ 🛒 = ?".

Ejemplo práctico

Si tienes una marca de ropa deportiva:

- Publicación: "¿Cómo describirías tu estilo en el gym?
  💪 Minimalista
  🏋️ Técnico

😎 Trendy
¡Déjanos tu emoji en los comentarios!"

Consejos Brutales:

1. **Mide el Engagement:**
   o Observa cuáles emojis generan más interacción y úsalos estratégicamente en futuras publicaciones.
2. **Adapta los Emojis a tu Marca:**
   o Usa emojis que representen tu industria o productos. Por ejemplo, si eres una marca de alimentos, incluye 🍰 , 🍔 o 🍎 .
3. **Combina Emojis con Recompensas:**
   o Anuncia que quienes participen en dinámicas con emojis entrarán a un sorteo o recibirán descuentos exclusivos.

Acción Inmediata:
Publica una encuesta en tus historias de Instagram con dos emojis como opciones de respuesta relacionados con tu nicho. Por ejemplo, si vendes gadgets: "¿Qué equipo no puede faltar en tu día? 📱 o 🎧 ". Observa las respuestas y utiliza los datos para futuras publicaciones.

Consejo 58: Publica Contenidos que Destaquen Innovaciones Disruptivas

¿Qué significa?
Las innovaciones disruptivas son aquellas que redefinen completamente las normas de un sector o introducen soluciones novedosas que impactan de manera significativa en la vida de las personas. Publicar contenido que resalte estas innovaciones ayuda a posicionar tu marca como líder y visionaria en tu industria.

¿Por qué es importante?
El público valora a las marcas que están a la vanguardia y que no solo siguen las tendencias, sino que las crean. Mostrarte como un innovador te diferencia de la competencia, genera curiosidad y atrae a una

audiencia interesada en descubrir soluciones avanzadas. Además, te posiciona como una referencia confiable para conocer las novedades del mercado.

¿Cómo hacerlo?

1. **Identifica las Innovaciones Clave:**
   o   Investiga las últimas tendencias y avances en tu industria.
   o   Analiza cómo estas novedades pueden beneficiar a tu audiencia.
2. **Crea Contenido Educativo:**
   o   Explica de manera sencilla cómo funcionan estas innovaciones y por qué son relevantes.
   o   Usa ejemplos prácticos para ilustrar su impacto.
3. **Comparte Casos de Uso:**
   o   Publica historias reales de clientes o empresas que estén aplicando estas innovaciones con éxito.
4. **Dale un Enfoque Visual:**
   o   Usa infografías, videos explicativos o animaciones para captar la atención.
5. **Resalta Tu Rol en la Innovación:**
   o   Muestra cómo tu marca se alinea o lidera estas tendencias.

Ejemplo práctico
Si tienes una marca de tecnología:

- Publicación: "¿Sabías que nuestra última actualización utiliza inteligencia artificial para personalizar tu experiencia al 100%? Descubre cómo revolucionamos la manera en que interactúas con tus dispositivos. 🤖 ✦ #InnovaciónDisruptiva".

Consejos Brutales:

1. **Hazlo Relevante para tu Audiencia:**
   o   No te limites a describir la innovación, muestra cómo puede mejorar la vida o resolver problemas específicos de tu público.
2. **Involucra a los Expertos:**

- Colabora con especialistas o influenciadores en el tema para darle más credibilidad a tu contenido.

3. **Genera Expectativa:**
   - Crea un pre-lanzamiento o adelanto de innovaciones que estés desarrollando, aumentando el interés de tu audiencia.

Acción Inmediata:
Elige una innovación reciente en tu nicho y crea un breve video o infografía destacando sus beneficios. Publica este contenido en tus redes sociales con un llamado a la acción, como: "¿Te gustaría probar esta tecnología? Déjanos tus comentarios".

Consejo 59: Crea Contenido Interactivo Basado en Juegos Simples

¿Qué significa?
El contenido interactivo basado en juegos simples incluye dinámicas que invitan a tu audiencia a participar activamente, como trivias, rompecabezas, encuestas o retos. Estos juegos no solo entretienen, sino que también generan engagement y fortalecen la relación entre tu marca y tu comunidad.

¿Por qué es importante?
Los juegos interactivos captan la atención, fomentan la participación y aumentan el tiempo que los usuarios pasan con tu contenido. También pueden ser una excelente herramienta para recopilar datos sobre las preferencias de tu audiencia, lo que te ayudará a personalizar futuras estrategias de marketing.

¿Cómo hacerlo?

1. **Elige el Juego Adecuado:**
   - Define el tipo de juego según los intereses de tu audiencia: trivias, acertijos, "elige tu aventura" o miniretos.
2. **Simplifica la Participación:**

o   Diseña dinámicas fáciles de entender y de jugar para maximizar la participación.

3. **Añade un Incentivo:**
    o   Ofrece una recompensa simbólica o emocional, como menciones, descuentos o contenido exclusivo para los participantes.

4. **Hazlo Visualmente Atractivo:**
    o   Usa gráficos, emojis y animaciones para captar la atención y mantener el interés.

5. **Promueve la Interacción Social:**
    o   Invita a los participantes a compartir sus resultados o retar a amigos, ampliando el alcance del contenido.

Ejemplo práctico

Si tu marca vende productos de bienestar:

*   Publicación: " 💬 👍 Pon a prueba tu conocimiento sobre salud con este quiz rápido: ¿Sabes cuál es el alimento más rico en vitamina C? A) Kiwi, B) Naranja, C) Pimiento rojo. ¡Comenta tu respuesta y etiquétanos para descubrir la correcta! 🎉 "

Consejos Brutales:

1. **Incorpora Elementos de Tu Marca:**
    o   Diseña los juegos de forma que incluyan sutilmente tus productos o servicios, mostrando cómo pueden ser parte de la solución o experiencia.

2. **Aprovecha las Temporadas y Tendencias:**
    o   Crea juegos temáticos relacionados con eventos actuales o épocas del año, como retos de verano o trivias navideñas.

3. **Monitorea los Resultados:**
    o   Analiza el engagement generado por cada dinámica y ajusta futuros juegos para maximizar su impacto.

Acción Inmediata:

Diseña una trivia de tres preguntas sobre tu nicho y publícala en tus historias de Instagram o Facebook. Acompáñala de un CTA claro, como: "¡Responde correctamente y gana un cupón de descuento exclusivo!".

Consejo 60: Diseña Imágenes Impactantes con Enigmas Visuales

¿Qué significa?
Los enigmas visuales son imágenes que incluyen un reto o desafío, como encontrar diferencias, identificar un elemento oculto o resolver un acertijo gráfico. Este tipo de contenido invita a los usuarios a interactuar y compartir, aumentando el alcance de tus publicaciones de manera orgánica.

¿Por qué es importante?
Las imágenes con enigmas captan la atención rápidamente y generan interacción al ser desafiantes. Además, fomentan la participación activa de los usuarios, aumentando la visibilidad de tu marca en redes sociales. Los enigmas también son excelentes para transmitir mensajes creativos de manera lúdica.

¿Cómo hacerlo?

1. **Elige un Tema Relevante:**
   - Relaciona el enigma con tu nicho o producto para mantener la coherencia con tu marca.
2. **Diseña un Reto Sutil:**
   - Asegúrate de que el enigma sea visualmente atractivo pero lo suficientemente desafiante para despertar curiosidad.
3. **Crea una Llamada a la Acción:**
   - Incluye un CTA que invite a los usuarios a participar, como "¡Encuentra el error en la imagen y comenta abajo!"
4. **Hazlo Compartible:**
   - Diseña el contenido de forma que los usuarios quieran compartirlo con sus amigos para ver quién resuelve el desafío.
5. **Publica la Solución:**

- Genera expectativa publicando la respuesta correcta en un comentario o una historia posterior, manteniendo el interés de tu audiencia.

Ejemplo práctico

Una marca de ropa podría publicar una imagen de un escaparate con ropa de temporada y escribir:

" 🦉 👗 ¿Puedes encontrar el pequeño detalle que no encaja en esta imagen? ¡Comenta tu respuesta y descubre si tienes ojo de halcón! 🦅 ✦ "

Consejos Brutales:

1. **Usa Elementos Relacionados con tu Producto:**
   - Si vendes accesorios, crea un enigma donde los usuarios deban encontrar una joya oculta entre una serie de patrones.
2. **Aprovecha los Días Especiales:**
   - Diseña enigmas temáticos en fechas clave, como Navidad o Halloween, para aprovechar la emoción del momento.
3. **Involucra a tu Audiencia:**
   - Invita a tus seguidores a enviar ideas o imágenes que puedan transformarse en nuevos retos.

Acción Inmediata:

Crea una imagen con un pequeño error o elemento escondido relacionado con tu marca y publícala hoy mismo en tus redes sociales. Incluye un texto llamativo como: "¿Quién será el primero en resolverlo? 🦉 🎯 ".

Bloque 5: "Conexión Humana y Mensajes Memorables"

Consejo 61: Comparte Historias de Transparencia y Honestidad de Tu Marca

¿Qué significa?
Mostrar la transparencia de tu marca implica compartir tanto los éxitos como los desafíos que enfrentas. Hablar honestamente sobre tus procesos, decisiones y valores genera confianza y establece una conexión más humana con tu audiencia. Las historias auténticas, sin adornos, resuenan profundamente en un mundo saturado de mensajes perfectos pero poco reales.

¿Por qué es importante?
La honestidad es un valor clave que fomenta la lealtad y la credibilidad. Cuando una marca muestra su lado vulnerable, los consumidores perciben autenticidad, lo que crea relaciones más fuertes y duraderas. Además, la transparencia te distingue de la competencia, posicionándote como una marca confiable y cercana.

¿Cómo hacerlo?

1. **Cuenta Cómo Surgió Tu Marca:**
   o Comparte la historia detrás de tu creación: los retos, las decisiones difíciles y los aprendizajes.
2. **Habla de los Desafíos Actuales:**
   o Sé abierto sobre los problemas que estás resolviendo en tu empresa, como el impacto ambiental o los cambios en la cadena de suministro.
3. **Muestra el Detrás de Cámaras:**

- o   Publica imágenes o videos que revelen cómo se fabrican tus productos o cómo trabaja tu equipo.
4. **Responde Preguntas con Honestidad:**
   - o   Aborda dudas y críticas de los usuarios con claridad, sin evitar temas delicados.
5. **Comparte Logros y Errores:**
   - o   No temas admitir fracasos. Explícalos como oportunidades de aprendizaje y muestra cómo estás mejorando.

Ejemplo práctico
Una marca de alimentos orgánicos podría compartir:
"Cuando comenzamos, no sabíamos cómo lograr un empaque 100% sostenible. Hoy, después de meses de investigación y prueba y error, estamos orgullosos de presentar nuestra primera línea de productos con envases biodegradables. Gracias por apoyarnos en este camino 🌱 ♻️."

Consejos Brutales:

1. **Haz Encuestas Sobre la Percepción de Tu Marca:**
   - o   Pregunta a tu audiencia qué les gustaría saber sobre tu empresa y utiliza esas respuestas para crear contenido transparente.
2. **No Edulcores la Realidad:**
   - o   Las historias más impactantes son las auténticas, incluso si incluyen desafíos difíciles de superar.
3. **Usa el Humor para Hablar de Errores:**
   - o   Reconocer tus fallos con un toque de humor puede hacer que tu audiencia se identifique aún más contigo.

Acción Inmediata:
Publica una historia en Instagram o una publicación en LinkedIn explicando un desafío reciente que enfrentó tu marca y cómo lo resolviste. Incluye fotos o videos para hacerlo más visual y cercano.

Consejo 62: Publica Momentos "Behind the Scenes" Que Humanicen Tu Empresa

¿Qué significa?

Mostrar el detrás de cámaras de tu marca significa compartir aspectos cotidianos, procesos de trabajo, momentos espontáneos y la personalidad de tu equipo. Este tipo de contenido permite a tu audiencia ver el lado humano de tu negocio, fomentando empatía y cercanía.

¿Por qué es importante?

Las personas se sienten más conectadas con marcas que consideran auténticas y accesibles. Los momentos "behind the scenes" revelan la humanidad detrás de los productos o servicios, fortaleciendo la confianza y generando un sentido de pertenencia. Este contenido también refuerza los valores y la cultura de tu marca.

¿Cómo hacerlo?

1. **Muestra Tu Equipo en Acción:**
   o Comparte videos o fotos de reuniones, fabricaciones o eventos internos.
2. **Revela Procesos Creativos o de Producción:**
   o Documenta cómo creas tus productos o cómo trabajas en los servicios que ofreces.
3. **Haz que los Seguidores Participen:**
   o Invita a tu audiencia a hacer preguntas sobre los procesos o personas que ven en los videos.
4. **Celebra Momentos Especiales:**
   o Cumpleaños, logros, bromas internas o días de trabajo remoto pueden ser grandes oportunidades para conectar.
5. **Comparte Errores Graciosos:**
   o Los momentos espontáneos y divertidos son ideales para humanizar tu marca.

Ejemplo práctico

Una cafetería podría compartir un video corto titulado:

"Así perfeccionamos tu café cada mañana ☕ " mostrando al barista practicando figuras con espuma y riendo al cometer errores.

Consejos Brutales:

1. **Involucra a Todo el Equipo:**
   o No limites los "behind the scenes" al líder o dueño de la marca. Haz que todo el equipo participe para mostrar diversidad y autenticidad.
2. **Usa Historias para Contenidos Espontáneos:**
   o Las historias de Instagram o Facebook son perfectas para capturar momentos detrás de cámaras que no necesitan gran producción.
3. **Etiqueta a los Miembros del Equipo:**
   o Dale reconocimiento a las personas detrás de los procesos. Esto no solo refuerza el espíritu del equipo, sino que también humaniza tu contenido.

Acción Inmediata:
Graba un video corto mostrando algo interesante que esté ocurriendo en tu empresa ahora mismo: desde la creación de un producto hasta un día típico en la oficina. Súbelo a tus historias con la etiqueta: "Un día detrás de…"

Consejo 63: Diseña Encuestas Sobre Preferencias y Hábitos Relevantes

¿Qué significa?
Las encuestas son herramientas dinámicas para comprender mejor los intereses, preferencias y comportamientos de tu audiencia. Al hacer preguntas relevantes sobre su estilo de vida, necesidades o desafíos, no solo obtendrás datos útiles, sino que también generarás interacción directa con ellos.

¿Por qué es importante?
Las encuestas fomentan la participación activa y te ayudan a recopilar información que puede guiar tus estrategias de contenido, productos y servicios. Además, hacen que tu comunidad sienta que sus opiniones son valoradas, lo que refuerza la conexión emocional con tu marca.

¿Cómo hacerlo?

1. **Selecciona Temas Relevantes:**
   - Pregunta sobre asuntos directamente relacionados con tu nicho. Por ejemplo, una tienda de ropa puede preguntar: "¿Qué prefieres? 👗 Casual o Formal".
2. **Elige la Plataforma Correcta:**
   - Usa encuestas de Instagram, Twitter, Facebook o herramientas de email marketing según donde tu audiencia sea más activa.
3. **Hazlo Visualmente Atractivo:**
   - Agrega imágenes, emojis o videos que refuercen las opciones para hacer la encuesta más llamativa.
4. **Mantén las Preguntas Breves y Claras:**
   - Preguntas demasiado largas o complicadas podrían disuadir la participación.
5. **Aprovecha los Resultados:**
   - Analiza las respuestas y crea contenido o productos basados en lo que tu audiencia quiere.

Ejemplo práctico

Si eres un coach de bienestar:

Publica una encuesta en historias de Instagram:

"¿Qué es más desafiante para ti? 💪

A) Mantener una rutina de ejercicio.

B) Comer saludablemente todos los días."

Luego, usa los resultados para crear una publicación o video con consejos sobre la opción más votada.

Consejos Brutales:

1. **Integra Incentivos:**
   - Ofrece un pequeño premio o beneficio para los participantes, como un descuento o acceso a contenido exclusivo.
2. **Haz Preguntas que Inspiren Acciones:**

- Por ejemplo, pregunta: "¿Qué temática quieres ver en nuestro próximo webinar?" y crea contenido basado en la opción ganadora.

3. **Responde Públicamente a los Resultados:**
   - Publica una historia o post agradeciendo la participación y compartiendo los resultados, mostrando cómo actuarás con base en ellos.

Acción Inmediata:
Crea una encuesta simple y publícala en tu plataforma más activa hoy. Asegúrate de elegir un tema que sea relevante para tu nicho y usa los resultados para planear tu próximo contenido.

Consejo 64: Responde Preguntas Frecuentes con Videos Personales

¿Qué significa?
Las preguntas frecuentes (FAQs) son una excelente manera de aclarar dudas comunes, pero hacerlo a través de videos personales añade un toque humano y cercano. En lugar de limitarte a un texto impersonal, usa tu presencia y voz para conectar directamente con tu audiencia mientras resuelves sus inquietudes.

¿Por qué es importante?
Los videos personales crean un vínculo más profundo y auténtico con tu audiencia. Aportan confianza, transparencia y demuestran que estás comprometido con brindar un servicio excepcional. Además, permiten transmitir información compleja de forma más clara y atractiva.

¿Cómo hacerlo?

1. **Recopila las Preguntas Frecuentes:**
   - Analiza los comentarios, mensajes directos o emails de tus clientes para identificar las dudas más comunes.
2. **Organiza las Preguntas por Temas:**
   - Clasifica las preguntas para que cada video tenga un enfoque claro y sea fácil de seguir.

3. **Haz los Videos Concisos:**
   - Responde cada pregunta en 1-2 minutos, asegurándote de ser claro y directo.
4. **Incluye Elementos Visuales:**
   - Usa gráficos, subtítulos o ejemplos visuales para reforzar tus explicaciones y mantener la atención del espectador.
5. **Publica en las Plataformas Adecuadas:**
   - Comparte los videos en historias de Instagram, reels, TikTok o incluso en tu página web, dependiendo de dónde esté tu audiencia.

Ejemplo práctico
Si tienes una tienda de maquillaje:
Graba un video respondiendo:
"¿Cuál es la mejor forma de aplicar base líquida?"
En el video, muestra paso a paso cómo hacerlo, mencionando productos clave que vendes, y finaliza invitando a la audiencia a comentar si tienen más preguntas.

Consejos Brutales:

1. **Personaliza tus Respuestas:**
   - Menciona el nombre de la persona que hizo la pregunta (si es posible) para que se sienta reconocida y valorada.
2. **Usa un Tono Cercano y Natural:**
   - Habla como lo harías con un amigo. Evita ser demasiado técnico o formal.
3. **Involucra a tu Audiencia:**
   - Al final del video, invita a los espectadores a dejar más preguntas para futuros videos. Esto fomenta la interacción y te proporciona más ideas de contenido.

Acción Inmediata:
Selecciona hoy una pregunta frecuente de tu audiencia, graba un video respondiéndola de forma clara y auténtica, y publícalo en la red social donde tengas más interacción.

Consejo 65: Lanza Campañas Que Celebren Logros de Tu Comunidad

¿Qué significa?

Celebrar los logros de tu comunidad no solo les muestra que los valoras, sino que también crea un sentido de pertenencia y orgullo entre tus seguidores. Estas campañas pueden incluir destacar historias inspiradoras, éxitos personales o colaboraciones relevantes logradas gracias a tu marca o servicio.

¿Por qué es importante?

Reconocer a tu audiencia no solo construye lealtad, sino que también humaniza tu marca. Las personas quieren sentirse vistas, valoradas y conectadas con algo más grande que ellas mismas. Además, estas campañas generan contenido auténtico y atractivo que resuena emocionalmente con una audiencia más amplia.

¿Cómo hacerlo?

1. **Recopila Historias de Éxito:**
   o Pide a tus clientes o seguidores que compartan cómo han alcanzado sus metas o superado retos relacionados con tu producto o servicio.
2. **Crea un Hashtag de Celebración:**
   o Diseña un hashtag único que los usuarios puedan usar para compartir sus historias y que tú puedas rastrear fácilmente.
3. **Destaca las Historias en tus Redes:**
   o Publica historias, videos o imágenes de sus logros en tus plataformas. Asegúrate de darles crédito y agradecerles por su confianza en tu marca.
4. **Involucra a la Comunidad:**
   o Invita a tus seguidores a votar por la historia más inspiradora o interactuar con las publicaciones relacionadas.
5. **Ofrece Reconocimientos Especiales:**
   o Premia a los participantes destacados con descuentos, productos gratuitos o menciones especiales en tu contenido.

Ejemplo práctico

Si diriges un gimnasio, podrías lanzar una campaña titulada:
"Transformaciones que Inspiran"

Pide a los miembros que compartan sus historias de pérdida de peso o mejora de su salud utilizando tus instalaciones. Publica una serie destacando sus logros junto con sus fotos del antes y después, y termina con un mensaje motivador.

Consejos Brutales:

1. **Haz que la Campaña Sea Constante:**
   o Celebra los logros de tu comunidad de manera regular, por ejemplo, una vez al mes, para mantener el entusiasmo.
2. **Invita a la Creatividad:**
   o Permite que los participantes compartan sus historias en diferentes formatos: texto, video, imágenes o incluso arte.
3. **Crea una Experiencia Compartida:**
   o Organiza un evento en vivo, ya sea presencial o virtual, para celebrar colectivamente a los participantes más destacados.

Acción Inmediata:

Lanza hoy una convocatoria en tus redes sociales invitando a tu comunidad a compartir sus logros relacionados con tu marca. Usa un hashtag único y anuncia cómo destacarás a los participantes.

Consejo 66: Crea Contenido Basado en Feedback de Clientes Activos

¿Qué significa?

El feedback de tus clientes activos es una oportunidad para generar contenido especialmente relevante para ellos. Al utilizar sus opiniones, preguntas o sugerencias, puedes crear publicaciones que no solo resuelvan problemas reales, sino que también refuercen la confianza en tu marca al mostrar que escuchas y valoras a tu audiencia.

¿Por qué es importante?

Involucrar a tus clientes activos en el proceso de creación de contenido hace que se sientan reconocidos y parte de tu comunidad. Además, este enfoque te permite crear contenido altamente personalizado y basado en necesidades reales, lo que aumenta su impacto y engagement.

¿Cómo hacerlo?

1. **Recopila Feedback Regularmente:**
   o Usa encuestas, reseñas, comentarios en redes sociales y mensajes directos para identificar las inquietudes, preguntas y opiniones más comunes.
2. **Categoriza el Feedback:**
   o Clasifica las respuestas en temas como dudas frecuentes, sugerencias de mejora y experiencias positivas para diseñar contenido en torno a ellas.
3. **Responde Preguntas Frecuentes:**
   o Publica videos, infografías o posts explicativos que resuelvan las dudas más repetidas entre tus clientes.
4. **Crea Historias Basadas en Experiencias Positivas:**
   o Destaca testimonios o casos de éxito que reflejen cómo tu producto o servicio ha marcado una diferencia en la vida de tus clientes.
5. **Agradece las Sugerencias de Mejora:**
   o Si implementas un cambio basado en el feedback, anúncialo y reconoce públicamente a quienes lo sugirieron.

Ejemplo práctico

Imagina que diriges una tienda de alimentos saludables y recibes la sugerencia de incluir recetas rápidas en tu contenido. Podrías publicar una serie titulada:
"30 días, 30 recetas rápidas para una vida saludable"
Incluyendo ingredientes disponibles en tu tienda y mencionando al cliente que sugirió la idea.

Consejos Brutales:

1. **Haz del Feedback un Hábito:**

- o Crea un sistema donde los clientes puedan compartir sus opiniones fácilmente, como un buzón digital o encuestas automáticas.
2. **Involucra a tus Seguidores:**
   - o Pregunta en historias o publicaciones qué tipo de contenido les gustaría ver más. Esto no solo genera engagement, sino que también te da ideas frescas.
3. **Convierte Críticas en Oportunidades:**
   - o Si recibes críticas constructivas, aprovecha para mostrar cómo trabajas para mejorar y transformar esos comentarios en contenido educativo o inspirador.

Acción Inmediata:
Revisa los comentarios en tus publicaciones más recientes y selecciona una pregunta o sugerencia que puedas convertir en contenido útil. Responde hoy mismo con una publicación o un video corto agradeciendo la participación del cliente que lo sugirió.

Consejo 67: Publica Historias Inspiradas en Colaboraciones Exitosas

¿Qué significa?
Las colaboraciones exitosas, ya sea con otras marcas, influencers o clientes, son un ejemplo poderoso de cómo el trabajo conjunto puede generar resultados extraordinarios. Compartir estas historias en tus redes sociales no solo demuestra tu capacidad para colaborar, sino que también refuerza tu imagen como un socio valioso y confiable.

¿Por qué es importante?
Mostrar tus alianzas y el impacto positivo que han generado crea confianza y credibilidad en tu audiencia. También puede inspirar a otros a trabajar contigo, amplificando tus oportunidades de crecimiento y alcance.

¿Cómo hacerlo?

1. **Selecciona Colaboraciones Memorables:**
   - Identifica alianzas que hayan tenido un impacto significativo, ya sea en términos de resultados, aprendizaje o innovación.
2. **Crea una Narrativa Atractiva:**
   - Cuenta la historia desde el principio: ¿cómo surgió la colaboración?, ¿qué desafíos enfrentaron juntos?, ¿cuáles fueron los resultados?
3. **Incluye Testimonios:**
   - Pide a tus colaboradores que compartan su experiencia trabajando contigo. Estos testimonios añaden autenticidad y peso a tu historia.
4. **Incorpora Elementos Visuales:**
   - Usa fotos, videos o gráficos que resalten momentos clave de la colaboración, como reuniones, lanzamientos o productos finales.
5. **Destaca el Valor Generado:**
   - Explica cómo la colaboración benefició a ambas partes, ya sea aumentando las ventas, fortaleciendo la marca o resolviendo problemas específicos.

Ejemplo práctico
Si eres una marca de cosméticos y colaboraste con un influencer para lanzar una nueva línea de productos:

- Publica un video que muestre el proceso creativo detrás del producto, entrevistas al influencer y testimonios de clientes satisfechos.

Consejos Brutales:

1. **Haz Participar a Tu Audiencia:**
   - Pide a tus seguidores que sugieran ideas para futuras colaboraciones o que voten por su contenido favorito generado en conjunto.
2. **Crea un Hashtag Exclusivo:**

o   Usa un hashtag especial para cada colaboración, facilitando a tu audiencia seguir todo el contenido relacionado y amplificando el alcance.

3. **Usa Colaboraciones para Introducir Nuevas Audiencias:**
   o   Aprovecha las colaboraciones para presentarte a la audiencia de tus socios, asegurándote de adaptar tu mensaje para que resuene con ellos.

Acción Inmediata:
Identifica una colaboración reciente que haya sido un éxito y crea una publicación que cuente su historia. Incluye elementos visuales y un testimonio del colaborador para hacerla más impactante.

Consejo 68: Comparte Anecdotarios Divertidos del Día a Día de Tu Equipo

¿Qué significa?
Los anecdotarios divertidos son historias breves y entretenidas sobre situaciones del día a día en tu equipo o empresa. Estos relatos humanizan tu marca, muestran el lado auténtico y ligero de tu organización y permiten que tu audiencia se relacione con tu negocio de una manera más personal.

¿Por qué es importante?
Mostrar el lado humano y divertido de tu equipo genera empatía y conexión emocional con tu audiencia. Además, refuerza la percepción de tu empresa como un lugar dinámico y cercano, lo que puede aumentar el engagement y la lealtad de tus seguidores.

¿Cómo hacerlo?

1. **Identifica Momentos Relatables:**
   o   Busca historias del día a día que sean auténticas, positivas y, sobre todo, divertidas. Pueden incluir anécdotas sobre errores graciosos, celebraciones improvisadas o momentos de camaradería.

2. **Crea un Formato Narrativo Breve:**
   o Mantén la historia breve y al punto. Puedes usar publicaciones de texto, videos cortos o un carrusel de imágenes para compartirla.
3. **Usa Recursos Visuales:**
   o Complementa la historia con imágenes o videos reales de esos momentos. La espontaneidad y naturalidad de estas imágenes hará que tu contenido sea más atractivo.
4. **Resalta los Valores de Tu Marca:**
   o En cada anécdota, asegúrate de destacar valores como el trabajo en equipo, la creatividad o el sentido del humor que caracteriza a tu organización.

Ejemplo práctico
Si eres un restaurante y uno de tus cocineros intentó hacer malabares con los utensilios y terminó riéndose de sí mismo tras fallar, comparte un video corto del momento con una frase como:
"En nuestro equipo nunca faltan las risas. Hoy, Juan intentó conquistar el arte del malabarismo... ¡y nos regaló el mejor espectáculo del día!"

Consejos Brutales:

1. **Crea una Serie Regular:**
   o Publica anécdotas divertidas de manera recurrente, como "El Momento Cómico de la Semana", para mantener a tu audiencia entretenida.
2. **Involucra a Tu Equipo:**
   o Anima a tu equipo a compartir sus propias anécdotas o a participar en los relatos. Esto fortalece el sentido de pertenencia y aumenta la autenticidad del contenido.
3. **Usa Hashtags Relacionados:**
   o Implementa un hashtag como #RisasEnLaOficina para que tu audiencia pueda buscar y disfrutar de todas tus publicaciones similares.

Acción Inmediata:
Reúne a tu equipo y pregúntales por su momento más divertido de la semana. Selecciona uno y comparte la historia en tus redes sociales hoy mismo, acompañada de una imagen o video.

Consejo 69: Publica Videos Que Resalten Emociones Positivas Ligadas a Tu Marca

¿Qué significa?
Los videos que destacan emociones positivas son herramientas poderosas para asociar tu marca con sentimientos como alegría, esperanza, gratitud o inspiración. Estos videos no solo captan la atención de tu audiencia, sino que también crean una conexión emocional duradera que fortalece la percepción positiva de tu negocio.

¿Por qué es importante?
Las emociones son un motor clave en la toma de decisiones. Cuando logras asociar tu marca con experiencias positivas, aumentas la probabilidad de que tu audiencia recuerde y confíe en ti. Además, los videos que evocan emociones suelen generar un mayor engagement, ya que las personas tienden a compartir contenidos que les hacen sentir bien.

¿Cómo hacerlo?

1. **Selecciona una Emoción Clave:**
   o Decide qué emoción deseas transmitir. Puede ser alegría por un logro, gratitud hacia tus clientes, o esperanza al mostrar el impacto positivo de tus productos o servicios.
2. **Crea una Narrativa Inspiradora:**
   o Construye una historia que resalte momentos significativos y auténticos. Por ejemplo, muestra cómo tu producto ha mejorado la vida de alguien o cómo tu equipo celebró un hito importante.
3. **Incluye Música y Visuales Acordes:**
   o La música juega un papel crucial en la evocación de emociones. Escoge una melodía que refuerce el tono de tu mensaje y utiliza imágenes o clips que conecten visualmente con el sentimiento que buscas despertar.
4. **Termina con una Llamada a la Acción:**
   o Cierra el video invitando a tu audiencia a formar parte de esa emoción positiva, ya sea compartiendo, comentando o tomando una acción concreta relacionada con tu marca.

Ejemplo práctico

Imagina que tienes una marca de café artesanal. Puedes crear un video mostrando a un cliente disfrutando su taza de café mientras dice:
"Este no es solo café; es mi momento de pausa, mi conexión con el presente. Gracias por crear algo tan especial."

Acompaña el video con escenas de la preparación artesanal del café, capturando sonrisas y detalles cálidos del entorno.

Consejos Brutales:

1. **Involucra a Tus Clientes:**
   - Pide a tus clientes que compartan videos sobre cómo tu producto o servicio les hace sentir bien. Selecciona los más emotivos y destácalos en tus redes sociales.
2. **Usa Testimonios Reales:**
   - Nada transmite emociones mejor que una experiencia genuina. Incluye fragmentos de testimonios reales en tus videos.
3. **Optimiza para Diferentes Canales:**
   - Adapta el formato del video según la red social. Por ejemplo, videos cortos y dinámicos para TikTok o Reels, y versiones más largas y narrativas para YouTube.

Acción Inmediata:

Hoy mismo, crea un breve video que resuma un momento especial de tu marca. Usa música inspiradora, imágenes auténticas y un mensaje emocional que invite a tu audiencia a conectarse con ese sentimiento.

Consejo 70: Diseña Campañas de Diversidad y Equidad para Inspirar

¿Qué significa?

Las campañas de diversidad y equidad destacan el compromiso de tu marca con la inclusión y el respeto hacia todas las personas, independientemente de su origen, género, habilidades o creencias. Este enfoque no solo posiciona a tu marca como socialmente responsable, sino que también atrae y conecta con una audiencia más amplia.

¿Por qué es importante?
En un mundo cada vez más consciente de las problemáticas sociales, los consumidores buscan marcas que representen sus valores. Una campaña de diversidad y equidad no solo genera confianza, sino que también refuerza la imagen de tu marca como una entidad comprometida y empática, lo que puede aumentar la lealtad y el engagement de tu audiencia.

¿Cómo hacerlo?

1. **Define tus Valores Inclusivos:**
   o   Reflexiona sobre los valores de tu marca y cómo se alinean con la diversidad y la equidad. Asegúrate de que estos valores se reflejen en cada aspecto de tu comunicación.
2. **Muestra Representación Auténtica:**
   o   Incluye personas de diferentes orígenes, edades, géneros y habilidades en tus campañas. Asegúrate de que la representación sea auténtica y no superficial.
3. **Colabora con Voces Diversas:**
   o   Trabaja con creadores de contenido, artistas e influencers que representen diferentes comunidades. Sus perspectivas únicas enriquecerán tu mensaje y ampliarán tu alcance.
4. **Celebra Fechas y Eventos Relevantes:**
   o   Aprovecha días internacionales como el Día de la Mujer, el Mes del Orgullo o el Día Internacional de las Personas con Discapacidad para lanzar campañas que celebren la diversidad.
5. **Usa un Lenguaje Inclusivo:**
   o   Asegúrate de que el tono y las palabras que utilizas sean respetuosos y representen a todos. Evita estereotipos o generalizaciones.

Ejemplo práctico
Si tienes una marca de ropa, podrías lanzar una colección especial titulada *"La Belleza de la Diversidad"*. En la campaña, incluye modelos

de diferentes etnias, cuerpos y capacidades, mostrando cómo cada prenda celebra la individualidad y la inclusión.

Consejos Brutales:

1. **Crea Espacios de Escucha:**
   o Organiza charlas o encuestas para escuchar directamente a las comunidades que deseas representar. Esto te ayudará a evitar errores y a crear campañas más auténticas.
2. **Evalúa tu Impacto:**
   o No solo hables de diversidad; asegúrate de que tu empresa también la practique internamente, desde la contratación hasta la toma de decisiones.
3. **Cuenta Historias Reales:**
   o En lugar de solo mostrar diversidad visual, narra historias inspiradoras de personas que ejemplifiquen los valores de tu campaña.

Acción Inmediata:
Hoy, revisa tus campañas recientes y evalúa si reflejan la diversidad y equidad que deseas promover. Identifica áreas de mejora y comienza a planificar una campaña inclusiva que inspire a tu audiencia.

Consejo 71: Lanza Dinámicas de Elección Popular con Tu Comunidad

¿Qué significa?
Las dinámicas de elección popular son actividades interactivas donde permites que tu audiencia vote, elija o participe en decisiones relacionadas con tu marca. Esto no solo fomenta la participación, sino que también refuerza el sentido de pertenencia de tu comunidad al involucrarlos directamente en el proceso.

¿Por qué es importante?
Involucrar a tu comunidad en decisiones importantes, como elegir un nuevo diseño, un sabor de producto o el próximo tema de contenido, genera un sentimiento de empoderamiento y lealtad. Las personas se

sienten escuchadas y valoradas, lo que fortalece su relación con tu marca.

¿Cómo hacerlo?

1. **Selecciona una Decisión Atractiva:**
   o Identifica un tema o decisión que realmente importe a tu audiencia. Puede ser algo como el nombre de un producto, el diseño de un empaque o el destino de una próxima campaña.
2. **Crea Formatos de Votación Sencillos:**
   o Usa herramientas de encuestas en redes sociales como Instagram Stories, Twitter o Facebook. Mantén la experiencia simple para que más personas participen.
3. **Ofrece Opciones Claras y Visualmente Atractivas:**
   o Presenta dos o tres alternativas con imágenes o descripciones atractivas. Esto facilita la decisión y hace que el proceso sea más emocionante.
4. **Promueve la Participación:**
   o Anima a tu comunidad a votar compartiendo publicaciones, historias o correos electrónicos con llamados a la acción claros.
5. **Comparte los Resultados y Actúa:**
   o Publica los resultados de la votación y muestra cómo has implementado la opción ganadora. Esto demuestra que valoras las opiniones de tu audiencia.

Ejemplo práctico
Una marca de helados puede lanzar una dinámica titulada *"El Sabor del Verano"*. En la campaña, presenta tres opciones de nuevos sabores: mango con chile, frambuesa con chocolate y coco con limón. La comunidad vota a través de Instagram Stories y el sabor ganador se lanza como edición especial.

Consejos Brutales:

1. **Haz que las Opciones Sean Relevantes:**
   o Asegúrate de que las alternativas estén alineadas con los intereses y preferencias de tu audiencia. Esto aumenta el entusiasmo por participar.

2. **Incentiva la Participación:**
   o Ofrece premios pequeños, como descuentos o menciones, para aquellos que participen en la votación.
3. **Crea Expectativa:**
   o Promociona la dinámica antes de lanzarla, generando intriga sobre lo que podrán elegir.

Acción Inmediata:
Hoy mismo, identifica una decisión que puedas poner en manos de tu audiencia. Diseña las opciones, configura una encuesta en redes sociales y promociona la dinámica para que comiencen a participar.

Consejo 72: Publica Contenidos Basados en Anécdotas de Clientes

¿Qué significa?
Las anécdotas de clientes son relatos reales que muestran cómo tu producto o servicio ha impactado positivamente sus vidas. Al compartir estas historias, humanizas tu marca y refuerzas su credibilidad al mostrar resultados tangibles y experiencias auténticas.

¿Por qué es importante?
Las personas confían más en las experiencias reales que en la publicidad directa. Publicar anécdotas de clientes ayuda a construir confianza, crea un sentido de comunidad y permite que los prospectos se identifiquen con las situaciones descritas. Además, estas historias inspiran y motivan a otros a dar el paso hacia la compra.

¿Cómo hacerlo?

1. **Solicita Historias a Tus Clientes:**
   o Invita a tus clientes a compartir sus experiencias contigo a través de encuestas, comentarios o mensajes privados. Ofrece incentivos como descuentos o regalos para fomentar su participación.
2. **Selecciona las Más Relevantes:**

- Elige historias que sean auténticas, impactantes y relacionadas directamente con los beneficios de tu producto o servicio.
3. **Personaliza y Estructura el Relato:**
   - Organiza las anécdotas siguiendo esta estructura:
     - **Introducción:** Presenta al cliente y su contexto.
     - **Problema:** Describe el desafío o necesidad que enfrentaba antes de usar tu producto.
     - **Solución:** Explica cómo tu marca resolvió el problema.
     - **Resultados:** Destaca los beneficios obtenidos.
4. **Incluye Elementos Visuales:**
   - Acompaña las historias con imágenes, videos o testimonios en video del cliente. Esto aumenta la autenticidad y el impacto emocional.
5. **Agradece al Cliente:**
   - Reconoce públicamente a los clientes que compartieron sus historias. Esto fortalece su relación con tu marca y anima a otros a participar.

Ejemplo práctico
Una tienda de ropa sostenible podría compartir la historia de un cliente que decidió cambiar a productos ecológicos para reducir su impacto ambiental. La publicación puede incluir una cita del cliente, fotos antes y después, y cómo las prendas han mejorado su estilo de vida consciente.

Consejos Brutales:

1. **Crea una Campaña con un Hashtag:**
   - Lanza un hashtag específico para recopilar anécdotas, como #MiHistoriaCon[TuMarca]. Esto hace que las historias sean más fáciles de encontrar y compartir.
2. **Conecta Emocionalmente:**
   - Enfócate en historias que evocan emociones como alegría, superación o inspiración. Estas generan mayor impacto en tu audiencia.
3. **Involucra a Toda tu Comunidad:**
   - Invita a otros seguidores a comentar o votar por sus historias favoritas. Esto crea interacción adicional.

Acción Inmediata:
Hoy, publica una invitación en tus redes sociales para que tus clientes compartan sus anécdotas. Promete destacarlas en tus plataformas y ofrece un pequeño incentivo para motivar su participación.

Consejo 73: Crea Historias Visuales que Resalten Momentos Reales

¿Qué significa?

Este consejo se trata de usar imágenes y videos para narrar experiencias auténticas de tu marca o comunidad. Las historias visuales reales conectan emocionalmente con tu audiencia porque muestran situaciones que pueden ver, sentir o imaginarse en su vida cotidiana.

Por ejemplo, un video de "un día en la vida" de un empleado de tu empresa, o imágenes que documenten el antes y después de usar tu producto, crean un impacto visual memorable y fomentan la confianza.

¿Por qué es importante?

En la era digital, las imágenes tienen un poder increíble. Las historias visuales auténticas no solo capturan la atención, sino que también fortalecen la credibilidad de tu marca. Además, las personas recuerdan las experiencias visuales más fácilmente que los textos.

Mostrar momentos reales rompe con la perfección inalcanzable que a menudo domina las redes sociales, permitiendo a tu audiencia sentirse conectada con lo que representas.

¿Cómo hacerlo?

1. **Documenta Eventos Genuinos:** Captura fotos y videos de momentos auténticos en tu negocio, como reuniones de equipo, eventos comunitarios o interacciones con clientes.
2. **Muestra tu Producto en Uso:** Resalta cómo tu producto o servicio encaja en el día a día de las personas.
3. **Usa Ediciones Simples:** No te obsesiones con la perfección técnica. En este caso, la autenticidad supera a la calidad profesional.

4. **Aprovecha las Historias de Clientes:** Pide a tus clientes que envíen fotos o videos usando tus productos y destaca sus experiencias.
5. **Integra Elementos Emocionales:** Asegúrate de que la historia visual transmita emociones como felicidad, inspiración o gratitud.

Ejemplo práctico

Imagina que tienes una marca de ropa sostenible. Una publicación podría mostrar a un cliente diciendo:

"Compré este abrigo porque amo la moda sostenible. Me acompañó en mi viaje por Europa, y no solo me sentí cálido, sino también orgulloso de mi elección."

Acompaña esto con una foto del cliente usando el abrigo en un destino increíble.

Consejos brutales:

- **Usa Video para Mayor Impacto:** Aunque las fotos son poderosas, los videos cuentan una historia más completa y envolvente.
- **Destaca el Proceso, no Solo el Resultado:** Mostrar cómo se fabrica tu producto o cómo se presta tu servicio puede ser tan interesante como el resultado final.

Acción inmediata:

Hoy mismo, busca un evento reciente o una interacción con un cliente que puedas transformar en una historia visual. Crea una publicación y mide la reacción de tu audiencia.

Consejo 74: Diseña Campañas Centradas en Testimonios Emotivos

¿Qué significa?

Este consejo consiste en utilizar historias reales de clientes satisfechos que compartan cómo tu producto o servicio les ha cambiado la vida. Los testimonios emotivos no solo destacan las características de lo que ofreces, sino que también generan empatía y confianza en tu audiencia.

Un testimonio emotivo no se limita a decir "es un buen producto". Va más allá al mostrar cómo resolvió un problema, mejoró una situación o incluso transformó vidas.

¿Por qué es importante?

Las personas confían en las experiencias de otros más que en cualquier anuncio. Un testimonio auténtico y emocional conecta directamente con las necesidades y sentimientos de tu audiencia. Esto crea una conexión más profunda, que puede traducirse en mayor compromiso, lealtad y ventas.

¿Cómo hacerlo?

1. **Identifica Historias Impactantes:** Busca clientes que hayan experimentado cambios significativos o logros gracias a tu producto.
2. **Entrevista a tus Clientes:** Pregunta qué desafíos enfrentaban antes de conocerte, cómo tu producto los ayudó y qué impacto tuvo en su vida.
3. **Usa Formatos Visuales:** Graba videos o diseña imágenes con citas impactantes. Los formatos visuales transmiten emociones más efectivamente.
4. **Incorpora Elementos Humanos:** Muestra caras, nombres y detalles específicos. Esto añade autenticidad y credibilidad.
5. **Crea Variaciones Temáticas:** Diseña campañas enfocadas en diferentes aspectos de tu producto: funcionalidad, emocionalidad o comunidad.

Ejemplo práctico

Si ofreces un servicio de coaching personal, un testimonio podría ser: "Antes de comenzar este programa, sentía que mi vida estaba estancada. No solo encontré claridad en mis metas, sino también una comunidad que me apoya. Hoy, me siento más seguro y motivado que nunca." Acompaña esto con un video donde la persona cuente su historia en su propio entorno.

Consejos brutales:

- **Involucra Emociones Universales:** Testimonios sobre superar retos, encontrar felicidad o mejorar la calidad de vida resuenan más ampliamente.
- **Usa un Llamado a la Acción Directo:** Cada testimonio debería cerrar con una invitación clara: "Tú también puedes lograrlo. Contáctanos hoy".

Acción inmediata:
Hoy, selecciona un cliente que haya compartido una experiencia positiva contigo. Pregúntale si estaría dispuesto a participar en una campaña de testimonio. Diseña una publicación basada en su historia y lanza la campaña esta semana.

Consejo 75: Comparte Mensajes Motivadores en Formatos Creativos

¿Qué significa?
Los mensajes motivadores son frases, ideas o reflexiones que inspiran a tu audiencia a superar desafíos, alcanzar metas o cambiar su perspectiva. En el mundo digital, presentarlos en formatos creativos, como videos cortos, gráficos interactivos o infografías, puede capturar mejor la atención y resonar más profundamente con tu público.

¿Por qué es importante?
La motivación impulsa a las personas a actuar. Un mensaje bien diseñado puede ser la chispa que tu audiencia necesita para comprometerse con tu marca, compartir tu contenido o incluso realizar una compra. Además, los mensajes motivadores, al ser emocionales, son más propensos a ser compartidos, lo que aumenta tu alcance orgánico.

¿Cómo hacerlo?

1. **Conecta con tu Audiencia:** Antes de crear el mensaje, comprende qué desafíos o aspiraciones son comunes en tu público.
2. **Usa Frases Potentes:** Diseña mensajes claros y directos, con palabras que resalten acciones positivas, como "logra", "alcanza" o "transforma".

3. **Elige el Formato Adecuado:** Experimenta con diferentes presentaciones, como videos dinámicos, carruseles en redes sociales o infografías minimalistas.
4. **Añade Elementos Visuales:** Incorpora colores, tipografías y diseños que refuercen la emoción detrás del mensaje.
5. **Sé Auténtico:** Asegúrate de que el mensaje refleje los valores de tu marca y sea coherente con tu estilo de comunicación.

Ejemplo práctico

Si tu marca está enfocada en el bienestar:

Mensaje: "La mejor inversión que puedes hacer es en ti mismo. Comienza hoy."

Formato: Un video corto con música inspiradora, mostrando a personas disfrutando de momentos de autocuidado, desde meditar hasta hacer ejercicio.

Consejos brutales:

- **Involucra a tu Comunidad:** Invita a tus seguidores a compartir sus propios momentos de inspiración o cómo superaron un reto. Usa sus historias para crear contenido motivador auténtico.
- **Crea Series Temáticas:** Publica mensajes motivadores regularmente, agrupados por temas como "éxito personal", "superación de miedos" o "bienestar diario".
- **Aprovecha Tendencias:** Usa citas famosas o frases adaptadas de cultura pop para conectar mejor con audiencias jóvenes.

Acción inmediata:

Hoy, diseña un mensaje motivador relevante para tu audiencia. Usa una herramienta de diseño gráfico como Canva o un editor de video simple para darle un toque visual único. Publica el contenido y pide a tus seguidores que lo compartan o comenten qué les inspira.

Bloque 6: "Impacto Visual y Experiencias Únicas"

Consejo 76: Publica Imágenes Antes y Después que Ilustren Resultados Tangibles

¿Qué significa?

Las imágenes de "antes y después" son una herramienta poderosa para mostrar el impacto real de tus productos o servicios. Este formato visual resalta la transformación que pueden experimentar tus clientes, haciendo que los resultados sean palpables y creíbles.

¿Por qué es importante?

El cerebro humano procesa imágenes 60,000 veces más rápido que el texto, lo que hace que los cambios visuales sean extremadamente persuasivos. Este tipo de contenido no solo capta la atención rápidamente, sino que también genera confianza y motivación al mostrar resultados concretos y verificables.

¿Cómo hacerlo?

1. **Elige Transformaciones Impactantes:**
   Selecciona casos en los que la diferencia entre el "antes" y el "después" sea evidente. Esto puede aplicarse a productos de belleza, salud, fitness, limpieza, diseño, entre otros.
2. **Asegúrate de la Autenticidad:**
   Utiliza imágenes reales y evita ediciones excesivas que puedan parecer falsas. La autenticidad es clave para generar confianza.
3. **Incluye Contexto:**
   Acompaña las imágenes con una breve descripción de lo que se muestra, explicando cómo se logró el resultado y en cuánto tiempo.

4. **Optimiza la Calidad de las Imágenes:**
   Usa fotografías de alta resolución para garantizar que los detalles sean claros y atractivos.
5. **Utiliza el Formato Adecuado:**
   Diseña un montaje visual con una línea divisoria clara entre el "antes" y el "después", y utiliza texto breve para identificar cada lado.
6. **Acompaña con Testimonios:**
   Complementa las imágenes con comentarios de clientes satisfechos que describan su experiencia y cómo el cambio impactó en sus vidas.

Ejemplo práctico:
Una clínica de odontología publica una imagen del "antes" y el "después" de un paciente que recibió un tratamiento de blanqueamiento dental. En la descripción, explican que el cambio se logró en una sola sesión de 45 minutos y destacan la alegría del cliente por recuperar su sonrisa.

Consejos brutales:

- **Incluye el Proceso:** Si es posible, añade una tercera imagen que muestre el "durante" para que tu audiencia vea los pasos intermedios del cambio.
- **Hazlo Interactivo:** Usa encuestas o preguntas en las historias de Instagram para que los usuarios elijan cuál es el "antes" y cuál el "después".
- **Transforma la Comparación en un Reto:** Invita a tu audiencia a participar y compartir sus propios "antes y después" usando tus productos o servicios.

Acción inmediata:
Revisa tus casos de éxito recientes y selecciona uno que puedas ilustrar con imágenes de "antes y después". Diseña una publicación visual llamativa y compártela hoy en tus redes sociales con un llamado a la acción que anime a tus seguidores a probar tus soluciones.

Consejo 77: Diseña Videos Cinemáticos para Presentar Tu Marca

¿Qué significa?
Los videos cinematográficos son contenidos visuales de alta calidad que combinan narrativas poderosas con imágenes impactantes. Este tipo de videos no solo cuentan una historia, sino que lo hacen de manera emocionalmente resonante, como si fueran pequeños cortometrajes.

¿Por qué es importante?
En el entorno digital, donde la competencia por la atención es feroz, los videos cinematográficos destacan por su capacidad de captar y mantener el interés. Este formato eleva la percepción de tu marca, asociándola con profesionalismo, creatividad y atención al detalle.

¿Cómo hacerlo?

1. **Crea un Guion Emotivo:**
   Desarrolla una narrativa que conecte con los valores de tu audiencia. Puede ser la historia de cómo surgió tu marca, el impacto de tu producto en la vida de alguien o una visión inspiradora de tus objetivos.
2. **Invierte en Calidad Visual:**
   Utiliza cámaras de alta definición y trabaja con profesionales en iluminación y edición para lograr un acabado impecable.
3. **Usa Música Acorde:**
   Selecciona una banda sonora que amplifique las emociones que deseas transmitir. La música adecuada puede transformar un buen video en una experiencia inolvidable.
4. **Incorpora Elementos Cinematográficos:**
   Añade movimientos de cámara suaves, efectos de transición y colores bien calibrados para crear un ambiente atractivo y profesional.
5. **Incluye Testimonios Visuales:**
   Muestra personas reales usando tus productos o compartiendo cómo tu marca impactó positivamente en sus vidas.
6. **Añade un Llamado a la Acción Potente:**
   Termina el video con una invitación clara: visita tu sitio web, sigue tus redes sociales, suscríbete o compra tu producto.

Ejemplo práctico:
Una marca de relojes de lujo produce un video de 60 segundos
mostrando el proceso artesanal de fabricación. El video comienza con
primeros planos de las herramientas, transiciones hacia el ensamblaje
meticuloso del reloj y culmina con una persona usándolo en un entorno
elegante. Todo esto acompañado de música clásica suave.

Consejos brutales:

- **Hazlo en Series:** Divide tu narrativa en episodios para generar
  expectativa y mantener el interés de tu audiencia.
- **Apunta a las Emociones:** Diseña videos que evoquen alegría,
  nostalgia, orgullo o inspiración; las emociones venden.
- **Experimenta con Realidad Aumentada:** Si tu presupuesto lo
  permite, incorpora elementos interactivos que permitan a los
  espectadores explorar detalles del producto mientras ven el
  video.

Acción inmediata:
Escribe un guion básico que cuente una historia única sobre tu marca o
producto. Identifica los recursos que necesitas (ubicación, cámara,
música) y programa una sesión para grabar. Publica el video en las
plataformas donde tu audiencia es más activa.

Consejo 78: Lanza Campañas Basadas en Fotografías de Alta Calidad

¿Qué significa?
En el mundo digital, las imágenes son el primer punto de contacto visual
entre tu marca y tu audiencia. Las fotografías de alta calidad no solo
destacan, sino que también comunican profesionalismo, confianza y una
identidad sólida. Crear campañas centradas en este tipo de contenido
visual permite que tus productos o servicios destaquen de manera única
y memorable.

¿Por qué es importante?
Una buena fotografía tiene el poder de capturar la atención en cuestión

de segundos, especialmente en plataformas como Instagram, Pinterest o Facebook, donde la competencia por el scroll es feroz. Además, imágenes de alta calidad transmiten un mensaje claro: tu marca se preocupa por los detalles y ofrece valor real. Esto no solo mejora la percepción de tu empresa, sino que también fomenta un mayor engagement y conversiones.

¿Cómo hacerlo?

1. **Invierte en un Estilo Visual Consistente**
   Decide una estética que represente a tu marca (minimalista, vibrante, natural, etc.). Esto ayudará a crear una identidad visual reconocible en todas tus publicaciones.
2. **Usa Equipos Adecuados o Colabora con Profesionales**
   Si bien los smartphones modernos tienen cámaras potentes, considera trabajar con un fotógrafo profesional para campañas clave.
3. **Destaca los Detalles Importantes**
   En productos, muestra texturas, acabados o características únicas. En servicios, utiliza imágenes que ilustren claramente los beneficios.
4. **Crea Escenarios que Resuenen con tu Audiencia**
   Por ejemplo, si vendes muebles, crea un ambiente acogedor que inspire a tu público objetivo a imaginar esos productos en su vida diaria.
5. **Optimiza para Cada Plataforma**
   Ajusta la resolución y el formato de las fotos según las especificaciones de cada red social para garantizar que se vean perfectas.

Ejemplo práctico:
Si promocionas una línea de productos cosméticos:

- Genérico: "Productos 100% naturales".
- Visual: Una foto en alta calidad mostrando los productos en un entorno natural, con ingredientes clave destacados (flores, frutas).

Consejos Brutales:

- **Incorpora Elementos Humanos:** Las imágenes con personas (manos, rostros, etc.) tienden a generar más engagement porque son más relacionables.
- **Aprovecha la Iluminación Natural:** Siempre que sea posible, utiliza luz natural para obtener imágenes más realistas y atractivas.
- **Cuenta una Historia Visual:** En lugar de una simple foto, crea una serie de imágenes que narren el uso o el beneficio de tu producto.

Acción Inmediata:
Revisa tus campañas actuales y selecciona un producto o servicio destacado. Planea una sesión fotográfica con enfoque profesional. Asegúrate de incluir elementos que resalten la calidad y los valores de tu marca.

Consejo 79: Utiliza Infografías Dinámicas para Explicar Procesos Complejos

¿Qué significa?
Las infografías dinámicas son representaciones gráficas que combinan texto, imágenes y diseño para simplificar conceptos complejos. Estas herramientas permiten transmitir información de manera visual, clara y atractiva, capturando la atención de tu audiencia mientras educan de forma efectiva.

¿Por qué es importante?
En un mundo donde el tiempo de atención es limitado, las infografías dinámicas permiten comunicar ideas clave de forma rápida y memorable. Además, facilitan la comprensión de datos, estadísticas y procesos, posicionándote como un recurso valioso dentro de tu nicho. Su formato versátil es ideal para compartir en plataformas como Pinterest, Instagram o LinkedIn, donde el contenido visual predomina.

¿Cómo hacerlo?

1. **Selecciona un Tema Relevante para tu Audiencia**
   Identifica los puntos de dolor, preguntas frecuentes o áreas de interés de tu público y conviértelos en el enfoque principal de la infografía.
2. **Simplifica la Información**
   Divide los conceptos en partes manejables. Usa frases cortas, iconos y gráficos para evitar abrumar a tu audiencia.
3. **Elige un Diseño Visual Atractivo**
   Utiliza colores llamativos, tipografía legible y una disposición equilibrada para garantizar que la infografía sea fácil de seguir.
4. **Incluye Datos y Estadísticas Relevantes**
   Respalda tu contenido con cifras impactantes y gráficas que refuercen el mensaje que estás comunicando.
5. **Optimiza para Dispositivos Móviles**
   Asegúrate de que el diseño sea legible en pantallas pequeñas, ya que gran parte de tu audiencia accede a las redes desde sus smartphones.

Ejemplo práctico:
Si ofreces servicios de consultoría de marketing:

- Genérico: "Cómo mejorar tu SEO en tres pasos".
- Infografía dinámica: Un diseño que muestre los pasos clave con diagramas y gráficos, como "Optimización de palabras clave", "Creación de contenido relevante" y "Construcción de enlaces de calidad".

Consejos Brutales:

- **Incorpora Elementos Animados:** Si el formato lo permite (como en redes sociales o páginas web), añade pequeñas animaciones que hagan más interactiva la experiencia.
- **Utiliza Call-to-Actions (CTA):** Añade un botón o enlace en la infografía que invite a tu audiencia a explorar más contenido o a contactar contigo.
- **Comparte en Múltiples Formatos:** Convierte la infografía en carruseles, historias o publicaciones individuales para maximizar su alcance.

Acción Inmediata:
Elige un tema popular en tu nicho y crea una infografía usando
herramientas como Canva o Visme. Asegúrate de incluir colores y
tipografía alineados con tu identidad de marca. Publica el contenido y
mide la respuesta de tu audiencia para planificar futuras creaciones.

Consejo 80: Publica Videos Tutoriales en Formatos Interactivos

¿Qué significa?
Los videos tutoriales interactivos son contenidos audiovisuales que
permiten a los espectadores aprender paso a paso cómo realizar una
acción o utilizar un producto, mientras participan activamente en el
proceso. Estos formatos incluyen elementos como encuestas, clics en
pantalla o cuestionarios, fomentando el aprendizaje y la interacción.

¿Por qué es importante?
Los videos tutoriales no solo enseñan, sino que también generan
confianza al demostrar el valor práctico de tu producto o servicio. Al
hacerlos interactivos, incrementas el engagement, captas la atención por
más tiempo y creas una experiencia personalizada que refuerza la
conexión con tu audiencia.

¿Cómo hacerlo?

1. **Selecciona un Tema Útil y Relevante**
   Identifica un problema común o una pregunta frecuente en tu
   nicho y crea un tutorial que lo resuelva de manera sencilla y
   visual.
2. **Planea el Guion y las Interacciones**
   Divide el contenido en secciones claras y añade puntos de
   interacción, como preguntas, enlaces a más contenido o botones
   para navegar entre temas.
3. **Usa Plataformas y Herramientas Adecuadas**
   Herramientas como YouTube, Vimeo o plataformas de video

interactivas como H5P permiten integrar elementos interactivos de manera sencilla.

4. **Añade Valor Visual y Auditivo**
   Utiliza gráficos, subtítulos y música adecuada para mantener a los espectadores interesados. La calidad del audio es tan importante como la del video.

5. **Incluye una Llamada a la Acción**
   Finaliza el tutorial invitando a los usuarios a realizar una acción, como visitar tu página web, descargar un recurso o probar un producto.

Ejemplo práctico:
Si vendes herramientas de diseño gráfico:

- Genérico: Un video sobre cómo usar tu herramienta para crear logotipos.
- Interactivo: Un tutorial donde el espectador elige entre "Cómo crear un logo minimalista" o "Cómo diseñar un logo vintage", y cada clic lo lleva a una sección específica del video.

Consejos Brutales:

- **Gamifica el Tutorial:** Crea pequeñas "recompensas" al completar partes del video, como códigos de descuento o acceso a contenido exclusivo.
- **Integra Preguntas y Respuestas:** Permite a los usuarios responder preguntas o enviar dudas mientras ven el video para crear una experiencia más dinámica.
- **Optimiza para Dispositivos Móviles:** Diseña los elementos interactivos para que sean fácilmente accesibles en pantallas pequeñas.

Acción Inmediata:
Elige una pregunta frecuente de tu audiencia y crea un video tutorial interactivo con herramientas como Camtasia o Adobe Captivate. Publica el video y monitoriza cómo la interacción mejora el tiempo de visualización y la conexión con tus seguidores.

Consejo 81: Diseña Imágenes con Datos Curiosos de Tu Nicho

¿Qué significa?
Las imágenes con datos curiosos son piezas visuales que presentan información relevante, interesante o sorprendente relacionada con tu industria o mercado. Estas imágenes están diseñadas para captar la atención y despertar la curiosidad, generando interés inmediato en tu contenido.

¿Por qué es importante?
Los datos curiosos no solo informan, sino que también entretienen. Ayudan a posicionar tu marca como una fuente confiable de conocimiento y destacan entre el mar de contenido en redes sociales. Además, este tipo de publicaciones tiende a ser altamente compartido, aumentando tu alcance de manera orgánica.

¿Cómo hacerlo?

1. **Investiga y Selecciona Datos Relevantes**
   Encuentra estadísticas, hechos históricos o tendencias relacionadas con tu nicho que sorprendan o eduquen a tu audiencia.
2. **Simplifica el Mensaje**
   Transforma la información compleja en un dato claro y atractivo que sea fácil de entender en pocos segundos.
3. **Elige un Diseño Visual Impactante**
   Utiliza gráficos, tipografías llamativas y colores que destaquen. Herramientas como Canva o Adobe Express son ideales para crear imágenes profesionales.
4. **Incorpora tu Identidad de Marca**
   Incluye tu logo, colores y estilo visual para que la imagen refuerce tu branding cada vez que sea compartida.
5. **Añade un Llamado a la Acción**
   Invita a tu audiencia a comentar, compartir o descubrir más en tu sitio web o perfil.

Ejemplo práctico:

Si estás en el nicho de bienestar:

- Genérico: Una publicación sobre la importancia de beber agua.
- Curioso: Una imagen con el dato: "¿Sabías que beber 2 litros de agua al día puede mejorar tu concentración hasta un 30%?" y un diseño visual atractivo.

Consejos Brutales:

- **Relaciona los Datos con Problemas Comunes:** Presenta datos que respondan a preocupaciones o intereses habituales de tu público.
- **Sé Conciso:** Un buen dato curioso no debe superar dos líneas; lo breve y directo genera más impacto.
- **Actualiza la Información Regularmente:** Mantén tus datos frescos y relevantes para que tu contenido no se perciba como obsoleto.

Acción Inmediata:

Hoy mismo, elige un dato interesante relacionado con tu industria y crea una imagen visualmente atractiva usando Canva o una herramienta similar. Publica y mide el engagement para aprender qué tipo de curiosidades resuenan más con tu audiencia.

Consejo 82: Genera Videos con Animaciones para Ilustrar Conceptos Abstractos

¿Qué significa?

Los videos animados son una herramienta visual poderosa que permite explicar ideas complejas de manera sencilla, entretenida y atractiva. Estas animaciones pueden incluir gráficos en movimiento, personajes animados o ilustraciones dinámicas que faciliten la comprensión de conceptos abstractos o difíciles de entender.

¿Por qué es importante?

El contenido en video es el más consumido en redes sociales, y cuando se trata de explicar temas abstractos, las animaciones tienen un doble impacto: simplifican la información y mantienen la atención del espectador. Además, los videos animados tienen mayor probabilidad de ser compartidos, incrementando tu alcance orgánico.

¿Cómo hacerlo?

1. **Define el Concepto a Explicar**
   Identifica una idea o proceso en tu nicho que sea difícil de comprender solo con texto o imágenes estáticas.
2. **Crea un Guion Claro y Directo**
   Divide el concepto en pasos o ideas clave. Mantén un lenguaje sencillo para garantizar que sea accesible a tu público.
3. **Elige el Estilo de Animación**
   Decide si usarás gráficos simples, personajes animados, tipografías en movimiento o una combinación. Herramientas como Powtoon, Animaker o After Effects son excelentes opciones.
4. **Añade una Narración o Texto**
   Incluye una voz en off clara y agradable o texto que refuerce el mensaje. Esto ayuda a guiar al espectador a lo largo del video.
5. **Mantén el Video Breve**
   Idealmente, tus videos animados no deben durar más de 60-90 segundos. La atención en redes sociales es limitada, así que ve al grano.
6. **Incorpora tu Branding**
   Usa los colores, tipografías y logotipo de tu marca para que el video sea una extensión reconocible de tu identidad.

Ejemplo práctico:

Si estás en el nicho de finanzas:

- Concepto: "La importancia del interés compuesto".
- Video: Una animación que muestre cómo el dinero crece con gráficos en movimiento, mientras un narrador explica cómo pequeños ahorros iniciales pueden convertirse en grandes sumas a largo plazo.

Consejos Brutales:

- **Apuesta por la Simplicidad:** No sobrecargues la animación con demasiados elementos. Lo simple y directo tiene más impacto.
- **Utiliza Metáforas Visuales:** Representa conceptos abstractos con imágenes fáciles de identificar, como una planta creciendo para simbolizar el progreso.
- **Optimiza para Móviles:** Asegúrate de que el texto y los gráficos sean legibles en pantallas pequeñas.

Acción Inmediata:
Hoy, elige un concepto que tu audiencia necesita comprender mejor. Usa una herramienta como Powtoon o Canva para diseñar un breve video animado. Publica el contenido y mide el engagement para ajustar futuros esfuerzos.

Consejo 83: Publica Historias Visuales Basadas en Logros Concretos

¿Qué significa?
Las historias visuales son narrativas impactantes contadas a través de imágenes, gráficos o videos que celebran logros reales de tu marca, equipo o clientes. Estos logros pueden ser resultados alcanzados, metas superadas o hitos importantes, y son presentados de manera visual para generar una conexión emocional y reforzar la credibilidad.

¿Por qué es importante?
Mostrar logros concretos no solo inspira confianza en tu audiencia, sino que también crea un sentido de pertenencia y motivación. Cuando las personas ven ejemplos tangibles de éxito, se sienten más inclinadas a creer en el valor de tu producto o servicio.

¿Cómo hacerlo?

1. **Identifica Logros Relevantes**
   Busca resultados alcanzados por tus clientes, metas internas de tu equipo o avances importantes de tu marca.
2. **Elige el Formato Adecuado**
   Decide entre un carrusel de imágenes, un video corto o un gráfico impactante para ilustrar el logro.
3. **Incorpora Datos y Detalles Específicos**
   Los logros concretos son más efectivos cuando incluyen cifras reales o descripciones claras. Por ejemplo: "Un aumento del 35% en las ventas" o "100 clientes satisfechos en el último mes".
4. **Hazlo Emotivo**
   Agrega un toque humano a la historia. Por ejemplo, muestra cómo el logro benefició a alguien o cambió su vida.
5. **Incluye Elementos Visuales Atractivos**
   Usa colores que resalten, gráficos limpios y fotografías de alta calidad para captar la atención de tu audiencia.
6. **Termina con una Llamada a la Acción (CTA)**
   Invita a tu audiencia a ser parte de estos logros, ya sea comprando, suscribiéndose o compartiendo tu publicación.

Ejemplo práctico:
Si tienes un negocio de coaching de vida:

- Logro: "Ana superó su miedo a hablar en público y consiguió un ascenso en su trabajo".
- Historia visual: Un video corto donde Ana cuenta su experiencia, acompañado de imágenes de ella en su nuevo puesto y gráficas que ilustren su progreso.

Consejos Brutales:

- **Usa Testimonios Reales:** Cuando sea posible, incluye citas o videos de las personas involucradas en el logro. Esto le da autenticidad.
- **Hazlo Compartible:** Diseña la publicación de manera que sea fácil y atractiva para que otros la compartan en sus redes sociales.

- **Enfócate en el Beneficio para Otros:** Relaciona el logro con el impacto positivo que tuvo en la comunidad, el medio ambiente o la vida de tus clientes.

Acción Inmediata:
Hoy, selecciona un logro reciente de tu marca o un cliente y crea una publicación visual para destacarlo. Incluye imágenes o gráficos y un mensaje que inspire a tu audiencia a actuar.

Consejo 84: Lanza Retos Visuales de Alta Participación

¿Qué significa?
Un reto visual es una actividad que invita a tu audiencia a participar creando y compartiendo contenido visual relacionado con tu marca o temática. Estos retos suelen estar diseñados para ser atractivos, creativos y fáciles de replicar, fomentando la interacción y viralidad.

¿Por qué es importante?
Los retos visuales aumentan la participación de tu audiencia, generan contenido generado por el usuario (UGC) y crean una conexión emocional con tu marca. Además, fomentan la exposición orgánica a través de las publicaciones de los participantes, expandiendo tu alcance de manera gratuita y auténtica.

¿Cómo hacerlo?

1. **Define un Tema Relevante**
   Escoge una temática alineada con tu producto, servicio o valores de marca. Por ejemplo, si eres una marca de alimentos saludables, un reto podría ser: "Crea tu plato más creativo con ingredientes naturales".
2. **Establece Instrucciones Claras**
   Asegúrate de que el reto sea fácil de entender y participar. Explica los pasos y qué tipo de contenido visual deseas recibir (fotos, videos, diseños).

3. **Crea un Hashtag Único**
   Diseña un hashtag específico para el reto que sea corto, memorable y relacionado con tu marca. Esto facilitará el seguimiento de las publicaciones.
4. **Ofrece Incentivos**
   Motiva a tu audiencia a participar ofreciendo premios, menciones especiales o características destacadas en tus redes sociales.
5. **Promociona el Reto**
   Publica el reto en todas tus plataformas, utilizando gráficos llamativos, videos explicativos y ejemplos de participación. Anima a tu comunidad a compartirlo.
6. **Interactúa con los Participantes**
   Comenta, comparte y celebra las publicaciones de quienes participen. Esto refuerza el sentido de comunidad y alienta a otros a unirse.
7. **Destaca a los Ganadores o Mejores Entradas**
   Publica una compilación de las mejores participaciones o menciona a los ganadores en una publicación especial para reconocer su esfuerzo.

Ejemplo práctico:
Si eres una marca de ropa:

- **Reto:** "Transforma tu outfit con nuestra prenda estrella".
- **Instrucciones:** Crea un video mostrando cómo estilizas tu look usando nuestra prenda. Usa el hashtag #RetoEstiloCreativo y etiqueta nuestra cuenta.
- **Premio:** Una tarjeta regalo de 50€ para la mejor transformación.

Consejos Brutales:

- **Hazlo Temporal:** Establece un plazo para participar y así generar urgencia.
- **Colabora con Influencers:** Invita a creadores de contenido a participar primero para animar a su audiencia a unirse.
- **Fomenta la Creatividad:** Diseña retos abiertos a la interpretación para que los participantes puedan mostrar su estilo único.

Acción Inmediata:
Piensa en un tema relacionado con tu nicho y lanza un reto visual en tus redes esta semana. Define el hashtag, prepara una publicación explicativa y anima a tus seguidores a participar.

Consejo 85: Publica Collages de Imágenes que Representen Tu Marca

¿Qué significa?
Un collage de imágenes es una composición visual que combina varias fotografías o gráficos para transmitir una idea, estilo o mensaje de manera impactante. Este formato es perfecto para destacar los valores, productos y la estética de tu marca en una sola publicación.

¿Por qué es importante?
Los collages permiten contar historias visuales de forma atractiva y compacta. Pueden transmitir la esencia de tu marca y captar la atención de tu audiencia de inmediato. Además, son ideales para reforzar la identidad visual y para resumir múltiples aspectos de tu marca en un solo vistazo.

¿Cómo hacerlo?

1. **Elige una Temática Clara**
   Decide qué aspecto de tu marca deseas destacar, como una colección de productos, valores fundamentales o momentos importantes.
2. **Selecciona Imágenes de Alta Calidad**
   Usa fotos profesionales y gráficamente atractivas. Asegúrate de que todas las imágenes estén alineadas con los colores y estilo visual de tu marca.
3. **Organiza las Imágenes Creativamente**
   Utiliza herramientas como Canva o Adobe Express para diseñar un collage armonioso. Juega con tamaños, formas y espacios para crear equilibrio visual.

4. **Incluye un Mensaje Inspirador**
   Añade un texto breve o una frase clave que resuma la idea principal del collage. Este mensaje debe conectar emocionalmente con tu audiencia.
5. **Optimiza para Cada Plataforma**
   Ajusta el formato del collage según la red social en la que lo publicarás. Por ejemplo, utiliza formatos cuadrados para Instagram o verticales para historias.
6. **Usa Colores y Elementos de Marca**
   Asegúrate de que el collage refleje tu identidad visual. Incorpora tus colores corporativos, logotipos o patrones característicos.
7. **Promueve la Interacción**
   Acompaña el collage con una pregunta o llamada a la acción en el pie de foto para fomentar los comentarios y compartidos.

Ejemplo práctico:
Si tienes una marca de productos ecológicos:

- **Tema:** "Descubre cómo cuidamos el planeta juntos".
- **Collage:** Incluye imágenes de tus productos, tu equipo trabajando en iniciativas sostenibles y paisajes naturales.
- **Mensaje:** "Cada compra ayuda a construir un futuro más verde. 🌱".

Consejos Brutales:

- **Cuenta una Historia Visual:** Organiza las imágenes de forma que sigan una narrativa, como un "antes y después" o un "proceso de creación".
- **Usa Diferentes Tipos de Imágenes:** Combina fotos de personas, productos, paisajes y gráficos para añadir dinamismo.
- **Publica en Días Temáticos:** Relaciona el collage con eventos o campañas relevantes, como el Día de la Tierra o aniversarios de tu marca.

Acción Inmediata:
Revisa tu galería de imágenes y elige cinco que representen un aspecto clave de tu marca. Crea un collage usando una herramienta gratuita y prográmalo para publicarlo esta semana, añadiendo una frase que motive a tu audiencia a interactuar.

Consejo 86: Diseña Videos Basados en Mapas Mentales y Esquemas

¿Qué significa?
Los videos basados en mapas mentales y esquemas son recursos visuales que presentan ideas complejas de manera clara y estructurada. Utilizan diagramas, gráficos y conexiones visuales para explicar conceptos, flujos de trabajo o estrategias de forma comprensible y atractiva.

¿Por qué es importante?
Este tipo de contenido ayuda a tu audiencia a entender temas difíciles o multifacéticos rápidamente. Además, estimula el interés visual y el aprendizaje interactivo, lo que hace que tu mensaje sea memorable y fácil de compartir. Es ideal para educar y posicionarte como un líder de pensamiento en tu industria.

¿Cómo hacerlo?

1. **Elige un Tema Educativo o Estratégico**
   Selecciona un tema que sea relevante para tu audiencia y que pueda desglosarse en componentes interconectados. Por ejemplo, los beneficios de tus productos o el flujo de un servicio.
2. **Crea un Esquema Claro y Visual**
   Usa herramientas como Miro, Lucidchart o Canva para diseñar un mapa mental que sea limpio, visualmente atractivo y fácil de seguir. Organiza las ideas en jerarquías claras.
3. **Graba o Anima el Proceso**
   Convierte el esquema estático en un video dinámico. Usa software como Camtasia, Powtoon o Adobe After Effects para animar los elementos del mapa mental, resaltando conexiones clave.
4. **Incorpora Narración o Subtítulos**
   Añade una voz en off que explique cada sección del mapa o incluye subtítulos para que sea más accesible. Esto mantiene a la audiencia enfocada y comprometida.

5. **Personaliza el Diseño con Elementos de Marca**
   Incluye colores, tipografías y logotipos característicos de tu marca para reforzar tu identidad visual.
6. **Optimiza la Duración**
   Mantén el video breve y directo, de 1 a 3 minutos. Concéntrate en lo esencial y deja espacio para que los espectadores profundicen si lo desean.
7. **Llama a la Acción**
   Finaliza el video con un mensaje claro, como visitar tu sitio web, descargar un recurso gratuito o comentar sus opiniones.

Ejemplo práctico:
Si tienes una consultora de marketing digital:

- **Tema:** "Cómo planificar una campaña exitosa en redes sociales".
- **Esquema:** Un mapa mental que incluye pasos como investigación, creación de contenido, publicación y análisis de resultados.
- **Video:** Animaciones que muestran cómo cada paso se conecta con el siguiente, con datos breves y ejemplos visuales.

Consejos Brutales:

- **Ofrece Recursos Descargables:** Al final del video, proporciona un enlace para descargar el esquema en formato PDF.
- **Hazlo Interactivo:** Usa herramientas que permitan a los usuarios personalizar el mapa o esquema según sus necesidades.
- **Segmenta por Temas Específicos:** Si el tema es amplio, divide el video en una serie de entregas para mantener la atención de tu audiencia.

Acción Inmediata:
Identifica un tema clave que tu audiencia necesita comprender mejor. Crea un borrador de mapa mental y utilízalo como base para un video educativo. Publica este contenido en tus redes y mide el nivel de interacción.

Consejo 87: Lanza Historias Interactivas en Tiempo Real

¿Qué significa?
Las historias interactivas en tiempo real son publicaciones que permiten a tu audiencia participar activamente, eligiendo resultados, votando o tomando decisiones que influyen en el desarrollo de la historia. Este formato fomenta la interacción y crea una experiencia personalizada y memorable para tus seguidores.

¿Por qué es importante?
Este tipo de contenido no solo atrae, sino que involucra a tu audiencia, aumentando el tiempo que pasan interactuando con tu marca. Además, fomenta la lealtad al darles un rol activo en tus publicaciones. Es ideal para humanizar tu marca y mantenerla en el radar de tus seguidores.

¿Cómo hacerlo?

1. **Crea un Guion Atractivo**
   Diseña una historia que se alinee con tu marca y permita múltiples opciones o resultados. Por ejemplo, un día en la vida de tu producto o servicio, donde los seguidores deciden el próximo paso.
2. **Usa Herramientas de Interacción**
   Utiliza las funciones interactivas de las plataformas, como encuestas, cuestionarios, deslizadores o stickers de preguntas en Instagram, para que los usuarios influyan en el desarrollo de la historia.
3. **Establece una Línea de Tiempo**
   Asegúrate de que la historia avance en tiempo real o en periodos cortos (horas o días). Esto crea un sentido de urgencia para que los seguidores participen en cada etapa.
4. **Incorpora Elementos Visuales**
   Acompaña la narrativa con imágenes, videos o gráficos que mantengan el interés visual y refuercen el mensaje.
5. **Haz un Llamado a la Participación**
   Invita a tu audiencia a involucrarse desde el principio, explicando cómo sus decisiones afectarán el desarrollo de la historia.

6. **Cierra con un Impacto**
   Concluye la historia mostrando el resultado final basado en las decisiones de la audiencia. Usa esto como una oportunidad para resaltar los valores de tu marca o invitar a más interacciones.

Ejemplo práctico:
Si eres una tienda de ropa:

- **Historia:** "Ayúdanos a elegir el outfit perfecto para una cita."
- **Interacciones:** Los seguidores votan entre opciones de prendas, accesorios y estilos en historias consecutivas de Instagram. Al final, muestras el look elegido y cómo se ve en una sesión de fotos.

Consejos Brutales:

- **Premia la Participación:** Ofrece descuentos o acceso exclusivo a quienes participen activamente en la historia.
- **Usa Resultados para Futuro Contenido:** Analiza las elecciones de tu audiencia para crear publicaciones y productos que reflejen sus preferencias.
- **Promociona en Múltiples Canales:** Aunque el formato principal sea en una red específica, amplía el alcance compartiendo avances y resultados en otras plataformas.

Acción Inmediata:
Diseña una historia interactiva para tu próxima campaña. Establece opciones claras y utiliza herramientas de interacción en tus redes sociales para involucrar a tu audiencia. Publica y analiza los resultados para futuras estrategias.

Consejo 88: Publica Comparativas Visuales Basadas en Cambios Impactantes

¿Qué significa?
Las comparativas visuales son una estrategia poderosa que muestra de manera clara y atractiva el impacto o la transformación que tu producto

o servicio puede generar. Pueden ser imágenes de "antes y despúes", gráficos comparativos o tablas visuales que resalten mejoras o resultados significativos.

¿Por qué es importante?

Las personas procesan la información visual más rápido que el texto, y las comparativas visuales impactantes refuerzan la credibilidad de tu marca. Estas publicaciones son ideales para capturar la atención en redes saturadas y proporcionar pruebas claras del valor de tu oferta.

¿Cómo hacerlo?

1. **Identifica el Cambio que Deseas Mostrar**
   Decide qué aspecto de tu producto o servicio tiene el impacto más notable: transformación física, mejora de resultados, ahorro de tiempo o recursos.
2. **Selecciona un Formato Visual Atractivo**
   Usa imágenes lado a lado, gráficos de barras, infografías o videos que presenten de manera clara el antes y el despúes.
3. **Incluye Datos Cuantificables**
   Si es posible, añade métricas o estadísticas para respaldar la transformación visual. Por ejemplo, "Redujimos un 50% el tiempo de entrega".
4. **Mantén la Autenticidad**
   Asegúrate de que las imágenes y datos utilizados sean reales y verificables. Nada afecta más la confianza que una comparativa engañosa.
5. **Añade una Llamada a la Acción**
   Incorpora un mensaje que invite a tu audiencia a experimentar ese mismo cambio, como: "Descubre cómo puedes lograrlo tú también".
6. **Optimiza para Cada Plataforma**
   Asegúrate de que las comparativas sean claras y visibles en formatos móviles, especialmente en redes como Instagram o TikTok.

Ejemplo práctico:
Si tienes una marca de productos de limpieza:

- Publica una foto de "antes" con un objeto sucio y otra de "después" completamente limpio. Acompaña la imagen con un texto: "Con solo 5 minutos y nuestro limpiador ecológico, ¡tus superficies quedarán impecables!".

Consejos Brutales:

- **Utiliza el Efecto de Deslizamiento:** En plataformas como Instagram, usa la función de deslizar para mostrar el "antes" y el "después". Esto genera más interacción.
- **Apela a Emociones Visuales:** No solo muestres el cambio, destaca lo que significa para tu cliente: más confianza, comodidad o ahorro.
- **Crea Comparativas Competitivas:** Muestra cómo tu producto se compara frente a alternativas del mercado en calidad, precio o resultados.

Acción Inmediata:
Identifica un cambio impactante que tu producto o servicio genera. Crea una comparativa visual simple y publícala en tus redes sociales hoy mismo. Analiza las interacciones para ajustar y mejorar futuras publicaciones.

Consejo 89: Crea Videos Basados en la Resolución de Problemas Frecuentes

¿Qué significa?
Los videos que abordan problemas comunes en tu nicho y ofrecen soluciones prácticas no solo educan, sino que también generan confianza en tu marca. Estos videos posicionan tu negocio como un recurso confiable y útil para tu audiencia.

¿Por qué es importante?
La mayoría de las personas buscan en redes sociales respuestas a preguntas o soluciones a sus desafíos cotidianos. Al proporcionar

contenido que aborda estas necesidades, tu marca se convierte en una autoridad en la industria y fomenta la interacción y lealtad.

¿Cómo hacerlo?

1. **Identifica los Problemas Frecuentes**
   Consulta comentarios, encuestas y preguntas frecuentes de tu audiencia para determinar sus mayores desafíos.
2. **Desarrolla Soluciones Prácticas**
   Ofrece respuestas claras y accionables que sean fáciles de aplicar. Si es posible, destaca cómo tu producto o servicio puede ser la solución.
3. **Elige un Formato de Video Atractivo**
   Crea tutoriales, demostraciones prácticas o guías paso a paso que resalten el proceso de resolución del problema.
4. **Mantén la Brevedad y Claridad**
   Enfócate en un problema por video. Mantén el contenido directo y fácil de entender para captar la atención del espectador desde el principio.
5. **Añade un Llamado a la Acción**
   Al final del video, invita a la audiencia a visitar tu sitio web, adquirir tu producto o contactarte para más información.
6. **Optimiza para Plataformas Específicas**
   Adapta la duración y el formato del video según la plataforma donde lo publiques (TikTok, Instagram Reels, YouTube Shorts, etc.).

Ejemplo práctico:
Si vendes productos de cocina, podrías crear un video titulado: "Cómo mantener tus cuchillos de cocina afilados en solo 3 pasos". Demuestra el proceso utilizando tu afilador y finaliza con: "Consigue el afilador que hará tu vida más fácil. Link en bio".

Consejos Brutales:

- **Usa Problemas Reales:** Extrae preguntas o desafíos reales de tus seguidores y abórdalos en los videos. Esto genera mayor relevancia y conexión.
- **Integra Testimonios:** Incluye comentarios o reseñas de clientes que hayan superado esos problemas gracias a tu solución.

- **Crea Series de Resolución de Problemas:** Publica un video cada semana que aborde un tema diferente. Esto mantiene el interés de tu audiencia a largo plazo.

Acción Inmediata:
Elige un problema común en tu nicho y graba un video corto mostrando cómo resolverlo. Publica el contenido hoy mismo y analiza la respuesta de tu audiencia para planificar los siguientes temas.

Consejo 90: Diseña Campañas Basadas en Elementos de Realidad Virtual

¿Qué significa?
La realidad virtual (RV) es una herramienta revolucionaria para crear experiencias inmersivas y personalizadas. Incorporar la RV en tus campañas de marketing te permite destacar en un mercado saturado y ofrecer a tu audiencia una conexión única con tu marca.

¿Por qué es importante?
La RV no solo es innovadora, sino que también permite a los consumidores interactuar con tus productos o servicios de una manera más tangible y memorable. Este nivel de inmersión aumenta el compromiso y las conversiones al permitir que los clientes "prueben" antes de comprar.

¿Cómo hacerlo?

1. **Crea Experiencias de Producto Interactivas**
   Diseña un entorno virtual donde los usuarios puedan explorar tus productos. Por ejemplo, una tienda virtual o una demostración en 3D.
2. **Organiza Eventos Virtuales**
   Lanza un producto o realiza talleres dentro de un espacio de RV. Esto permite que clientes de cualquier lugar participen en la experiencia.

3. **Incorpora Simulaciones Realistas**
   Si ofreces servicios, utiliza RV para mostrar cómo funcionaría en un escenario real. Por ejemplo, un simulador de diseño interior para elegir muebles o colores.
4. **Optimiza para Diferentes Dispositivos**
   Asegúrate de que tu campaña sea accesible tanto para usuarios con equipos de RV como para aquellos que solo tienen un smartphone.
5. **Integra con Redes Sociales**
   Comparte fragmentos de las experiencias de RV en tus redes para atraer tráfico y curiosidad hacia la campaña.
6. **Mide el Impacto**
   Usa métricas como el tiempo de interacción, clics hacia tu web y conversiones para analizar la efectividad de tu campaña.

Ejemplo práctico:
Si tienes una tienda de ropa, diseña una experiencia de probador virtual donde los usuarios puedan "ponerse" tus prendas y ver cómo lucen desde diferentes ángulos. Invítalos a compartir sus looks en redes sociales para incrementar el alcance.

Consejos Brutales:

- **Apuesta por la Simplicidad:** Asegúrate de que la experiencia de RV sea fácil de usar y no requiera una curva de aprendizaje compleja.
- **Ofrece Exclusividad:** Diseña experiencias de RV limitadas para campañas específicas. La exclusividad crea urgencia.
- **Asocia con Influencers:** Permite que influencers prueben y promocionen tu experiencia de RV, generando mayor curiosidad en su audiencia.

Acción Inmediata:
Investiga herramientas accesibles para desarrollar experiencias de RV adaptadas a tu industria, como Sketchfab o Matterport. Diseña un concepto inicial y prueba la respuesta de tu audiencia con un prototipo sencillo.

Bloque 7: "Estrategias de Personalización y Conexión Directa"

Consejo 91: Lanza Ofertas Exclusivas Dirigidas a Segmentos Clave

¿Qué significa?

Crear ofertas únicas y personalizadas para grupos específicos de tu audiencia es una estrategia poderosa para incrementar la conversión y la lealtad. Estas ofertas deben basarse en las características, intereses y necesidades únicas de cada segmento, asegurando que se sientan valorados y atendidos.

¿Por qué es importante?

La personalización genera una conexión más fuerte con tu audiencia, ya que les muestra que entiendes sus necesidades específicas. Además, al segmentar tus ofertas, maximizas la relevancia de tus campañas, lo que resulta en una mayor probabilidad de éxito y conversión.

¿Cómo hacerlo?

1. **Segmenta tu Audiencia:**
   Divide a tu audiencia en grupos basados en criterios como edad, ubicación, intereses, hábitos de compra o nivel de interacción con tu marca.
2. **Crea Ofertas Únicas para Cada Segmento:**
   Diseña descuentos, paquetes o bonificaciones que se alineen con las necesidades de cada grupo. Por ejemplo, una oferta para estudiantes podría incluir precios especiales, mientras que para profesionales, un paquete premium con beneficios adicionales.
3. **Usa Canales Específicos:**
   Promociona tus ofertas en los canales donde sabes que cada

segmento es más activo. Por ejemplo, utiliza Instagram para los jóvenes y LinkedIn para los profesionales.

4. **Establece un Sentido de Exclusividad:**
Usa frases como "Oferta exclusiva para nuestros suscriptores" o "Disponible solo para clientes frecuentes". Esto crea una sensación de privilegio y fomenta la acción inmediata.

5. **Mide el Impacto:**
Rastrea las métricas clave para evaluar el rendimiento de cada oferta, como la tasa de conversión, el alcance y el retorno de inversión (ROI).

Ejemplo práctico:
Una tienda de ropa puede ofrecer:

- **Para estudiantes:** 15% de descuento en la nueva colección.
- **Para clientes frecuentes:** Acceso anticipado a una venta exclusiva.
- **Para compradores primerizos:** Envío gratuito en su primera compra.

Consejos Brutales:

- **Usa Datos para Personalizar al Máximo:** Aprovecha herramientas como Google Analytics o CRM para recopilar información relevante sobre tus segmentos.
- **Crea Urgencia:** Establece límites de tiempo para tus ofertas exclusivas, lo que incentivará a tus clientes a actuar rápidamente.
- **Refuerza la Exclusividad:** Envía correos personalizados o mensajes directos para que cada segmento se sienta único.

Acción Inmediata:
Hoy mismo, identifica un segmento clave en tu audiencia. Diseña una oferta personalizada y lanza una campaña enfocada en ese grupo a través de su canal preferido. Mide los resultados después de 72 horas para ajustar si es necesario.

Consejo 92: Diseña Videos Personalizados Basados en Intereses del Usuario

¿Qué significa?
Los videos personalizados son una forma de contenido en la que adaptas el mensaje, las imágenes o los elementos visuales para alinearlos con los intereses específicos de cada segmento de tu audiencia. Es un enfoque que va más allá de lo genérico, mostrando a tus clientes que realmente entiendes quiénes son y qué necesitan.

¿Por qué es importante?
El 80% de los usuarios son más propensos a interactuar con contenido personalizado que con contenido genérico. Los videos personalizados destacan porque ofrecen una experiencia única, creando un vínculo emocional más fuerte y mejorando las tasas de conversión. Además, los videos son altamente compartibles, lo que amplía su alcance.

¿Cómo hacerlo?

1. **Recopila Información Relevante:**
   Usa datos demográficos, preferencias de compra e historial de interacción para segmentar a tu audiencia y comprender sus intereses.
2. **Crea un Guion Específico:**
   Escribe un guion que hable directamente a las necesidades y deseos de cada segmento. Usa lenguaje y referencias que resuenen con ellos.
3. **Utiliza Herramientas de Personalización de Video:**
   Plataformas como Vidyard, Hyperise o Wistia te permiten personalizar elementos como nombres, ubicaciones y productos preferidos dentro de los videos.
4. **Incluye Llamadas a la Acción Relevantes:**
   Asegúrate de que cada video tenga un llamado a la acción específico que invite a tu audiencia a tomar la acción deseada, como explorar más productos, descargar un recurso o realizar una compra.
5. **Distribuye Estrategicamente:**
   Comparte los videos a través de correos electrónicos

personalizados, mensajes directos en redes sociales o en páginas de destino exclusivas.

Ejemplo práctico:
Una marca de tecnología puede enviar videos personalizados a clientes potenciales que hayan mostrado interés en laptops:

- **Introducción:** "Hola [Nombre], sabemos que buscas herramientas para mejorar tu productividad."
- **Contenido:** Mostrar los beneficios de una laptop específica, destacando características relacionadas con la productividad.
- **Llamada a la acción:** "Haz clic aquí para obtener un descuento exclusivo en el modelo que viste."

Consejos Brutales:

- **Hazlos Cortos pero Poderosos:** Un video de 30-60 segundos es suficiente para captar la atención y comunicar el mensaje.
- **Aprovecha el Poder de los Datos:** Usa datos como el comportamiento de navegación y las compras anteriores para crear videos ultra específicos.
- **Mide y Ajusta:** Analiza la tasa de clics, vistas completas y conversiones para perfeccionar futuras campañas.

Acción Inmediata:
Selecciona un segmento clave de tu audiencia y utiliza una herramienta de personalización para crear un video único dirigido a ese grupo. Envíalo por correo o publícalo en una campaña de redes sociales.

Consejo 93: Publica Historias Basadas en Testimonios Individuales

¿Qué significa?
Los testimonios individuales son relatos auténticos y personales de clientes que han tenido experiencias positivas con tu marca. Transformar estos testimonios en historias bien estructuradas y emocionales permite que resuenen más profundamente con tu audiencia.

¿Por qué es importante?
El 92% de los consumidores confían más en las recomendaciones de otros usuarios que en la publicidad directa. Los testimonios humanizan tu marca, construyen credibilidad y muestran resultados reales de una manera que las características del producto por sí solas no pueden lograr.

¿Cómo hacerlo?

1. **Selecciona Testimonios Relevantes:**
   Identifica historias de clientes que representen problemas comunes y cómo tu producto o servicio los ayudó a resolverlos.
2. **Conviértelo en una Narrativa:**
   Sigue una estructura de historia:
   - o **Inicio:** Describe el problema o situación inicial del cliente.
   - o **Desarrollo:** Muestra el momento en que encontraron tu marca o solución.
   - o **Desenlace:** Destaca los resultados positivos obtenidos.
3. **Añade Elementos Visuales:**
   Incluye imágenes del cliente, capturas de sus interacciones contigo, o videos cortos donde relaten su experiencia directamente.
4. **Personaliza para tu Audiencia:**
   Adapta el tono y estilo de la historia al segmento de público que deseas impactar. Por ejemplo, usa un enfoque inspiracional para emprendedores o uno práctico para usuarios técnicos.
5. **Incluye una Llamada a la Acción:**
   Invita a tu audiencia a probar tus productos, dejar sus propios testimonios o explorar más historias similares.

Ejemplo práctico:
Un gimnasio podría compartir la historia de un cliente:

- **Inicio:** "María estaba frustrada porque no encontraba una rutina que encajara con su horario."
- **Desarrollo:** "Después de unirse a nuestro programa de entrenamientos personalizados, pudo organizarse mejor y notar cambios en tan solo 4 semanas."
- **Desenlace:** "Hoy, María se siente más activa, saludable y confiada en sí misma."

- **CTA:** "Conoce cómo tú también puedes alcanzar tus metas. Únete ahora."

Consejos Brutales:

- **Hazlo Real:** Asegúrate de que los testimonios sean genuinos, evita exageraciones o historias falsas. La autenticidad siempre gana.
- **Involucra al Cliente:** Pide permiso para usar su testimonio y, si es posible, haz que participen en el proceso creativo del contenido.
- **Aprovecha Múltiples Formatos:** Publica las historias en blogs, videos, reels, historias de Instagram o incluso como series en redes sociales.

Acción Inmediata:
Revisa tus interacciones recientes con clientes satisfechos. Selecciona un testimonio destacado, estructúralo como una historia emocional y publícalo en tus redes sociales hoy mismo.

Consejo 94: Genera Encuestas que Inviten a Personalizar Experiencias de Compra

¿Qué significa?
Las encuestas son una herramienta interactiva para recopilar información directa de tus clientes. Al enfocarte en preguntas que exploren sus preferencias, intereses o necesidades específicas, puedes personalizar su experiencia de compra, aumentando la satisfacción y las posibilidades de conversión.

¿Por qué es importante?
El 80% de los consumidores son más propensos a comprar cuando las marcas ofrecen experiencias personalizadas. Las encuestas no solo generan datos valiosos, sino que también demuestran que te importa la opinión de tu audiencia, fortaleciendo la relación con ellos.

¿Cómo hacerlo?

1. **Define un Objetivo Claro:**
   Decide qué información necesitas obtener para mejorar la experiencia de compra. Por ejemplo:
   - ¿Qué estilo de producto prefieren?
   - ¿Qué rango de precios les resulta cómodo?
   - ¿Qué formato de contenido educativo les gustaría recibir?
2. **Crea Preguntas Breves y Específicas:**
   Diseña preguntas fáciles de responder que no tomen más de 1-2 minutos. Usa opciones de respuesta múltiple o deslizadores para hacerlo interactivo.
3. **Usa Herramientas Interactivas:**
   Aprovecha las opciones de encuestas en redes sociales como Instagram, Twitter o LinkedIn. Si es necesario, usa plataformas externas como Google Forms o Typeform.
4. **Incluye Incentivos:**
   Motiva a tu audiencia a participar ofreciendo un descuento, acceso exclusivo a contenido o la posibilidad de ganar un premio.
5. **Actúa con Base en los Resultados:**
   Utiliza los datos recopilados para adaptar tus productos, servicios o campañas. Por ejemplo, si descubres que la mayoría prefiere tutoriales en video en lugar de guías escritas, ajusta tu contenido.

Ejemplo práctico:
Una tienda de ropa podría lanzar una encuesta en Instagram con preguntas como:

- "¿Prefieres ropa casual o formal?"
- "¿Cuál es tu color favorito esta temporada?"
- "¿Qué te gustaría ver más: looks diarios o de oficina?"

Tras analizar las respuestas, podrían adaptar sus publicaciones, destacar los colores y estilos más votados, e incluso lanzar promociones específicas.

Consejos Brutales:

- **Haz Seguimiento:** Publica los resultados de la encuesta y explica cómo los usarás para mejorar. Esto muestra transparencia y fomenta más participación en el futuro.
- **Segmenta por Preferencias:** Usa los datos obtenidos para enviar campañas personalizadas. Por ejemplo, envía correos electrónicos con recomendaciones específicas basadas en las respuestas.
- **Simplifica la Interacción:** Si usas redes sociales, aprovecha herramientas como stickers de encuestas o emojis para mantener la interacción ligera y rápida.

Acción Inmediata:
Crea y publica una encuesta hoy mismo en tu plataforma preferida. Analiza las respuestas para identificar una acción inmediata que puedas tomar y compártela con tu audiencia como muestra de tu compromiso.

Consejo 95: Diseña Retos Basados en Preferencias Detectadas en tu Público

¿Qué significa?
Los retos personalizados son dinámicas diseñadas para involucrar a tu audiencia basándote en lo que ya sabes sobre sus intereses y preferencias. Se trata de crear experiencias únicas que los motiven a participar activamente y, al mismo tiempo, refuercen su conexión con tu marca.

¿Por qué es importante?
Cuando creas retos adaptados a los gustos de tu público, aumentas la participación y la fidelidad. Los usuarios sienten que les hablas directamente, lo que mejora la percepción de tu marca y eleva el compromiso emocional. Además, los retos son una herramienta eficaz para generar contenido generado por usuarios (UGC).

¿Cómo hacerlo?

1. **Recopila Información Relevante:**
   Usa encuestas, comentarios o análisis previos para identificar los intereses y necesidades de tu audiencia. ¿Qué actividades disfrutan? ¿Qué retos les gustaría superar?
2. **Crea un Tema Atractivo:**
   Diseña el reto alrededor de un tema que resuene con ellos. Por ejemplo:
   - o   "Desafío fitness: 7 días de entrenamiento en casa".
   - o   "Reto creativo: diseña un outfit con nuestros productos".
3. **Establece Metas Claras y Logrables:**
   Define el objetivo del reto y asegúrate de que sea alcanzable para todos los niveles de tu audiencia. Esto motiva a más personas a participar.
4. **Incorpora Elementos Visuales:**
   Diseña gráficos, videos o plantillas que guíen a los participantes y hagan el reto más atractivo. Por ejemplo, crea una plantilla descargable para un calendario de actividades.
5. **Ofrece Incentivos Valiosos:**
   Premia la participación con descuentos, productos gratis, menciones destacadas o acceso exclusivo a contenido premium.
6. **Fomenta el UGC:**
   Pide a los participantes que compartan su progreso o resultados etiquetándote y usando un hashtag específico. Esto amplifica el alcance de tu reto y refuerza la conexión con tu comunidad.

Ejemplo práctico:
Una marca de cuidado de la piel podría crear un reto de 7 días llamado "Piel Radiante en una Semana". Cada día, los participantes deben realizar una tarea sencilla (como aplicar protector solar o hidratarse con una mascarilla) y compartir una foto con el hashtag del reto. Al final, los participantes entran en un sorteo para ganar un lote de productos.

Consejos Brutales:

- **Gamifica la Experiencia:** Añade niveles, puntos o logros para hacer el reto más emocionante y competitivo.

- **Colabora con Influencers:** Invita a influencers relevantes a unirse al reto y compartir su experiencia. Esto atraerá a sus seguidores hacia tu marca.
- **Crea un Sentido de Comunidad:** Usa grupos de Facebook, WhatsApp o canales privados para que los participantes compartan sus avances y motivaciones.

Acción Inmediata:
Elige un tema para un reto hoy mismo basado en algo que sabes que le interesa a tu audiencia. Diseña los pasos iniciales, define un hashtag y crea el contenido promocional. Publica la invitación en tus redes y observa cómo tu comunidad se compromete.

Consejo 96: Lanza Dinámicas de Interacción Directa con tus Seguidores

¿Qué significa?
Las dinámicas de interacción directa son estrategias diseñadas para entablar una comunicación cercana y personalizada con tu audiencia. Esto incluye responder preguntas, organizar sesiones en vivo, encuestas en tiempo real o incluso juegos interactivos. La clave está en hacer que tus seguidores se sientan escuchados y valorados.

¿Por qué es importante?
La interacción directa fortalece la conexión entre tu marca y tu público. Al dedicar tiempo a responder preguntas o interactuar, generas confianza y fidelidad. También es una oportunidad para obtener información valiosa sobre las necesidades y expectativas de tus seguidores.

¿Cómo hacerlo?

1. **Organiza Sesiones en Vivo:**
   - Realiza transmisiones en vivo en plataformas como Instagram, Facebook o TikTok. Durante estas sesiones, responde preguntas, comparte consejos o lanza novedades.

- Ejemplo: Un coach de fitness podría organizar una sesión de entrenamiento en vivo con espacio para preguntas al final.

2. **Crea Encuestas en Tiempo Real:**
   Usa las herramientas de encuestas en historias de Instagram o Twitter para preguntar sobre temas relevantes. Esto también te ayuda a recopilar datos para futuras estrategias.
   - Ejemplo: "¿Qué prefieres? A) Productos orgánicos, B) Productos veganos".

3. **Responde Mensajes y Comentarios:**
   Dedica tiempo cada día a responder preguntas o agradecer los comentarios. Un toque personal puede convertir a un seguidor casual en un cliente fiel.

4. **Juegos y Dinámicas Simples:**
   Diseña dinámicas como "Completa la frase", "Adivina el producto" o desafíos rápidos relacionados con tu marca. Estas actividades generan engagement de forma divertida.
   - Ejemplo: Una tienda de ropa podría hacer un quiz: "¿Qué prenda de nuestra colección va mejor con tu estilo?".

5. **Historias Interactivas:**
   Usa herramientas como preguntas, encuestas, controles deslizantes o stickers de "hazme una pregunta" en Instagram para involucrar a tu audiencia.

6. **Ofrece Reconocimientos:**
   Destaca a los seguidores más activos mencionándolos en tus publicaciones, o crea un "muro de la fama" en tus historias para mostrar agradecimiento.

Ejemplo práctico:
Una marca de belleza organiza un "día de preguntas" en Instagram Stories. Los seguidores envían dudas sobre cuidado de la piel, y la marca responde de manera personalizada, recomendando productos y dando tips. Al final, publican un collage con las mejores preguntas y respuestas.

Consejos Brutales:

- **Sé Rápido:** Responder de manera ágil y oportuna crea un impacto positivo.

- **Humaniza tu Marca:** Habla en un tono cercano y accesible, mostrando empatía y comprensión.
- **Segmenta tu Audiencia:** Si tienes una gran comunidad, enfócate en los grupos más relevantes para tu estrategia.

Acción Inmediata:
Hoy mismo, lanza una dinámica simple en tus historias. Por ejemplo: usa el sticker de preguntas en Instagram y responde al menos 10 de ellas públicamente. Observa cómo reacciona tu audiencia y ajusta tus estrategias futuras en función del engagement.

Consejo 97: Publica Contenidos Adaptados a Diferentes Formatos de Consumo

¿Qué significa?
Cada persona consume contenido de manera distinta. Algunos prefieren leer artículos, otros disfrutan viendo videos, y otros interactúan más con imágenes. Adaptar tu mensaje a varios formatos permite que llegues a una audiencia más amplia y satisface diversas preferencias.

¿Por qué es importante?
Un mismo contenido puede alcanzar múltiples segmentos de tu audiencia si lo presentas en diferentes formatos. Esto no solo amplía tu alcance, sino que también refuerza tu mensaje al ofrecerlo de manera consistente y accesible.

¿Cómo hacerlo?

1. **Conoce las Preferencias de tu Audiencia:**
   Analiza las plataformas y formatos que más consume tu público objetivo. Usa herramientas como encuestas o análisis de métricas para entender qué funciona mejor.
2. **Transforma un Contenido en Múltiples Formatos:**
   Un mismo mensaje puede convertirse en:
   - Un artículo de blog para quienes prefieren leer.
   - Un video corto o reel para plataformas como Instagram y TikTok.

- Un carrusel visual para presentar datos clave en LinkedIn o Instagram.
- Una infografía para Pinterest o Twitter.

3. **Usa Herramientas de Edición Multiplataforma:**
   Software como Canva, Adobe Express o herramientas específicas para edición de video te permitirán crear diferentes versiones del mismo contenido.

4. **Aprovecha los Puntos Fuertes de Cada Red Social:**
   - **Instagram:** Historias visuales y dinámicas.
   - **YouTube:** Videos largos y tutoriales.
   - **LinkedIn:** Artículos profesionales y gráficos.
   - **TikTok:** Contenido dinámico y creativo.

5. **Crea Contenido Modular:**
   Diseña piezas que puedan dividirse fácilmente. Por ejemplo, un video de 5 minutos puede transformarse en clips de 15 segundos para redes sociales.

Ejemplo práctico:
Imagina que eres una marca de alimentos saludables. Creas un artículo de blog sobre los beneficios de los snacks naturales:

- Transformas los puntos clave en un carrusel para Instagram.
- Publicas un reel mostrando la preparación de un snack en 30 segundos.
- Creas un video de 3 minutos para YouTube explicando el tema más a fondo.
- Resumes los datos en una infografía para Pinterest.

Consejos Brutales:

- **Mide el Rendimiento:** Analiza cuál formato funciona mejor en cada red social y ajusta tu estrategia.
- **Optimiza para Móviles:** Asegúrate de que todos los formatos sean visualmente atractivos y fáciles de consumir desde un smartphone.
- **Reutiliza Inteligentemente:** Un contenido exitoso puede ser actualizado o reformulado para nuevas audiencias.

Acción Inmediata:
Hoy, selecciona una publicación antigua que tuvo buen desempeño y

transforma su contenido en al menos dos formatos nuevos. Por ejemplo: convierte un artículo en un video corto y un carrusel de imágenes. Publica ambos y evalúa su alcance.

Consejo 98: Genera Comparativas Visuales Basadas en Preferencias Segmentadas

¿Qué significa?

Las comparativas visuales son herramientas poderosas para destacar diferencias, beneficios o soluciones específicas de tu marca en función de las preferencias de tu audiencia. Al personalizarlas según segmentos, logras un mayor impacto emocional y una conexión más directa con tus clientes potenciales.

¿Por qué es importante?

Cada segmento de tu público tiene necesidades y prioridades distintas. Una comparativa bien segmentada permite que cada grupo vea claramente cómo tu producto o servicio satisface su situación específica, aumentando las posibilidades de conversión.

¿Cómo hacerlo?

1. **Segmenta tu Audiencia:**
   Divide a tu público en grupos según sus intereses, ubicación, edad o problemas que enfrentan. Usa herramientas como Google Analytics o Facebook Insights para obtener estos datos.
2. **Crea Comparativas Relevantes:**
   Diseña gráficos, tablas o imágenes que resalten:
   - Cómo tu producto supera a los de la competencia.
   - Las diferencias entre tus propios productos según las necesidades del segmento.
   - Los resultados antes y después de usar tu servicio.
3. **Personaliza los Elementos Visuales:**
   Usa colores, iconos y textos que resuenen con cada grupo. Por ejemplo:
   - Para audiencias jóvenes, emplea diseños dinámicos y coloridos.

o Para profesionales, usa tonos sobrios y gráficos detallados.

4. **Adapta el Formato a la Plataforma:**
Publica las comparativas como carruseles en Instagram, videos en TikTok o gráficos en LinkedIn según donde interactúe tu audiencia.

5. **Incluye Datos Específicos:**
Utiliza estadísticas claras y testimonios relevantes para hacer más persuasivas las comparativas.

Ejemplo práctico:

Supongamos que vendes zapatillas deportivas. Para un segmento de runners, podrías crear una comparativa que resalte:

- Resistencia de las zapatillas a largas distancias.
- Materiales que previenen lesiones.
  Para un segmento de moda, enfócate en estilos, colores y versatilidad para combinarlas con diferentes outfits.

Consejos Brutales:

- **Usa Simplicidad Visual:** Las comparativas deben ser fáciles de entender en segundos. Evita el exceso de texto o información.
- **Crea una Serie de Comparativas:** Publica contenido regular mostrando diferentes ángulos o enfoques para cada segmento.
- **Apuesta por la Transparencia:** Muestra honestamente lo que ofrece tu competencia y cómo te diferencias.

Acción Inmediata:

Hoy mismo, identifica dos segmentos clave de tu audiencia. Crea una comparativa visual adaptada a las prioridades de cada uno y publícala en las plataformas donde más interactúan. Observa cuál obtiene mejor respuesta e interacción.

Consejo 99: Diseña Campañas Basadas en Datos Individuales Recolectados Éticamente

¿Qué significa?
Diseñar campañas personalizadas con datos recolectados éticamente implica utilizar información proporcionada voluntariamente por tu audiencia para crear experiencias relevantes y atractivas. Estos datos pueden incluir preferencias, historial de compras o interacciones previas, siempre obtenidos con su consentimiento explícito.

¿Por qué es importante?
En un entorno donde los consumidores valoran cada vez más la privacidad, usar datos éticamente refuerza la confianza en tu marca. Además, las campañas personalizadas generan un mayor engagement y convierten más rápido, ya que abordan directamente las necesidades individuales de tu audiencia.

¿Cómo hacerlo?

1. **Recoge Datos con Transparencia:**
   o Usa formularios, encuestas o suscripciones para que los usuarios compartan información voluntariamente.
   o Explica claramente cómo usarás sus datos y garantiza su seguridad.
2. **Segmenta con Precisión:**
   o Clasifica los datos recolectados en categorías relevantes como intereses, hábitos de compra o ubicación geográfica.
   o Usa herramientas como CRM o software de automatización de marketing.
3. **Crea Mensajes Personalizados:**
   o Diseña correos electrónicos, anuncios o publicaciones en redes sociales que incluyan el nombre del cliente o recomendaciones específicas basadas en su historial.
   o Por ejemplo: "María, descubre los nuevos productos que complementan tu última compra."
4. **Usa Tecnología Ética y Transparente:**
   o Evita prácticas invasivas como el rastreo no consentido.

- o Opta por plataformas que respeten las normativas de privacidad, como GDPR o CCPA.
5. **Actualiza y Mejora Continuamente:**
   - o Recolecta datos periódicamente para mantener tus campañas alineadas con los cambios en las preferencias de los usuarios.
   - o Ofrece opciones para que los clientes actualicen o eliminen su información.

Ejemplo práctico:

Una tienda de libros online podría enviar recomendaciones basadas en géneros literarios que el cliente haya comprado previamente. "¡Hola, Alex! Basándonos en tu interés por la fantasía épica, creemos que disfrutarás de *El Camino de los Reyes*. ¡Échale un vistazo aquí!"

Consejos Brutales:

- **Muestra Gratitud por los Datos Compartidos:** Ofrece un descuento, contenido exclusivo o beneficios por completar encuestas o compartir información.
- **Usa Datos para Sorprender:** Celebra fechas importantes, como cumpleaños o aniversarios de clientes, con ofertas personalizadas.
- **Monitorea el Rendimiento:** Mide constantemente el impacto de tus campañas y ajusta según los resultados para mejorar la personalización.

Acción Inmediata:

Crea hoy una encuesta sencilla que invite a tus seguidores a compartir sus intereses o necesidades. Usa esta información para diseñar una campaña personalizada y mide los resultados en términos de engagement y conversiones.

Consejo 100: Publica Historias Visuales que Representen Experiencias Personalizadas

¿Qué significa?

Este enfoque consiste en usar imágenes y videos para contar historias únicas y relevantes que reflejen las experiencias individuales de tus clientes. Al hacerlo, creas contenido que resuena emocionalmente con tu audiencia al mostrar cómo tu producto o servicio se integra en sus vidas de manera personal y significativa.

¿Por qué es importante?

Las historias visuales personalizadas humanizan tu marca y la hacen más relatable. Ayudan a tus clientes a imaginar cómo tu producto o servicio puede mejorar sus propias vidas, aumentando la probabilidad de conversión y fidelización. Además, este tipo de contenido tiende a generar más interacción en redes sociales.

¿Cómo hacerlo?

1. **Recopila Historias Auténticas:**
   - Pide a tus clientes que compartan sus experiencias usando tu producto o servicio. Ofrece incentivos como descuentos o menciones en tus redes sociales.
   - Asegúrate de contar historias reales y específicas.
2. **Usa Imágenes de Alta Calidad:**
   - Acompaña las historias con fotografías o videos que reflejen el contexto del cliente. Por ejemplo, si vendes equipos de cocina, muestra a una familia disfrutando una comida preparada con tus utensilios.
3. **Incluye Detalles Personales:**
   - Agrega citas directas de los clientes, nombres (con su permiso) y detalles que hagan que la historia sea única y creíble.
4. **Adapta el Formato al Canal:**
   - Usa carruseles en Instagram, videos cortos en TikTok o historias breves en Facebook para maximizar la visibilidad y el engagement.
5. **Destaca los Beneficios Reales:**

- Muestra cómo tu producto resolvió un problema o mejoró la vida del cliente. Por ejemplo, "Gracias a nuestro software de gestión, Marta ahorró 10 horas a la semana en tareas administrativas."

Ejemplo práctico:
Un gimnasio podría compartir la historia de un cliente que alcanzó sus objetivos de salud con su programa de entrenamiento personalizado.
"Cuando empecé, apenas podía correr 5 minutos. Hoy, gracias al apoyo del equipo del gimnasio X, acabo de completar mi primer maratón. ¡Gracias por creer en mí!"

Consejos Brutales:

- **Crea una Serie de Historias:** Publica semanalmente una historia personalizada de clientes destacados. Esto genera expectación y fidelidad.
- **Involucra a la Audiencia:** Invita a otros clientes a compartir sus historias mediante hashtags o concursos.
- **Usa Subtítulos y Gráficos:** Facilita la comprensión de tus historias visuales añadiendo texto explicativo o estadísticas clave.

Acción Inmediata:
Elige hoy mismo a un cliente destacado y solicita su permiso para contar su historia. Diseña una publicación visual atractiva que refleje su experiencia personalizada y publícala en tus redes sociales para observar las reacciones.

Consejo 101: Lanza Encuestas que Resalten la Importancia del Feedback Personal

¿Qué significa?
Las encuestas dirigidas son una herramienta eficaz para comprender las necesidades, expectativas y experiencias de tu audiencia. Al enfocarlas en el feedback personal, no solo obtienes información valiosa, sino que

también muestras a tus clientes que sus opiniones son fundamentales para mejorar tus productos y servicios.

¿Por qué es importante?

Cuando involucras a tu audiencia pidiéndoles su feedback, refuerzas la relación de confianza y haces que se sientan valorados. Este nivel de personalización crea una conexión emocional más fuerte y genera lealtad hacia tu marca. Además, el feedback directo es un recurso invaluable para ajustar tus estrategias y mantener la relevancia en el mercado.

¿Cómo hacerlo?

1. **Define un Propósito Claro:**
   - Decide qué quieres aprender. ¿Es para mejorar un producto, lanzar una nueva línea o identificar problemas en el servicio?
2. **Usa Preguntas Personales y Específicas:**
   - En lugar de preguntar "¿Te gusta nuestro producto?", prueba con "¿Qué aspecto de nuestro producto mejorarías para adaptarlo mejor a tus necesidades?"
3. **Involucra Diferentes Formatos:**
   - Usa encuestas rápidas en historias de Instagram, formularios detallados en tu sitio web o preguntas abiertas en tus publicaciones de Facebook.
4. **Incentiva la Participación:**
   - Ofrece algo a cambio, como un descuento, acceso exclusivo a un contenido o un regalo simbólico por completar la encuesta.
5. **Actúa Basándote en los Resultados:**
   - No basta con recolectar respuestas. Comunica a tu audiencia cómo sus sugerencias se están implementando.

Ejemplo práctico:

Si tienes una tienda de ropa, podrías lanzar una encuesta en redes sociales:
"Estamos diseñando nuestra próxima colección y queremos tu opinión. ¿Qué estilo prefieres: casual, elegante o deportivo? ¡Vota y gana un 10% de descuento en tu próxima compra!"

Consejos Brutales:

- **Mantén las Encuestas Cortas y Precisas:** Una encuesta de más de 2 minutos puede reducir la tasa de participación.
- **Usa Datos para Segmentar Mejor:** Utiliza las respuestas para personalizar tus campañas y recomendaciones futuras.
- **Sé Agradecido:** Muestra tu aprecio públicamente hacia los participantes y resalta cómo su feedback te ayudó.

Acción Inmediata:
Hoy mismo, diseña una encuesta simple de tres preguntas clave sobre un aspecto de tu negocio. Publícala en tus historias de Instagram o envíala por correo a tu base de clientes. Analiza las respuestas y agradece públicamente la participación.

Consejo 102: Genera Retos Basados en Metas Individuales de tu Audiencia

¿Qué significa?
Los retos personalizados son actividades que animan a tu audiencia a alcanzar objetivos específicos alineados con sus intereses, necesidades o deseos. Al crear retos que se adapten a las metas individuales de tus clientes, no solo captas su atención, sino que también los motivas a participar activamente y a compartir sus logros.

¿Por qué es importante?
Un reto bien diseñado fomenta la interacción, aumenta el compromiso y crea una conexión emocional con tu marca. Además, cuando las personas sienten que un reto responde directamente a sus necesidades, es más probable que lo compartan, generando un efecto viral. Este enfoque también posiciona a tu marca como una aliada en el camino hacia sus logros personales.

¿Cómo hacerlo?

1. **Identifica las Metas de tu Audiencia:**

- o Realiza encuestas o analiza interacciones previas para descubrir qué les motiva. Por ejemplo, si tienes una marca de fitness, la meta puede ser "mejorar la resistencia física" o "perder peso".

2. **Crea Retos Alcanzables y Atractivos:**
   - o Diseña un plan claro con pasos específicos que sean fáciles de seguir y que proporcionen resultados visibles en un periodo breve.

3. **Ofrece Herramientas y Recursos:**
   - o Proporciona materiales de apoyo como guías, videos o plantillas. Esto facilita el proceso y demuestra tu compromiso con su éxito.

4. **Promueve el Sentido de Comunidad:**
   - o Fomenta la participación grupal para que los usuarios compartan sus avances, retos y logros. Usa un hashtag exclusivo para el reto.

5. **Celebra los Logros:**
   - o Reconoce públicamente los resultados de los participantes con premios, menciones en tus redes o insignias digitales.

Ejemplo práctico:
Si tienes una aplicación de meditación, podrías lanzar un reto como:
"Reto 7 días de calma: Medita 10 minutos al día durante una semana. Comparte tus momentos de tranquilidad usando #CalmaConNombreDeTuMarca y gana acceso a una sesión exclusiva de mindfulness."

Consejos Brutales:

- **Incluye Elementos de Gamificación:** Agrega niveles, recompensas virtuales o marcadores para mantener la motivación.
- **Personaliza la Comunicación:** Envía mensajes de seguimiento personalizados para recordarles su progreso y alentarlos a seguir.
- **Evalúa el Impacto:** Analiza la participación y los resultados para mejorar futuros retos.

Acción Inmediata:
Elige un objetivo común de tu audiencia y diseña un reto de una semana.

Promociónalo en tus redes sociales hoy mismo e incluye un incentivo atractivo para quienes completen el desafío.

Consejo 103: Diseña Contenidos que Destaquen la Importancia de la Singularidad

¿Qué significa?
La singularidad es lo que diferencia a las personas, sus historias y sus experiencias. Diseñar contenidos que celebren esta cualidad no solo empodera a tu audiencia, sino que también refuerza tu conexión con ellos. Al destacar la importancia de ser único, tu marca se posiciona como un aliado que respalda la autenticidad y el crecimiento personal.

¿Por qué es importante?
En un mundo digital saturado de contenido, las personas buscan marcas que las vean como individuos, no como estadísticas. Al resaltar la singularidad, puedes construir una relación más profunda y auténtica con tu audiencia. Además, este enfoque genera lealtad y fomenta la interacción, ya que los usuarios sienten que tu marca valora su originalidad.

¿Cómo hacerlo?

1. **Crea Historias Personalizadas:**
   o Comparte experiencias reales de tus clientes o empleados que demuestren cómo la singularidad los llevó al éxito o les ayudó a superar desafíos.
2. **Fomenta la Participación Activa:**
   o Invita a tu audiencia a compartir sus propias historias o logros únicos. Usa hashtags como #MiHistoriaÚnica o #AutenticidadConTuMarca.
3. **Diseña Contenidos Interactivos:**
   o Crea quizzes o dinámicas que permitan a los usuarios descubrir sus fortalezas y rasgos distintivos.
4. **Usa Mensajes Motivadores:**

- Publica frases o reflexiones que celebren la diversidad y la autenticidad. Acompáñalas con imágenes o gráficos impactantes.
5. **Personaliza tus Respuestas:**
   - Cuando interactúes con tu comunidad, utiliza nombres y comentarios específicos que refuercen su valor como individuos.

Ejemplo práctico:
Si tu marca es una tienda de ropa:
"¿Qué hace única tu forma de expresarte? Muéstranos tu outfit favorito y cuéntanos qué significa para ti. Usa #EstiloÚnicoConTuMarca y podrías aparecer en nuestra próxima campaña."

Consejos Brutales:

- **Integra Testimonios Visuales:** Publica fotos y videos de clientes mostrando cómo su singularidad encaja con tu producto o servicio.
- **Lanza Dinámicas Exclusivas:** Organiza concursos donde las personas puedan mostrar sus talentos únicos y recibir recompensas.
- **Refuerza tu Mensaje con Historias Inspiradoras:** Comparte relatos de figuras influyentes que hayan triunfado siendo auténticas.

Acción Inmediata:
Hoy, crea una publicación que invite a tu audiencia a reflexionar sobre lo que los hace únicos. Acompáñala con un diseño llamativo y una pregunta directa para fomentar la interacción.

Consejo 104: Publica Videos Inspirados en Historias de Usuarios Específicos

¿Qué significa?

Estos videos destacan las historias reales de personas que han interactuado con tu marca, mostrando cómo tus productos o servicios han marcado una diferencia significativa en sus vidas. Este enfoque humaniza tu marca y crea un impacto emocional que resuena profundamente con tu audiencia.

¿Por qué es importante?

Las historias reales tienen el poder de construir confianza y credibilidad. Cuando otros ven cómo alguien como ellos ha experimentado beneficios tangibles gracias a tu marca, están más inclinados a confiar en ti y a probar tus productos. Este contenido genera empatía y fortalece la conexión emocional.

¿Cómo hacerlo?

1. **Selecciona Historias Relevantes:**
   - Identifica usuarios cuyas experiencias reflejen los valores y beneficios que deseas destacar.
   - Asegúrate de que sus historias sean auténticas y representen casos reales.
2. **Crea un Guion Emocional:**
   - Desarrolla un video con una narrativa que incluya un inicio (el problema o desafío), desarrollo (el encuentro con tu marca) y desenlace (la solución o transformación).
3. **Involucra al Usuario en la Producción:**
   - Pide al usuario que comparta detalles personales o visuales (fotos, clips) que refuercen la autenticidad del video.
4. **Integra Elementos Visuales Impactantes:**
   - Añade gráficos, música y subtítulos que potencien la narrativa y mantengan la atención del espectador.
5. **Cierra con una Llamada a la Acción:**
   - Invita a tu audiencia a compartir sus propias historias o a explorar cómo tu marca puede ayudarlos.

Ejemplo práctico:
Si eres una marca de productos de belleza:
"Conoce a Ana, quien, después de años de buscar un producto para su piel sensible, encontró en nuestra línea natural la solución perfecta. Mira cómo transformó su rutina y recuperó la confianza en sí misma."

Consejos Brutales:

- **Destaca la Diversidad:** Muestra historias de usuarios de diferentes edades, géneros y estilos de vida para conectar con una audiencia más amplia.
- **Lanza una Serie de Historias:** Publica varios videos como una campaña continua para mantener el interés de tu audiencia.
- **Incluye Opiniones en Tiempo Real:** Agrega comentarios o clips donde el usuario hable directamente a cámara para reforzar la credibilidad.

Acción Inmediata:
Hoy, identifica un cliente satisfecho y contáctalo para crear un video de su historia. Planifica el guion y asegúrate de tener material visual atractivo. Publica el video con un hashtag único que invite a otros a compartir sus experiencias.

Consejo 105: Lanza Campañas Basadas en la Conexión Emocional Individual

¿Qué significa?
Estas campañas están diseñadas para establecer vínculos profundos con tu audiencia al apelar a emociones específicas, como la alegría, la esperanza, la nostalgia o incluso la empatía. En lugar de centrarse únicamente en los productos, se enfocan en los sentimientos y valores que tu marca representa.

¿Por qué es importante?
Las decisiones de compra están impulsadas, en gran parte, por las emociones. Cuando logras conectar a nivel emocional con tu audiencia,

no solo aumentas las posibilidades de conversión, sino que también generas lealtad y una relación duradera con tus clientes.

¿Cómo hacerlo?

1. **Identifica las Emociones Clave:**
   o Define qué emociones quieres evocar y cómo estas se alinean con los valores de tu marca. Por ejemplo, si eres una marca de fitness, podrías centrarte en la superación personal y la motivación.
2. **Crea Historias Inspiradoras:**
   o Diseña narrativas que reflejen situaciones reales en las que tu audiencia pueda verse reflejada. Asegúrate de que la emoción elegida sea el núcleo de la historia.
3. **Usa Visuales y Música Poderosa:**
   o Los elementos visuales y la música tienen un impacto directo en cómo se percibe tu mensaje. Escoge cuidadosamente imágenes y sonidos que refuercen la emoción que deseas transmitir.
4. **Involucra a Tu Comunidad:**
   o Pide a tus seguidores que compartan sus propias historias relacionadas con la emoción que estás destacando. Esto no solo genera contenido auténtico, sino que también refuerza el sentido de pertenencia.
5. **Lanza Campañas Temáticas:**
   o Diseña campañas que se mantengan en una línea emocional durante un periodo de tiempo. Esto puede incluir una serie de publicaciones, videos o incluso eventos en vivo.

Ejemplo práctico:
Si eres una marca de ropa para bebés:
"Cada prenda cuenta una historia de abrazos, risas y los primeros pasos. Descubre cómo nuestras mamás y papás celebran cada momento único con sus pequeños."

Consejos Brutales:

- **Segmenta las Emociones:** Crea campañas específicas para diferentes segmentos de tu audiencia. Por ejemplo, jóvenes profesionales, padres primerizos o deportistas aficionados.
- **Mide el Impacto Emocional:** Usa encuestas y comentarios para entender cómo tu audiencia percibe las emociones de la campaña y ajusta en consecuencia.
- **Aprovecha Eventos Especiales:** Vincula tus campañas a fechas relevantes, como el Día de la Madre, para potenciar el impacto emocional.

Acción Inmediata:
Hoy, selecciona una emoción clave que desees resaltar y diseña una publicación inicial para tu campaña. Incluye un llamado a la acción que invite a tus seguidores a compartir sus experiencias relacionadas.

Bloque 8: "Construcción de Autoridad y Credibilidad"

Consejo 106: Publica Testimonios Visuales de Clientes Satisfechos

¿Qué significa?
Los testimonios visuales son pruebas reales de la satisfacción de tus clientes. Este tipo de contenido, que puede incluir videos, fotografías o capturas de comentarios, refuerza la credibilidad de tu marca y demuestra cómo has impactado positivamente en la vida de tus clientes.

¿Por qué es importante?
Las personas tienden a confiar en las experiencias de otros antes de tomar decisiones de compra. Un testimonio visual no solo respalda tu propuesta de valor, sino que también genera empatía y confianza al mostrar resultados tangibles.

¿Cómo hacerlo?

1. **Solicita Testimonios a tus Clientes Más Satisfechos:**
   Identifica a los clientes que han tenido una gran experiencia con tu producto o servicio y pídeles un breve testimonio en video o imágenes.
2. **Ofrece Incentivos:**
   Para motivar a tus clientes a participar, ofrece descuentos, regalos o acceso exclusivo a nuevos productos.
3. **Hazlo Auténtico:**
   Muestra a personas reales en situaciones reales. Evita el uso de guiones rígidos y deja que tus clientes se expresen libremente.
4. **Incorpora Elementos Visuales Impactantes:**
   Acompaña los testimonios con imágenes de antes y después, cifras de resultados o gráficos que refuercen el mensaje.

5. **Resalta Diferentes Perspectivas:**
   Publica testimonios de clientes con diversos perfiles para abarcar una audiencia más amplia y reflejar la versatilidad de tu oferta.

Ejemplo práctico:

- **Campaña "Voces de la Experiencia":**
  Publica un video donde varios clientes expliquen cómo tu producto resolvió sus problemas. Por ejemplo, un software de productividad puede mostrar a un emprendedor explicando cómo logró organizar su negocio en tiempo récord gracias a la herramienta.

Consejos Brutales:

- **Hazlo Parte de tu Estrategia Constante:** Publica un testimonio al menos una vez por semana para mantener la confianza y el interés en tu marca.
- **Incluye Testimonios en tu Página de Ventas:** Coloca estos testimonios visuales estratégicamente en tu web para convertir más visitas en clientes.
- **Crea Historias en Instagram y Facebook:** Usa esta función para destacar los testimonios de forma dinámica y accesible.

Acción Inmediata:
Hoy mismo, selecciona a tres clientes satisfechos y pídeles un testimonio visual breve. Utiliza herramientas simples como tu smartphone o aplicaciones de edición básica para hacer un video llamativo que puedas publicar esta semana.

Consejo 107: Diseña Historias que Resalten Logros Concretos de tu Marca

¿Qué significa?
Las historias sobre logros concretos de tu marca son narrativas que muestran hitos importantes, como premios, colaboraciones exitosas o cifras de impacto significativas. Este tipo de contenido te permite

demostrar tu autoridad en el nicho, mientras inspiras confianza y entusiasmo en tu audiencia.

¿Por qué es importante?
Los logros no solo refuerzan la credibilidad de tu marca, sino que también generan orgullo en tus seguidores, quienes se sienten parte de una comunidad que triunfa. Además, posicionan a tu marca como una referencia en el mercado.

¿Cómo hacerlo?

1. **Identifica tus Logros Clave:**
   Haz una lista de los hitos más importantes de tu marca, como un aumento en ventas, colaboraciones con grandes nombres o reconocimientos públicos.
2. **Elige el Formato Adecuado:**
   Decide si presentarás tus logros en formato de video, infografía o publicación estática. Las imágenes y datos concretos suelen tener un impacto más fuerte.
3. **Crea una Historia Inspiradora:**
   No solo menciones el logro; cuenta la historia detrás. Por ejemplo, cómo superaste un desafío antes de alcanzar ese éxito.
4. **Involucra a tu Equipo o Comunidad:**
   Muestra cómo tu equipo contribuyó a ese logro o cómo tus clientes jugaron un papel crucial en el mismo.
5. **Añade una Llamada a la Acción:**
   Invita a tu audiencia a celebrar contigo o a involucrarse en tu próximo gran paso.

Ejemplo práctico:

- **Caso de éxito:**
  Una marca de cosméticos podría publicar: "Este año logramos reducir un 90% el uso de plásticos en nuestros empaques gracias a nuestras iniciativas sostenibles. Gracias a todos por apoyar esta visión. Sigamos transformando juntos el mundo del cuidado personal".

Consejos Brutales:

- **Incluye Resultados Cuantificables:** Las cifras como "incrementamos las ventas en un 200%" o "impactamos a más de 10,000 personas" generan mayor impacto y credibilidad.
- **Celebra con tu Comunidad:** Usa un hashtag especial o lanza una dinámica que invite a tus seguidores a compartir cómo tu marca los ha ayudado a lograr sus metas.
- **Muestra Reconocimientos Públicos:** Si has recibido premios o menciones en medios importantes, inclúyelos en la historia.

Acción Inmediata:

Hoy, elige un logro importante de tu marca, como un aumento de seguidores o una campaña exitosa. Crea una publicación que incluya una imagen llamativa y una breve narrativa sobre cómo llegaste allí. Publícala y mide la reacción de tu audiencia.

Consejo 108: Genera Contenidos Educativos para Posicionarte como Experto

¿Qué significa?

El contenido educativo es cualquier tipo de material que ayuda a tu audiencia a aprender algo nuevo, resolver problemas o mejorar sus habilidades. Al crearlo, no solo aportas valor, sino que también te posicionas como una autoridad confiable en tu industria.

¿Por qué es importante?

Las personas recurren a las redes sociales para informarse y aprender. Si te conviertes en una fuente confiable de conocimiento, atraerás seguidores interesados y construirás una relación sólida basada en la confianza. Además, los usuarios suelen compartir contenido educativo, lo que amplía tu alcance.

¿Cómo hacerlo?

1. **Conoce las Dudas y Necesidades de tu Audiencia:**
   Investiga las preguntas más frecuentes y los temas que generan mayor interés en tu nicho. Herramientas como Google Trends o encuestas en redes pueden ayudarte.

2. **Elige Formatos Diversos:**
   Publica videos tutoriales, infografías, carruseles o artículos breves que expliquen conceptos complejos de manera sencilla.
3. **Aporta Soluciones Prácticas:**
   Ofrece respuestas claras y herramientas útiles que tu audiencia pueda implementar inmediatamente.
4. **Usa Ejemplos y Casos Prácticos:**
   Relata situaciones reales para ilustrar tus puntos, haciendo el contenido más relatable y comprensible.
5. **Incluye Call to Actions (CTAs):**
   Finaliza cada pieza educativa invitando a tu audiencia a profundizar en el tema, a comentar sus dudas o a explorar más recursos que ofreces.

Ejemplo práctico:

- **Si eres un nutricionista:**
  Publica un carrusel titulado "5 formas fáciles de mejorar tu digestión" donde expliques cambios simples como masticar lentamente o aumentar la ingesta de fibra.
- **Si manejas una tienda de tecnología:**
  Crea un video breve sobre cómo optimizar la batería de un smartphone.

Consejos Brutales:

- **Colabora con Otros Expertos:** Invita a profesionales reconocidos en tu industria a crear contenido conjunto. Esto eleva tu credibilidad y alcance.
- **Usa Historias Personales:** Comparte cómo tú o tus clientes aplicaron el conocimiento que estás enseñando para lograr resultados positivos.
- **Simplifica Conceptos Complejos:** Usa analogías y lenguaje accesible para que todo el mundo pueda entenderte.

Acción Inmediata:
Elige un tema clave dentro de tu industria. Crea un post educativo sencillo, como un video corto o una infografía, y publícalo hoy. Asegúrate de responder las preguntas que surjan en los comentarios para fortalecer tu posición como experto.

Consejo 109: Lanza Retos que Demuestren el Valor de tu Conocimiento

¿Qué significa?
Un reto es una invitación a tu audiencia para participar en una actividad específica relacionada con tu industria o producto. Los retos que reflejan tu experiencia permiten demostrar de manera práctica cómo tu conocimiento o solución puede mejorar la vida de las personas.

¿Por qué es importante?
Los retos generan interacción, compromiso y viralidad en redes sociales. Además, ayudan a que tu audiencia experimente de primera mano el valor que ofreces, lo que fortalece tu autoridad y aumenta la probabilidad de conversión.

¿Cómo hacerlo?

1. **Define un Objetivo Claro:**
   Diseña un reto que sea específico, alcanzable y que esté relacionado con tus productos o servicios. Por ejemplo, un reto de 7 días para mejorar la productividad.
2. **Crea Instrucciones Sencillas:**
   Asegúrate de que los pasos sean fáciles de entender y seguir. Evita la complejidad para que nadie se sienta intimidado.
3. **Ofrece Recursos Complementarios:**
   Proporciona guías, videos o plantillas para ayudar a los participantes a cumplir el reto con éxito.
4. **Invita a Compartir Progresos:**
   Anima a los participantes a documentar su progreso con fotos, videos o historias y a etiquetarte para aumentar tu visibilidad.
5. **Incluye una Recompensa:**
   Ofrece algo valioso a quienes completen el reto, como descuentos, acceso a un webinar exclusivo o reconocimiento público.

Ejemplo práctico:

- **Si eres entrenador personal:**
  Lanza el "Reto de 10 minutos diarios" donde enseñas ejercicios cortos pero efectivos que tus seguidores pueden hacer en casa.
- **Si eres chef o vendes productos alimenticios:**
  Propon un reto de "5 días de recetas saludables con menos de 5 ingredientes" usando productos de tu tienda.

Consejos Brutales:

- **Usa Hashtags Exclusivos:** Crea un hashtag único para que los participantes puedan etiquetar sus publicaciones y promover el reto.
- **Colabora con Influencers:** Invita a figuras relevantes en tu nicho a participar y promocionar el reto para aumentar la exposición.
- **Muestra Historias de Éxito:** Durante y después del reto, comparte ejemplos de participantes que lograron resultados notables para inspirar a otros.

Acción Inmediata:
Piensa en un desafío simple y atractivo relacionado con tu producto o industria. Diseña un plan breve con objetivos, instrucciones y recompensas, y anúncialo en tus redes sociales esta semana.

Consejo 110: Publica Reportes Visuales con Datos Clave de tu Industria

¿Qué significa?
Un reporte visual es una forma atractiva de presentar datos relevantes de tu sector, utilizando gráficos, infografías o videos animados. Estas publicaciones resumen información compleja de manera comprensible y estéticamente atractiva.

¿Por qué es importante?
Los reportes visuales refuerzan tu autoridad al mostrar que estás al tanto

de las tendencias y métricas clave de tu industria. También atraen la atención de tu audiencia al ofrecerles información valiosa que pueden usar para tomar decisiones.

¿Cómo hacerlo?

1. **Identifica Datos Relevantes:**
   Recoge estadísticas, estudios o investigaciones recientes que sean significativos para tu audiencia.
2. **Selecciona un Formato Impactante:**
   Usa herramientas como Canva o Power BI para diseñar gráficos, diagramas y tablas que simplifiquen la presentación de los datos.
3. **Hazlo Breve pero Potente:**
   Elige entre 3 y 5 datos clave para no abrumar a tu audiencia. Acompaña cada dato con una breve explicación o conclusión.
4. **Usa Colores y Estilo Consistentes:**
   Asegúrate de que los colores, fuentes y diseños estén alineados con tu marca para fortalecer tu identidad visual.
5. **Incluye Fuentes Confiables:**
   Muestra la procedencia de los datos para construir confianza y credibilidad.

Ejemplo práctico:

- **Si eres consultor de marketing:**
  Publica un reporte visual con estadísticas de tendencias digitales, como "El 75% de los consumidores prefieren contenido en video para aprender sobre un producto".
- **Si vendes productos ecológicos:**
  Diseña un gráfico mostrando el impacto positivo de tus productos en la reducción de residuos o el uso de energía renovable.

Consejos Brutales:

- **Crea un PDF Descargable:** Ofrece un reporte completo como recurso descargable para capturar correos electrónicos y generar leads.
- **Integra Interactividad:** Usa plataformas como Tableau o Flourish para crear gráficos que los usuarios puedan explorar.

- **Personaliza para tu Audiencia:** Asegúrate de que los datos seleccionados estén directamente relacionados con los intereses de tu público objetivo.

Acción Inmediata:
Hoy mismo, recopila tres datos clave de tu industria. Usa una herramienta gratuita como Canva para diseñar una infografía sencilla y publica el reporte visual en tus redes sociales.

Consejo 111: Diseña Videos que Resalten Casos de Éxito Reales

¿Qué significa?
Crear videos que narren historias de éxito de tus clientes o usuarios es una forma poderosa de demostrar cómo tus productos o servicios han impactado positivamente en sus vidas. Este enfoque combina la autenticidad con un formato visual atractivo.

¿Por qué es importante?
Las personas confían en las experiencias reales más que en las promesas publicitarias. Mostrar casos de éxito genera confianza, inspira a tu audiencia y refuerza la percepción de que tu marca puede cumplir lo que promete.

¿Cómo hacerlo?

1. **Selecciona un Caso Impactante:**
   Identifica clientes que hayan logrado resultados excepcionales gracias a tu producto o servicio.
2. **Crea un Guion Auténtico:**
   Incluye detalles claros: el problema inicial, cómo ayudaste a resolverlo y los resultados obtenidos. Mantén un tono natural y humano.
3. **Involucra al Cliente:**
   Si es posible, incluye testimonios del cliente en video. Esto añade autenticidad y refuerza la credibilidad del caso.

4. **Usa Recursos Visuales Dinámicos:**
   Combina imágenes del antes y después, gráficos, subtítulos y
   animaciones para mantener el interés del espectador.
5. **Incluye un Llamado a la Acción:**
   Finaliza el video invitando a tu audiencia a obtener los mismos
   beneficios, ya sea contactándote o visitando tu página web.

Ejemplo práctico:

- **Si vendes herramientas de productividad:**
  Graba un video con un cliente que logró reducir su tiempo de
  trabajo en un 30% gracias a tu software, mostrando estadísticas y
  clips del cliente usando el producto.
- **Si eres entrenador personal:**
  Comparte la transformación de un cliente que alcanzó sus metas
  físicas en tres meses, combinando entrevistas y videos de
  entrenamiento.

Consejos Brutales:

- **Optimiza para Redes Sociales:** Haz versiones cortas del video
  (menos de un minuto) para plataformas como Instagram o
  TikTok, y una versión completa para YouTube o tu sitio web.
- **Aprovecha los Comentarios Positivos:** Si no puedes grabar
  videos, utiliza capturas de mensajes de clientes satisfechos y
  combínalos con gráficos animados.
- **Incluye Estadísticas Impactantes:** Los números concretos
  hacen que la historia sea más persuasiva. Por ejemplo,
  "Incrementó sus ventas un 50% en tres meses".

Acción Inmediata:
Contacta a uno de tus clientes más satisfechos y pídele su autorización
para grabar o compartir su historia. Planea los elementos visuales que
incluirás y publica el video en tu red social principal esta semana.

Consejo 112: Lanza Encuestas sobre Temas Relevantes en tu Nicho

¿Qué significa?
Las encuestas son herramientas efectivas para captar la atención de tu audiencia y fomentar la participación activa. Al centrarte en temas relevantes dentro de tu nicho, puedes obtener información valiosa mientras mantienes a tu comunidad comprometida.

¿Por qué es importante?
Las encuestas no solo generan interacción, sino que también te ayudan a entender mejor las necesidades, intereses y preferencias de tu público objetivo. Esto te permite ajustar tu estrategia y crear contenido más relevante. Además, refuerzan la percepción de que te importa lo que piensa tu audiencia.

¿Cómo hacerlo?

1. **Elige un Tema Clave:**
   Selecciona un tema que sea relevante para tu industria y que genere curiosidad o debate entre tus seguidores.
2. **Usa Plataformas Simples:**
   Utiliza herramientas integradas en redes sociales como encuestas de Instagram, Twitter o LinkedIn. También puedes emplear plataformas externas como Google Forms para respuestas más detalladas.
3. **Formula Preguntas Claras:**
   Mantén tus preguntas cortas y fáciles de entender. Usa un lenguaje que invite a participar, como: "¿Qué opinas sobre...?" o "Elige tu favorito".
4. **Fomenta la Participación:**
   Anima a tus seguidores a responder destacando que sus opiniones son importantes y que impactarán en tus decisiones futuras.
5. **Comparte los Resultados:**
   Publica un resumen de los resultados para mostrar a tu audiencia que valoras sus respuestas y estás dispuesto a usarlas para mejorar.

Ejemplo práctico:

- **Si eres una marca de alimentos saludables:**
  "¿Qué te gustaría ver más en nuestro menú? 🍪 Opciones veganas 🥗 Más snacks proteicos 🍫 Postres bajos en azúcar".
- **Si eres consultor de negocios:**
  "¿Cuál es tu mayor desafío como emprendedor? 📊 Falta de tiempo ❄ Gestión del equipo 💼 Captación de clientes".

Consejos Brutales:

- **Combina Encuestas con Historias:** Usa encuestas interactivas en Instagram Stories para captar respuestas rápidas y espontáneas.
- **Aprovecha los Resultados:** Si descubres que tu audiencia prefiere un producto o tema, crea contenido específico o ajusta tu oferta para satisfacer esas demandas.
- **Haz Preguntas que Generen Reflexión:** Diseña encuestas que inviten a tu audiencia a pensar en sus metas, desafíos o aspiraciones, vinculándolas con tu propuesta de valor.

Acción Inmediata:
Crea una encuesta simple y publícala en tus redes sociales hoy mismo. Recoge las respuestas durante 24 horas y utiliza los datos para planificar tu próximo contenido o lanzamiento.

Consejo 113: Publica Historias Basadas en el Reconocimiento de tu Comunidad

¿Qué significa?
Destacar a los miembros de tu comunidad y reconocer sus logros, participación o apoyo es una estrategia poderosa para construir relaciones más sólidas y duraderas. Al compartir estas historias, no solo muestras gratitud, sino que también inspiras a otros a comprometerse más con tu marca.

¿Por qué es importante?

Las personas aman sentirse valoradas y reconocidas. Cuando tu marca reconoce públicamente a alguien de su comunidad, creas un efecto multiplicador: los demás querrán ser parte de esa conexión especial y contribuir para ganar su propio reconocimiento. Esto genera lealtad y fomenta un sentido de pertenencia en tu audiencia.

¿Cómo hacerlo?

1. **Identifica a Tus Seguidores Activos:**
   Busca a aquellos que interactúan constantemente contigo: comentan, comparten o usan tus productos.
2. **Cuenta Su Historia:**
   Publica una foto, video o testimonio que destaque sus logros o su experiencia con tu marca. Muestra cómo tu producto o servicio ha impactado positivamente su vida.
3. **Etiqueta y Agradece:**
   Asegúrate de etiquetar a la persona reconocida y usar un mensaje cálido y agradecido. Esto no solo genera más visibilidad para la publicación, sino que también fortalece el vínculo personal.
4. **Invita a Más Participación:**
   Usa el reconocimiento como un ejemplo para motivar a otros seguidores a compartir sus propias historias contigo.
5. **Crea un Hashtag de Comunidad:**
   Un hashtag exclusivo fomenta que más personas compartan sus historias y se sientan parte de algo único.

Ejemplo práctico:

- **Si tienes una marca de ropa deportiva:**
  "Hoy queremos reconocer a @JuanFit, quien ha logrado superar su meta de 10 km diarios con nuestras zapatillas. ¡Gracias por inspirarnos, Juan! #TuHistoriaNosMueve".
- **Si eres una agencia de marketing:**
  "Celebramos el éxito de @MariaEmprende, quien triplicó las ventas de su negocio después de implementar nuestras estrategias. ¡Eres un ejemplo de perseverancia! #CrecemosJuntos".

Consejos Brutales:

- **Crea una Serie de Reconocimientos:** Dedica un día a la semana para destacar a un miembro de tu comunidad. Por ejemplo, #ViernesDeClientes.
- **Incluye Historias en tus Newsletters:** Reconocer a tus clientes en correos electrónicos personalizados aumenta la cercanía y la lealtad.
- **Transforma Historias en Contenido Visual:** Usa videos o gráficos atractivos para compartir los logros de tu comunidad de manera memorable.

Acción Inmediata:
Selecciona a un seguidor activo y destaca su historia en tu próxima publicación. Acompaña el contenido con un mensaje cálido y un llamado a la acción para que otros también participen.

Consejo 114: Genera Comparativas Visuales que Resalten tus Diferenciadores

¿Qué significa?
Las comparativas visuales son gráficos, imágenes o videos que contrastan tus productos o servicios con los de la competencia o con soluciones alternativas. Estas herramientas ayudan a destacar tus principales ventajas de manera rápida y comprensible, impactando directamente en la percepción del valor de tu marca.

¿Por qué es importante?
En un mercado saturado, las decisiones de compra a menudo se basan en diferencias claras y tangibles. Mostrar tus puntos fuertes de manera visual no solo facilita la comprensión, sino que también refuerza tu posicionamiento como una mejor opción frente a las alternativas disponibles.

¿Cómo hacerlo?

1. **Identifica tus Diferenciadores Clave:**
   ¿Ofreces mayor calidad, mejor precio, funcionalidad superior o un diseño más atractivo? Define las características que te hacen único y valioso.
2. **Elige un Formato Visual Atractivo:**
   o Tablas simples y claras.
   o Infografías coloridas.
   o Videos dinámicos que expliquen las diferencias en acción.
3. **Sé Claro y Honesto:**
   Resalta tus ventajas sin desmerecer a la competencia. Mantén una comparación justa y basada en hechos.
4. **Destaca Beneficios Relevantes:**
   Piensa en lo que más valora tu audiencia. Por ejemplo, si tu público busca sostenibilidad, compara el impacto ambiental de tus productos frente a otros.
5. **Incluye Datos y Testimonios:**
   Refuerza tus afirmaciones con cifras comprobables o con historias de clientes que validen tus ventajas.

Ejemplo práctico:

- **Si vendes electrodomésticos:**
  Una infografía que compare la eficiencia energética de tu modelo de refrigerador con los principales competidores, destacando el ahorro anual en electricidad.
- **Si tienes una marca de cosméticos:**
  Un video que muestre la duración de tu lápiz labial comparado con otras marcas durante todo el día.

Consejos Brutales:

- **Añade Elementos Interactivos:** Usa herramientas digitales para permitir que los clientes interactúen con las comparativas en tu sitio web o redes sociales.
- **Crea Comparaciones en Formato Meme:** Una manera creativa y entretenida de destacar tus ventajas frente a productos genéricos.

- **Acompaña la Comparativa con una Oferta:** Cierra la publicación con un descuento o promoción para motivar la decisión de compra.

Acción Inmediata:
Elige un diferenciador clave de tu producto o servicio y diseña una comparativa visual que lo destaque. Publica este contenido en tus redes sociales y mide la interacción para analizar su impacto.

Consejo 115: Diseña Contenidos Inspirados en la Trayectoria de tu Marca

¿Qué significa?
Tu marca tiene una historia única que merece ser contada. Diseñar contenidos basados en tu trayectoria significa destacar los hitos, desafíos y logros que han moldeado lo que eres hoy. Esto humaniza tu negocio y crea una conexión emocional con tu audiencia, haciéndola parte de tu viaje.

¿Por qué es importante?
Las personas no solo compran productos, compran historias. Mostrar cómo empezó tu marca, las dificultades superadas y las lecciones aprendidas genera confianza y empatía. Además, resaltar tu evolución fortalece tu autoridad en el mercado, posicionándote como una opción confiable y auténtica.

¿Cómo hacerlo?

1. **Crea una Línea de Tiempo Visual:**
   Resalta eventos clave: desde el inicio de tu negocio hasta los momentos de mayor crecimiento o transformación. Usa gráficos, fotos antiguas y videos para hacerlo dinámico.
2. **Comparte Anecdotas Clave:**
   Habla de las decisiones difíciles que tomaste, los cambios estratégicos y los desafíos superados.

3. **Resalta Logros:**
   Premios, certificaciones, hitos de ventas, asociaciones importantes o cualquier reconocimiento público.
4. **Incluye a tu Equipo y Comunidad:**
   Haz que tus empleados o clientes formen parte de la narrativa. Mostrar sus historias refuerza la idea de que tu marca impacta positivamente en las vidas de otros.
5. **Sé Transparente:**
   No temas hablar de los momentos difíciles. Los fracasos y cómo los superaste son igual de valiosos que los éxitos.

Ejemplo práctico:

- **Si eres un negocio familiar:**
  Publica una serie de imágenes que muestren cómo la empresa ha crecido desde su fundación hasta la actualidad, destacando los valores que han perdurado a lo largo del tiempo.
- **Si eres una startup tecnológica:**
  Comparte un video que muestre tu oficina inicial, los primeros prototipos y los hitos que llevaron a lanzar tu producto actual.

Consejos Brutales:

- **Hazlo en Formato Serie:** Divide la historia en episodios que puedas publicar de forma periódica. Esto mantendrá a tu audiencia interesada y esperando el próximo capítulo.
- **Comparte Comparativas de Antes y Ahora:** Muestra cómo era tu producto o servicio al inicio y cómo ha evolucionado.
- **Crea Contenido Colaborativo:** Pide a tus clientes o empleados que compartan su perspectiva de cómo tu marca los ha impactado.

Acción Inmediata:
Crea un post con un hito importante de tu trayectoria. Acompáñalo de imágenes o videos auténticos y termina con un mensaje que invite a tus seguidores a reflexionar sobre cómo ese logro también los beneficia.

Consejo 116: Publica Retos que Eduquen y Conecten con tu Público

¿Qué significa?
Un reto educativo es una dinámica en la que invitas a tu audiencia a participar activamente mientras les enseñas algo valioso. Este tipo de contenido fomenta la interacción, construye confianza y refuerza tu posición como líder en tu industria.

¿Por qué es importante?
Los retos no solo aumentan la participación, sino que también ofrecen un valor tangible a tu audiencia. Al enseñarles algo nuevo y guiarles paso a paso, creas una conexión más fuerte y una experiencia memorable, posicionando tu marca como útil y relevante.

¿Cómo hacerlo?

1. **Identifica una Habilidad o Tema Relevante:**
   Piensa en algo que tu audiencia quiera aprender relacionado con tu industria, como cocinar con un ingrediente específico, mejorar su productividad o aprender técnicas de marketing.
2. **Diseña un Reto Breve pero Impactante:**
   Establece un tiempo limitado (por ejemplo, 5 o 7 días) para mantener el interés. Divide el contenido en pasos o tareas diarias fáciles de completar.
3. **Proporciona Recursos de Apoyo:**
   Crea guías, plantillas, videos o infografías que faciliten la participación de tu audiencia.
4. **Fomenta la Participación Activa:**
   Pide a los participantes que compartan sus avances en redes sociales etiquetándote o usando un hashtag específico.
5. **Recompensa la Participación:**
   Premia a quienes completen el reto con un descuento, una mención especial, un acceso exclusivo o simplemente un reconocimiento público.

Ejemplo práctico:

- **Si eres una marca de fitness:**
  Lanza un reto de "7 días de ejercicios en casa". Comparte videos cortos con rutinas diarias y anima a los participantes a subir sus fotos etiquetándote.
- **Si eres un negocio de alimentación saludable:**
  Crea un reto de "5 días comiendo sin azúcar añadido" y publica recetas, tips y datos curiosos para motivar a tu audiencia.

Consejos Brutales:

- **Crea Comunidad:** Abre un grupo privado en redes sociales o plataformas como WhatsApp para que los participantes compartan sus experiencias y tú puedas interactuar con ellos.
- **Hazlo Visual:** Diseña un calendario o guía descargable para que los participantes sigan el progreso del reto.
- **Solicita Feedback:** Pide a los participantes que evalúen el reto para mejorar futuras ediciones.

Acción Inmediata:
Diseña un reto breve sobre un tema en el que tengas experiencia. Crea una publicación inicial invitando a tu audiencia a participar y acompáñala con un recurso visual atractivo, como un gráfico que explique los pasos del reto.

Consejo 117: Lanza Campañas Basadas en el Liderazgo Temático

¿Qué significa?
Una campaña de liderazgo temático te posiciona como un referente en tu nicho al abordar temas relevantes con autoridad y experiencia. Esto implica liderar conversaciones importantes, compartir insights únicos y ser la fuente confiable de información para tu audiencia.

¿Por qué es importante?
Las personas buscan expertos que puedan guiarles, especialmente en

temas complejos o en evolución. Convertirte en un líder temático no solo aumenta tu credibilidad, sino que también construye una comunidad fiel que confía en tu opinión y sigue tus recomendaciones.

¿Cómo hacerlo?

1. **Identifica Temas de Interés:**
   Selecciona áreas clave relacionadas con tu industria que sean relevantes para tu audiencia. Estas podrían ser tendencias, desafíos comunes o innovaciones en tu nicho.
2. **Crea Contenido Educativo y Profundo:**
   Publica artículos, videos, infografías o webinars que ofrezcan un análisis detallado del tema. Asegúrate de respaldar tus afirmaciones con datos y ejemplos prácticos.
3. **Promueve la Discusión:**
   Lanza encuestas, crea foros o realiza transmisiones en vivo donde tu audiencia pueda debatir, hacer preguntas y compartir sus experiencias.
4. **Colabora con Expertos:**
   Invita a otros líderes de la industria a colaborar en tu campaña. Esto amplía tu alcance y refuerza tu credibilidad.
5. **Mide el Impacto:**
   Evalúa el alcance de tu campaña, las interacciones generadas y el feedback de tu audiencia para entender cómo perciben tu liderazgo temático.

Ejemplo práctico:

- **Si trabajas en tecnología:**
  Lanza una campaña sobre "El futuro de la inteligencia artificial en la vida cotidiana". Incluye un artículo detallado, un video explicativo y un panel en vivo con expertos del sector.
- **Si eres una marca de moda sostenible:**
  Crea una campaña sobre "El impacto ambiental de la moda rápida y cómo combatirlo". Publica datos clave, ofrece soluciones prácticas y organiza una charla en vivo.

Consejos Brutales:

- **Sé el Primero en Hablar:** Identifica temas emergentes y lanza tu contenido antes que otros. Ser pionero te posiciona como la referencia en el tema.
- **Usa Canales Múltiples:** Difunde tu campaña en diferentes plataformas (blogs, redes sociales, newsletters) para maximizar el alcance.
- **Responde a Tu Audiencia:** Interactúa activamente en los comentarios, foros o transmisiones en vivo para reforzar tu autoridad.

Acción Inmediata:
Elige un tema relevante para tu industria y crea un esquema de contenido que aborde diferentes aspectos del tema. Publica la primera pieza de tu campaña esta semana y promociona activamente tu liderazgo en redes sociales.

Consejo 118: Genera Historias Visuales Basadas en tu Experiencia en el Nicho

¿Qué significa?
Las historias visuales son narrativas que utilizan imágenes, gráficos y videos para comunicar de manera clara y atractiva tus experiencias y conocimientos en tu nicho. Al compartir tus aprendizajes, logros y desafíos mediante contenido visual, creas una conexión más profunda y memorable con tu audiencia.

¿Por qué es importante?
Las personas recuerdan las historias más que los datos. Al usar recursos visuales, simplificas conceptos complejos y haces que tu mensaje sea accesible y emocionante. Además, compartir tus experiencias humaniza tu marca, construyendo confianza y lealtad.

¿Cómo hacerlo?

1. **Selecciona Experiencias Clave:**
   Identifica momentos significativos de tu trayectoria en el nicho: logros, retos superados, aprendizajes valiosos o hitos que definan tu camino.
2. **Elige el Formato Visual Adecuado:**
   Dependiendo de la historia, utiliza gráficos, imágenes, videos, infografías o animaciones. Por ejemplo, un logro importante puede representarse con un video corto de celebración.
3. **Crea una Estructura Narrativa Clara:**
   Cada historia debe tener un inicio, un desarrollo y un desenlace. Por ejemplo:
   - **Inicio:** ¿Cuál era el problema o situación inicial?
   - **Desarrollo:** ¿Qué hiciste para enfrentarlo?
   - **Desenlace:** ¿Qué aprendiste o lograste?
4. **Involucra a Tu Audiencia:**
   Haz preguntas relacionadas con tus historias. Por ejemplo: "¿Has enfrentado algo similar? Comparte tu experiencia".
5. **Incluye un Llamado a la Acción (CTA):**
   Guía a tu audiencia a participar o aprender más. Ejemplo: "Descubre cómo puedes lograr lo mismo en nuestro próximo webinar".

Ejemplo práctico:

- **Si eres un entrenador personal:**
  Publica una historia visual que detalle cómo superaste una lesión y te convertiste en un experto en recuperación muscular. Usa imágenes del antes y después, junto con gráficos de los resultados.
- **Si eres una marca de tecnología:**
  Comparte una infografía que muestre cómo tu producto evolucionó desde su primera versión hasta ahora, resaltando los aprendizajes en el camino.

Consejos Brutales:

- **Mantén la Autenticidad:** Comparte tanto éxitos como fracasos. La vulnerabilidad genera empatía y humaniza tu marca.

- **Simplifica la Información:** Asegúrate de que el diseño sea limpio y fácil de entender. Usa colores y gráficos que resalten los puntos clave.
- **Optimiza para Móviles:** Asegúrate de que tus historias visuales se vean bien en dispositivos móviles, ya que gran parte de tu audiencia las consumirá desde allí.

Acción Inmediata:
Selecciona una experiencia clave en tu trayectoria y crea un borrador de cómo representarla visualmente. Diseña una infografía o video y publícalo esta semana, alentando a tu audiencia a compartir sus propios aprendizajes relacionados.

Consejo 119: Publica Dinámicas que Resalten tu Capacidad de Innovación

¿Qué significa?
Este consejo se centra en crear contenido que demuestre cómo tu marca está a la vanguardia en tu nicho, utilizando dinámicas interactivas para involucrar a tu audiencia. Estas actividades pueden incluir encuestas, retos, demostraciones en vivo o concursos que muestren de manera práctica y creativa tus avances e ideas originales.

¿Por qué es importante?
La innovación es una de las cualidades más valoradas en cualquier industria. Al resaltar tus capacidades de innovar, no solo refuerzas tu autoridad, sino que también inspiras confianza en tu audiencia, posicionándote como líder en el mercado. Las dinámicas interactivas generan mayor participación y crean un vínculo emocional entre tu marca y tu comunidad.

¿Cómo hacerlo?

1. **Identifica tus Innovaciones Clave:**
   Reflexiona sobre tus productos, servicios o procesos que destaquen por su originalidad o mejoras recientes.

2. **Crea una Dinámica Interactiva:**
   Diseña actividades que permitan a tu audiencia interactuar con estas innovaciones. Ejemplos:
   - **Encuestas:** Pregunta qué características nuevas les parecen más útiles.
   - **Retos:** Invita a tus seguidores a usar un producto de manera creativa.
   - **Concursos:** Ofrece premios a quienes propongan ideas sobre cómo mejorar tus servicios.
3. **Hazlo Visual y Emocionante:**
   Utiliza imágenes, videos o transmisiones en vivo para demostrar las innovaciones. Una demostración en tiempo real puede ser mucho más impactante que una descripción escrita.
4. **Involucra a Influencers o Socios:**
   Trabaja con figuras reconocidas en tu industria para mostrar tus innovaciones y atraer más participación.
5. **Incluye un Llamado a la Acción (CTA):**
   Anima a tu audiencia a participar en la dinámica y compártelo con sus contactos. Ejemplo: "¡Responde la encuesta y entra en el sorteo de nuestro nuevo producto!".

Ejemplo práctico:

- **Si eres una marca de tecnología:**
  Lanza un reto en redes sociales donde los usuarios demuestren cómo usan una nueva función de tu app. Ofrece premios a las ideas más originales.
- **Si estás en el nicho de la alimentación saludable:**
  Publica un concurso para crear recetas usando un ingrediente innovador que ofreces. Comparte las recetas ganadoras en tus canales.

Consejos Brutales:

- **Simplifica la Participación:** Diseña dinámicas fáciles de entender y de realizar. Si el proceso es complicado, tu audiencia se desmotivará.
- **Resalta los Beneficios:** En cada dinámica, muestra claramente cómo tu innovación mejora la vida de las personas o resuelve un problema.

- **Fomenta el Compartir:** Crea dinámicas que incentiven a los participantes a compartir sus resultados, ampliando así tu alcance orgánico.

Acción Inmediata:
Elige una innovación reciente de tu marca y diseña una dinámica para presentarla. Anuncia la actividad en tus redes sociales esta semana y mide el impacto en términos de interacción y alcance.

Consejo 120: Diseña Contenidos que Destaquen tu Contribución al Mercado

¿Qué significa?
Este consejo trata de crear contenido que resalte el impacto positivo de tu marca en tu industria o en la vida de tus clientes. Esto puede incluir innovaciones, logros, prácticas sostenibles, iniciativas sociales o cualquier valor añadido que aporte algo significativo al mercado y a tu comunidad.

¿Por qué es importante?
Resaltar tu contribución al mercado fortalece tu reputación como líder y marca responsable. Esto no solo genera confianza, sino que también construye una conexión más profunda con tu audiencia, que aprecia las marcas que no solo venden, sino que también aportan valor real a su entorno.

¿Cómo hacerlo?

1. **Identifica tus Principales Aportes:**
   Reflexiona sobre qué diferencia a tu marca en el mercado. ¿Has creado un producto único? ¿Tienes un enfoque innovador? ¿Aportas soluciones sostenibles? Haz una lista de estos puntos clave.
2. **Cuenta la Historia Detrás del Aporte:**
   Comparte el "por qué" y el "cómo" de tu contribución. Por ejemplo, si implementaste un proceso ecológico, explica qué te motivó y qué impacto ha tenido.

3. **Usa Testimonios Reales:**
   Incorpora historias de clientes, socios o comunidades que se hayan beneficiado directamente de tu aportación. Esto humaniza tu mensaje y lo hace más creíble.
4. **Crea Gráficos e Infografías:**
   Visualiza datos que respalden tu impacto. Por ejemplo, "Hemos reducido un 30% el uso de plástico en nuestro empaquetado".
5. **Publica un Video Impactante:**
   Muestra cómo tus productos o servicios generan un cambio positivo en la vida de las personas o en tu sector.
6. **Vincula tu Contribución con tu Audiencia:**
   Haz que tu público se sienta parte del cambio. Por ejemplo: "Gracias a tus compras, hemos podido donar 100 libros a niños en comunidades vulnerables".

Ejemplo práctico:

- **Si eres una marca de cosmética natural:**
  Publica un video mostrando cómo seleccionas ingredientes sostenibles y el impacto positivo que esto tiene en el medio ambiente. Acompáñalo de testimonios de agricultores locales que trabajan contigo.
- **Si trabajas en tecnología educativa:**
  Comparte un gráfico mostrando cómo tu app ha ayudado a estudiantes a mejorar sus resultados académicos, incluyendo testimonios de profesores y alumnos.

Consejos Brutales:

- **Apoya tus Aportes con Pruebas:** Publica datos, cifras o informes que respalden el impacto que dices tener. La transparencia genera credibilidad.
- **Resalta tu Diferenciador:** Si tus competidores no hacen lo que tú haces, deja claro por qué esto te hace especial.
- **Fomenta el Orgullo de Pertenencia:** Haz que tus seguidores sientan que, al apoyarte, están contribuyendo a un bien mayor.

Acción Inmediata:
Elige una contribución de tu marca que sea significativa y crea un

contenido enfocado en destacar su impacto. Publica este contenido en tus redes sociales esta semana y observa cómo reacciona tu audiencia.

Bloque 9: "Psicología Aplicada para Impacto Profundo"

Consejo 121: Implementa Colores que Evocan Emociones Positivas en tu Contenido

¿Qué significa?
El uso estratégico del color en tus publicaciones no solo mejora la estética visual, sino que también evoca emociones específicas en tu audiencia. Los colores influyen en cómo las personas perciben tu mensaje, ayudándote a crear una conexión emocional más profunda.

¿Por qué es importante?
El color es una herramienta poderosa para transmitir mensajes de manera subliminal. Puede influir en decisiones de compra, generar confianza o incluso inspirar alegría y calma. Incorporar una paleta de colores bien pensada en tus publicaciones fortalece tu identidad visual y hace que tus mensajes sean más memorables.

¿Cómo hacerlo?

1. **Identifica las Emociones que Deseas Transmitir:**
   Define qué emociones deseas evocar. Por ejemplo, el azul transmite confianza, el amarillo alegría, el rojo urgencia o pasión, y el verde calma o sostenibilidad.
2. **Crea una Paleta de Colores Consistente:**
   Selecciona una combinación de colores que refleje la personalidad de tu marca y asegúrate de usarla de manera consistente en todas tus plataformas.
3. **Usa el Color para Destacar Elementos Clave:**
   Resalta llamados a la acción, promociones o mensajes importantes con colores llamativos que contrasten con el resto del diseño.

244

4. **Aplica Psicología del Color en Campañas Específicas:**
   Por ejemplo, usa tonos cálidos como el naranja para promociones limitadas o tonos fríos como el azul para anuncios relacionados con servicios profesionales.
5. **Integra el Color en Formatos Multimedia:**
   Asegúrate de que tus colores estén presentes en videos, gráficos y hasta en las tipografías para reforzar tu identidad visual.
6. **Prueba Diferentes Combinaciones:**
   Realiza pruebas A/B para determinar qué colores generan mayor interacción o conversión entre tu audiencia.

Ejemplo práctico:

- **Si eres una marca de bienestar:**
  Usa tonos verdes y blancos en tus publicaciones para evocar calma, equilibrio y sostenibilidad. Acompaña esto con imágenes de naturaleza que refuercen tu mensaje.
- **Si vendes tecnología innovadora:**
  Incorpora tonos azules y metálicos que proyecten confianza y modernidad. Usa el naranja en los botones de compra para estimular la acción.

Consejos Brutales:

- **Evita la Saturación de Colores:** Usar demasiados colores puede distraer y confundir a tu audiencia. Mantén un diseño limpio y equilibrado.
- **Estudia las Preferencias Culturales:** Recuerda que los colores tienen diferentes significados según las culturas. Por ejemplo, el blanco puede representar pureza en Occidente, pero luto en ciertas culturas asiáticas.
- **Cambia los Colores Según las Estaciones:** Adapta tus colores a temas estacionales o eventos relevantes, como tonos cálidos para otoño o rojos y dorados para Navidad.

Acción Inmediata:
Analiza tus publicaciones recientes y evalúa si tu uso del color es efectivo. Elige tres colores principales para representar tu marca y diseña una publicación que refleje emociones positivas. Publica esta semana y mide su interacción.

Consejo 122: Publica Historias Inspiradas en Deseos Universales de tu Público

¿Qué significa?

Los deseos universales son aquellos que todas las personas comparten, como el anhelo de éxito, felicidad, amor, superación o pertenencia. Crear historias que reflejen estos deseos conecta emocionalmente con tu audiencia y hace que tus mensajes sean más relevantes y memorables.

¿Por qué es importante?

Las historias basadas en deseos universales trascienden barreras culturales y sociales. Resuenan profundamente con las personas porque reflejan sus aspiraciones más genuinas. Además, este enfoque permite que tu marca sea vista como un aliado que ayuda a las personas a alcanzar sus metas.

¿Cómo hacerlo?

1. **Identifica los Deseos de tu Audiencia:**
   Investiga qué motiva a tus seguidores. Por ejemplo, si tu audiencia son emprendedores, pueden aspirar al éxito y la independencia. Si son padres, puede que anhelen brindar lo mejor a sus hijos.
2. **Crea Historias Relatables:**
   Desarrolla narrativas que reflejen esos deseos. Estas historias pueden ser de clientes que alcanzaron sus metas usando tus productos, o de situaciones imaginadas que resalten cómo tu marca puede ayudar.
3. **Usa un Tono Positivo y Motivador:**
   Las historias inspiradoras deben transmitir esperanza, superación y posibilidad. Asegúrate de que el tono sea positivo y motivador.
4. **Incorpora Elementos Visuales Poderosos:**
   Acompaña tus historias con imágenes o videos que refuercen la emoción detrás del mensaje. Una buena visualización amplifica el impacto de la narrativa.
5. **Sé Auténtico y Creíble:**
   Asegúrate de que las historias sean reales o estén basadas en

experiencias auténticas. La honestidad construye confianza y fidelidad.

6. **Incluye un Llamado a la Acción Conectado con el Deseo:** Relaciona la conclusión de tu historia con un mensaje que invite a la acción, como "Empieza tu camino hacia el éxito hoy" o "Comparte tu historia de amor con nosotros".

Ejemplo práctico:

- **Si tu marca vende productos para el fitness:** Cuenta la historia de un cliente que superó retos físicos para alcanzar su mejor versión, destacando cómo tu producto formó parte de su transformación.
- **Si tu marca se enfoca en el desarrollo personal:** Comparte una historia sobre alguien que, gracias a tus servicios, recuperó su confianza y logró un sueño largamente perseguido.

Consejos Brutales:

- **Usa Testimonios Auténticos:** Los relatos reales tienen un impacto emocional más fuerte. Pide a tus clientes que compartan sus experiencias contigo.
- **Apela a los Sentimientos Humanos Universales:** Como la familia, el progreso, la seguridad o la libertad. Estos temas siempre encuentran eco en las audiencias.
- **Evita Historias Genéricas:** Las narrativas sin profundidad o contexto pueden parecer vacías. Dale carácter a tus historias con detalles específicos.

Acción Inmediata:

Piensa en un deseo universal que esté alineado con tu marca. Crea una publicación con una historia inspiradora que lo refleje. Asegúrate de incluir imágenes evocadoras y un llamado a la acción claro. Publica esta semana y observa la respuesta de tu audiencia.

Consejo 123: Lanza Encuestas que Indaguen en Retos Personales Frecuentes

¿Qué significa?

Las encuestas son herramientas poderosas para comprender las dificultades cotidianas que enfrenta tu audiencia. Al preguntarles directamente sobre sus retos personales más comunes, no solo recopilas datos valiosos, sino que también demuestras interés genuino en sus necesidades.

¿Por qué es importante?

Identificar los retos personales frecuentes de tu público te permite personalizar tu contenido y tus soluciones. Esto no solo fortalece la relación con tu comunidad, sino que también posiciona a tu marca como un recurso valioso que entiende sus problemas y ofrece apoyo.

¿Cómo hacerlo?

1. **Define un Tema Relevante:**
   Asegúrate de que la encuesta aborde un área relacionada con tu nicho. Por ejemplo, si vendes productos de bienestar, pregunta sobre retos relacionados con el cuidado personal o la gestión del estrés.
2. **Crea Preguntas Claras y Específicas:**
   Evita preguntas generales. En lugar de preguntar "¿Qué problemas tienes?", sé específico: "¿Cuál es tu mayor desafío para mantener una rutina de ejercicio?"
3. **Usa Plataformas Interactivas:**
   Las redes sociales como Instagram (encuestas en stories), Twitter o LinkedIn son ideales para captar respuestas rápidas. También puedes usar herramientas como Google Forms para encuestas más detalladas.
4. **Incluye Opciones de Respuesta y Espacio Abierto:**
   Proporciona opciones de respuesta para facilitar la interacción, pero deja un espacio abierto para comentarios adicionales. Esto permite a los usuarios expresarse con mayor detalle.
5. **Analiza y Responde:**
   Una vez recopilados los datos, analiza las respuestas y crea contenido o productos que aborden los problemas más

mencionados. Comparte tus hallazgos con tu audiencia y agradece su participación.

6. **Promueve el Debate:**
   Publica los resultados más interesantes y abre la discusión en los comentarios. Esto fomenta la interacción y te permite profundizar en los temas planteados.

Ejemplo práctico:

- **Si tu marca es de alimentos saludables:**
  Lanza una encuesta preguntando: "¿Qué es lo más difícil para ti al intentar comer sano?" Ofrece opciones como "Falta de tiempo", "Precio alto de los alimentos" y "Ideas limitadas para recetas". Usa las respuestas para crear contenido que resuelva esos problemas, como recetas rápidas y asequibles.
- **Si vendes productos de productividad:**
  Pregunta: "¿Cuál es tu mayor distracción al trabajar desde casa?" y luego comparte tips o productos que ayuden a combatir esas distracciones.

Consejos Brutales:

- **Mantén la Encuesta Breve:** Una encuesta que tome menos de un minuto será más atractiva para tus seguidores.
- **Ofrece un Incentivo:** Considera ofrecer un descuento o un recurso gratuito para quienes participen.
- **Actúa sobre los Resultados:** No solo recopiles información; usa los datos para mejorar tus productos, servicios o mensajes.

Acción Inmediata:
Hoy mismo, diseña una encuesta con tres preguntas que toquen retos frecuentes de tu audiencia. Publícala en tu red social principal y promueve la participación con un llamado a la acción claro, como: "Tu opinión nos importa para crear contenido más útil para ti".

Consejo 124: Diseña Contenidos que Resalten el Valor de la Superación

¿Qué significa?

Crear contenido que inspire y motive a tu audiencia a superar sus obstáculos les demuestra que tu marca no solo vende productos o servicios, sino que también se preocupa por su crecimiento personal. Este tipo de contenido conecta profundamente al resonar con las aspiraciones y retos de las personas.

¿Por qué es importante?

El contenido motivador y centrado en la superación personal no solo refuerza tu conexión emocional con tu audiencia, sino que también te posiciona como una marca que acompaña a sus clientes en su camino hacia el éxito. Además, los mensajes positivos generan más interacción, compartidos y lealtad.

¿Cómo hacerlo?

1. **Identifica los Obstáculos Comunes:**
   Investiga los desafíos más comunes de tu público objetivo. Esto puede incluir falta de confianza, tiempo limitado, miedo al fracaso, entre otros.
2. **Cuenta Historias Reales:**
   Muestra casos de éxito o historias de personas que lograron superar obstáculos relacionados con tu nicho. Puede ser la experiencia de un cliente o incluso tu propia trayectoria como marca.
3. **Ofrece Soluciones Claras:**
   Acompaña el mensaje inspirador con pasos accionables. Por ejemplo, si hablas de superar el estrés, ofrece técnicas o herramientas prácticas.
4. **Usa un Lenguaje Positivo:**
   Emplea frases que empoderen, como "Puedes hacerlo", "Todo cambio empieza con un paso", o "Hoy es el momento perfecto para empezar".
5. **Incorpora Elementos Visuales Potentes:**
   Usa imágenes o videos que refuercen el mensaje de superación,

como alguien alcanzando una meta, una montaña escalada, o un camino que se despeja.

6. **Invita a Reflexionar y Compartir:**
   Cierra tus publicaciones con preguntas que impulsen a tu audiencia a reflexionar o compartir sus experiencias, como: "¿Qué paso pequeño puedes dar hoy para acercarte a tu objetivo?"

Ejemplo práctico:

- **Si eres un entrenador personal:**
  Publica una historia sobre un cliente que pasó de un estilo de vida sedentario a completar su primera carrera de 5 kilómetros. Acompaña esto con consejos prácticos para empezar a correr.
- **Si tienes un negocio de desarrollo profesional:**
  Comparte la historia de alguien que superó su miedo a hablar en público usando tus cursos. Termina con una invitación: "¿Cuál es el reto que quieres superar este mes?"

Consejos Brutales:

- **Sé Transparente:** Si tú o tu marca han enfrentado retos, compártelos. Las historias auténticas conectan mejor.
- **Usa Citas Motivadoras:** Las frases célebres sobre la superación son ideales para captar atención y generar interacción.
- **Transforma Obstáculos en Retos:** Ayuda a tu audiencia a cambiar su perspectiva. Un "problema" puede convertirse en una oportunidad de aprendizaje.

Acción Inmediata:
Crea una publicación en tus redes sociales hoy que comparta una historia de superación personal, ya sea tuya, de tu marca o de un cliente. Usa imágenes que refuercen el mensaje y termina con una pregunta inspiradora para fomentar el diálogo.

Consejo 125: Publica Videos Basados en Experiencias Cotidianas Relacionables

¿Qué significa?

Los videos que reflejan situaciones cotidianas con las que tu audiencia puede identificarse tienen un impacto emocional más fuerte. Este tipo de contenido muestra que entiendes su vida diaria, sus retos y sus alegrías, lo que genera una conexión genuina.

¿Por qué es importante?

Las experiencias cotidianas son universales y altamente compartibles. Cuando las personas se ven reflejadas en tus videos, es más probable que interactúen, los compartan y desarrollen una afinidad con tu marca. Además, este contenido suele ser percibido como más auténtico y humano.

¿Cómo hacerlo?

1. **Observa a tu Audiencia:**
   Investiga las rutinas, hábitos y desafíos diarios de tu público objetivo. Por ejemplo, un estudiante universitario puede enfrentarse al estrés de los exámenes, mientras que un padre podría lidiar con la gestión del tiempo.
2. **Crea Historias Simples:**
   Desarrolla pequeños guiones o ideas basadas en estas situaciones. No necesitas grandes producciones; la autenticidad es más valiosa que la perfección técnica.
3. **Añade un Giro Inspirador o Divertido:**
   Haz que tus videos sean memorables al ofrecer una solución, un mensaje positivo o un toque de humor. Por ejemplo, muestra cómo tu producto puede resolver un problema común o aligerar una situación difícil.
4. **Usa Actores o Clientes Reales:**
   Los actores reales (o incluso tus clientes) aportan mayor credibilidad a tus historias. Si es posible, invita a tus seguidores a participar en tus videos.
5. **Mantén el Formato Breve:**
   En redes sociales, los videos de 30 a 60 segundos son ideales. Ve directo al punto sin sacrificar la emoción o el mensaje.

6. **Incorpora Elementos Visuales y Musicales:**
Usa música y elementos visuales que refuercen el mensaje y despierten emociones. Una música alegre puede aumentar la conexión emocional.

Ejemplo práctico:

- **Si vendes productos de cocina:** Crea un video mostrando cómo alguien transforma una receta complicada en un plato rápido y delicioso con tu utensilio estrella.
- **Si manejas un negocio de desarrollo personal:** Graba un video sobre alguien que convierte una mañana caótica en una jornada productiva con uno de tus consejos clave.

Consejos Brutales:

- **Cuenta una Historia Completa en 3 Actos:** Introducción (la situación), conflicto (el desafío) y resolución (cómo tu marca ayuda).
- **Usa Subtítulos:** Muchos usuarios ven videos en silencio. Asegúrate de incluir subtítulos claros.
- **Aprovecha el Humor Sutil:** Un toque cómico puede aumentar la memorabilidad de tu contenido y atraer más interacción.

Acción Inmediata:
Piensa en un desafío cotidiano que enfrente tu audiencia. Escribe un guion corto y graba un video rápido hoy mismo, mostrando cómo tu producto o servicio lo resuelve. Publica el video y analiza las reacciones.

Consejo 126: Genera Retos que Inviten a Reflexionar sobre Metas a Futuro

¿Qué significa?
Un reto que invita a tu audiencia a pensar en sus aspiraciones y metas fomenta el crecimiento personal y fortalece la conexión emocional con tu marca. Estos retos los inspiran a tomar acciones hacia sus objetivos mientras asocian tu contenido con valor y propósito.

¿Por qué es importante?

Cuando ayudas a tu audiencia a visualizar un futuro mejor, te posicionas como un aliado en su progreso. Este tipo de contenido promueve interacciones significativas, incrementa la participación y refuerza la lealtad hacia tu marca.

¿Cómo hacerlo?

1. **Identifica los Sueños de tu Audiencia:**
   Investiga cuáles son los principales objetivos de tu público: mejorar su salud, alcanzar logros profesionales, aprender nuevas habilidades, etc.
2. **Diseña un Reto Simple y Alcanzable:**
   Los retos deben ser realistas para fomentar la participación. Por ejemplo, un reto de "5 días para mejorar tu productividad" es más atractivo que uno que parezca inalcanzable.
3. **Establece Instrucciones Claras:**
   Especifica los pasos a seguir, los plazos y las metas del reto. Asegúrate de que todos los participantes comprendan cómo participar y qué se espera de ellos.
4. **Fomenta la Colaboración:**
   Invita a los participantes a compartir sus avances y aprendizajes en las redes sociales con un hashtag único. Esto genera un efecto de comunidad y motivación grupal.
5. **Brinda Recompensas:**
   Ofrece incentivos simbólicos o tangibles, como un reconocimiento público, un descuento exclusivo o acceso a contenido premium para quienes completen el reto.
6. **Incluye Tu Marca de Forma Natural:**
   Asegúrate de que el reto esté vinculado a tu producto o servicio de manera auténtica y relevante.

Ejemplo práctico:

- **Si vendes herramientas de organización personal:** Lanza un reto de "7 días para organizar tu vida" en el que cada día compartas un consejo práctico usando tus productos.
- **Si manejas un gimnasio o centro fitness:** Diseña un reto de "30 días de movimiento" que motive a tu comunidad a ejercitarse diariamente.

Consejos Brutales:

- **Crea una Plantilla Descargable:** Diseña una guía o checklist que los participantes puedan usar para seguir el reto.
- **Destaca Historias de Éxito:** Al finalizar el reto, comparte las experiencias de algunos participantes para inspirar a otros a unirse en el futuro.
- **Hazlo Anual o Estacional:** Transforma tu reto en una tradición que tu audiencia espere con ansias cada año o estación.

Acción Inmediata:
Elige un tema relevante para tu audiencia y diseña un reto breve (3 a 7 días). Crea una publicación con los pasos del reto y un hashtag único para seguirlo. Invita a tu audiencia a participar y comparte tus propios avances para motivarlos.

Consejo 127: Lanza Dinámicas que Generen Curiosidad y Anticipación

¿Qué significa?
Las dinámicas que despiertan curiosidad y expectativa capturan la atención de tu audiencia y los mantienen enganchados con tu contenido. Esto puede incluir acertijos, pistas progresivas, anuncios parciales o cualquier estrategia que les haga querer saber más.

¿Por qué es importante?
La curiosidad es una herramienta poderosa para atraer y retener a tu audiencia. Cuando creas contenido que los intriga, aumenta la interacción, fomenta la exploración de tu perfil y construye expectación alrededor de tu marca o próximos lanzamientos.

¿Cómo hacerlo?

1. **Crea un Gancho Impactante:**
   Comienza con una pregunta intrigante o una declaración misteriosa. Ejemplo: "¿Sabías que estás a un paso de descubrir el secreto para duplicar tu productividad?"

2. **Diseña Pistas Progresivas:**
Libera fragmentos de información poco a poco. Esto funciona especialmente bien si estás promocionando un nuevo producto o evento.

3. **Utiliza Contenido Visual Enigmático:**
Publica imágenes, videos o gráficos que no revelen toda la información de inmediato. Un collage incompleto o una cuenta regresiva pueden ser muy efectivos.

4. **Genera Expectación con Historias:**
Usa las historias de Instagram o Facebook para soltar pistas exclusivas o adelantos temporales. Esto fomenta la interacción diaria y fideliza a tu audiencia.

5. **Involucra a tu Comunidad:**
Invítalos a participar comentando o compartiendo sus teorías sobre lo que creen que está por venir. Responde a sus interacciones para mantener la emoción.

6. **Crea una Campaña de Cuenta Regresiva:**
Usa herramientas digitales para establecer un cronómetro que indique cuánto falta para la revelación final. Esto refuerza el sentido de urgencia y la emoción.

Ejemplo práctico:

- **Si estás lanzando un nuevo producto:** Publica imágenes o videos con detalles parciales del producto, como un primer plano del material o una silueta, acompañado de la frase: "Todo será revelado este viernes a las 8 PM".
- **Si ofreces un curso o capacitación:** Lanza preguntas relacionadas con los problemas que tu curso resuelve, pero no des todas las respuestas. Dirige a tu audiencia hacia la fecha del lanzamiento.

Consejos Brutales:

- **Crea un Hashtag Exclusivo:** Asocia la dinámica a un hashtag único para que tu audiencia pueda seguir el desarrollo de la campaña.
- **Genera Contenido Interactivo:** Usa encuestas, quizzes o preguntas abiertas para involucrar a tu comunidad en el proceso.

- **Incluye un Bonus Sorpresa:** Añade un elemento extra inesperado al final de la dinámica, como un descuento especial o acceso a contenido premium.

Acción Inmediata:
Elige un próximo evento, producto o contenido que quieras promocionar y diseña una estrategia de curiosidad que lo envuelva. Lanza la primera pista hoy mismo en tus redes sociales para comenzar a captar la atención.

Consejo 128: Diseña Contenidos Inspirados en la Pirámide de Necesidades de Maslow

¿Qué significa?
La pirámide de Maslow es un modelo psicológico que describe las necesidades humanas desde las más básicas hasta las más elevadas. Usar este enfoque en tu estrategia de contenido significa crear mensajes que conecten con las necesidades emocionales, sociales y aspiracionales de tu audiencia.

¿Por qué es importante?
Cuando tocas las necesidades fundamentales de tu audiencia, generas un impacto emocional profundo. Este enfoque te permite conectar de manera más auténtica y efectiva, creando contenido que realmente resuene y motive a tu comunidad a tomar acción.

¿Cómo hacerlo?

1. **Cubre las Necesidades Básicas:**
   Crea contenido que resuelva problemas inmediatos o cotidianos de tu audiencia, como consejos prácticos o soluciones a problemas comunes.
2. **Apunta a la Seguridad:**
   Habla sobre cómo tus productos o servicios pueden proporcionar estabilidad, confianza o protección. Ejemplo: "Nuestro software protege tus datos para que te concentres en lo importante."

3. **Fortalece el Sentido de Pertenencia:**
   Diseña campañas que promuevan la interacción comunitaria y refuercen el vínculo emocional. Esto incluye dinámicas grupales o contenido que destaque el valor de estar conectado.
4. **Inspira el Reconocimiento:**
   Publica testimonios, logros de tu audiencia o casos de éxito que destaquen cómo las personas se superaron utilizando tu producto o servicio.
5. **Apela a la Autorrealización:**
   Crea mensajes aspiracionales que motiven a tu comunidad a alcanzar su máximo potencial, mostrando cómo tu marca puede ser una herramienta para lograr sus metas.

Ejemplo práctico:

- **Si eres un entrenador personal:**
  - Básico: "Aprende a cocinar recetas rápidas y saludables para mantenerte en forma."
  - Seguridad: "Diseñamos planes de ejercicio personalizados que cuidan tu salud y te protegen de lesiones."
  - Pertenencia: "Únete a nuestra comunidad de personas comprometidas con su bienestar."
  - Reconocimiento: "Historias reales de nuestros clientes que transformaron su vida."
  - Autorrealización: "Convierte tu esfuerzo en un estilo de vida. Tu mejor versión comienza aquí."

Consejos Brutales:

- **Integra Todos los Niveles en una Campaña:** Diseña contenido que abarque todas las etapas de la pirámide para maximizar la conexión emocional.
- **Segmenta Según las Necesidades:** Identifica qué nivel de la pirámide resuena más con cada segmento de tu audiencia y personaliza el contenido.
- **Destaca la Progresión:** Muestra cómo tu producto o servicio puede acompañar a tu audiencia en cada paso hacia su autorrealización.

Acción Inmediata:
Elige un nivel de la pirámide y crea hoy mismo un contenido que lo represente. Por ejemplo, diseña una publicación que motive a tu audiencia a sentirse segura al utilizar tus productos o servicios. Monitorea las interacciones y ajusta para los siguientes niveles.

Consejo 129: Publica Comparativas Visuales Basadas en Emociones Claras

¿Qué significa?
Una comparativa visual es una herramienta poderosa para destacar las diferencias entre tu producto o servicio y las alternativas, pero al añadir un enfoque emocional, amplías su impacto. Esto significa mostrar cómo tu oferta mejora la vida de tus clientes más allá de las características técnicas.

¿Por qué es importante?
Las personas toman decisiones basadas en emociones. Al conectar tu mensaje con sentimientos como alegría, tranquilidad o empoderamiento, creas un contenido memorable y persuasivo. Una comparativa que muestre el antes y después, o que refleje una emoción positiva frente a una negativa, hará que tu audiencia se identifique y prefiera tu marca.

¿Cómo hacerlo?

1. **Elige las Emociones Clave:**
   Determina qué emociones quieres evocar en tu audiencia (e.g., alivio, felicidad, motivación) y asegúrate de que tu mensaje visual las refleje.
2. **Presenta un Antes y Después:**
   Usa imágenes o videos para mostrar el impacto de tu producto. Ejemplo: una foto de alguien relajado en un spa frente a otra de alguien estresado.
3. **Diferencia Visualmente Tu Producto:**
   Contrasta tu oferta con una solución genérica o ineficaz, destacando cómo resuelve problemas de manera efectiva y emocional.

4. **Incluye Historias Humanas:**
Complementa las comparativas con testimonios reales que refuercen las emociones reflejadas. Por ejemplo: "Antes, me sentía perdido con mi dieta. Ahora tengo energía y claridad."
5. **Usa Colores y Estilos Estratégicos:**
Apóyate en colores que evoquen emociones específicas. Ejemplo: tonos cálidos para emociones positivas y tonos fríos para reflejar desafíos superados.

Ejemplo práctico:

* **Producto:** Sistema de organización personal.
  * Comparativa visual: "Caos vs. Control."
    * Lado izquierdo: Una mesa desordenada, con papeles y estrés evidente.
    * Lado derecho: Un escritorio limpio, una persona sonriente usando tu sistema.
    * Emoción evocada: Tranquilidad y eficiencia.

Consejos Brutales:

* **Sé Minimalista pero Directo:** No satures la comparativa con demasiados detalles. Deja que las emociones y la imagen hablen por sí solas.
* **Incluye un Llamado a la Acción:** Asegúrate de que tu audiencia sepa qué hacer después de ver la comparativa. Ejemplo: "Haz el cambio hoy y experimenta la diferencia."
* **Adapta el Formato:** Optimiza las comparativas para cada plataforma. Por ejemplo, usa carruseles en Instagram y videos breves en TikTok.

Acción Inmediata:
Elige un producto o servicio y crea una comparativa visual que contraste emociones claras, como "frustración vs. satisfacción." Publica este contenido y evalúa las reacciones de tu audiencia para afinar futuras estrategias.

Consejo 130: Genera Historias Visuales que Representen Confianza y Optimismo

¿Qué significa?

Las historias visuales son narrativas contadas a través de imágenes, videos o gráficos que transmiten mensajes poderosos y universales. Cuando tus historias proyectan confianza y optimismo, invitan a tu audiencia a creer en tus productos o servicios como soluciones confiables y esperanzadoras.

¿Por qué es importante?

La confianza es el fundamento de cualquier relación, incluida la que tienes con tu audiencia. Si logras transmitir optimismo, ellos asociarán tu marca con soluciones positivas y resultados exitosos. Esto no solo fortalece la conexión emocional, sino que también aumenta la fidelidad hacia tu marca.

¿Cómo hacerlo?

1. **Enfócate en Historias de Superación:**
   Crea narrativas visuales que muestren cómo tu producto o servicio ayudó a alguien a superar un desafío o alcanzar un objetivo importante.
2. **Usa Colores que Reflejen Confianza:**
   Tonos azules, verdes y cálidos como el amarillo evocan sentimientos de tranquilidad, esperanza y felicidad.
3. **Presenta Escenarios Reales:**
   Utiliza imágenes o videos auténticos, evitando el uso excesivo de elementos artificiales o poco creíbles.
4. **Incluye Personas Relatables:**
   Las caras humanas generan confianza. Usa imágenes de personas sonrientes, relajadas y seguras que conecten con las aspiraciones de tu audiencia.
5. **Incorpora Frases Inspiradoras:**
   Añade mensajes motivadores que refuercen los valores de confianza y optimismo. Ejemplo: "Confía en el proceso, los resultados hablarán por sí mismos."
6.

Ejemplo práctico:

- **Producto:** Entrenamiento en liderazgo.
  - o Historia visual: Una persona insegura al hablar en público (antes) y luego liderando una reunión con confianza (después).
  - o Emoción evocada: Seguridad en uno mismo y esperanza en el futuro.

Consejos Brutales:

- **Cuida la Autenticidad:** Asegúrate de que las historias que cuentas sean creíbles y conecten con las experiencias reales de tu audiencia.
- **Muestra Resultados Tangibles:** Acompaña las historias visuales con estadísticas o logros concretos que refuercen la confianza.
- **Hazlo Relevante para Tu Audiencia:** Ajusta las historias para que reflejen situaciones y retos específicos que enfrenta tu público objetivo.

Acción Inmediata:
Elige un caso de éxito de un cliente y crea una historia visual que proyecte cómo tu producto o servicio transformó su experiencia. Publícala con un mensaje de optimismo y mide el impacto en la interacción de tu audiencia.

Consejo 131: Lanza Encuestas que Refuercen el Sentimiento de Comunidad

¿Qué significa?
Las encuestas son herramientas interactivas que no solo permiten recoger información de tu audiencia, sino también crear un espacio donde sientan que su opinión cuenta. Cuando las diseñas para reforzar el sentido de pertenencia, estás construyendo una comunidad más conectada y leal a tu marca.

¿Por qué es importante?

Las personas quieren sentirse escuchadas y valoradas. Al involucrarlas en decisiones o debates, fortaleces su vínculo emocional con tu marca, fomentando la participación activa y el apoyo continuo. Este sentimiento de comunidad puede transformar seguidores pasivos en defensores apasionados.

¿Cómo hacerlo?

1. **Elige Temas Relevantes y Compartidos:**
   Diseña encuestas sobre temas que interesen a la mayoría de tu audiencia y estén alineados con los valores o el propósito de tu marca.
2. **Haz las Preguntas Inclusivas:**
   Evita preguntas polarizantes o que puedan generar divisiones. En lugar de "¿Qué producto es mejor?", prueba algo como "¿Qué características valoras más en este producto?"
3. **Usa Opciones Creativas:**
   Añade opciones que generen conversación, como respuestas graciosas, nostálgicas o inesperadas. Esto fomenta la interacción.
4. **Resalta la Participación de la Comunidad:**
   Comparte los resultados y agradece públicamente a quienes participaron. Haz que sientan que su voz tiene un impacto real.
5. **Actúa Basándote en los Resultados:**
   Si la encuesta toca un tema que puede influir en tus decisiones, como nuevos lanzamientos o servicios, menciona cómo aplicarás el feedback recibido.

Ejemplo práctico:

- **Tema:** Elegir el próximo color de un producto.
  - Encuesta: "¡Ayúdanos a decidir! ¿Cuál debería ser el próximo color de nuestra línea? ● Verde esperanza, ● Azul serenidad, ● Rojo pasión."
  - Acción: Agradecer a la comunidad por votar y mostrar avances en el producto ganador.

Consejos Brutales:

- **Involucra Historias:** Agrega un breve contexto detrás de la pregunta. Ejemplo: "Estamos pensando en un color que represente la esperanza del cambio. ¿Qué opinas?"
- **Utiliza Emojis y Visuales:** Hacen las encuestas más atractivas y aumentan la participación.
- **Crea un Ciclo:** Haz de las encuestas un hábito recurrente para que la comunidad espere interactuar regularmente contigo.

Acción Inmediata:

Hoy mismo, lanza una encuesta simple en tus historias de Instagram o en Twitter preguntando algo relacionado con tu producto, servicio o valores de marca. Muestra los resultados y agradece a tus seguidores por participar.

Consejo 132: Diseña Videos Basados en el Poder de la Nostalgia

¿Qué significa?

La nostalgia es una herramienta emocional poderosa. Diseñar videos que evoquen recuerdos felices del pasado permite que tu audiencia se conecte profundamente con tu contenido, creando una experiencia memorable y significativa.

¿Por qué es importante?

Las personas se sienten emocionalmente atraídas por lo que les recuerda su infancia, adolescencia o momentos significativos de su vida. Estos recuerdos no solo generan una conexión emocional inmediata, sino que también fortalecen el apego a tu marca, aumentando la probabilidad de interacción y fidelidad.

¿Cómo hacerlo?

1. **Investiga Eras y Tendencias:**
   Descubre qué elementos, canciones, estilos o eventos históricos son icónicos para tu público objetivo según su edad o ubicación.

2. **Crea Escenarios Reconocibles:**
   Diseña videos que incluyan elementos visuales o sonoros que evoquen esas épocas, como juguetes clásicos, moda retro o programas de televisión populares.
3. **Añade Narrativas Personales:**
   Integra pequeñas historias en los videos que conecten con experiencias universales, como "jugar con amigos después de la escuela" o "las vacaciones familiares en la playa".
4. **Usa Música y Estética Típica:**
   Elige melodías, colores y estilos visuales propios de la época que estás evocando. Esto refuerza el impacto emocional del contenido.
5. **Relaciona la Nostalgia con tu Marca:**
   Conecta los recuerdos con un mensaje actual o un producto de forma fluida. Por ejemplo, si vendes tecnología, muestra cómo ha evolucionado desde "esos días" hasta el presente.

Ejemplo práctico:

- **Video para una tienda de ropa retro:**
  Muestra imágenes de adolescentes de los años 90 en su ambiente cotidiano: cintas de casete, teléfonos fijos y looks clásicos. Termina con un mensaje como: "Revive los mejores años con nuestro estilo atemporal".

Consejos Brutales:

- **Invita a la Audiencia a Compartir:** Incluye un llamado a la acción, como "¿Qué es lo que más recuerdas de los 90? ¡Cuéntanos en los comentarios!".
- **Usa Historias Cortas:** Publica en formatos como Reels o TikTok para maximizar el impacto visual y emocional en pocos segundos.
- **Sé Consistente con tu Nicho:** Asegúrate de que los recuerdos que evocas sean relevantes para tu audiencia y estén alineados con tu marca.

Acción Inmediata:
Piensa en un elemento nostálgico relacionado con tu industria. Crea un

video corto incorporando música y estética de esa época, y publícalo en tus redes sociales hoy mismo.

Consejo 133: Publica Retos que Despierten el Sentido de Logro Personal

¿Qué significa?
Los retos en redes sociales son dinámicas que involucran a tu audiencia de manera activa. Diseñar retos que generen una sensación de logro personal no solo fomenta la participación, sino que también crea un impacto emocional positivo, asociando tu marca con sentimientos de éxito y superación.

¿Por qué es importante?
Cuando las personas logran completar un desafío, experimentan una inyección de confianza y satisfacción. Asociar esta sensación con tu marca fortalece la conexión emocional con tu audiencia y fomenta la fidelidad, además de incrementar el alcance y visibilidad del contenido al motivar a los participantes a compartir sus logros.

¿Cómo hacerlo?

1. **Define un Objetivo Claro y Alcanzable:**
   El reto debe ser específico, con un propósito que motive a tu audiencia. Por ejemplo, un desafío de "30 días sin azúcar" para una marca de alimentación saludable.
2. **Alinea el Reto con los Valores de tu Marca:**
   Diseña desafíos que reflejen los principios y objetivos de tu negocio. Si eres un entrenador personal, un reto físico o de hábitos saludables sería ideal.
3. **Crea un Paso a Paso para Participar:**
   Proporciona instrucciones claras y sencillas para que cualquiera pueda unirse al reto sin sentirse abrumado.
4. **Ofrece Reconocimiento:**
   Premia a los participantes con menciones en tus redes, certificados digitales o recompensas relacionadas con tu producto.

5. **Facilita el Compartir:**
   Diseña un hashtag exclusivo o una plantilla visual para que los usuarios puedan compartir sus progresos y resultados fácilmente.

Ejemplo práctico:

- **Reto para una aplicación de aprendizaje:**
  Diseña un desafío de 15 días para aprender frases básicas en un idioma. Pide a los usuarios que publiquen videos practicando una frase diaria con el hashtag #RetoIdiomasXMarca, y ofréceles un cupón de descuento al completar el reto.

Consejos Brutales:

- **Hazlo Progresivo:** Diseña retos que aumenten de dificultad gradualmente, manteniendo a los participantes motivados pero desafiados.
- **Involucra a Embajadores o Influencers:** Colabora con figuras relevantes para que participen y promuevan el reto, aumentando su alcance.
- **Crea Comunidad:** Fomenta la interacción entre los participantes, por ejemplo, mediante un grupo en redes sociales donde compartan avances y se apoyen mutuamente.

Acción Inmediata:
Define un reto sencillo relacionado con tu marca. Diseña una imagen o video promocional explicando el desafío y los beneficios de participar. Publícalo en tus redes sociales con un hashtag único, y observa cómo responde tu audiencia.

Consejo 134: Genera Contenidos que Refuercen la Importancia de la Gratitud

¿Qué significa?
La gratitud es una poderosa emoción que genera conexiones profundas entre las personas y las marcas. Crear contenido que destaque la

importancia de la gratitud ayuda a humanizar tu marca, inspirar a tu audiencia y fortalecer los lazos emocionales con ella.

¿Por qué es importante?
Cuando expresas gratitud o fomentas que otros lo hagan, creas un ambiente positivo que beneficia la percepción de tu marca. Las personas recuerdan y valoran a las empresas que demuestran aprecio y reconocimiento. Este enfoque puede mejorar el engagement y fomentar una comunidad más comprometida.

¿Cómo hacerlo?

1. **Agradece Públicamente a tus Seguidores:**
   Crea publicaciones que celebren hitos alcanzados gracias a tu comunidad, como un número de seguidores, ventas o comentarios positivos.
2. **Destaca Historias de Gratitud de tus Clientes:**
   Publica testimonios o anécdotas de clientes que hayan tenido experiencias satisfactorias con tu producto o servicio.
3. **Fomenta la Gratitud Entre tus Seguidores:**
   Inicia dinámicas donde invites a tu audiencia a compartir por qué están agradecidos. Usa un hashtag para recopilar todas las historias.
4. **Crea Contenido Inspirador:**
   Publica frases, videos o imágenes que resalten los beneficios de practicar la gratitud en la vida cotidiana, relacionándolo con los valores de tu marca.
5. **Reconoce Colaboraciones y Apoyos:**
   Agradece públicamente a socios, colaboradores, influencers o miembros del equipo que hayan contribuido al crecimiento de tu marca.

Ejemplo práctico:

- **Reto de Gratitud para una marca de bienestar:**
  Crea una campaña llamada "7 días de gratitud". Cada día, invita a los usuarios a compartir una foto o historia de algo por lo que estén agradecidos, etiquetando a tu marca y usando un hashtag especial como #GratitudConMarcaX.

Consejos Brutales:

- **Integra la Gratitud en tu ADN:** Haz de la gratitud un valor constante en tu comunicación, no solo una campaña puntual.
- **Usa el Formato Video:** Un video emocional donde agradezcas a tu audiencia puede tener un gran impacto. Añade historias reales para hacerlo más auténtico.
- **Regala algo simbólico:** Sorprende a tus seguidores más activos con un detalle que muestre tu aprecio, como un mensaje personalizado o un pequeño regalo.

Acción Inmediata:
Escribe un post de agradecimiento sincero mencionando un logro reciente que no hubiera sido posible sin tu comunidad. Invita a tus seguidores a compartir algo por lo que estén agradecidos en los comentarios.

Consejo 135: Lanza Dinámicas que Destaquen el Valor de las Conexiones Humanas

¿Qué significa?
En un mundo digital, las conexiones humanas genuinas son más valiosas que nunca. Diseñar dinámicas que resalten la importancia de estas relaciones no solo fomenta el engagement, sino que también refuerza la percepción positiva de tu marca al asociarla con momentos significativos.

¿Por qué es importante?
Las marcas que priorizan la humanidad generan más confianza y lealtad. Cuando promueves relaciones auténticas entre tu audiencia, no solo refuerzas la conexión con tu marca, sino también entre los propios miembros de tu comunidad. Esto crea una red sólida y un ecosistema de apoyo que amplifica tu mensaje.

¿Cómo hacerlo?

1. **Crea Historias Compartidas:**
   Lanza campañas donde los usuarios puedan contar sus experiencias relacionadas con tu producto o servicio, destacando cómo han mejorado sus relaciones personales.
2. **Organiza Retos en Pareja o Grupos:**
   Diseña dinámicas en las que los participantes necesiten trabajar en equipo para alcanzar un objetivo, como un reto fotográfico o un desafío creativo.
3. **Fomenta la Colaboración:**
   Pide a tus seguidores que etiqueten a amigos o familiares que les hayan ayudado en algo significativo, mostrando la importancia de esas relaciones.
4. **Inicia Conversaciones sobre Conexiones Reales:**
   Publica preguntas o encuestas sobre los valores de las conexiones humanas, como: "¿Qué cualidad valoras más en un amigo?" o "¿Cuál es tu momento favorito con tus seres queridos?".
5. **Celebra las Historias de Conexión:**
   Destaca públicamente historias inspiradoras de tu audiencia, reconociendo el valor de esas relaciones y cómo influyen positivamente en su vida.

Ejemplo práctico:

- **Dinámica para una marca de tecnología:**
  "Conecta más allá de la pantalla: Etiqueta a esa persona especial con quien siempre compartes tus mejores momentos digitales y cuéntanos su importancia para ti. Usa el hashtag #ConexionesQueInspiran."

Consejos Brutales:

- **Facilita Encuentros en el Mundo Real:** Organiza eventos o encuentros donde tu comunidad pueda conocerse cara a cara, fortaleciendo los lazos creados en línea.
- **Usa Historias Visuales:** Publica contenido donde las imágenes y videos destaquen interacciones auténticas entre personas.

- **Vincula con Valores de Marca:** Relaciona las conexiones humanas con el propósito y misión de tu marca para un impacto emocional más profundo.

Acción Inmediata:
Lanza una publicación que invite a tu comunidad a compartir una foto o anécdota que represente un momento especial con alguien importante. Asegúrate de interactuar en los comentarios para fortalecer aún más esas relaciones.

Bloque 10: "Persuasión y Conversión al Más Alto Nivel"

Consejo 136: Publica Comparaciones Visuales Entre Tu Producto y Alternativas

¿Qué significa?
Las comparaciones visuales son representaciones gráficas que destacan las diferencias clave entre tu producto y las alternativas del mercado. Estas imágenes o videos permiten a tu audiencia entender de manera rápida y efectiva por qué tu oferta es la mejor opción.

¿Por qué es importante?
Las personas toman decisiones de compra más informadas cuando comprenden los beneficios específicos que tu producto ofrece frente a la competencia. Una comparación visual bien diseñada no solo educa, sino que también refuerza la percepción de valor y calidad de tu marca.

¿Cómo hacerlo?

1. **Identifica los Factores Diferenciadores:**
   Resalta las características únicas de tu producto que son más relevantes para tu audiencia. Pueden ser calidad, precio, durabilidad, innovación o cualquier atributo que sobresalga.
2. **Crea un Diseño Claro y Atractivo:**
   Utiliza gráficos, tablas o imágenes divididas que comparen directamente los beneficios. Por ejemplo, un gráfico de barras que muestre "duración de la batería" o una imagen de antes y después que ilustre los resultados de usar tu producto.
3. **Mantén un Enfoque Honesto y Profesional:**
   Evita exagerar o falsear datos. La autenticidad genera confianza y fidelidad a largo plazo.

4. **Incluye Opiniones de Clientes:**
   Agregar citas reales o estadísticas basadas en encuestas fortalece la credibilidad de tu comparación.
5. **Resalta el Valor en Relación al Precio:**
   Si tu producto es más caro, enfatiza la calidad y los beneficios adicionales que justifican el costo. Si es más asequible, destaca la relación calidad-precio como una ventaja competitiva.

Ejemplo práctico:
Si vendes un software de gestión empresarial:

- **Comparación visual:** "Con X, automatiza tareas repetitivas en minutos. Con Y, lleva horas."
  Incluye una tabla comparativa que muestre:
  o Número de funciones automatizadas.
  o Tiempo promedio de implementación.
  o Opiniones de usuarios satisfechos.

Consejos brutales:

- **Haz Comparaciones Directas:** Si es posible, menciona nombres específicos de productos competidores. Esto capta la atención de clientes que ya los usan.
- **Usa Animaciones o Videos Cortos:** Mostrar una transición dinámica entre tu producto y el de la competencia crea mayor impacto visual.
- **Incorpora Datos Tangibles:** Como "50% más rápido" o "30 días de prueba gratuita" para dar contexto a tu comparación.

Acción inmediata:
Elige una característica clave de tu producto y compárala visualmente con la alternativa más común de tu competencia. Diseña una publicación usando gráficos o imágenes impactantes y publícala en tus redes sociales hoy mismo.

Consejo 137: Lanza Ofertas Temporales para Generar Decisiones Rápidas

¿Qué significa?

Las ofertas temporales son promociones limitadas en el tiempo que generan un sentido de urgencia en tu audiencia, motivándola a tomar decisiones de compra rápidamente. Pueden ser descuentos, productos exclusivos o beneficios adicionales disponibles por un periodo específico.

¿Por qué es importante?

La urgencia es una poderosa herramienta psicológica que impulsa a las personas a actuar. Cuando una oferta tiene una fecha de caducidad, los consumidores sienten la presión de no perder la oportunidad, lo que aumenta las tasas de conversión.

¿Cómo hacerlo?

1. **Establece un Periodo Claro:**
   Define exactamente cuánto tiempo durará la oferta. Utiliza frases como "válido solo por 48 horas" o "oferta expira el domingo a medianoche" para destacar la limitación.
2. **Resalta el Valor del Descuento o Beneficio:**
   Asegúrate de que tu audiencia entienda claramente qué está ganando con la oferta, ya sea un ahorro económico, un producto adicional o acceso exclusivo a algo.
3. **Utiliza Contadores de Tiempo:**
   Agrega un temporizador en tus publicaciones o página web para mostrar cuánto tiempo queda antes de que la oferta finalice. Esto aumenta la percepción de urgencia.
4. **Comunica Claramente las Condiciones:**
   Evita confusiones indicando los términos de la oferta (por ejemplo, "aplicable solo para compras superiores a X euros").
5. **Promueve la Oferta en Múltiples Canales:**
   Usa redes sociales, email marketing y notificaciones push para asegurarte de que tu público objetivo se entere a tiempo.

Ejemplo práctico:
Si tienes una tienda de ropa:

- **Oferta temporal:** "Solo por 72 horas: 25% de descuento en toda la colección de invierno."
    - Acompáñalo con una imagen de los productos destacados y un temporizador que refuerce la urgencia.

Consejos brutales:

- **Ofrece Beneficios Exclusivos para los Primeros Clientes:** Por ejemplo, "los primeros 50 compradores reciben un regalo adicional."
- **Extiende la Oferta de Forma Estratégica:** Si notas un gran interés, considera extender la promoción por unas horas adicionales, comunicándolo como "¡Por demanda popular!"
- **Combina con la Técnica FOMO:** Usa frases como "No te quedes fuera" o "Aprovecha antes de que se agoten."

Acción inmediata:
Diseña una oferta temporal para uno de tus productos o servicios más populares. Publica un anuncio en tus redes sociales con un temporizador o un gráfico llamativo, destacando el beneficio principal y el tiempo limitado. Hazlo hoy mismo para aprovechar la oportunidad de conversión.

Consejo 138: Ofrece Garantías Que Reduzcan Barreras de Compra

¿Qué significa?
Una garantía es un compromiso de tu parte para asegurar al cliente que está tomando una decisión segura. Puede ser una política de devolución, garantía de satisfacción o reemplazo del producto si no cumple con las expectativas. El objetivo es eliminar las dudas que puedan frenar la decisión de compra.

¿Por qué es importante?

La incertidumbre es uno de los mayores obstáculos en el proceso de compra. Al ofrecer una garantía, transmites confianza en tu producto o servicio y reduces el riesgo percibido por el cliente. Esto genera seguridad, aumenta la probabilidad de conversión y fortalece la lealtad a largo plazo.

¿Cómo hacerlo?

1. **Define el Tipo de Garantía:**
   Considera qué puedes ofrecer de manera realista y que sea valioso para tu cliente. Ejemplos: devoluciones sin preguntas, garantía de satisfacción o un periodo de prueba.
2. **Comunica la Garantía de Forma Clara:**
   Explica cómo funciona y cuáles son los pasos para acceder a ella. Usa frases directas como "Si no estás satisfecho, te devolvemos el dinero" o "Garantía de 30 días sin complicaciones."
3. **Destaca la Garantía en Tus Materiales Promocionales:**
   Incluye la información sobre la garantía en tus publicaciones, página web y comunicaciones por correo electrónico. Haz que sea visible y fácil de entender.
4. **Cumple Siempre con lo Prometido:**
   La garantía solo genera confianza si la cumples sin obstáculos ni excusas. Si un cliente solicita una devolución o reparación, resuelve su problema de manera rápida y amable.
5. **Haz Seguimiento a Clientes que Usen la Garantía:**
   Aprovecha la oportunidad para convertir una experiencia negativa en algo positivo. Esto puede fortalecer la relación con tu marca.

Ejemplo práctico:

Si vendes electrodomésticos:

- **Garantía:** "Garantía de 90 días: si no estás satisfecho, te devolvemos tu dinero. Sin preguntas."
  - Acompaña esta oferta con testimonios de clientes que quedaron satisfechos con el servicio y el producto.

Consejos brutales:

- **Ofrece Garantías Extendidas como Upselling:** Permite a los clientes pagar un extra por una cobertura más amplia o más duradera.
- **Usa Pruebas Sociales para Respaldar tu Garantía:** Publica historias reales de clientes satisfechos que aprovecharon la garantía y quedaron felices.
- **Haz de la Garantía un Elemento Diferenciador:** Si la competencia no ofrece garantías, usa esto como un punto clave en tu estrategia de marketing.

Acción inmediata:
Revisa tus productos o servicios y diseña una garantía que elimine la barrera principal de tus clientes para realizar la compra. Comunícala en tus próximas publicaciones con un diseño visual atractivo que destaque la seguridad que les brindas.

Consejo 139: Diseña Paquetes de Productos Que Aumenten el Valor Percibido

¿Qué significa?
Los paquetes de productos, también conocidos como "bundles", son una estrategia en la que agrupas varios productos o servicios complementarios y los ofreces a un precio atractivo. El objetivo es hacer que los clientes perciban un mayor valor al obtener más por su dinero, incentivándolos a gastar más mientras obtienen más beneficios.

¿Por qué es importante?
Los bundles aumentan el ticket promedio por cliente, mejoran la percepción del valor de tus productos y fomentan la compra de productos menos conocidos o con menor demanda. Además, pueden ser una herramienta clave para diferenciarte de la competencia al ofrecer soluciones completas que resuelvan necesidades específicas.

¿Cómo hacerlo?

1. **Selecciona Productos Complementarios:**
   Agrupa productos o servicios que se usen juntos o que sean relevantes para una misma necesidad. Por ejemplo, si vendes cámaras, ofrece un paquete con tarjetas de memoria, baterías adicionales y un trípode.
2. **Ofrece un Precio Atractivo:**
   Asegúrate de que el precio del paquete sea más bajo que comprar los productos por separado. Un descuento del 10-20% sobre el precio individual suele ser efectivo.
3. **Crea Paquetes Temáticos:**
   Diseña bundles en torno a temas, estaciones del año o eventos especiales. Por ejemplo, "Kit de regreso a clases" o "Paquete de verano".
4. **Haz que los Beneficios Sean Claros:**
   Explica exactamente cuánto ahorrarán los clientes y por qué el paquete es valioso. Usa frases como: "Ahorra un 15% con este combo exclusivo".
5. **Prueba con Opciones de Paquetes:**
   Crea diferentes niveles de bundles: básico, intermedio y premium. Esto permite que los clientes elijan según sus necesidades y presupuesto.
6. **Promociona los Paquetes en tus Redes Sociales:**
   Destaca los beneficios del bundle mediante imágenes atractivas, testimonios y demostraciones prácticas.

Ejemplo práctico:
Si tienes una tienda de productos para el hogar:

- **Paquete:** "Kit de cocina esencial: sartén antiadherente, cuchillos premium y tabla de cortar. Ahorra un 20% comprando juntos."
  - Promociónalo con un video que muestre los productos en acción, destacando su calidad y practicidad.

Consejos brutales:

- **Incluye un Producto de Baja Rotación:** Aprovecha los bundles para vender productos que no se mueven rápidamente en inventario.

- **Crea Urgencia:** Usa frases como "Paquete disponible solo esta semana" para incentivar compras rápidas.
- **Personaliza los Bundles:** Ofrece la posibilidad de que los clientes creen su propio paquete con un descuento sobre el precio total.

Acción inmediata:
Selecciona tres productos o servicios complementarios de tu inventario y diseña un paquete con un precio atractivo. Crea una publicación con una imagen llamativa y una CTA clara, como: "¡Consigue más por menos! Compra ahora."

Consejo 140: Implementa Estrategias de Cross-Selling y Up-Selling Inteligentes

¿Qué significa?
El cross-selling (venta cruzada) consiste en ofrecer productos complementarios al que el cliente ya está considerando o ha comprado. Por otro lado, el up-selling busca persuadir al cliente para que adquiera una versión más avanzada o costosa del producto o servicio inicial. Ambas estrategias son poderosas herramientas para aumentar el valor de las ventas y satisfacer más necesidades del cliente.

¿Por qué es importante?
El cross-selling y el up-selling no solo aumentan los ingresos, sino que también mejoran la experiencia del cliente al ofrecer soluciones completas o de mayor calidad. Estas estrategias permiten maximizar el valor de cada interacción, fidelizando a los clientes mientras obtienes mayores beneficios.

¿Cómo hacerlo?

1. **Entiende las Necesidades del Cliente:**
   Investiga los patrones de compra y analiza qué productos o servicios suelen adquirirse juntos. Conocer las necesidades reales de tu audiencia es clave para realizar recomendaciones acertadas.

2. **Haz Recomendaciones Relevantes:**
   Ofrece productos complementarios que agreguen valor. Por ejemplo, si vendes un smartphone, ofrece una funda protectora o audífonos.
3. **Presenta el Up-Selling como una Mejora Real:**
   Explica los beneficios adicionales de la versión superior. Por ejemplo: "Por solo $20 más, obtienes el modelo con mayor capacidad de almacenamiento."
4. **Utiliza Pop-ups y Sugerencias en el Checkout:**
   Durante el proceso de compra, muestra productos relacionados o mejoras con frases como "Otros clientes también compraron…" o "Actualiza por solo X".
5. **Crea Ofertas por Tiempo Limitado:**
   Introduce urgencia para impulsar la decisión. Ejemplo: "Agrega este accesorio con un 15% de descuento si compras ahora."
6. **Automatiza las Sugerencias:**
   Usa herramientas de e-commerce o inteligencia artificial para generar recomendaciones personalizadas basadas en el historial de compras del cliente.

Ejemplo práctico:
Si tienes una tienda de productos para mascotas:

- **Cross-Selling:** "Ya que estás comprando este alimento premium para gatos, te recomendamos nuestro bebedero automático para mantener su hidratación."
- **Up-Selling:** "Por solo $5 más, obtén el paquete de alimento con un 20% adicional."

Consejos brutales:

- **Mantén la Sutileza:** No seas invasivo con tus sugerencias. Si el cliente siente presión, podría abandonar la compra.
- **Hazlo Visualmente Atractivo:** Usa imágenes llamativas y textos claros para destacar las recomendaciones.
- **Capacita a tu Equipo de Ventas:** Si aplicas estas estrategias en tiendas físicas, asegúrate de que los vendedores sepan cuándo y cómo implementarlas.

Acción inmediata:
Revisa tu catálogo de productos y selecciona tres combinaciones ideales para cross-selling y una mejora atractiva para up-selling. Implementa estas sugerencias en tu sitio web o tienda física y mide el impacto en tus ventas durante las próximas semanas.

Consejo 141: Lanza Campañas Basadas en Testimonios Tangibles

¿Qué significa?
Una campaña basada en testimonios tangibles utiliza experiencias reales de clientes para demostrar la efectividad o el valor de tus productos o servicios. Los testimonios son herramientas poderosas que generan confianza al mostrar cómo has ayudado a otras personas con necesidades similares a las de tu audiencia.

¿Por qué es importante?
El 92% de los consumidores confían más en las recomendaciones de otros usuarios que en la publicidad tradicional. Los testimonios no solo humanizan tu marca, sino que también refuerzan la credibilidad, ayudando a romper barreras psicológicas de compra y reduciendo la incertidumbre del cliente.

¿Cómo hacerlo?

1. **Identifica a Clientes Satisfechos:**
   Busca clientes que hayan tenido experiencias destacadas con tu producto o servicio. Contacta con ellos y solicita su permiso para compartir sus historias.
2. **Varía los Formatos:**
   Publica testimonios en diferentes formatos como videos, imágenes con texto superpuesto, publicaciones de texto en redes sociales o incluso entrevistas en vivo.
3. **Muestra Resultados Claros:**
   Incluye métricas específicas, antes y después, o logros concretos. Ejemplo: "Con este software, Juan aumentó sus ventas en un 40% en solo tres meses."

4. **Incluye Detalles Humanos:**
   Agrega información que haga relatable al cliente que da su testimonio: su nombre, ocupación, ciudad o incluso una foto real. Esto mejora la autenticidad.
5. **Posiciona los Testimonios en Lugares Clave:**
   Colócalos en páginas de producto, correos promocionales, anuncios en redes sociales y durante el proceso de checkout para influir en la decisión de compra.
6. **Destaca Diversas Experiencias:**
   Muestra testimonios que abarquen diferentes tipos de clientes y usos para reflejar la versatilidad de tu oferta.

Ejemplo práctico:
Si ofreces un curso de marketing digital:

- **Antes del testimonio:** "Estaba cansado de no saber cómo atraer clientes online."
- **Después del testimonio:** "Con este curso, lancé mi primera campaña y tripliqué mis ventas en 60 días. No solo aprendí estrategias, sino también cómo implementarlas correctamente."

Consejos brutales:

- **Invita a Crear Testimonios en Tiempo Real:** Organiza eventos o transmisiones en vivo donde los clientes compartan sus historias.
- **Premia a los Testimonios:** Incentiva a tus clientes ofreciendo descuentos o regalos exclusivos a quienes compartan sus experiencias.
- **Sé Transparente:** Nunca falsifiques un testimonio. La autenticidad es clave para generar confianza.

Acción inmediata:
Revisa tus interacciones recientes y selecciona tres clientes satisfechos para invitarlos a compartir su experiencia. Prepara un formato sencillo para facilitarles el proceso y comienza a publicar sus historias en tus canales de comunicación más relevantes.

Consejo 142: Publica Historias Inspiradas en Beneficios Concretos de Tu Producto

¿Qué significa?
No basta con hablar de las características de tu producto o servicio; es crucial mostrar los resultados tangibles que pueden obtener tus clientes. Las historias inspiradas en beneficios concretos destacan cómo tu oferta resuelve problemas específicos o mejora la vida de las personas.

¿Por qué es importante?
Las personas no compran productos; compran soluciones. Mostrar beneficios concretos conecta emocionalmente con tu audiencia, ayudándoles a visualizar cómo pueden mejorar sus vidas o alcanzar sus metas con tu producto. Esto fomenta la confianza y acelera el proceso de decisión de compra.

¿Cómo hacerlo?

1. **Identifica Beneficios Clave:**
   Haz una lista de los principales beneficios que tu producto aporta. Por ejemplo, ahorro de tiempo, aumento de ingresos, comodidad o mejora de la salud.
2. **Crea Historias Realistas:**
   Escribe historias simples y cercanas que muestren cómo tu producto ayuda a personas como tu audiencia. Estas deben ser auténticas y específicas.
3. **Incorpora Testimonios:**
   Si es posible, incluye citas reales de clientes que hayan experimentado los beneficios que estás destacando.
4. **Utiliza Imágenes y Videos:**
   Complementa las historias con contenido visual que ilustre los beneficios. Por ejemplo, un video mostrando cómo funciona tu producto en la vida diaria de un cliente.
5. **Resalta el Antes y Después:**
   Presenta un escenario inicial y cómo el producto ha transformado la situación para mostrar claramente el impacto.

Ejemplo práctico:
Si vendes una aplicación de productividad:

- **Antes:** "María, una madre ocupada, siempre se sentía abrumada con sus tareas diarias."
- **Después:** "Con nuestra aplicación, organizó su agenda, optimizó su tiempo y ahora disfruta más tiempo de calidad con su familia."

Consejos brutales:

- **Segmenta las Historias:** Crea narrativas adaptadas a diferentes perfiles de cliente para conectar con audiencias diversas.
- **Haz Series de Historias:** Publica varias historias relacionadas para mantener a tu audiencia comprometida.
- **Integra Llamadas a la Acción:** Termina cada historia con un CTA que invite a tu audiencia a probar o comprar tu producto.

Acción inmediata:
Escribe tres historias cortas basadas en los beneficios más destacados de tu producto. Usa un diseño atractivo para compartirlas en redes sociales y mide la reacción de tu audiencia.

Consejo 143: Diseña Ofertas Basadas en la Escasez y la Exclusividad

¿Qué significa?
Crear ofertas limitadas o exclusivas es una estrategia psicológica poderosa que impulsa a las personas a actuar rápidamente para evitar perderse algo valioso. La escasez genera urgencia, mientras que la exclusividad hace que los clientes se sientan privilegiados.

¿Por qué es importante?
Las decisiones de compra están fuertemente influenciadas por el miedo a perder una oportunidad única. Implementar ofertas de escasez y exclusividad activa esta respuesta emocional, incrementando las tasas de conversión. Además, estas tácticas pueden fortalecer la percepción de valor de tu producto o servicio.

¿Cómo hacerlo?

1. **Crea Ofertas Limitadas:**
   Define un período de tiempo específico o una cantidad limitada de unidades disponibles. Ejemplo: "Solo 50 unidades disponibles hasta el viernes".
2. **Promueve Acceso Exclusivo:**
   Ofrece descuentos, productos o servicios especiales solo a una parte de tu audiencia, como suscriptores, clientes frecuentes o miembros de un programa VIP.
3. **Diseña Beneficios Únicos:**
   Asegúrate de que tu oferta incluya algo que no esté disponible en tu catálogo regular, como un obsequio, un paquete especial o una funcionalidad adicional.
4. **Comunica Claramente la Urgencia:**
   Usa frases como "últimas horas", "se agotan rápido" o "solo para los primeros 20 compradores". Acompaña el mensaje con temporizadores o contadores de unidades en tiempo real.
5. **Refuerza el Valor:**
   Resalta el beneficio que obtendrán los clientes al aprovechar la oferta, haciéndoles sentir que sería una pérdida significativa no actuar.

Ejemplo práctico:

- **Oferta de Escasez:**
  "¡Solo 30 plazas disponibles para nuestro curso online de fotografía! Inscríbete antes de que se agoten."
- **Oferta de Exclusividad:**
  "Como parte de nuestro programa VIP, tienes acceso anticipado a este producto limitado. No estará disponible para el público general hasta dentro de 7 días."

Consejos brutales:

- **Combina Escasez y Exclusividad:** Lanza una oferta limitada solo para tus seguidores más fieles o clientes frecuentes.
- **Crea FOMO (Fear of Missing Out):** Resalta lo que podrían perder si no actúan rápidamente. Usa ejemplos reales de personas que aprovecharon ofertas similares y quedaron encantadas.

- **Segmenta Audiencias:** Dirige estas ofertas a grupos específicos para maximizar su relevancia y efectividad.

Acción inmediata:
Define una oferta limitada o exclusiva para tu producto o servicio. Comunícala en redes sociales y mide los resultados de conversión durante los primeros días de su lanzamiento.

Consejo 144: Comparte Casos de Uso Creativo de Tus Productos o Servicios

¿Qué significa?
Un caso de uso creativo muestra cómo tu producto o servicio puede solucionar problemas o satisfacer necesidades de maneras únicas, prácticas o inesperadas. Es una forma de educar a tu audiencia mientras inspiras nuevas ideas para aprovechar al máximo lo que ofreces.

¿Por qué es importante?
Los clientes potenciales quieren ver cómo tu producto encaja en sus vidas. Mostrar aplicaciones creativas o inusuales no solo incrementa el interés, sino que también destaca el valor y la versatilidad de tu oferta. Esto puede ser el empujón necesario para transformar dudas en decisiones de compra.

¿Cómo hacerlo?

1. **Investiga a tus Clientes Actuales:**
   Pregunta a tus clientes cómo están utilizando tu producto. Muchas veces, te sorprenderás con usos innovadores que no habías considerado.
2. **Crea Contenidos Visuales Impactantes:**
   Muestra fotos o videos de los casos de uso, acompañados de explicaciones claras y atractivas. Por ejemplo, cómo un mueble modular puede adaptarse a espacios pequeños o cómo un software facilita tareas complejas.
3. **Colabora con Influencers:**
   Invita a influencers relevantes a mostrar cómo usan tu producto

en su vida diaria. Esto añade autenticidad y alcance a tus mensajes.

4. **Segmenta por Intereses:**
Diseña casos de uso adaptados a subnichos de tu audiencia. Por ejemplo, si vendes una licuadora, muestra recetas específicas para deportistas, familias o amantes de los smoothies.

5. **Usa Historias Reales:**
Resalta las experiencias de tus clientes satisfechos. Esto no solo da credibilidad, sino que inspira confianza en otros compradores potenciales.

Ejemplo práctico:

- Si vendes un producto de limpieza:
"Marta, una madre de tres hijos, descubrió que nuestro spray multiusos también es perfecto para limpiar juguetes de manera segura. ¡Ahora se siente más tranquila sabiendo que todo está impecable y libre de químicos dañinos!"
- Si ofreces un servicio de consultoría:
"Gracias a nuestro análisis personalizado, Pedro logró optimizar su tiempo y reducir en un 40% el costo de operación de su negocio en solo 3 meses."

Consejos brutales:

- **Piensa Fuera de lo Común:** Identifica usos no tradicionales de tu producto. Esto puede abrir nuevos mercados y sorprender a tu audiencia actual.
- **Invita a Participar:** Pide a tus seguidores que compartan sus propios casos de uso con fotos o videos. Puedes convertir estas ideas en contenido y premiar a los participantes destacados.
- **Crea una Serie de Casos de Uso:** Publica regularmente ejemplos creativos para mantener a tu audiencia interesada y enganchada.

Acción inmediata:
Selecciona un cliente que esté usando tu producto de manera creativa. Pídele permiso para compartir su experiencia y crea una publicación con imágenes o videos destacando ese caso de uso.

Consejo 145: Lanza Campañas Centradas en Pruebas Gratuitas (Lead Magnet)

¿Qué significa?
Las pruebas gratuitas permiten a los clientes experimentar tu producto o servicio antes de comprometerse con una compra. Es una estrategia poderosa que reduce las barreras iniciales, genera confianza y convierte a los curiosos en clientes leales al demostrar el valor de lo que ofreces.

¿Por qué es importante?
Probar antes de comprar elimina el riesgo percibido por el cliente. También les permite comprobar la calidad y beneficios de tu producto en tiempo real, lo que aumenta las probabilidades de conversión. Además, una experiencia positiva durante la prueba gratuita puede generar recomendaciones y fidelización.

¿Cómo hacerlo?

1. **Diseña una Experiencia Limitada pero Valiosa:**
   Ofrece acceso completo a una funcionalidad específica o una versión básica de tu producto. Asegúrate de que el cliente perciba su valor desde el inicio.
2. **Define Duraciones Estratégicas:**
   Establece un periodo de prueba que sea lo suficientemente largo como para que los usuarios puedan explorar las ventajas, pero no tan extenso que pierdan el interés. Por ejemplo, 7 a 14 días es ideal para software o servicios.
3. **Incluye una CTA Clara para la Conversión:**
   Al final del periodo de prueba, presenta un llamado a la acción claro y atractivo, resaltando los beneficios de continuar con una suscripción o compra completa.
4. **Acompaña la Experiencia con Contenido Educativo:**
   Crea guías, tutoriales o demostraciones en video para ayudar a los usuarios a sacar el máximo provecho de la prueba gratuita. Esto aumenta la percepción de valor y minimiza el riesgo de abandono.
5. **Recolecta Feedback durante la Prueba:**
   Utiliza encuestas breves para entender las experiencias de los

usuarios, identificar mejoras y fortalecer la propuesta de valor de tu producto.

Ejemplo práctico:

- Si ofreces una app de gestión de proyectos:
  "Descubre cómo optimizar tu flujo de trabajo con nuestra prueba gratuita de 14 días. Regístrate hoy y experimenta cómo ahorrarás horas cada semana gestionando tus tareas."
- Si vendes productos de cuidado personal:
  "Pruébalo por ti mismo: recibe una muestra gratuita de nuestra crema hidratante y comprueba cómo tu piel puede sentirse más suave y revitalizada en solo una semana."

Consejos brutales:

- **Crea Urgencia:** Limita la disponibilidad de las pruebas gratuitas para impulsar decisiones rápidas. Ejemplo: "Disponible solo por tiempo limitado."
- **Optimiza el Seguimiento:** Envía recordatorios antes de que finalice la prueba para invitar a los usuarios a continuar con una compra.
- **Gamifica la Experiencia:** Introduce retos o metas durante la prueba que mantengan a los usuarios comprometidos y emocionados por continuar.

Acción inmediata:
Diseña una prueba gratuita para tu producto o servicio. Incluye un llamado a la acción irresistible y lanza una campaña en redes sociales con un diseño visual impactante para captar la atención de nuevos usuarios.

Consejo 146: Publica Retos de Adopción de Tus Productos en Tiempo Real

¿Qué significa?
Un reto de adopción en tiempo real invita a tu audiencia a utilizar tu

producto o servicio durante un periodo específico, mostrándoles cómo resolver un problema o mejorar una situación con resultados tangibles. Este enfoque práctico y participativo fomenta la confianza, genera engagement y permite a los usuarios experimentar el valor real de tu oferta.

¿Por qué es importante?
Los consumidores están más inclinados a probar algo cuando ven su utilidad en acción y en tiempo real. Este tipo de retos no solo demuestra cómo funciona tu producto, sino que también crea una experiencia interactiva y memorable que puede traducirse en ventas y lealtad.

¿Cómo hacerlo?

1. **Define el Reto y su Objetivo:**
   Elige un problema específico que tu producto pueda resolver y convierte esa solución en el eje central del reto.
2. **Establece un Periodo de Tiempo:**
   Un marco de tiempo claro (7 días, 30 días, etc.) mantiene el interés y la urgencia, aumentando la participación.
3. **Proporciona Instrucciones Claras:**
   Explica detalladamente cómo participar, qué pasos seguir y qué resultados pueden esperar los usuarios.
4. **Muestra Progresos en Vivo:**
   Usa transmisiones en vivo, historias o publicaciones diarias para actualizar a tu audiencia sobre cómo otras personas están participando y obteniendo beneficios.
5. **Ofrece Incentivos:**
   Premia a los participantes más activos o creativos con descuentos, regalos o menciones destacadas en tus plataformas.

Ejemplo práctico:
Una marca de productos saludables organiza un reto de 7 días para preparar recetas con sus ingredientes. Cada día publican una receta y animan a los participantes a compartir fotos de sus platos usando un hashtag específico. Al final, los mejores platos reciben un lote gratuito de productos.

Consejos brutales:

- **Colabora con Influencers:** Invita a personas influyentes en tu nicho para participar y compartir su experiencia. Esto aumenta la credibilidad y el alcance del reto.
- **Crea un Grupo Exclusivo:** Usa plataformas como Facebook o WhatsApp para reunir a los participantes, fomentando un sentido de comunidad.
- **Documenta los Resultados:** Compila testimonios, fotos y videos de los participantes para usarlos como contenido promocional en el futuro.

Acción inmediata:
Elige un problema común que tu producto resuelva y diseña un reto corto (7-14 días). Anúncialo esta semana en tus redes sociales y prepárate para interactuar en tiempo real con los participantes.

Consejo 147: Diseña Contenidos Que Resalten Diferencias Competitivas Clave

¿Qué significa?
En un mercado saturado, destacar es esencial. Diseñar contenidos que enfaticen tus diferencias competitivas clave implica identificar lo que te hace único frente a tu competencia y comunicarlo de manera efectiva a tu audiencia. Esto no solo te posiciona como una opción preferida, sino que también genera confianza y credibilidad.

¿Por qué es importante?
Los clientes están constantemente comparando opciones antes de tomar decisiones de compra. Mostrar claramente tus puntos fuertes y qué valor agregado ofreces puede ser la clave para influir en su elección. Además, al resaltar tus fortalezas, minimizas la percepción de posibles debilidades.

¿Cómo hacerlo?

1. **Identifica tus Diferenciadores:**
   Analiza a tu competencia y determina qué ofreces que ellos no pueden igualar. Puede ser calidad, precio, servicio al cliente o innovación.
2. **Usa Comparaciones Visuales:**
   Diseña gráficos o tablas comparativas que muestren de forma clara y atractiva cómo tu producto o servicio supera a las alternativas.
3. **Crea Historias Visuales:**
   Muestra ejemplos prácticos de cómo tus clientes han obtenido mejores resultados gracias a esas diferencias únicas.
4. **Incorpora Reseñas y Testimonios:**
   Incluye opiniones de clientes que destaquen los beneficios únicos de tu oferta.
5. **Sé Honesto y Transparente:**
   No exageres ni uses tácticas desleales para desacreditar a tu competencia. Enfócate en lo que realmente te hace destacar.

Ejemplo práctico:
Una empresa de software de gestión destaca su soporte técnico 24/7 como una ventaja clave frente a sus competidores. Publica una comparativa visual que muestra las horas de soporte ofrecidas por otros proveedores junto con un testimonio de un cliente que resolvió un problema crítico en medio de la noche gracias a su servicio.

Consejos brutales:

- **Apóyate en Datos:** Si tienes estadísticas que respalden tus diferencias, como "9 de cada 10 clientes prefieren nuestra solución por su facilidad de uso", inclúyelas en tu contenido.
- **Hazlo Memorable:** Usa un eslogan o frase poderosa que resuma tus diferencias clave, como "Donde otros terminan, nosotros comenzamos".
- **Refuerza Continuamente:** No solo lo menciones una vez. Haz que tus diferencias estén presentes en cada punto de contacto con tu audiencia.

Acción inmediata:
Analiza tus fortalezas frente a la competencia y diseña un contenido visual que destaque tus diferenciadores. Publícalo esta semana en tus redes sociales y mide la respuesta de tu audiencia.

Consejo 148: Lanza Campañas de Referidos para Incentivar el Crecimiento

¿Qué significa?
Las campañas de referidos son estrategias en las que incentivas a tus clientes actuales para que recomienden tus productos o servicios a sus amigos, familiares o redes. Ofreces recompensas tanto para el cliente que refiere como para el nuevo cliente, creando un ciclo de crecimiento basado en la confianza.

¿Por qué es importante?
Las recomendaciones personales son una de las formas más efectivas de marketing. Los clientes tienden a confiar más en las opiniones de personas que conocen que en los anuncios tradicionales. Este enfoque te permite expandir tu base de clientes de manera orgánica mientras refuerzas la fidelidad de los actuales.

¿Cómo hacerlo?

1. **Define una Recompensa Atrayente:**
   Ofrece descuentos, productos gratuitos, créditos para futuras compras u otros incentivos atractivos tanto para el referidor como para el referido.
2. **Facilita el Proceso de Referencia:**
   Usa códigos de referencia personalizados, enlaces únicos o aplicaciones dedicadas para que los clientes puedan compartir fácilmente su invitación.
3. **Comunica Claramente las Reglas:**
   Asegúrate de que los términos sean claros: quién recibe qué recompensa, cómo y cuándo. Esto genera confianza y evita confusiones.

4. **Promueve la Campaña en Todas tus Plataformas:**
   Usa redes sociales, newsletters, mensajes en la web y hasta el empaquetado de tus productos para anunciar la campaña.
5. **Muestra Testimonios de Éxito:**
   Comparte historias de clientes que hayan aprovechado el programa de referidos, destacando los beneficios que obtuvieron.

Ejemplo práctico:
Un servicio de suscripción de streaming ofrece a sus clientes un mes gratuito por cada amigo que se registre usando su enlace personal. El nuevo cliente también recibe un descuento en su primer mes.

Consejos brutales:

- **Hazlo Exclusivo:** Presenta el programa de referidos como una oportunidad especial disponible por tiempo limitado. Esto genera urgencia y motiva a actuar.
- **Aprovecha las Redes Sociales:** Anima a tus clientes a compartir sus códigos o enlaces en sus plataformas sociales para maximizar el alcance.
- **Personaliza las Recompensas:** Si puedes, adapta los incentivos según el comportamiento del cliente. Por ejemplo, ofrece créditos más altos a clientes que realizan compras frecuentes.

Acción inmediata:
Diseña una campaña de referidos básica usando herramientas como ReferralCandy o Post Affiliate Pro. Promuévela esta semana con un correo masivo y publicaciones en tus redes sociales.

Consejo 149: Comparte Historias Basadas en los Beneficios Inesperados de Tu Marca

¿Qué significa?
A menudo, los clientes descubren beneficios de un producto o servicio que van más allá de lo que originalmente se promociona. Estas "sorpresas positivas" pueden convertirse en historias poderosas que no solo inspiran, sino que también agregan valor a tu propuesta.

¿Por qué es importante?

Las historias de beneficios inesperados captan la atención porque son únicas y rompen con las expectativas tradicionales. Generan un factor "wow" en tu audiencia, aumentan la credibilidad de tu marca y destacan su versatilidad. Además, muestran que tu oferta tiene más valor del que inicialmente parece, incentivando a más personas a probarlo.

¿Cómo hacerlo?

1. **Recopila Experiencias Reales:**
   Habla con tus clientes y solicita comentarios detallados. Pregúntales si descubrieron usos o beneficios adicionales que no esperaban.
2. **Destaca las Historias Más Impactantes:**
   Elige relatos que sean emocionales, sorprendentes o particularmente útiles para tu público objetivo.
3. **Utiliza Formatos Atractivos:**
   Presenta estas historias en videos, publicaciones de blog, infografías o testimonios en redes sociales. Acompaña las narrativas con imágenes o videos reales del cliente.
4. **Etiqueta las Historias con una Categoría Especial:**
   Crea una serie o etiqueta específica como "Descubrimientos Sorprendentes" o "Más Allá de lo Esperado" para que sea fácilmente reconocible.
5. **Involucra a la Comunidad:**
   Invita a otros clientes a compartir sus propios descubrimientos y premia las historias más interesantes con descuentos o productos gratuitos.

Ejemplo práctico:

Una crema hidratante es conocida por combatir la sequedad, pero un cliente descubre que también ayuda a calmar quemaduras leves por el sol. Al compartir esta experiencia en redes sociales, otros usuarios comienzan a probar la crema para este propósito adicional, aumentando las ventas y el reconocimiento de la marca.

Consejos brutales:

- **Muestra Pruebas Visuales:** Si es posible, incluye fotos del "antes y después" o videos que respalden el beneficio inesperado. Esto hará que la historia sea aún más convincente.
- **Incorpora estas Historias en tu Publicidad:** Las campañas que incluyen beneficios inesperados pueden ser particularmente memorables y diferenciarte de la competencia.
- **Actualiza tu Propuesta de Valor:** Si ciertos beneficios inesperados se mencionan frecuentemente, considera destacarlos como parte de tu mensaje principal.

Acción inmediata:
Revisa los comentarios y reseñas de tus clientes en redes sociales, plataformas de venta y correos electrónicos. Identifica un beneficio inesperado mencionado por varios usuarios y crea un contenido atractivo destacándolo esta semana.

Consejo 150: Crea un Lead Magnet Irresistible para Atraer Clientes Potenciales

¿Qué es?
Un **Lead Magnet** es un recurso gratuito que ofreces a cambio de la información de contacto de tu audiencia, como su correo electrónico. Este recurso puede ser un ebook, una guía, un webinar, una plantilla, un curso, entre otros. El objetivo de un lead magnet es atraer a posibles clientes y convertirlos en prospectos cualificados que, eventualmente, se convertirán en clientes pagos.

¿Por qué es importante?
En el marketing digital, uno de los mayores desafíos es conseguir prospectos cualificados que estén interesados en lo que ofreces. Un lead magnet efectivo puede ayudarte a capturar la atención de tu audiencia y a construir tu lista de contactos de manera orgánica. Al ofrecer algo valioso de forma gratuita, estás demostrando tu conocimiento, ganando la confianza de tu audiencia y dándoles una razón para seguir en contacto contigo.

¿Cómo hacerlo?

1. **Define un Problema Específico y Resuélvelo**
   El lead magnet debe abordar un problema específico que tu audiencia esté enfrentando. Cuanto más específico sea el problema y la solución, más probable será que tu lead magnet atraiga a las personas correctas. Por ejemplo, si eres un nutricionista, podrías ofrecer una guía gratuita con recetas saludables para perder peso.

2. **Ofrece Valor Real**
   Asegúrate de que el recurso que estás ofreciendo sea realmente valioso. El lead magnet debe proporcionar soluciones prácticas y tangibles que tus prospectos puedan implementar de inmediato. Si el contenido no es útil o relevante, no conseguirá el resultado esperado.

3. **Hazlo Fácil de Consumir**
   El lead magnet debe ser fácil de consumir y no requerir demasiado tiempo. Los usuarios no suelen comprometerse con materiales largos y complejos. Opta por formatos fáciles de digerir, como listas, plantillas, guías paso a paso, infografías o pequeños tutoriales en video.

4. **Crea una Página de Aterrizaje Convincente**
   La página donde ofrezcas tu lead magnet debe ser clara, simple y persuasiva. Usa un título llamativo que resuma el valor del recurso, incluye una descripción breve y un formulario sencillo para capturar los datos del usuario. La llamada a la acción (CTA) debe ser clara, como "Descarga Ahora" o "Obtén Acceso Gratis".

5. **Promociona el Lead Magnet en tus Redes Sociales**
   No basta con tener un excelente lead magnet, también debes promocionarlo. Utiliza todas las plataformas donde tu audiencia esté presente (Instagram, Facebook, LinkedIn, etc.) para atraer tráfico hacia tu página de aterrizaje. Usa publicaciones, historias y anuncios pagados para generar visibilidad.

6. **Utiliza la Técnica de Urgencia o Exclusividad**
   Puedes aumentar la efectividad de tu lead magnet creando un sentido de urgencia o exclusividad. Por ejemplo, ofrécelo por tiempo limitado o presenta la oferta como algo exclusivo para los primeros 100 usuarios.

Recomendaciones:

- **Alinea el Lead Magnet con tu Oferta Principal**
  El lead magnet debe estar alineado con los productos o servicios que vendes. Si ofreces un curso de marketing digital, por ejemplo, un lead magnet como una plantilla de planificación de contenido será relevante para tu audiencia y más probable que genere conversiones.
- **Sigue Nutriendo a tus Leads**
  Una vez que consigas los datos de contacto de tus leads, no dejes de nutrirlos. Envíales correos electrónicos con contenido adicional de valor, testimonios, casos de éxito o información sobre tus productos o servicios. Así los mantendrás interesados y más cerca de la compra.

Consejos Brutales:

1. **Hazlo Visualmente Atractivo**
   Un lead magnet bien diseñado no solo es más atractivo, sino que también transmite profesionalismo. Utiliza herramientas como Canva o Adobe Spark para crear materiales visualmente impactantes que mantengan el interés del usuario.
2. **Prueba Diferentes Tipos de Lead Magnets**
   Experimenta con varios tipos de lead magnets y evalúa cuál obtiene más conversiones. Podrías probar con una guía, un curso gratuito, un acceso anticipado a un producto o una consulta gratuita, y medir cuál tiene mejor desempeño.

Ejemplo Práctico:

- **Ejemplo 1:** Si eres un entrenador personal, puedes ofrecer una guía gratuita titulada "7 Ejercicios para Perder Peso en Casa", con ejercicios fáciles de hacer en casa. Ofrece esta guía a cambio de la dirección de correo electrónico de los usuarios.
- **Ejemplo 2:** Si eres un experto en marketing digital, podrías ofrecer una plantilla gratuita de "Planificación de Contenido para Redes Sociales" para ayudar a otros a gestionar sus redes, a cambio de su suscripción a tu lista de correos.

Acción Inmediata:

Hoy mismo, crea un lead magnet que resuelva un problema específico de tu audiencia. Crea una página de aterrizaje sencilla, promociona tu recurso en tus redes sociales y empieza a captar prospectos cualificados.

Bloque 11: "Estrategias de Conversión y Monetización"

Consejo 151: Ofrece Ofertas Exclusivas por Tiempo Limitado

¿Qué significa?
Una oferta exclusiva por tiempo limitado es una promoción especial que solo está disponible durante un periodo concreto. Esta estrategia crea un sentido de urgencia, impulsando a tu audiencia a tomar decisiones rápidas para no perder la oportunidad.

¿Por qué es importante?
El miedo a perder una oportunidad única (FOMO, por sus siglas en inglés) es una de las motivaciones más potentes en el comportamiento del consumidor. Cuando combinas exclusividad con un plazo definido, generas una reacción inmediata en tu audiencia y aumentas significativamente las conversiones.

¿Cómo hacerlo?

1. **Establece un Plazo Claro:**
   Define un periodo concreto para la oferta, como "solo por 48 horas" o "hasta agotar existencias".
2. **Destaca la Exclusividad:**
   Usa frases como "oferta única", "edición limitada" o "solo para los primeros 100 compradores" para reforzar la idea de que esta oportunidad no se repetirá.
3. **Crea una Comunicación Impactante:**
   Diseña publicaciones visuales con colores llamativos que transmitan urgencia, como rojo o amarillo, y utiliza contadores regresivos para enfatizar el tiempo limitado.

4. **Ofrece Valor Real:**
   Asegúrate de que el descuento o la promoción sean lo suficientemente atractivos como para que valgan la pena. Por ejemplo, un 20% de descuento o un producto adicional gratuito.
5. **Incorpora una Llamada a la Acción (CTA):**
   Incluye frases como "¡Compra ahora!" o "Haz clic antes de que termine la oferta" para guiar a tu audiencia hacia la acción inmediata.

Ejemplo práctico:

- **Para una marca de moda:**
  "¡Última oportunidad! Solo por 24 horas, obtén un 30% de descuento en toda nuestra colección de verano. No te lo pierdas, ¡compra ahora antes de que se agote!"

Consejos Brutales:

- **Segmenta tu Audiencia:** Envía ofertas exclusivas a tus seguidores más fieles o a quienes han interactuado recientemente con tu contenido.
- **Refuerza el Sentimiento de Pérdida:** Usa frases como "no dejes que se te escape" o "será demasiado tarde mañana".
- **Promueve en Diferentes Canales:** Maximiza el alcance de tu oferta publicándola en redes sociales, enviando emails y utilizándola en anuncios pagados.

Acción Inmediata:
Crea una oferta exclusiva para tus productos o servicios y publícala en todas tus plataformas. Usa un contador regresivo en tus publicaciones y mide la respuesta de tu audiencia.

Consejo 152: Diseña Estrategias de Cross-Selling en tus Publicaciones

¿Qué significa?
El cross-selling, o venta cruzada, consiste en recomendar productos o

servicios complementarios al que un cliente ya está considerando o ha adquirido. Esta estrategia no solo incrementa el valor de la compra, sino que también mejora la experiencia del cliente al ofrecerle soluciones más completas.

¿Por qué es importante?

El cross-selling aumenta los ingresos sin necesidad de captar nuevos clientes, optimizando el valor de cada interacción con tu audiencia. Además, fomenta la lealtad al ofrecer recomendaciones útiles y personalizadas que agregan valor real a la compra.

¿Cómo hacerlo?

1. **Identifica Productos Complementarios:**
   Piensa en combinaciones naturales. Por ejemplo, si vendes cámaras, ofrece accesorios como trípodes, lentes o mochilas para equipo.
2. **Crea Publicaciones Visuales:**
   Diseña publicaciones que muestren cómo se complementan tus productos. Un collage o un video breve puede ser muy efectivo para ilustrarlo.
3. **Utiliza Descripciones Claras:**
   Explica por qué el producto adicional es útil para el cliente. Por ejemplo, "Este trípode te permite capturar fotos estables incluso en condiciones de poca luz".
4. **Ofrece Incentivos:**
   Proporciona un descuento en el producto adicional si se compra junto al principal. Esto aumenta la probabilidad de venta.
5. **Usa Herramientas de Automatización:**
   Implementa recomendaciones automáticas en tu sitio web o en tus mensajes directos de redes sociales para sugerir productos relacionados.

Ejemplo práctico:

- **Para una tienda de cosméticos:**
  "¿Compraste nuestra base de maquillaje? Completa tu look con nuestro set de brochas profesionales y obtén un 15% de descuento al comprar ambos productos juntos. ¡Te encantará el resultado!"

Consejos Brutales:

- **Apóyate en Datos:** Usa estadísticas de ventas para identificar combinaciones de productos que suelen comprarse juntos.
- **Crea Paquetes Personalizados:** Diseña kits o combos atractivos que incluyan productos populares y complementarios.
- **Promueve en Historias:** Usa las historias de Instagram o Facebook para mostrar combinaciones de productos en acción y etiquétalos directamente para facilitar la compra.

Acción Inmediata:
Elige un producto principal de tu inventario y crea una publicación que recomiende productos complementarios. Acompáñala con un incentivo especial y publícala hoy en tus redes sociales.

Consejo 153: Lanza Campañas de Up-Selling Basadas en Beneficios Claros

¿Qué significa?
El up-selling, o venta adicional, es una estrategia que busca persuadir al cliente para que compre una versión más avanzada, premium o completa del producto o servicio que está considerando. Esta táctica se centra en destacar los beneficios adicionales y el valor que recibe el cliente al invertir un poco más.

¿Por qué es importante?
El up-selling no solo aumenta los ingresos promedio por cliente, sino que también mejora la percepción del valor de tu marca al ofrecer opciones superiores que se adaptan mejor a las necesidades del cliente. Una campaña efectiva de up-selling puede convertir una simple transacción en una experiencia mejorada para el cliente.

¿Cómo hacerlo?

1. **Conoce las Necesidades del Cliente:**
   Analiza qué busca tu audiencia y cómo la versión mejorada del producto puede resolver su problema de manera más eficaz.

2. **Destaca los Beneficios Adicionales:**
   En lugar de enfocarte solo en el precio, resalta características exclusivas como mayor calidad, durabilidad, funcionalidad o servicios adicionales.
3. **Crea Comparativas Claras:**
   Diseña gráficos o tablas que expliquen las diferencias entre las opciones básica y premium. Esto ayuda al cliente a visualizar el valor agregado.
4. **Ofrece Incentivos Temporales:**
   Añade un descuento limitado en el tiempo para la opción superior o incluye un regalo extra para hacerla más atractiva.
5. **Utiliza Mensajes Personalizados:**
   Envía correos o mensajes directos adaptados a cada cliente, resaltando cómo la versión premium se ajusta mejor a sus intereses y preferencias.

Ejemplo práctico:

- **Para un gimnasio:**
  "¿Estás considerando nuestra membresía básica? Prueba la Premium y disfruta de clases exclusivas, acceso a entrenadores personales y una semana extra gratuita. ¡Haz que tu entrenamiento sea aún más efectivo!"

Consejos Brutales:

- **Crea Historias de Éxito:** Usa testimonios de clientes que eligieron la versión premium y cómo les ayudó a alcanzar mejores resultados.
- **Incluye Valor Exclusivo:** Agrega servicios o beneficios que no se pueden conseguir de otra forma, como soporte personalizado o acceso VIP.
- **Resalta en el Proceso de Compra:** Muestra la opción de up-selling en el momento justo, como al agregar un producto al carrito o durante el pago.

Acción Inmediata:
Selecciona un producto o servicio en tu inventario que tenga una versión mejorada. Diseña una publicación o correo destacando los beneficios

adicionales y un incentivo para elegir la opción premium. Publica o envíalo hoy mismo.

Consejo 154: Publica Comparaciones Visuales que Resalten el Valor de tu Oferta

¿Qué significa?
Una comparación visual es una herramienta poderosa que permite a tu audiencia comprender, de un vistazo, las ventajas y características que hacen que tu producto o servicio sea superior a la competencia. Estas comparaciones pueden adoptar diversas formas, como gráficos, tablas o imágenes, pero siempre deben ser claras, impactantes y objetivas.

¿Por qué es importante?
Cuando un cliente evalúa opciones, la simplicidad y claridad de la información pueden ser determinantes para su decisión. Las comparaciones visuales permiten que tus beneficios destaquen frente a alternativas, facilitando el proceso de decisión y generando confianza en tu oferta. Además, subrayan por qué tu producto es la mejor elección sin necesidad de un discurso largo o complejo.

¿Cómo hacerlo?

1. **Identifica los Diferenciadores Clave:**
   Determina qué hace a tu producto único o superior, ya sea en calidad, precio, beneficios adicionales o experiencia del cliente.
2. **Selecciona Formatos Visuales Impactantes:**
   Usa tablas, gráficos o imágenes de "antes y después" para mostrar las diferencias. Asegúrate de que el diseño sea claro y atractivo.
3. **Sé Honesto y Transparente:**
   No exageres ni incluyas información engañosa. Las comparaciones honestas refuerzan la confianza y la credibilidad.
4. **Incluye Testimonios o Datos:**
   Refuerza las comparaciones con opiniones de clientes o métricas que respalden los beneficios que estás destacando.

5. **Enfatiza la Relación Costo-Beneficio:**
   Si tu producto es más caro, muestra cómo el valor adicional compensa esa diferencia. Si es más barato, destaca que no sacrifica calidad.

Ejemplo práctico:

- **Para un software de gestión:**
  "Mientras otras herramientas solo ofrecen un plan básico de control de tareas, nuestro software incluye automatización, integraciones ilimitadas y soporte 24/7. ¡Descubre más funcionalidades al mismo precio!"

Consejos Brutales:

- **Incluye Visuales Reales:** Usa fotografías auténticas o capturas de pantalla para dar más credibilidad a tu comparación.
- **Resalta Beneficios Específicos para tu Audiencia:** Por ejemplo, "Ahorra 10 horas al mes" es más convincente que "Optimización de procesos".
- **Mantén un Diseño Profesional:** Un gráfico o tabla mal diseñado puede distraer o confundir. Invierte en herramientas o diseñadores para garantizar calidad.

Acción Inmediata:
Elige dos o tres aspectos clave en los que tu producto sobresalga. Crea una tabla comparativa con colores y datos claros. Súbela a tus redes sociales o sitio web, y acompáñala de una invitación a probar tu oferta hoy mismo.

Consejo 155: Genera Historias Visuales que Representen Casos de Uso Reales

¿Qué significa?
Las historias visuales basadas en casos de uso reales muestran cómo tus productos o servicios han resuelto problemas o mejorado la vida de tus

clientes. A través de imágenes, videos o infografías, estas narrativas conectan emocionalmente al destacar resultados tangibles y auténticos.

¿Por qué es importante?
La autenticidad y la prueba social son pilares clave para construir confianza en las redes sociales. Al presentar casos de éxito reales, los clientes potenciales pueden visualizar cómo tu solución se aplicará a sus propias necesidades, lo que reduce las barreras psicológicas y refuerza la credibilidad de tu marca.

¿Cómo hacerlo?

1. **Selecciona Casos Relevantes:**
   Elige historias de clientes que representen a tu audiencia objetivo y resalten los beneficios más significativos de tu oferta.
2. **Cuenta una Historia Estructurada:**
   Sigue un formato simple: el problema inicial, la solución que ofreciste y los resultados obtenidos.
3. **Usa Visuales Atractivos:**
   Incluye fotos del "antes y después", gráficos que destaquen mejoras o videos donde los clientes hablen de su experiencia.
4. **Mantén la Autenticidad:**
   Usa testimonios reales y evita exageraciones. La sinceridad genera más impacto que las historias manipuladas.
5. **Incluye un Llamado a la Acción (CTA):**
   Invita a tu audiencia a tomar acción después de conocer la historia, como "Solicita tu demostración gratuita ahora".

Ejemplo práctico:

- **Industria de alimentación saludable:**
  "Con nuestro plan personalizado, Ana perdió 10 kg en tres meses y descubrió su amor por la cocina saludable. Mira su transformación y cómo cambió su relación con la comida."

Consejos Brutales:

- **Incluye Números y Detalles Concretos:** "Ahorro de un 20% mensual en gastos energéticos" tiene más peso que un comentario general.

- **Usa Historias que Resuenen con Diferentes Segmentos:** Si tienes varios tipos de clientes, selecciona casos representativos para cada grupo.
- **Muestra Progresos Visuales:** Los videos que documentan cambios paso a paso son especialmente efectivos.

Acción Inmediata:
Contacta a tus clientes más satisfechos y solicita su permiso para compartir su historia. Prepara un post con fotos o gráficos que resalten el impacto de tu producto y publícalo esta semana. Asegúrate de etiquetar al cliente para maximizar el alcance y autenticidad.

Consejo 156: Diseña Encuestas que Midan la Intención de Compra en tu Público

¿Qué significa?
Las encuestas que exploran la intención de compra permiten identificar cuán interesados están tus seguidores en adquirir tus productos o servicios. Además, proporcionan datos valiosos sobre las preferencias, objeciones y necesidades de tu audiencia.

¿Por qué es importante?
Saber qué tan cerca está tu público de convertirse en cliente te permite ajustar estrategias, mejorar ofertas y abordar inquietudes específicas. También ayuda a segmentar tu audiencia en grupos basados en su nivel de interés, optimizando tus esfuerzos de marketing.

¿Cómo hacerlo?

1. **Crea Preguntas Directas y Claras:**
   Pregunta si están considerando comprar, qué los detiene, o qué características buscan en un producto.
2. **Usa Herramientas de Encuestas Integradas:**
   Plataformas como Instagram Stories, Twitter Polls o LinkedIn te permiten interactuar rápidamente con tu audiencia y obtener datos.

3. **Segmenta a Tu Público:**
   Basándote en las respuestas, clasifica a los usuarios en "listos para comprar", "interesados pero indecisos" y "no interesados".
4. **Hazlo Atractivo y Breve:**
   Una encuesta demasiado larga puede desanimar la participación. Mantén entre 3 y 5 preguntas clave.
5. **Ofrece Incentivos:**
   Promete un descuento o acceso exclusivo a quienes participen para aumentar la tasa de respuesta.

Ejemplo práctico:

- **Sector de tecnología:**
  "¿Qué tan interesado estás en nuestra nueva aplicación de productividad?
  A. Estoy listo para probarla ahora
  B. Me interesa, pero tengo dudas
  C. Prefiero esperar a más actualizaciones
  D. No estoy interesado por ahora"

Consejos Brutales:

- **Aprovecha el Momento para Educar:** Usa las respuestas para resolver dudas comunes mediante publicaciones o mensajes privados.
- **Personaliza las Respuestas:** Envía contenido específico o promociones basadas en la etapa de interés de cada segmento.
- **Hazlo una Práctica Regular:** Realizar encuestas periódicas te permitirá medir cambios en la percepción de tu marca.

Acción Inmediata:
Hoy mismo, crea una encuesta en la plataforma que más utilices para medir la intención de compra de tu público. Analiza las respuestas y adapta tu estrategia de contenido o ventas según los resultados.

Consejo 157: Lanza Retos que Inviten a tu Audiencia a Probar tus Productos

¿Qué significa?
Un reto es una estrategia interactiva que incentiva a tu audiencia a experimentar con tus productos o servicios de manera divertida y comprometida. Puede ser un desafío que involucre el uso de tus productos o la solución creativa a un problema relacionado con tu nicho.

¿Por qué es importante?
Los retos generan interacción y acercan a tu audiencia a tu producto sin presiones comerciales directas. Además, fomentan el boca a boca digital, ya que los participantes suelen compartir su experiencia con otros, extendiendo el alcance de tu marca.

¿Cómo hacerlo?

1. **Define un Objetivo Claro:**
   Establece qué quieres lograr con el reto: mayor visibilidad, pruebas gratuitas o contenido generado por el usuario.
2. **Hazlo Divertido y Relevante:**
   Crea un desafío que sea interesante y esté alineado con tu nicho. Por ejemplo, si vendes productos de fitness, organiza un reto de "30 días de ejercicios".
3. **Incluye un Incentivo:**
   Ofrece un premio atractivo, como descuentos, productos gratuitos o reconocimiento en tus redes sociales.
4. **Proporciona Instrucciones Claras:**
   Explica cómo participar, las reglas del reto y los pasos para compartir los resultados.
5. **Usa Hashtags:**
   Crea un hashtag único para el reto, lo que facilitará el seguimiento de las participaciones y aumentará la visibilidad de tu marca.

Ejemplo práctico:

- **Sector alimenticio:**
  "Reto #TuRecetaSaludable: Usa nuestro ingrediente estrella en

una receta única y compártela con el hashtag para participar por un kit completo de cocina saludable."

Consejos Brutales:

- **Aprovecha los Resultados del Reto:** Publica videos, fotos o historias destacando las mejores participaciones, fomentando el interés de otros usuarios.
- **Colabora con Influencers:** Invítalos a participar y promover el reto, lo que aumentará su alcance.
- **Hazlo Sencillo de Seguir:** Utiliza plantillas visuales o guías rápidas para facilitar la participación de tu audiencia.

Acción Inmediata:
Define un reto relevante para tu marca y anúncialo en tus redes sociales con instrucciones claras y un incentivo atractivo. Promueve el hashtag y sigue las participaciones para compartirlas con tu audiencia.

Consejo 158: Publica Videos Tutoriales que Destaquen la Versatilidad de tu Oferta

¿Qué significa?
Los videos tutoriales son contenidos educativos que muestran a tu audiencia cómo usar tus productos o servicios. Estos videos destacan la flexibilidad y múltiples aplicaciones de tu oferta, lo que inspira confianza y anima a los usuarios a explorar todo su potencial.

¿Por qué es importante?
Los tutoriales ayudan a tu audiencia a entender mejor cómo tus productos pueden resolver sus problemas o mejorar su vida. Además, los videos aumentan el engagement, generan valor percibido y posicionan tu marca como experta en el tema.

¿Cómo hacerlo?

1. **Identifica las Necesidades de tu Audiencia:**
   Investiga qué dudas frecuentes tienen tus clientes y diseña tutoriales para resolverlas.
2. **Crea una Narrativa Clara:**
   Estructura el video en pasos fáciles de seguir. Empieza con una breve introducción, muestra el proceso y termina con un resumen de los beneficios.
3. **Usa un Formato Visual Atractivo:**
   Añade gráficos, subtítulos y close-ups de detalles importantes. Mantén un ritmo dinámico para captar la atención del espectador.
4. **Muestra Casos de Uso Variados:**
   Presenta diferentes escenarios donde se pueda aplicar tu producto, para demostrar su versatilidad.
5. **Incluye una Llamada a la Acción:**
   Finaliza cada tutorial invitando a tu audiencia a probar el producto, visitar tu web o dejar comentarios.

Ejemplo práctico:

- **Sector tecnológico:**
  Si vendes software, crea un video tutorial que muestre cómo configurarlo, destacando funciones avanzadas que optimicen el trabajo de los usuarios.

Consejos Brutales:

- **Hazlo Colaborativo:** Invita a expertos o clientes reales a participar en los tutoriales para aumentar la credibilidad.
- **Optimiza para Redes Sociales:** Divide los tutoriales en partes más pequeñas para publicar en historias, reels o TikToks.
- **Ofrece Descargas Adicionales:** Complementa el video con guías PDF descargables o checklists.

Acción Inmediata:
Elige un producto o servicio y graba un video tutorial que destaque sus características más versátiles. Publica el video en tus redes sociales y mide las interacciones para identificar qué puntos resuenan más con tu audiencia.

Consejo 159: Diseña Ofertas Personalizadas Basadas en Intereses Específicos

¿Qué significa?

Las ofertas personalizadas son promociones diseñadas específicamente para segmentos de tu audiencia, tomando en cuenta sus intereses, hábitos de compra o necesidades individuales. Este enfoque hace que los clientes se sientan valorados y aumenta la probabilidad de conversión.

¿Por qué es importante?

La personalización mejora la experiencia del cliente, fortalece la relación con tu marca y puede incrementar significativamente las tasas de conversión. Además, ayuda a diferenciarte de la competencia al ofrecer soluciones hechas a medida.

¿Cómo hacerlo?

1. **Segmenta a tu Audiencia:**
   Utiliza datos como historial de compras, ubicación, edad y preferencias para dividir a tu público en grupos específicos.
2. **Utiliza Herramientas de Personalización:**
   Plataformas de marketing como HubSpot o Klaviyo permiten crear ofertas personalizadas basadas en el comportamiento del usuario.
3. **Crea Incentivos Atractivos:**
   Ofrece descuentos exclusivos, combos personalizados o beneficios adicionales según las necesidades del segmento.
4. **Comunica de Forma Directa:**
   Usa emails, mensajes directos o anuncios personalizados para llegar a cada grupo con ofertas específicas.
5. **Prueba y Optimiza:**
   Realiza pruebas A/B para evaluar qué tipo de ofertas funcionan mejor con cada segmento.

Ejemplo práctico:

- **Tienda de ropa:**
  Ofrece a clientes frecuentes un descuento exclusivo en su categoría de prendas favoritas. Por ejemplo: "10% de descuento

en tu próxima compra de vestidos, solo por ser parte de nuestra comunidad VIP".

Consejos Brutales:

- **Combina Personalización con Urgencia:** Usa frases como "Solo por hoy para ti, [nombre]" en emails o mensajes.
- **Aprovecha el Retargeting:** Usa anuncios personalizados para usuarios que visitaron productos específicos en tu web.
- **Crea Encuestas Breves:** Permite que los clientes seleccionen sus intereses y preferencias para adaptar mejor las ofertas futuras.

Acción Inmediata:
Identifica un segmento clave de tu audiencia y diseña una oferta personalizada para ellos. Envía la promoción mediante email o redes sociales y monitorea la respuesta. Ajusta según los resultados obtenidos.

Consejo 160: Lanza Dinámicas de Fidelización con Recompensas Exclusivas

¿Qué significa?
Las dinámicas de fidelización son estrategias diseñadas para mantener a tus clientes comprometidos con tu marca, ofreciéndoles beneficios únicos por su lealtad. Estas recompensas pueden variar desde descuentos exclusivos hasta acceso prioritario a nuevos productos.

¿Por qué es importante?
Fidelizar a tus clientes cuesta menos que adquirir nuevos, y además, los clientes fieles suelen gastar más y recomendar tu marca a otros. Las recompensas exclusivas no solo refuerzan su compromiso, sino que también les hacen sentir valorados y apreciados.

¿Cómo hacerlo?

1. **Diseña un Programa de Puntos:**
   Crea un sistema donde los clientes ganen puntos por compras o

interacciones específicas, como compartir publicaciones o dejar reseñas.

2. **Ofrece Beneficios Exclusivos:**
Incluye descuentos únicos, productos gratuitos o acceso anticipado a eventos o lanzamientos.

3. **Crea Niveles de Membresía:**
Establece niveles (por ejemplo, bronce, plata y oro) con beneficios que aumenten según el nivel de compromiso del cliente.

4. **Promociona las Recompensas:**
Asegúrate de que tus clientes sepan cómo participar y qué pueden ganar. Usa emails, publicaciones en redes sociales y notificaciones push para informarles.

5. **Involucra a tu Comunidad:**
Lanza desafíos o actividades interactivas que permitan a tus clientes ganar puntos o recompensas.

Ejemplo práctico:

- **Cafetería local:**
Ofrece una tarjeta digital en la que los clientes acumulen puntos por cada bebida comprada. Al alcanzar 10 puntos, reciben un café gratis o un descuento en su siguiente visita.

Consejos Brutales:

- **Sé Creativo con las Recompensas:** Incluye experiencias, como visitas guiadas a tus instalaciones o videollamadas exclusivas con los creadores de tu marca.
- **Hazlo Social:** Motiva a tus clientes a invitar a amigos para ganar recompensas adicionales.
- **Mide y Ajusta:** Analiza qué recompensas tienen mayor aceptación y ajusta tu programa según los resultados.

Acción Inmediata:
Diseña una dinámica sencilla de fidelización, como un descuento para clientes que realicen una segunda compra en el mes. Comunica la oferta y observa cómo reacciona tu audiencia.

Consejo 161: Publica Historias Basadas en la Transformación de Clientes

¿Qué significa?
Las historias de transformación de clientes muestran cómo tu producto o servicio ha mejorado significativamente la vida o negocio de alguien. Estas narrativas son poderosas porque demuestran el impacto real y tangible que puedes generar.

¿Por qué es importante?
Los clientes potenciales se ven reflejados en estas historias, lo que aumenta su confianza y los motiva a tomar acción. Además, estas historias generan conexión emocional, mostrando que tu marca entiende y soluciona problemas reales.

¿Cómo hacerlo?

1. **Selecciona Casos Reales:**
   Identifica clientes que hayan tenido experiencias notables gracias a tu producto o servicio.
2. **Entrevista a tus Clientes:**
   Pregúntales sobre su situación antes, durante y después de usar tu producto. Destaca los cambios positivos que experimentaron.
3. **Usa un Formato Atractivo:**
   Combina texto con imágenes, videos o gráficos. Un video corto con entrevistas y momentos clave puede ser más impactante que solo texto.
4. **Estructura la Historia:**
   - Inicio: Describe el problema o desafío inicial.
   - Desarrollo: Explica cómo tu producto intervino para resolverlo.
   - Desenlace: Muestra los resultados y beneficios obtenidos.
5. **Haz que Sea Relatable:**
   Utiliza un lenguaje accesible y destaca emociones que resuenen con tu público objetivo.

Ejemplo práctico:

- **Industria del fitness:** Publica un video mostrando cómo un cliente logró transformar su estilo de vida, pasando de sentirse agotado a tener energía constante gracias a tus planes de entrenamiento. Incluye testimonios visuales y datos como peso perdido o metas alcanzadas.

Consejos Brutales:

- **Destaca los Logros del Cliente, no Solo tu Producto:** Haz que el cliente sea el héroe de la historia y posiciona tu marca como la herramienta que lo ayudó a triunfar.
- **Incluye Datos Cuantificables:** Como porcentaje de mejora, tiempo ahorrado o ingresos incrementados, según tu industria.
- **Crea una Serie:** Publica varias historias de transformación a lo largo del tiempo para mantener el interés de tu audiencia.

Acción Inmediata:
Contacta hoy a uno de tus clientes más satisfechos y pídele que comparta su experiencia contigo. Utiliza su historia como base para tu próxima publicación, asegurándote de agregar elementos visuales que capturen la atención.

Consejo 162: Genera Contenidos que Enfatizan el Retorno de Inversión

¿Qué significa?
Enfatizar el retorno de inversión (ROI) es mostrar cómo tu producto o servicio no solo tiene un coste, sino que también genera valor, ahorra dinero o incrementa ganancias para quienes lo usan. Es una forma de resaltar que tu oferta es una inversión y no un gasto.

¿Por qué es importante?
Cuando demuestras que tu producto o servicio tiene un impacto financiero positivo, reduces la barrera de compra. Los clientes tienden a

justificar sus decisiones basándose en resultados tangibles, especialmente si sienten que obtendrán más de lo que están pagando.

¿Cómo hacerlo?

1. **Identifica Beneficios Financieros Relevantes:**
   Piensa en los ahorros, incrementos de productividad o beneficios específicos que tu producto ofrece.
2. **Usa Ejemplos Claros:**
   Proporciona casos concretos donde tus clientes hayan experimentado un ROI positivo. Incluye cifras si es posible.
3. **Crea Contenidos Comparativos:**
   Muestra cómo tu producto se compara con alternativas más caras o menos efectivas.
4. **Explica el ROI de Forma Visual:**
   Usa gráficos, tablas o infografías para mostrar el impacto financiero de manera clara y atractiva.
5. **Destaca el ROI en Diversos Contextos:**
   Crea publicaciones que se adapten a las preocupaciones financieras de diferentes segmentos de tu audiencia, como ahorro de tiempo, eficiencia o ingresos adicionales.

Ejemplo práctico:

- **Industria del software:** Publica una infografía mostrando cómo tu sistema de gestión ahorró a una empresa mediana 20 horas semanales, lo que se tradujo en un ahorro de 15,000 € al año.

Consejos Brutales:

- **Sé Honesto con los Números:** No exageres los resultados. La confianza es clave para que los clientes crean en tu marca.
- **Incluye Testimonios de Clientes Satisfechos:** Que validen las cifras y expliquen su experiencia de primera mano.
- **Calcula el ROI en Diferentes Escenarios:** Presenta ejemplos para pequeñas, medianas y grandes empresas, o según tipos de usuarios.

Acción Inmediata:
Hoy mismo, crea una publicación que destaque un caso exitoso de ROI

con cifras específicas. Incluye un gráfico simple y un llamado a la acción claro, como "¿Quieres saber cómo esto puede funcionar para ti? Contáctanos ahora".

Consejo 163: Diseña Campañas que Utilicen Técnicas de Escasez

¿Qué significa?
La escasez es una técnica de persuasión que juega con el miedo a perder una oportunidad. Se basa en limitar la disponibilidad de un producto, servicio u oferta, lo que motiva a los clientes a actuar rápidamente antes de que desaparezca. Es una estrategia psicológica poderosa para impulsar decisiones rápidas.

¿Por qué es importante?
La percepción de escasez activa un sentido de urgencia en los clientes. Cuando algo es limitado, automáticamente se percibe como más valioso. Esto puede aumentar tanto el deseo por tu producto como la tasa de conversión, especialmente en un mercado saturado donde las opciones abundan.

¿Cómo hacerlo?

1. **Ofertas de Tiempo Limitado:**
   Crea promociones que expiren en un periodo corto, como "solo por 48 horas" o "válido hasta el viernes".
2. **Unidades Limitadas:**
   Destaca que solo hay un número reducido de productos disponibles, por ejemplo, "Solo 20 unidades restantes".
3. **Eventos Especiales:**
   Promueve lanzamientos exclusivos o ediciones limitadas de tus productos o servicios.
4. **Contadores de Tiempo:**
   Usa un temporizador en tus publicaciones o sitio web para mostrar el tiempo restante de la oferta.

5. **Promociones Exclusivas:**
   Ofrece descuentos o beneficios que solo estén disponibles para los primeros compradores o por invitación.

Ejemplo práctico:
Si tienes una tienda de ropa online:

- Publica una historia en Instagram diciendo: "Última oportunidad: solo quedan 10 piezas de nuestra chaqueta más vendida. ¡Cómprala antes de que se agote!".

Consejos Brutales:

- **Sé Transparente:** Si usas la escasez, asegúrate de que sea real. Si los clientes descubren que es una táctica falsa, perderás credibilidad.
- **Alinea la Escasez con tu Marca:** La exclusividad debe encajar con tu propuesta de valor. Por ejemplo, una marca de lujo puede utilizar la escasez para reforzar su prestigio.
- **Combina con Otros Elementos Persuasivos:** Integra testimonios de clientes satisfechos o datos sobre la alta demanda del producto para reforzar el impacto.

Acción Inmediata:
Crea una publicación hoy mismo que destaque una oferta por tiempo limitado. Usa un contador regresivo y asegúrate de incluir un llamado a la acción claro, como "Compra ahora antes de que sea tarde".

Consejo 164: Lanza Encuestas que Identifiquen Barreras para la Compra

¿Qué significa?
Las encuestas son una herramienta poderosa para descubrir por qué algunas personas no están comprando tus productos o servicios. Estas barreras pueden incluir precios, características, falta de confianza o incluso una necesidad no satisfecha. Al identificar estos obstáculos,

puedes ajustar tu estrategia para superar las objeciones y aumentar las conversiones.

¿Por qué es importante?

Entender por qué alguien no compra es tan valioso como saber por qué sí lo hace. Estas respuestas te brindan información directamente de tu audiencia para mejorar tu oferta, contenido o comunicación. Además, involucra a tu audiencia en el proceso de mejora, lo que puede generar mayor confianza y compromiso con tu marca.

¿Cómo hacerlo?

1. **Define tus Preguntas:**
   Enfócate en preguntas claras y específicas como:
   - "¿Qué te detiene de adquirir este producto?"
   - "¿Qué características te gustaría ver en este servicio?"
   - "¿El precio es un factor determinante para ti?"
2. **Elige una Plataforma:**
   Usa herramientas como Google Forms, encuestas en historias de Instagram, o encuestas interactivas en LinkedIn o Twitter.
3. **Sé Breve:**
   Limita la encuesta a 3-5 preguntas para aumentar la tasa de respuesta.
4. **Ofrece un Incentivo:**
   Motiva a tus seguidores a responder ofreciendo un descuento o acceso a contenido exclusivo a quienes participen.
5. **Analiza los Resultados:**
   Revisa las respuestas para identificar patrones o barreras recurrentes y prioriza las soluciones más factibles.

Ejemplo práctico:

Si tienes una tienda de cosméticos y observas pocas conversiones en una línea de productos:

- Crea una encuesta en Instagram con preguntas como:
   - "¿Qué buscas en un producto de cuidado facial?"
   - "¿Prefieres productos con envases reutilizables?"
   - "¿El precio te ha impedido probar esta línea?"

Consejos Brutales:

- **Muestra que Estás Escuchando:** Una vez recopilados los resultados, comparte lo que aprendiste y cómo piensas mejorar.
- **Segmenta las Encuestas:** Diseña preguntas específicas para diferentes segmentos de tu audiencia (nuevos clientes vs. recurrentes).
- **Actúa Rápido:** Usa los insights obtenidos para realizar cambios inmediatos y promocionar las mejoras.

Acción Inmediata:
Hoy mismo, diseña una encuesta corta que identifique posibles barreras para la compra. Compártela en tus redes sociales o envíala por correo a tu lista de contactos. Asegúrate de analizar las respuestas y planear cambios tangibles.

Consejo 165: Publica Historias Visuales que Representen los Beneficios de tu Oferta

¿Qué significa?
Una historia visual es una narrativa contada a través de imágenes, videos o gráficos, diseñada para mostrar cómo tu producto o servicio mejora la vida de tus clientes. Este enfoque va más allá de las características del producto: destaca los resultados y beneficios tangibles que tu oferta puede generar.

¿Por qué es importante?
Las personas conectan más profundamente con las historias que con los hechos. Ver cómo tu producto transforma la vida de alguien crea un impacto emocional que puede persuadir a otros a confiar en tu marca. Además, las imágenes y videos capturan la atención en redes sociales, haciendo que tus publicaciones sean más atractivas y compartibles.

¿Cómo hacerlo?

1. **Elige una Historia Real:**
   Identifica un cliente satisfecho y cuenta su experiencia, desde el

problema que enfrentaba hasta la solución que encontró en tu producto.

2. **Crea un Antes y Después:**
   Muestra el estado inicial del cliente antes de usar tu producto y cómo mejoró después. Utiliza imágenes o videos para enfatizar la transformación.

3. **Incorpora Testimonios:**
   Agrega citas o fragmentos de audio del cliente explicando cómo tu producto marcó la diferencia.

4. **Usa Elementos Visuales de Alta Calidad:**
   Invierte en imágenes nítidas y videos bien editados. Usa gráficos para resaltar datos clave, como el porcentaje de mejora o ahorro.

5. **Termina con una Llamada a la Acción:**
   Invita a tu audiencia a imaginarse logrando los mismos beneficios y guíalos hacia el siguiente paso, como visitar tu sitio web o comprar el producto.

Ejemplo práctico:
Si vendes una app de gestión del tiempo, una historia visual podría ser:

- **Antes:** Un video corto mostrando a un usuario abrumado por tareas y reuniones desorganizadas.
- **Después:** El mismo usuario sonriente, cumpliendo sus metas con más tiempo libre para disfrutar con su familia.
- **Testimonio:** Una frase destacada como: "Gracias a esta app, recuperé el control de mi vida y soy más productivo que nunca".

Consejos Brutales:

- **Hazlo Relatable:** Asegúrate de que la historia represente desafíos comunes para tu audiencia.
- **Simplifica el Mensaje:** No sobrecargues la historia con datos técnicos; enfócate en las emociones y resultados.
- **Usa el Formato Correcto:** Historias en video para Instagram Reels o TikTok, y carruseles de imágenes en LinkedIn o Facebook.

Acción Inmediata:
Hoy, selecciona un cliente feliz y crea una publicación visual que

destaque cómo tu producto solucionó su problema. Publica la historia en tus redes sociales y mide la interacción para evaluar su impacto.

Bloque 12: "Fidelización y Creación de Comunidades Exclusivas"

Consejo 166: Publica Historias que Destaquen a Miembros Activos de tu Comunidad

¿Qué significa?
Este consejo implica resaltar a los miembros más activos de tu comunidad en redes sociales, ya sea a través de historias, publicaciones o menciones. Es una forma de reconocer su participación y hacerlos sentir valorados como parte importante de tu marca.

¿Por qué es importante?
Cuando reconoces a los miembros activos de tu comunidad, refuerzas la conexión emocional con ellos y motivas a otros seguidores a interactuar más. Este tipo de contenido genera lealtad, aumenta el compromiso y humaniza tu marca.

¿Cómo hacerlo?

1. **Identifica a los Miembros Activos:**
   o Revisa tus comentarios, mensajes y menciones para encontrar a quienes interactúan regularmente con tus publicaciones.
2. **Crea Publicaciones Personalizadas:**
   o Diseña contenido visual o historias dedicadas a estos seguidores, mencionando cómo contribuyen positivamente a tu comunidad.
3. **Utiliza Formatos Visuales Atractivos:**
   o Usa fotos, videos o gráficos que incluyan capturas de pantalla de sus comentarios o ejemplos de su participación.

4. **Invítalos a Compartir su Historia:**
   o Pide a los miembros destacados que cuenten cómo tu marca ha impactado en sus vidas. Puedes compartir sus testimonios en tus redes.
5. **Ofrece Reconocimientos Especiales:**
   o Agradece públicamente su apoyo y considera darles acceso exclusivo a promociones, productos o eventos.

Ejemplo práctico:
Si eres dueño de una cafetería y tienes un cliente frecuente que siempre publica fotos de sus visitas, puedes compartir una publicación diciendo: "Hoy queremos agradecer a [nombre del cliente] por ser parte de nuestra familia cafetera. ¡Gracias por compartir tus momentos con nosotros!"

Consejos Brutales:

- **Crea un Programa de Embajadores:** Identifica a tus seguidores más comprometidos y conviértelos en embajadores de tu marca, ofreciéndoles beneficios exclusivos.
- **Reconoce a Todos los Niveles:** Además de destacar a los más activos, menciona ocasionalmente a nuevos seguidores o a aquellos que han comenzado a interactuar.
- **Hazlo Constante:** No dejes que esta práctica sea algo único; mantén un flujo regular de reconocimientos para mantener el interés.

Acción Inmediata:
Hoy mismo, selecciona a uno de tus seguidores más activos y crea una historia o publicación en tu perfil agradeciéndole por su apoyo. Añade un llamado a la acción para que otros seguidores también interactúen y puedan ser reconocidos en el futuro.

Consejo 167: Diseña Retos Exclusivos para Seguidores Fieles

¿Qué significa?

Crear retos exclusivos significa diseñar actividades o desafíos específicos para tus seguidores más leales. Estos retos pueden estar relacionados con tu producto, servicios o simplemente con la temática de tu marca, incentivando su participación activa y recompensando su fidelidad.

¿Por qué es importante?

Los retos exclusivos fortalecen la relación con tus seguidores fieles y les ofrecen una razón más para permanecer conectados con tu marca. Este tipo de interacción fomenta la comunidad y ayuda a que tus seguidores se sientan parte de algo especial, lo que incrementa su lealtad.

¿Cómo hacerlo?

1. **Conoce a Tu Audiencia Fiel:**
   o Identifica a los seguidores que constantemente interactúan contigo y analiza qué tipo de actividades podrían interesarles.
2. **Diseña Retos Temáticos:**
   o Relaciona los retos con valores de tu marca o con intereses de tu audiencia. Por ejemplo, si tienes una marca de deportes, organiza un reto de actividad física.
3. **Usa Formatos Creativos:**
   o Puedes hacer retos con fotos, videos, hashtags o incluso dinámicas interactivas en tus historias de Instagram o TikTok.
4. **Incentiva la Participación:**
   o Ofrece premios exclusivos como descuentos, acceso anticipado a nuevos productos o reconocimiento público en tus redes.
5. **Fomenta la Competencia Amistosa:**
   o Anima a los participantes a involucrarse con otros seguidores y crear un ambiente divertido y motivador.

Ejemplo práctico:
Si tienes una tienda de ropa sostenible, podrías lanzar un reto como:
"Crea tu mejor look sostenible con nuestras prendas. Sube tu foto con el
hashtag #RetoSostenible y gana un descuento del 20% en tu próxima
compra."

Consejos Brutales:

- **Crea Retos Periódicos:** Diseña un calendario para lanzar retos
  cada cierto tiempo y mantener el interés de tus seguidores.
- **Ofrece Recompensas Memorables:** Asegúrate de que las
  recompensas sean atractivas y alineadas con los intereses de tu
  audiencia fiel.
- **Incluye a la Comunidad:** Permite que otros seguidores voten
  por los mejores resultados o compartan sus experiencias
  relacionadas con el reto.

Acción Inmediata:
Crea un reto exclusivo para tus seguidores más fieles. Define las reglas,
el objetivo y el premio, y anúncialo en tus redes sociales hoy mismo.
Hazlo simple pero emocionante para garantizar la participación.

Consejo 168: Genera Encuestas para Premiar la Lealtad de tu Público

¿Qué significa?
Las encuestas que premian la lealtad son herramientas para interactuar
con tu audiencia y demostrarles que valoras su opinión. Estas encuestas
pueden ser sobre sus preferencias, experiencias pasadas o ideas para
futuros productos o servicios, con recompensas para quienes participen.

¿Por qué es importante?
Involucrar a tus seguidores a través de encuestas demuestra que te
importan sus opiniones, generando confianza y fortaleciendo la relación
con ellos. Además, las recompensas motivan la participación y hacen
que tus seguidores se sientan valorados, fomentando su fidelidad a largo
plazo.

¿Cómo hacerlo?

1. **Define el Propósito de la Encuesta:**
   o Decide si la encuesta será para conocer preferencias, medir satisfacción, o recoger ideas para nuevos productos.
2. **Haz Preguntas Relevantes:**
   o Asegúrate de que las preguntas sean claras, directas y relacionadas con los intereses de tu audiencia.
3. **Utiliza Herramientas Interactivas:**
   o Usa plataformas como Instagram Stories, Twitter Polls o Google Forms para hacer la experiencia más atractiva.
4. **Ofrece Recompensas Tangibles:**
   o Recompensa a los participantes con descuentos, acceso anticipado a lanzamientos o productos exclusivos.
5. **Agradece la Participación:**
   o Publica los resultados de la encuesta y agradece públicamente a tu audiencia por participar. Esto refuerza la conexión y les muestra que su opinión es valorada.

Ejemplo práctico:
Si eres dueño de un café, podrías lanzar una encuesta con preguntas como: "¿Qué nuevo sabor te gustaría que añadamos al menú?" Promete un descuento del 15% en la próxima visita a quienes participen en la encuesta.

Consejos Brutales:

- **Incluye Preguntas Abiertas:** Para obtener ideas frescas directamente de tus seguidores.
- **Hazlo Corto y Divertido:** Encuestas rápidas y atractivas generan más respuestas.
- **Muestra los Impactos Reales:** Si implementas una idea sugerida, anúncialo públicamente y agradece al participante que la propuso.

Acción Inmediata:
Lanza una encuesta simple en tus redes sociales hoy. Pregunta algo relevante para tus seguidores y ofrece una pequeña recompensa a

quienes participen. Usa los resultados para diseñar una acción concreta que impacte positivamente en tu audiencia.

Consejo 169: Lanza Campañas Basadas en Contenidos Privados para Seguidores

¿Qué significa?
Las campañas basadas en contenidos privados consisten en ofrecer acceso exclusivo a ciertos materiales, experiencias o productos solo a tus seguidores más comprometidos. Esto podría incluir transmisiones en vivo, guías descargables, promociones especiales o vistas previas de nuevos lanzamientos.

¿Por qué es importante?
El contenido privado crea un sentido de exclusividad que fomenta la lealtad. Además, los seguidores sienten que están recibiendo un trato especial, lo que fortalece su conexión emocional con tu marca y los motiva a participar más activamente.

¿Cómo hacerlo?

1. **Identifica a tu Público Objetivo:**
   o Determina qué seguidores tendrán acceso, como los que te siguen desde hace tiempo o quienes interactúan constantemente con tus publicaciones.
2. **Diseña Contenidos Exclusivos:**
   o Crea materiales que ofrezcan valor real, como tutoriales avanzados, contenido educativo o adelantos de productos.
3. **Elige la Plataforma Correcta:**
   o Usa herramientas como grupos privados de Facebook, listas de transmisión en WhatsApp, correos electrónicos personalizados o funciones de suscripción en Instagram.
4. **Promociona la Exclusividad:**
   o Anuncia el contenido privado en tus redes públicas y resalta los beneficios de ser parte del grupo exclusivo.
5. **Mide y Ajusta:**

o   Solicita feedback a los participantes para optimizar el contenido y la experiencia en futuras campañas.

Ejemplo práctico:
Si gestionas una tienda de ropa, podrías crear un grupo exclusivo en Instagram para tus mejores clientes. Comparte adelantos de nuevas colecciones, descuentos exclusivos y transmisiones en vivo donde expliques las tendencias actuales.

Consejos Brutales:

- **Crea un Sentido de Urgencia:** Limita el acceso al contenido exclusivo para incentivar la acción inmediata.
- **Segmenta a tus Seguidores:** Personaliza los contenidos según los intereses y preferencias de cada grupo.
- **Involucra a la Comunidad:** Permite que tus seguidores en el grupo exclusivo influyan en decisiones importantes, como el diseño de un producto.

Acción Inmediata:
Crea hoy un grupo privado en la plataforma que mejor funcione para tu nicho. Diseña una primera campaña con un adelanto exclusivo y promociona el acceso limitado en tus redes públicas.

Consejo 170: Publica Historias Basadas en el Agradecimiento a Clientes Frecuentes

¿Qué significa?
Las historias de agradecimiento son contenidos diseñados para reconocer y celebrar a tus clientes más leales. Este tipo de publicaciones destacan el impacto positivo que tus clientes tienen en tu marca, mostrando gratitud de una manera auténtica y pública.

¿Por qué es importante?
Reconocer a tus clientes frecuentes refuerza su lealtad y los motiva a continuar apoyándote. Además, crea un ejemplo positivo para otros seguidores, quienes pueden sentirse inspirados a convertirse también en

clientes recurrentes. Este gesto humaniza tu marca y fomenta una relación emocional con tu comunidad.

¿Cómo hacerlo?

1. **Selecciona a tus Clientes Frecuentes:**
   o Identifica a las personas que más han interactuado con tu marca, ya sea a través de compras, comentarios o compartiendo tu contenido.
2. **Crea una Historia Inspiradora:**
   o Comparte cómo tu producto o servicio ha impactado positivamente en la vida del cliente. Incluye detalles que resalten su conexión con tu marca.
3. **Involucra a tus Clientes:**
   o Pide permiso para usar sus historias o fotografías y dales la oportunidad de participar en la creación del contenido.
4. **Personaliza el Mensaje:**
   o Dirige la publicación directamente al cliente para que sienta que su lealtad ha sido notada y valorada.
5. **Invita a la Comunidad a Interactuar:**
   o Anima a otros seguidores a comentar, compartir y felicitar al cliente destacado.

Ejemplo práctico:
Si gestionas una cafetería, podrías compartir la historia de un cliente habitual, destacando cómo siempre pide el mismo café y cómo su presencia constante ha alegrado tus mañanas. Acompaña la publicación con una fotografía del cliente disfrutando de su bebida favorita.

Consejos Brutales:

- **Crea un Programa de Reconocimientos:** Destina una sección mensual en tus redes sociales para destacar a un cliente fiel.
- **Ofrece Beneficios Especiales:** Acompaña la publicación con un descuento o regalo exclusivo para el cliente destacado.
- **Usa Formatos Visuales Atractivos:** Combina texto, imágenes y videos para hacer la historia más memorable.

Acción Inmediata:
Hoy mismo, elige a un cliente frecuente y prepara un post de

agradecimiento. Incluye detalles de su historia y asegúrate de etiquetarlo en la publicación para aumentar la conexión emocional.

Consejo 171: Diseña Estrategias que Ofrezcan Beneficios Exclusivos

¿Qué significa?
Los beneficios exclusivos son recompensas únicas diseñadas para clientes leales, como descuentos, acceso temprano a productos o servicios, contenido exclusivo o experiencias VIP. Estas estrategias crean un sentimiento de pertenencia y valorización en tu comunidad.

¿Por qué es importante?
Cuando tus clientes sienten que reciben algo especial por ser parte de tu comunidad, aumenta su lealtad y compromiso con tu marca. Además, los beneficios exclusivos incentivan a los seguidores menos activos a involucrarse más para obtener esas recompensas.

¿Cómo hacerlo?

1. **Define los Beneficios:**
   o Piensa en lo que realmente valoran tus clientes. Puede ser acceso a preventas, descuentos exclusivos, productos personalizados o eventos privados.
2. **Crea un Programa de Fidelización:**
   o Diseña un sistema claro y sencillo que premie la lealtad, como puntos por compras o interacciones en redes sociales.
3. **Segmenta tu Público:**
   o Ofrece beneficios diferentes según el nivel de compromiso de cada cliente. Por ejemplo, para clientes frecuentes, da accesos VIP; para nuevos clientes, ofrece descuentos de bienvenida.
4. **Comunica Claramente las Ventajas:**
   o Asegúrate de explicar cómo acceder a los beneficios exclusivos y destaca su valor para motivar la participación.

5. **Hazlo Personal:**
   o Usa nombres, menciones y mensajes directos para personalizar las recompensas y hacerlas más impactantes.

Ejemplo práctico:
Si gestionas una tienda de ropa, puedes crear un programa donde los clientes que compran más de cinco veces al año accedan a ventas privadas con descuentos exclusivos antes de lanzamientos oficiales.

Consejos Brutales:

- **Crea Experiencias Memorables:** Ofrece eventos VIP o encuentros exclusivos para los clientes más fieles.
- **Hazlo Digital y Físico:** Combina beneficios online (códigos de descuento) con experiencias tangibles (productos personalizados).
- **Mide Resultados:** Usa métricas como la repetición de compras o la participación en campañas para ajustar y mejorar tus estrategias.

Acción Inmediata:
Diseña una oferta exclusiva para tus clientes más leales y compártela en redes sociales. Asegúrate de que sea limitada en tiempo para generar urgencia y aumentar la participación.

Consejo 172: Genera Retos que Inviten a Compartir Experiencias de la Comunidad

¿Qué significa?
Los retos que fomentan la participación de tu comunidad son actividades o desafíos diseñados para que tus seguidores compartan experiencias personales relacionadas con tu marca, producto o valores. Estos retos pueden incluir publicaciones en redes sociales, fotos, videos o historias.

¿Por qué es importante?
Involucrar a tu comunidad en retos no solo aumenta la interacción, sino que también crea un sentimiento de pertenencia. Además, al compartir

sus experiencias, tus seguidores se convierten en embajadores naturales de tu marca, ampliando tu alcance de manera orgánica.

¿Cómo hacerlo?

1. **Define el Propósito del Reto:**
   o Asegúrate de que el desafío esté alineado con los valores y objetivos de tu marca. Por ejemplo, si eres una empresa de alimentación saludable, el reto podría ser compartir recetas creativas usando tus productos.
2. **Hazlo Accesible:**
   o Diseña retos simples que todos puedan completar. Evita obstáculos complicados para que la mayor cantidad de personas participe.
3. **Incentiva la Participación:**
   o Ofrece recompensas atractivas, como descuentos, productos gratis o menciones especiales en tus redes sociales.
4. **Usa Hashtags Únicos:**
   o Crea un hashtag específico para el reto, que facilite encontrar y agrupar todas las participaciones.
5. **Involucra a Influencers:**
   o Colabora con influencers relevantes para que se unan al reto e inviten a sus seguidores a participar.
6. **Comparte y Celebra las Participaciones:**
   o Muestra las mejores entradas en tus redes sociales. Esto motiva a otros a participar y refuerza el sentido de comunidad.

Ejemplo práctico:
Si tienes una marca de ropa, podrías lanzar el reto "#MiEstiloConX" donde invites a los clientes a compartir fotos creativas usando tus prendas. Destaca las mejores publicaciones en tus historias o página principal.

Consejos Brutales:

- **Hazlo Regular:** Lanza retos mensuales o trimestrales para mantener el interés continuo de tu comunidad.

- **Incluye un Elemento Educativo:** Asegúrate de que los retos enseñen algo valioso relacionado con tu marca.
- **Fomenta la Creatividad:** Da libertad para que los participantes interpreten el reto a su manera, lo que genera contenido variado y auténtico.

Acción Inmediata:
Diseña un reto sencillo para tu comunidad hoy mismo. Publica una imagen o video explicativo, crea un hashtag único y comparte ejemplos para inspirar a tus seguidores a participar.

Consejo173: Publica Comparaciones Visuales Basadas en la Evolución de la Lealtad

¿Qué significa?
Este enfoque implica usar contenido visual para destacar cómo tus productos, servicios o comunidad han evolucionado gracias a la lealtad de tus seguidores. Las comparaciones visuales pueden incluir gráficos, fotografías de antes y después o historias de progreso.

¿Por qué es importante?
Mostrar la evolución de tu marca o comunidad refuerza el compromiso de tus seguidores. Además, genera un sentimiento de orgullo colectivo y confianza al evidenciar que tu crecimiento es resultado de su apoyo continuo.

¿Cómo hacerlo?

1. **Identifica los Momentos Clave:**
   o Selecciona hitos relevantes, como el lanzamiento de un producto, la apertura de una tienda, o el logro de un objetivo comunitario.
2. **Crea Contenidos Visuales Impactantes:**
   o Usa imágenes de antes y después, gráficos de crecimiento o comparaciones cronológicas.
3. **Destaca la Contribución de tu Comunidad:**

- Muestra cómo el apoyo de tus seguidores fue clave para cada logro. Por ejemplo, menciona el número de personas que participaron en un evento o que ayudaron a superar un reto.

4. **Usa Historias Personales:**
   - Incluye testimonios de clientes o colaboradores para humanizar la evolución.
5. **Comparte Proyecciones Futuras:**
   - Añade una sección que inspire a tu comunidad a seguir formando parte del crecimiento.

Ejemplo práctico:

Una marca de cosméticos podría mostrar imágenes del empaque de sus productos cuando comenzaron y cómo han evolucionado gracias al feedback de sus clientes. Podrían añadir datos como: "Gracias a más de 10,000 reseñas, hemos creado una fórmula aún más efectiva."

Consejos Brutales:

- **Involucra a los Seguidores:** Pide a tu audiencia que compartan sus experiencias personales con tu marca a lo largo del tiempo.
- **Hazlo Interactivo:** Usa encuestas o preguntas en historias para conocer qué hitos consideran más importantes.
- **Muestra el Proceso Creativo:** Comparte bocetos, prototipos o versiones preliminares de productos.

Acción Inmediata:

Elige un hito importante de tu marca y crea una publicación visual que compare cómo era antes y cómo es ahora. Asegúrate de incluir un mensaje que reconozca el papel de tu comunidad en ese progreso.

Consejo 174: Lanza Dinámicas que Destaquen el Valor de Pertenecer a un Grupo

¿Qué significa?

Estas dinámicas son actividades o iniciativas diseñadas para resaltar los beneficios y la importancia de formar parte de tu comunidad. Pueden incluir desafíos colectivos, reconocimientos grupales, o la creación de contenido en conjunto que fomente un sentido de pertenencia.

¿Por qué es importante?
Cuando las personas sienten que forman parte de algo más grande que ellas mismas, su compromiso crece exponencialmente. Este tipo de dinámicas genera fidelidad y transforma a los seguidores en defensores activos de tu marca. Además, promueve interacciones significativas entre los miembros de la comunidad.

¿Cómo hacerlo?

1. **Define un Propósito Común:**
   o Diseña una dinámica que tenga un objetivo compartido, como apoyar una causa, celebrar un logro o superar un reto colectivo.
2. **Hazlo Inclusivo:**
   o Asegúrate de que cualquier persona pueda participar sin importar su nivel de experiencia o acceso a recursos específicos.
3. **Crea un Hashtag o Identidad Única:**
   o Un hashtag distintivo o un tema visual unifica la dinámica y refuerza el sentido de grupo.
4. **Reconoce la Participación:**
   o Ofrece agradecimientos públicos, premios simbólicos o menciones especiales a los participantes más activos.
5. **Usa Historias Reales:**
   o Resalta ejemplos de cómo ser parte del grupo ha impactado positivamente en la vida de los miembros.

Ejemplo práctico:
Una marca de fitness podría lanzar el desafío "Transforma tu Día", donde los participantes comparten en redes sociales cómo están mejorando su rutina diaria con los productos de la marca, usando un hashtag común.

Consejos Brutales:

- **Fomenta el Trabajo en Equipo:** Crea actividades que requieran colaboración, como retos grupales o eventos en vivo.

- **Haz Seguimiento de la Dinámica:** Publica actualizaciones regulares sobre el progreso colectivo para mantener el interés.
- **Involucra a Líderes de Opinión:** Invita a personas influyentes dentro de tu comunidad a ser embajadores de la dinámica.

Acción Inmediata:
Lanza una encuesta en tus redes sociales para preguntar a tu comunidad qué tipo de dinámica grupal les gustaría realizar. Usa sus respuestas para diseñar una experiencia personalizada que refuerce el sentido de pertenencia.

Consejo 175: Genera Historias Visuales Basadas en las Conexiones de la Comunidad

¿Qué significa?
Este consejo consiste en crear contenido visual que celebre y documente las conexiones entre los miembros de tu comunidad. Puede incluir historias reales, interacciones significativas o momentos especiales que demuestren el impacto colectivo de pertenecer a tu grupo.

¿Por qué es importante?
Las historias visuales no solo son atractivas, sino que también humanizan tu marca y refuerzan los lazos entre los miembros de tu comunidad. Además, muestran al público externo que tu grupo es un espacio dinámico y valioso, atrayendo a nuevos seguidores.

¿Cómo hacerlo?

1. **Documenta Momentos Auténticos:**
   o Pide a los miembros de tu comunidad que compartan fotos o videos que muestren cómo interactúan con otros miembros o cómo tu marca ha impactado sus vidas.
2. **Destaca Historias Relevantes:**
   o Selecciona historias que reflejen valores importantes para tu comunidad, como apoyo mutuo, logros colectivos o transformaciones personales.
3. **Crea Contenido Visual Impactante:**

- o Usa herramientas como collages, videos breves o presentaciones de diapositivas para combinar diferentes contribuciones en un solo formato atractivo.
4. **Incorpora Citas o Mensajes Personales:**
   - o Agrega textos breves o citas de los participantes para darle un toque personal y emocional a las historias.
5. **Promueve la Participación Continua:**
   - o Invita a más miembros a compartir sus historias, fomentando una dinámica activa y sostenible.

Ejemplo práctico:

Una marca de turismo puede pedir a sus clientes que envíen fotos y anécdotas de sus viajes organizados. Luego, puede crear un video recopilatorio que muestre las experiencias únicas de cada uno, acompañado de música emotiva y un mensaje inspirador.

Consejos Brutales:

- **Usa el Formato Antes y Después:** Muestra cómo la conexión con tu comunidad o el uso de tus productos ha transformado positivamente a sus miembros.
- **Invierte en Calidad Visual:** Asegúrate de que las imágenes y videos recopilados sean de buena calidad para mantener un estándar profesional.
- **Etiqueta y Agradece:** Reconoce públicamente a las personas que comparten sus historias para fortalecer su compromiso.

Acción Inmediata:

Lanza una convocatoria en redes sociales para que los miembros de tu comunidad envíen fotos o videos de sus experiencias relacionadas con tu marca. Ofrece un pequeño incentivo, como menciones especiales o premios simbólicos, para animarlos a participar.

Consejo 176: Diseña Contenidos que Representen Celebraciones y Logros Grupales

¿Qué significa?

Este consejo se centra en crear contenido que celebre los hitos y logros alcanzados por tu comunidad como un colectivo. Esto puede incluir metas cumplidas, eventos exitosos o simples momentos de camaradería que refuercen el sentido de pertenencia.

¿Por qué es importante?

Celebrar logros grupales refuerza la cohesión y el compromiso de tu comunidad. Además, proyecta una imagen positiva y dinámica de tu marca, atrayendo a nuevos seguidores y clientes interesados en formar parte de un entorno inspirador y exitoso.

¿Cómo hacerlo?

1. **Identifica Hitos Relevantes:**
   o Enumera logros significativos, como alcanzar un número determinado de seguidores, completar un proyecto conjunto o participar en actividades sociales.
2. **Involucra a la Comunidad:**
   o Anima a tus seguidores a compartir cómo contribuyeron a estos logros y qué significan para ellos.
3. **Crea Contenido Visual de Celebración:**
   o Diseña publicaciones con gráficos festivos, videos resúmenes o imágenes grupales que reflejen el espíritu del logro.
4. **Usa Hashtags Específicos:**
   o Incluye hashtags relacionados con la celebración para aumentar la visibilidad y permitir que más personas se unan a la conversación.
5. **Agradece y Reconoce:**
   o Expresa tu gratitud a los miembros clave que hicieron posible el logro y destaca sus contribuciones públicamente.

Ejemplo práctico:
Un gimnasio que alcanza los 1,000 miembros activos puede organizar una sesión especial de entrenamiento grupal, compartir fotos del evento en sus redes sociales y publicar un video que muestre cómo la comunidad ha crecido y se ha fortalecido con el tiempo.

Consejos Brutales:

- **Crea Tradiciones Anuales:** Establece celebraciones recurrentes, como un "Día de la Comunidad", para mantener el entusiasmo año tras año.
- **Dale Espacio a la Comunidad para Expresarse:** Incluye encuestas o mensajes abiertos donde los miembros puedan compartir cómo les hace sentir el logro colectivo.
- **Organiza Dinámicas Participativas:** Planea actividades relacionadas con la celebración, como concursos o eventos en vivo.

Acción Inmediata:
Hoy mismo, identifica un hito que valga la pena celebrar con tu comunidad. Diseña una publicación visual atractiva y acompáñala con un mensaje de agradecimiento que destaque las contribuciones colectivas.

Consejo 177: Publica Retos que Premien la Participación Constante

¿Qué significa?
Se trata de crear dinámicas que recompensen a los miembros más activos de tu comunidad, incentivando la interacción constante y fortaleciendo su compromiso con tu marca.

¿Por qué es importante?
Los retos con premios generan emoción, aumentan la participación y refuerzan la relación entre tu marca y tu comunidad. Además, motivan a otros seguidores a involucrarse, creando un círculo de interacción constante y positiva.

¿Cómo hacerlo?

1. **Define el Objetivo del Reto:**
   - ¿Buscas aumentar comentarios, compartidos o generación de contenido? Establece metas claras.
2. **Diseña el Formato del Reto:**
   - Ejemplos incluyen compartir fotos relacionadas con tu producto, responder preguntas sobre tu marca o completar tareas específicas en redes sociales.
3. **Establece Reglas Sencillas y Claras:**
   - Asegúrate de que los participantes entiendan fácilmente cómo participar y qué pueden ganar.
4. **Ofrece Premios Atractivos:**
   - Premios tangibles como productos gratuitos o experiencias exclusivas funcionan bien. También puedes ofrecer reconocimientos públicos o descuentos exclusivos.
5. **Promociona el Reto de Forma Estratégica:**
   - Usa todos tus canales digitales, desde publicaciones hasta historias, para dar visibilidad al reto y atraer más participantes.
6. **Fomenta la Participación con Ejemplos:**
   - Muestra cómo participar a través de publicaciones iniciales que sirvan de guía.

Ejemplo práctico:
Una marca de ropa deportiva podría lanzar un reto de "30 días de ejercicio", invitando a los seguidores a compartir fotos o videos usando su equipamiento. Al final del reto, premian al participante más constante con un set completo de ropa deportiva.

Consejos Brutales:

- **Crea un Hashtag Único:** Facilita el seguimiento del reto con un hashtag específico, como #RetoDeTuMarca.
- **Incluye Reconocimientos Semanales:** Destaca la participación de ciertos usuarios durante el reto para mantener el interés.
- **Asocia el Reto con Valores de Tu Marca:** Esto refuerza tu mensaje y posicionamiento mientras interactúas con tu comunidad.

Acción Inmediata:
Diseña un reto sencillo que puedas implementar en los próximos días.
Publica un anuncio explicativo con las reglas y el premio, e invita a tus
seguidores a participar utilizando un hashtag especial.

Consejo 178: Lanza Encuestas para Descubrir Preferencias de la Comunidad

¿Qué significa?
Las encuestas son herramientas simples pero poderosas para recopilar
información directa sobre los gustos, intereses y necesidades de tu
audiencia. Al usarlas estratégicamente, puedes identificar qué esperan de
tu marca y adaptar tus estrategias para satisfacer sus demandas.

¿Por qué es importante?
Las decisiones basadas en datos reales tienen más probabilidades de
éxito. Además, involucrar a tu comunidad en el proceso de creación
genera una sensación de pertenencia y aumenta el compromiso con tu
marca.

¿Cómo hacerlo?

1. **Define el Propósito de la Encuesta:**
   - Decide si quieres explorar preferencias sobre nuevos
     productos, formatos de contenido o temas relevantes para
     tu audiencia.
2. **Elige la Plataforma Ideal:**
   - Usa Instagram Stories, encuestas de Twitter, formularios
     en Google Forms o herramientas de plataformas como
     LinkedIn, según dónde esté tu público.
3. **Haz Preguntas Breves y Claras:**
   - Usa preguntas directas y fáciles de responder para evitar
     confusión. Ejemplo: "¿Qué contenido prefieres: tutoriales
     o entrevistas?"
4. **Ofrece Opciones Limitadas:**
   - Limita las respuestas a un máximo de 3-4 opciones para
     simplificar la toma de decisiones.

5. **Agradece y Comparte Resultados:**
   o Publica un resumen de los resultados y explica cómo planeas usarlos para mejorar la experiencia de tu comunidad.

Ejemplo práctico:
Una tienda de cosméticos podría preguntar: "¿Qué producto deberíamos lanzar a continuación?" con opciones como "Labiales Mate", "Sombras de Ojos" o "Cremas Hidratantes". Al usar las respuestas para decidir, la marca muestra que valora las opiniones de su audiencia.

Consejos Brutales:

- **Involucra a la Comunidad en Decisiones Importantes:** Si vas a lanzar un nuevo producto o campaña, deja que tu audiencia participe en los detalles, como elegir el nombre o los colores.
- **Haz Seguimiento a los Participantes Activos:** Agradece individualmente a quienes responden con mayor frecuencia para fortalecer su conexión con tu marca.
- **Combina Encuestas con Incentivos:** Ofrece un descuento o entrada a un sorteo para quienes participen en encuestas más extensas.

Acción Inmediata:
Crea una encuesta rápida en tu plataforma más activa. Haz una pregunta sobre un aspecto específico de tu marca y publica los resultados en un par de días para demostrar que sus opiniones son valoradas.

Consejo 179: Genera Campañas Basadas en la Colaboración entre Seguidores

¿Qué significa?
Las campañas colaborativas permiten que tus seguidores trabajen juntos para lograr un objetivo común relacionado con tu marca. Estas iniciativas aprovechan la creatividad colectiva y fortalecen los lazos entre los miembros de tu comunidad.

¿Por qué es importante?

La colaboración fomenta un sentido de pertenencia y transforma a tus seguidores en embajadores de tu marca. Además, genera contenido auténtico y diverso, ya que cada participante aporta su perspectiva única.

¿Cómo hacerlo?

1. **Define un Objetivo Común:**
   - Puede ser crear un mural digital, diseñar un producto o lanzar una campaña de concienciación.
2. **Establece Directrices Claras:**
   - Proporciona instrucciones detalladas para que todos los participantes sepan qué hacer y cómo contribuir.
3. **Crea un Hashtag Oficial:**
   - Facilita la recopilación de participaciones y da visibilidad al proyecto.
4. **Promueve la Participación Activa:**
   - Anima a los seguidores a compartir sus ideas, votar por las mejores propuestas o colaborar en equipos.
5. **Reconoce las Contribuciones:**
   - Muestra el trabajo de los participantes en tus plataformas y otorga premios o menciones especiales a las mejores contribuciones.

Ejemplo práctico:

Una marca de moda sostenible puede lanzar una campaña para que los seguidores diseñen una prenda inspirada en valores ecológicos. Los participantes pueden enviar bocetos o votar por los diseños finalistas, y la prenda ganadora se producirá y comercializará con el nombre del creador.

Consejos Brutales:

- **Fomenta la Diversidad de Ideas:** Acepta contribuciones de diferentes grupos demográficos para enriquecer el resultado final.
- **Ofrece Reconocimiento Público:** Destaca a los participantes más activos con menciones en redes sociales o en tu sitio web.
- **Facilita Herramientas para Colaborar:** Usa plataformas como Canva para proyectos creativos o Google Docs para ideas grupales.

Acción Inmediata:
Crea una publicación invitando a tus seguidores a participar en una iniciativa colaborativa. Proporciona un objetivo claro, las directrices necesarias y un incentivo para quienes contribuyan al proyecto.

Consejo 180: Diseña Estrategias que Inspiren la Expansión de la Comunidad

¿Qué significa?
Este consejo se centra en crear iniciativas que no solo retengan a tus seguidores actuales, sino que los motiven a invitar a otros a unirse a tu comunidad. La expansión orgánica a través de tus seguidores leales refuerza el sentido de pertenencia y aumenta tu alcance de manera auténtica.

¿Por qué es importante?
Una comunidad activa y en crecimiento es un indicador de éxito en redes sociales. Más seguidores no solo incrementan tu audiencia potencial, sino que también generan un efecto de validación social que atrae a nuevos miembros interesados en formar parte de algo especial.

¿Cómo hacerlo?

1. **Crea Programas de Referidos:**
   o Ofrece recompensas a quienes inviten a amigos a seguirte o participar en tus iniciativas.
2. **Diseña Contenidos Compartibles:**
   o Publica memes, infografías o desafíos que tus seguidores quieran compartir con su red.
3. **Fomenta las Colaboraciones:**
   o Invita a tus seguidores a crear contenido en conjunto contigo y a etiquetar a sus amigos en las publicaciones.
4. **Celebra la Comunidad:**
   o Organiza eventos digitales o sorteos exclusivos para seguidores, incentivando a más personas a unirse.
5. **Impulsa Historias Inspiradoras:**

o Comparte testimonios de seguidores que han tenido experiencias positivas con tu marca, motivando a otros a querer ser parte de esa narrativa.

Ejemplo práctico:
Una marca de bienestar puede lanzar un reto de meditación grupal donde los participantes inviten a sus amigos a meditar juntos y compartir sus logros con un hashtag especial. Cada invitación podría sumar puntos para ganar acceso a sesiones exclusivas o productos gratuitos.

Consejos Brutales:

- **Aprovecha la Exclusividad:** Ofrece contenido, eventos o descuentos exclusivos para nuevos miembros referidos por seguidores existentes.
- **Usa Herramientas de Crecimiento:** Implementa widgets o enlaces directos para facilitar las invitaciones desde redes sociales o correos electrónicos.
- **Haz Viral la Participación:** Crea un sentido de urgencia o diversión que motive a los seguidores a actuar rápido e invitar a otros.

Acción Inmediata:
Diseña una publicación hoy mismo que motive a tus seguidores a invitar a amigos a unirse a tu comunidad. Usa una combinación de incentivos y un llamado a la acción poderoso para maximizar la participación.

Bloque 13: "Gestión de Crisis y Reputación Digital"

Consejo 181: Cómo Manejar a los Haters y Clientes Problemáticos con Maestría (2 en 1)

¿Qué significa?
En el mundo de las ventas y la presencia en línea, no todos los comentarios y clientes serán positivos. Los haters, los clientes difíciles y las críticas negativas son una parte inevitable del proceso. Sin embargo, en lugar de verlos como un obstáculo, es crucial saber cómo manejarlos de manera estratégica y constructiva. Al gestionar la crítica de manera adecuada, no solo proteges tu reputación, sino que también puedes convertir una experiencia negativa en una oportunidad de crecimiento y mejora. Este proceso requiere una combinación de empatía, profesionalismo y, sobre todo, un enfoque centrado en la mejora continua.

¿Por qué es importante?
Responder de manera eficiente a los haters y clientes problemáticos no solo mitiga los efectos negativos, sino que también aumenta tu credibilidad y proyecta una imagen de responsabilidad. Ignorar las críticas o caer en confrontaciones puede amplificar el problema, pero si sabes manejar la situación con tacto, puedes llegar a convertir clientes insatisfechos (e incluso haters) en defensores leales de tu marca. Además, una respuesta bien gestionada puede mostrarle a tu comunidad que estás dispuesto a escuchar, mejorar y a manejar las situaciones difíciles con madurez.

1. **¿Cómo hacerlo?**
    1. **Identifica a los Clientes Problemáticos y Haters desde el Principio**

2. El primer paso es detectar a los clientes que realmente aportarán valor y aquellos que no lo harán. Los clientes que constantemente cuestionan el valor de tu producto o tienen expectativas irreales pueden ser una señal de alerta. Lo mismo ocurre con los haters: su crítica rara vez tiene que ver con el producto en sí, sino con ellos mismos. Detectarlos a tiempo y descartar a aquellos que no encajan en tu visión te ahorrará tiempo y energía valiosos.

3. **No Tomes la Crítica de Forma Personal**

4. Las críticas de los haters a menudo lo que proyectan son sus propias frustraciones o inseguridades. No dejes que sus comentarios te afecten emocionalmente. Toma un paso atrás, respira y recuerda que no todos los comentarios negativos reflejan la realidad de tu negocio.

   2. Actúa Rápidamente

5. Responde a los comentarios negativos o ataques de manera rápida. Cuanto más tiempo pase sin una respuesta, más potencial tiene el comentario negativo para crecer y volverse un problema. Responde dentro de las primeras 24 horas para demostrar que estás atento y dispuesto a resolver cualquier inconveniente. Ignorar el problema solo genera más desconfianza.

   3. Escucha y Comprende Antes de Responder

6. Tómate el tiempo para escuchar lo que el cliente o el hater está diciendo. A veces, la crítica, aunque mal expresada, puede contener información valiosa sobre lo que puede mejorar. En lugar de reaccionar impulsivamente, analiza la crítica y responde de manera que muestre que comprendes y te importa el punto de vista del otro. Esto no solo demuestra madurez, sino también tu compromiso por mejorar.

7. **Sé Empático y Respetuoso:**
   Responde siempre con empatía. Incluso si no estás de acuerdo con el comentario, muestra respeto por la opinión del cliente o seguidor. Un ejemplo efectivo podría ser: "Lamentamos que tu experiencia no haya sido la esperada. Apreciamos tu retroalimentación y estamos comprometidos a mejorar". Asegúrate de que tu tono sea profesional y accesible, para que el cliente se sienta valorado, no atacado.

8. **Ofrece Soluciones Claras y Acciones**
   Cuando un cliente o hater señala un problema, ofrece una solución clara. Si el cliente tiene una queja válida, muestra los

pasos específicos que tomarás para resolverla. Esto no solo demuestra que estás dispuesto a hacer todo lo posible por enmendar la situación, sino que también muestra a los demás seguidores que tienes un compromiso genuino con la calidad. Si es necesario, invita al cliente a continuar la conversación en privado para evitar un debate público.

9. **No Entres en Conflictos Públicos**
Evita caer en confrontaciones o discusiones públicas. Los haters a menudo buscan reacciones intensas y tratar de ganar una discusión en redes sociales rara vez termina bien. En lugar de eso, mantén la calma, responde con hechos y, si la conversación se pone demasiado tensa, invita al cliente o seguidor a hablar en privado. Esto no solo desactiva la confrontación, sino que también mantiene una imagen profesional.

4. Transforma la Crítica en una Oportunidad de Visibilidad

10. Si manejas bien una crítica pública, puedes convertirla en una oportunidad para demostrar la calidad de tu servicio al cliente. Las respuestas inteligentes y bien estructuradas no solo muestran que puedes manejar las críticas, sino que también te posicionan como una marca confiable y madura. La crítica pública gestionada correctamente puede aumentar la visibilidad de tu marca de manera positiva.

5. Fíjate en el Cliente que Nunca Está Satisfecho

11. Si un cliente constantemente se queja, pide más de lo que se le prometió o busca descuentos injustificados, es una señal de que no está dispuesto a colaborar. Estos clientes pueden consumir mucha de tu energía y recursos sin generar ningún valor. En lugar de seguir perdiendo tiempo con ellos, descártalos de manera educada pero firme.

6. Utiliza la Crítica para Mejorar

12. Los comentarios negativos son una fuente invaluable de retroalimentación. Si varias personas mencionan el mismo problema, significa que hay algo que debes cambiar. Usar estas críticas como herramienta para mejorar tus procesos es una de las maneras más poderosas de crecer. Agradece las críticas constructivas y muéstrales a los clientes que su opinión realmente cuenta.

Ejemplo Práctico:
Comentario: "Este producto es una completa decepción. No cumplió lo que prometieron y siento que perdí mi dinero."
Respuesta: "Gracias por compartir tu experiencia. Lamentamos que no hayas quedado satisfecho con el producto. Queremos saber más sobre tu experiencia y cómo podemos mejorar. ¿Te gustaría hablar más sobre cómo podemos resolverlo? Estamos comprometidos a garantizar que nuestros clientes estén completamente satisfechos."

Consejos Brutales:

1. **Haz que tu Audiencia Te Vea Como Líder**
   Responder a los haters con calma, profesionalismo y empatía te posiciona como un líder que sabe manejar la adversidad. No se trata solo de resolver el conflicto, sino de hacerlo de una manera que inspire respeto y admiración.
2. **Refuerza tu Credibilidad con Transparencia**
   Cuando haya un problema real, sé transparente. Si cometiste un error, reconócelo y muestra cómo lo solucionarás. La transparencia y la integridad siempre reforzarán tu reputación y fortalecerán la lealtad de tus clientes.
3. **No Cedas a la Provocación**
   Los haters a menudo intentan provocar reacciones desmedidas. Mantén el control emocional y recuerda que no todos los comentarios negativos requieren respuesta. A veces, lo mejor es simplemente dejar que el comentario se desvanezca sin tu intervención.

Acción Inmediata:
Revisa las interacciones en tus redes sociales y evalúa si hay comentarios negativos o haters que necesitan una respuesta. Si es así, aplica las estrategias mencionadas con profesionalismo, empatía y soluciones claras. Recuerda que cada crítica es una oportunidad para mejorar y fortalecer tu marca.

Consejo 182: Diseña Historias que Enfatizan la Transparencia de tu Marca

¿Qué significa?

La transparencia es un valor fundamental para construir confianza y lealtad en tu audiencia. Crear historias que resalten la honestidad y autenticidad de tu marca permite a tus seguidores conectarse contigo de manera más profunda, mostrando que no tienes nada que esconder y que valoras la claridad en tus operaciones.

¿Por qué es importante?

En un mundo donde las personas desconfían de las marcas que parecen inaccesibles o poco claras, la transparencia se convierte en una ventaja competitiva. Compartir tus procesos, decisiones e incluso tus errores demuestra integridad y genera confianza. Además, esta práctica humaniza tu negocio y lo hace más relatable para tu público.

¿Cómo hacerlo?

1. **Muestra el Proceso Detrás de tus Productos:**
   Comparte imágenes, videos o publicaciones sobre cómo fabricas tus productos, seleccionas ingredientes o gestionas tu equipo.
2. **Habla Abiertamente de tus Retos:**
   Compartir desafíos o errores y cómo los has superado demuestra madurez y responsabilidad.
3. **Explica tus Decisiones de Negocio:**
   Por ejemplo, si aumentas precios o cambias políticas, explica claramente las razones detrás de estas decisiones.
4. **Involucra a tu Audiencia:**
   Pide su opinión en decisiones importantes. Esto no solo refuerza la transparencia, sino que también aumenta el engagement.
5. **Comparte tus Valores y Acciones Éticas:**
   Habla sobre cómo implementas prácticas sostenibles, apoyas a tu comunidad o fomentas un entorno de trabajo positivo.

Ejemplo práctico:

Publicación:

"Queremos ser completamente honestos con ustedes. Hemos decidido aumentar ligeramente el precio de nuestros productos porque estamos utilizando materiales más sostenibles que respetan el medio ambiente. Este cambio es crucial para alinearnos con nuestros valores y ofrecerles productos que hagan bien al planeta. ¡Gracias por ser parte de este viaje con nosotros!"

Consejos Brutales:

- **Documenta Momentos Claves:** Graba videos o toma fotos durante momentos importantes, como la creación de un nuevo producto o el inicio de una colaboración.
- **Comparte Impacto Real:** Si afirmas ser sostenible o ético, respáldalo con datos y ejemplos concretos.
- **No Temas a la Vulnerabilidad:** Reconocer fallos y cómo los corriges muestra autenticidad y fortalece la conexión emocional.

Acción Inmediata:
Publica hoy una historia que muestre algo poco conocido sobre tu marca: ya sea un error que hayas superado, una práctica ética que implementas o un proceso que garantice calidad. Acompaña la publicación con imágenes auténticas que refuercen tu mensaje.

Consejo 183: Lanza Encuestas para Recibir Feedback Constructivo

¿Qué significa?
Las encuestas son herramientas poderosas para recopilar opiniones, identificar áreas de mejora y entender mejor las expectativas de tu audiencia. Al solicitar su feedback, no solo mejoras tu oferta, sino que también fortaleces la relación con tus seguidores al demostrar que valoras su opinión.

¿Por qué es importante?
El feedback directo de tus clientes y seguidores te permite adaptarte rápidamente a sus necesidades y deseos. Además, al hacerlos partícipes en el crecimiento de tu marca, construyes una comunidad más leal y comprometida. Mostrar que tomas en cuenta sus opiniones refuerza tu autenticidad y credibilidad.

¿Cómo hacerlo?

1. **Utiliza Herramientas Simples y Accesibles:**
   Redes sociales como Instagram, Twitter y Facebook ofrecen opciones de encuestas interactivas. También puedes usar plataformas externas como Google Forms para recopilar datos más detallados.
2. **Haz Preguntas Específicas y Directas:**
   Evita preguntas generales como "¿Qué opinas de nuestra marca?". En su lugar, pregunta: "¿Qué producto te gustaría ver en nuestra próxima colección?".
3. **Ofrece Opciones Claras y Concisas:**
   Facilita el proceso de respuesta presentando opciones claras. Por ejemplo, para un menú de restaurante, podrías preguntar: "¿Qué preferirías ver en el menú de verano? A) Platos veganos B) Opciones bajas en calorías C) Comidas tradicionales".
4. **Incentiva la Participación:**
   Ofrece un pequeño incentivo, como un descuento o la posibilidad de participar en un sorteo, para motivar a tu audiencia a compartir su opinión.
5. **Demuestra que el Feedback Importa:**
   Después de recopilar las respuestas, comparte los resultados y explica cómo piensas implementarlos.

Ejemplo práctico:
Publicación en Instagram Stories:
"¡Queremos escucharte! 🗣 ¿Qué tema te gustaría que abordemos en nuestro próximo webinar?
A) Consejos de productividad
B) Herramientas digitales para emprendedores
C) Estrategias de marketing en redes sociales
¡Vota ahora y ayúdanos a crear contenido que te inspire!"

Consejos Brutales:

- **Hazlo una Práctica Regular:** Realiza encuestas de forma periódica para estar al día con las expectativas cambiantes de tu audiencia.
- **Sé Transparente:** Comparte cómo las respuestas influirán en tus decisiones. Esto refuerza la confianza y el compromiso.

- **Usa Preguntas Abiertas:** Complementa tus encuestas con una opción para respuestas abiertas que permitan a tus seguidores expresarse más libremente.

Acción Inmediata:
Hoy mismo, lanza una encuesta breve en tus redes sociales o por correo electrónico. Formula una pregunta relevante para tu próxima estrategia o producto, y promete compartir los resultados con tu comunidad.

Consejo 184: Publica Contenidos que Destaquen tu Capacidad de Resolver Problemas

¿Qué significa?
Este consejo se centra en mostrar cómo tu producto, servicio o marca puede solucionar problemas reales que enfrenta tu audiencia. Más que promocionar, se trata de demostrar con ejemplos concretos cómo puedes mejorar su vida, responder a sus necesidades o superar desafíos específicos.

¿Por qué es importante?
Las personas buscan soluciones claras y efectivas a sus problemas, y conectar tus ofertas con esos retos es clave para ganar su confianza. Al destacar tu capacidad de resolver problemas, te posicionas como un aliado, no solo como un vendedor, lo que incrementa la lealtad y la probabilidad de conversión.

¿Cómo hacerlo?

1. **Identifica los Problemas Más Relevantes:**
   Investiga cuáles son las dificultades más comunes en tu audiencia. Esto lo puedes hacer analizando comentarios, encuestas o tendencias de búsqueda.
2. **Ofrece Ejemplos Prácticos:**
   Comparte casos de estudio, testimonios o historias reales que muestren cómo has ayudado a otros en situaciones similares.

3. **Crea Contenido Instructivo:**
   Publica tutoriales, guías paso a paso o videos explicativos que detallen cómo utilizar tu producto o servicio para solucionar un problema específico.
4. **Usa Comparativas Visuales:**
   Muestra el "antes" y el "después" de usar tu producto. Los resultados tangibles generan confianza.
5. **Apoya con Datos y Pruebas:**
   Incluye estadísticas, datos o certificaciones que respalden tu capacidad para cumplir lo que prometes.

Ejemplo práctico:
Si vendes herramientas de organización personal, crea un video titulado: "Cómo transformar tu espacio de trabajo en 3 simples pasos". En el video, muestra un escritorio desordenado que se convierte en un espacio limpio y eficiente con la ayuda de tus productos, explicando cada paso del proceso.

Consejos Brutales:

- **Destaca Casos de Éxito:** Crea una serie de publicaciones en las que presentes cómo tus clientes han superado sus problemas gracias a ti.
- **Usa un Lenguaje Claro y Relatable:** Habla directamente a tu audiencia con términos que ellos usen para describir sus problemas.
- **Adapta el Contenido a Diferentes Plataformas:** Usa historias en Instagram para tutoriales rápidos, publicaciones en LinkedIn para estudios detallados, y videos en TikTok para ejemplos visuales impactantes.

Acción Inmediata:
Elige un problema que tu audiencia enfrente con frecuencia y crea una publicación que detalle exactamente cómo tu marca puede resolverlo. Asegúrate de incluir imágenes o ejemplos reales para reforzar tu mensaje.

Consejo 185: Genera Retos que Inviten a Reflexionar sobre la Importancia de la Honestidad

¿Qué significa?

Este consejo trata de diseñar dinámicas que lleven a tu audiencia a valorar la honestidad como un pilar esencial en sus vidas y decisiones. No se trata solo de hablar sobre transparencia, sino de invitar a reflexionar a través de retos interactivos que involucren experiencias personales o dilemas comunes.

¿Por qué es importante?

En un mundo donde la confianza en las marcas está constantemente bajo escrutinio, demostrar integridad puede ser un diferenciador clave. Al fomentar la honestidad, no solo fortaleces tu relación con la audiencia, sino que también posicionas tu marca como auténtica, confiable y orientada a valores.

¿Cómo hacerlo?

1. **Diseña Retos Sencillos y Significativos:**
   Crea retos como compartir un momento en que la honestidad cambió su vida o resolvió un conflicto. Usa hashtags únicos para facilitar la participación.
2. **Conecta con Historias Inspiradoras:**
   Comparte anécdotas reales, ya sea tuyas, de tu equipo o de clientes, que muestren el impacto positivo de ser honesto en situaciones difíciles.
3. **Lleva el Reto a la Acción:**
   Propón actividades concretas como "Etiqueta a alguien con quien hayas sido totalmente honesto esta semana" o "Publica una acción de honestidad que hayas realizado recientemente".
4. **Recompensa la Participación:**
   Ofrece incentivos simbólicos o tangibles a quienes participen. Esto puede incluir menciones destacadas en tus publicaciones, descuentos o acceso a contenido exclusivo.
5. **Usa Formatos Interactivos:**
   Publica encuestas, vídeos interactivos o historias donde tu

audiencia pueda elegir qué harían en situaciones que ponen a prueba la honestidad.

Ejemplo práctico:
Si tienes una marca de productos sostenibles, lanza un reto titulado: "#HonestidadConElPlaneta". Pide a tus seguidores que compartan una acción que hayan tomado para cuidar el medio ambiente, junto con una reflexión sobre cómo esa decisión refleja sus valores.

Consejos Brutales:

- **Fomenta la Autoevaluación:** Invita a la audiencia a responder preguntas como: "¿En qué área de tu vida podrías ser más honesto contigo mismo o con los demás?"
- **Aborda Situaciones Reales:** Publica casos en los que la falta de honestidad haya generado problemas y reflexiona sobre cómo podrían haberse resuelto con transparencia.
- **Integra a tu Equipo:** Que los miembros de tu equipo compartan ejemplos de cómo practican la honestidad dentro de la empresa, fortaleciendo la conexión humana con tu marca.

Acción Inmediata:
Publica hoy mismo un reto breve en tus historias de Instagram. Por ejemplo: "Comparte en un mensaje privado algo honesto que nunca te has atrevido a decir y cuéntanos cómo te sientes al liberarte". Aprovecha las respuestas para generar contenido anónimo que inspire a otros.

Consejo 186: Diseña Videos que Representen Momentos de Aprendizaje y Mejora

¿Qué significa?
Este consejo se enfoca en crear contenido que muestre cómo tu marca, productos o servicios han contribuido a superar desafíos y generar aprendizaje en tu comunidad. Los videos son un medio poderoso para narrar estas historias, combinando elementos visuales y emocionales que cautivan y resuenan con la audiencia.

¿Por qué es importante?

Los momentos de aprendizaje y mejora son universales y profundamente humanos. Mostrar cómo tu marca apoya estos procesos refuerza tu credibilidad, inspira confianza y motiva a los espectadores a relacionarse con tus valores y soluciones. Además, este tipo de contenido es altamente compartible, lo que amplifica tu alcance.

¿Cómo hacerlo?

1. **Céntrate en Historias Reales:**
   Destaca casos auténticos de clientes, colaboradores o incluso de tu propia experiencia como marca. Asegúrate de resaltar el desafío, el aprendizaje y la solución.
2. **Incluye Elementos Visuales Impactantes:**
   Usa gráficos, clips de video o animaciones que refuercen el mensaje de superación. Por ejemplo, transiciones que muestren el "antes y después" de un cambio significativo.
3. **Mantén el Mensaje Positivo:**
   Aunque es importante abordar los desafíos, el enfoque debe estar en la mejora y en cómo los problemas pueden resolverse con tu ayuda.
4. **Crea Videos Cortos pero Poderosos:**
   En plataformas como Instagram y TikTok, el tiempo es limitado. Cuenta la historia en menos de un minuto con un inicio claro, un desarrollo atractivo y un desenlace inspirador.
5. **Involucra a tu Comunidad:**
   Invita a tus seguidores a compartir sus propios momentos de aprendizaje y crea videos colaborativos que celebren estas experiencias.

Ejemplo práctico:

Si eres una marca de software de productividad, crea un video mostrando a un cliente que pasó de sentirse abrumado por sus tareas diarias a lograr una organización eficiente gracias a tu aplicación. Usa gráficos que ilustren su progreso, acompañados de una narración emotiva.

Consejos Brutales:

- **Usa Música Motivadora:** Elige una banda sonora que complemente la narrativa y refuerce las emociones positivas.
- **Resalta el Papel de tu Marca sin Exagerar:** La historia debe ser el centro, mientras que tu producto se muestra como un facilitador, no como el protagonista.
- **Segmenta tu Audiencia:** Adapta los ejemplos y las historias a diferentes grupos dentro de tu audiencia para lograr una mayor conexión.

Acción Inmediata:
Hoy mismo, elige una experiencia de mejora que hayas vivido o que alguien haya compartido sobre tu producto. Escribe un guion breve para un video y comienza a grabarlo con tu móvil o herramientas de edición simples. Publica el contenido en tus plataformas principales con un título impactante como: "Transformar retos en oportunidades: una historia real".

Consejo 187: Lanza Campañas Basadas en la Reconstrucción de Confianza

¿Qué significa?
Este consejo consiste en diseñar campañas que aborden directamente situaciones en las que tu marca necesite recuperar o fortalecer la confianza de tu audiencia. La transparencia, la empatía y la acción son pilares clave en este tipo de campañas, que deben demostrar compromiso genuino con tus clientes.

¿Por qué es importante?
La confianza es uno de los activos más valiosos en cualquier relación entre marca y cliente. Si alguna vez se pierde o se debilita, restaurarla no solo puede recuperar clientes, sino también convertirlos en embajadores leales que aprecien la sinceridad y el esfuerzo de tu marca por enmendar errores.

¿Cómo hacerlo?

1. **Reconoce y Asume Responsabilidades:**
   Si hubo un error o problema, admítelo públicamente. La honestidad crea una base sólida para reconstruir la confianza.
2. **Explica las Soluciones Implementadas:**
   Muestra a tu audiencia los pasos que has tomado para solucionar el problema y evitar que se repita en el futuro.
3. **Incluye Testimonios de Clientes Reconquistados:**
   Integra historias de clientes que hayan recuperado su confianza en tu marca gracias a tus acciones correctivas.
4. **Ofrece Beneficios como Muestra de Buena Fe:**
   Incentiva la reconexión con promociones exclusivas, contenido gratuito o servicios adicionales para demostrar tu compromiso.
5. **Fomenta el Diálogo Abierto:**
   Crea espacios donde tu comunidad pueda expresar sus inquietudes, ya sea a través de encuestas, preguntas en vivo o sesiones de retroalimentación.
6. **Apóyate en Acciones Tangibles:**
   Más allá de las palabras, demuestra con hechos que tu marca está cambiando y mejorando.

Ejemplo práctico:
Si un lote de productos presentó defectos, diseña una campaña en la que muestres cómo se identificó el problema, las medidas tomadas para corregirlo y los pasos adicionales para compensar a los afectados. Por ejemplo, podrías compartir un video con testimonios de clientes que recibieron reemplazos o soluciones satisfactorias.

Consejos Brutales:

- **Crea una Línea Directa de Comunicación:** Ofrece a tus clientes canales de atención inmediatos para resolver dudas o inquietudes relacionadas con la campaña.
- **Evita Excusas:** En lugar de justificar errores, enfócate en mostrar lo que has aprendido y cómo estás aplicando esas lecciones.
- **Invierte en Historias Visuales:** Usa videos, infografías y contenido multimedia para narrar el proceso de reconstrucción de manera clara y accesible.

Acción Inmediata:
Analiza un área donde tu marca pueda haber perdido algo de confianza. Diseña una publicación en la que reconozcas el problema y compartas las acciones correctivas que estás implementando. Acompaña el mensaje con un llamado a la retroalimentación para fomentar la participación y el diálogo con tu audiencia.

Consejo 188: Publica Comparaciones Visuales que Resalten tu Evolución Positiva

¿Qué significa?
Las comparaciones visuales son una herramienta poderosa para mostrar la evolución de tu marca, productos o servicios a lo largo del tiempo. Estos recursos permiten a tu audiencia visualizar de manera inmediata los cambios positivos, mejoras y el progreso que has alcanzado.

¿Por qué es importante?
Mostrar tu evolución positiva refuerza la percepción de calidad, compromiso y mejora continua. Este tipo de contenido puede inspirar confianza y lealtad, destacándote frente a la competencia como una marca que escucha, aprende y se adapta a las necesidades de sus clientes.

¿Cómo hacerlo?

1. **Selecciona Áreas Relevantes para Comparar:**
   Elige aspectos que tengan un impacto directo en tus clientes, como diseño del producto, características técnicas, calidad del servicio o atención al cliente.
2. **Usa Formatos Visualmente Claros:**
   Crea gráficos de "antes y después", tablas comparativas, videos de transformación o secuencias de imágenes que resalten los cambios de forma atractiva.
3. **Incluye Contexto en las Comparaciones:**
   Explica el porqué de los cambios y cómo estos benefician a tus clientes. Por ejemplo: "Hemos mejorado la fórmula de nuestro producto para ofrecer resultados más efectivos en menos tiempo."

4. **Involucra a tus Clientes:**
   Invítalos a compartir cómo han percibido la evolución de tu marca o cómo los ha impactado. Esto añade credibilidad a tu mensaje.
5. **Integra Datos Reales:**
   Muestra cifras o estadísticas que respalden tu evolución, como "Reducimos los tiempos de entrega en un 30%" o "Ahora utilizamos materiales 100% reciclables."

Ejemplo práctico:

Si eres un restaurante, podrías mostrar imágenes del menú antiguo comparado con el nuevo, destacando la incorporación de platos saludables o la mejora en la presentación de los platillos. Complementa con un mensaje como: "Evolucionamos para satisfacer tus gustos y cuidar de tu bienestar."

Consejos Brutales:

- **Incorpora Historias de Clientes:** Destaca cómo tus mejoras han impactado positivamente en sus vidas.
- **Muestra Transparencia:** Si hubo fallos en el pasado, aprovecha para explicar cómo esos aprendizajes llevaron a la evolución positiva.
- **Crea Contenido Recurrente:** Publica estas comparaciones regularmente para mantener a tu audiencia actualizada y reforzar tu compromiso con la mejora constante.

Acción Inmediata:

Elige un área clave en la que tu marca haya evolucionado recientemente. Crea un diseño visual que compare el "antes" y el "después", y acompáñalo de un texto que explique los beneficios de esta mejora para tus clientes. Publica este contenido en tus redes sociales y mide la reacción de tu audiencia.

Consejo 189: Diseña Encuestas que Exploren la Percepción Actual de Tu Marca

¿Qué significa?

Las encuestas son una herramienta interactiva que te permite obtener retroalimentación directa de tu audiencia sobre cómo perciben tu marca, productos o servicios. Diseñar preguntas específicas y atractivas puede ayudarte a identificar fortalezas, debilidades y oportunidades de mejora.

¿Por qué es importante?

Conocer la percepción actual de tu marca te permite ajustar tu estrategia de marketing, fortalecer las áreas que los clientes valoran y solucionar posibles inconvenientes antes de que se conviertan en problemas mayores. Además, involucra a tu audiencia, lo que refuerza el compromiso y la lealtad hacia tu marca.

¿Cómo hacerlo?

1. **Define el Propósito de la Encuesta:**
   Decide si quieres medir satisfacción general, evaluar un producto específico o explorar la percepción de tu marca frente a la competencia.
2. **Elige la Plataforma Adecuada:**
   Usa herramientas integradas en redes sociales como Instagram Stories, encuestas de LinkedIn, o plataformas externas como Google Forms o Typeform para una experiencia más completa.
3. **Crea Preguntas Claras y Directas:**
   Utiliza preguntas concisas que sean fáciles de responder. Por ejemplo:
   - "¿Cómo calificarías nuestro servicio al cliente del 1 al 10?"
   - "¿Qué palabras usarías para describir nuestra marca?"
4. **Incluye Opciones de Respuesta Interesantes:**
   Ofrece opciones específicas, pero permite espacio para comentarios abiertos. Esto te dará datos cuantitativos y cualitativos valiosos.
5. **Agradece y Comparte Resultados:**
   Muestra a tu audiencia que valoras su opinión compartiendo los

hallazgos clave y cómo planeas usar esa información para mejorar.

Ejemplo práctico:
Si tienes una marca de ropa sostenible, podrías publicar una encuesta en Instagram Stories con preguntas como:

- "¿Qué opinas de nuestra última colección?"
  a) Innovadora
  b) Clásica
  c) Necesita mejoras
- "¿Qué tipo de prendas te gustaría ver en el futuro?"
  Opciones: "Ropa deportiva", "Trajes formales", "Más accesorios".

Consejos Brutales:

- **Incentiva la Participación:** Ofrece un descuento o una entrada a un sorteo como agradecimiento por completar la encuesta.
- **Haz Encuestas Breves:** Mantén el tiempo de respuesta por debajo de 2 minutos para maximizar la participación.
- **Analiza los Resultados en Profundidad:** Busca patrones o tendencias que puedan inspirar cambios significativos en tu estrategia.

Acción Inmediata:
Crea una encuesta de 3 a 5 preguntas sobre tu marca o producto más reciente. Publica la encuesta en la plataforma que mejor funcione para tu audiencia y comienza a recopilar respuestas hoy mismo. Analiza los resultados y usa esta información para hacer un cambio o lanzar una publicación agradeciendo la participación.

Consejo 190: Publica Retos que Destaquen el Valor del Perdón y la Reconciliación

¿Qué significa?
Los retos relacionados con el perdón y la reconciliación fomentan

reflexiones profundas y generan conversaciones positivas en torno a temas emocionales y personales. En redes sociales, estos retos son oportunidades para conectar con la audiencia en un nivel más humano, mostrando que tu marca se preocupa por valores universales como la empatía y el crecimiento emocional.

¿Por qué es importante?

El contenido que aborda temas emocionales y universales genera una conexión más fuerte con tu audiencia. Estos retos pueden mejorar la percepción de tu marca como una entidad cercana y compasiva. Además, fomentan interacciones significativas, lo que impulsa el alcance y el engagement.

¿Cómo hacerlo?

1. **Identifica un Tema Inspirador:**
   Relaciona el perdón o la reconciliación con tu nicho. Por ejemplo, una marca de coaching podría enfocarse en "perdonarse a uno mismo por no ser perfecto".
2. **Crea un Reto con Pasos Claros:**
   Diseña un desafío sencillo, como compartir una experiencia de perdón en una publicación o reflexionar sobre una relación que merece reconciliación.
3. **Usa un Hashtag Atractivo:**
   Crea un hashtag único que la audiencia pueda usar al participar, como #RetoDeReconciliación o #PerdonarEsPoder.
4. **Ofrece un Ejemplo Personal:**
   Lidera el reto compartiendo tu propia experiencia o la de tu equipo para motivar a otros a participar.
5. **Invita a la Interacción:**
   Anima a tu audiencia a etiquetar a amigos o familiares en sus publicaciones y a comentar sus reflexiones.
6. **Destaca las Participaciones:**
   Comparte las historias más inspiradoras en tus redes, agradeciendo a quienes se han unido al reto.

Ejemplo práctico:

Si eres una marca de productos naturales, podrías lanzar el reto: "Esta semana, te invitamos a escribir una carta de perdón, ya sea a ti mismo o a alguien especial. Publica una foto o frase que te inspire y usa el hashtag #RetoDePerdónNatural para participar. ¡Comparte la magia del perdón con nosotros!"

Consejos Brutales:

- **Colabora con Influencers:** Trabaja con creadores de contenido que puedan amplificar el mensaje del reto y llegar a más personas.
- **Incluye un Componente Visual:** Pide a los participantes que incluyan una foto simbólica, como una flor, una carta o un gesto de reconciliación.
- **Ofrece un Premio Emocional:** En lugar de un premio material, considera ofrecer un reconocimiento especial en tu página o una sesión gratuita de coaching.

Acción Inmediata:
Diseña un reto relacionado con el perdón que se alinee con los valores de tu marca. Lánzalo hoy mismo con un mensaje inspirador y un hashtag único. Asegúrate de interactuar con los participantes y celebrar cada paso hacia la reconciliación.

Consejo 191: Genera Historias Visuales que Representen la Adaptación al Cambio

¿Qué significa?
Las historias visuales sobre la adaptación al cambio son una poderosa herramienta para reflejar cómo tu marca, tus clientes o tu comunidad han enfrentado desafíos y se han transformado con éxito. Estas historias muestran resiliencia y superación, conectando emocionalmente con tu audiencia e inspirándola a abrazar los cambios en sus propias vidas.

¿Por qué es importante?
El cambio es una constante en la vida de todas las personas. Mostrar cómo otros lo han enfrentado crea un vínculo emocional, refuerza la relevancia de tu marca y genera empatía. Estas historias también posicionan a tu marca como una guía confiable en momentos de transición o incertidumbre.

¿Cómo hacerlo?

1. **Identifica Ejemplos Auténticos:**
   Busca historias reales dentro de tu comunidad o equipo que destaquen cómo el cambio fue una oportunidad para crecer.
2. **Usa el Formato Visual Adecuado:**
   Crea videos, infografías o carruseles que resuman el antes y el después de la transformación. Las imágenes y videos impactantes potencian el mensaje.
3. **Apela a la Emoción:**
   Asegúrate de incluir elementos que evoquen emociones positivas, como superación, esperanza o logro.
4. **Conecta con Tu Marca:**
   Relaciona la historia con los valores de tu marca o con la utilidad de tus productos o servicios en el proceso de cambio.
5. **Cierra con una Reflexión:**
   Invita a tu audiencia a reflexionar sobre su propia capacidad para adaptarse al cambio y comparte una llamada a la acción que inspire participación.

Ejemplo práctico:
Si eres una marca de herramientas digitales:
"Conoce a Ana, una emprendedora que transformó su negocio tradicional en una tienda en línea con nuestra plataforma. Aunque al principio enfrentó dudas, la adaptación al cambio le permitió llegar a nuevos clientes y hacer crecer su empresa. Hoy, Ana es un ejemplo de cómo los desafíos pueden abrir puertas a oportunidades increíbles."

Consejos Brutales:

- **Incorpora Testimonios Directos:** Deja que los protagonistas de la historia hablen en sus propias palabras. Esto aumenta la autenticidad y la conexión.
- **Muestra el Proceso Completo:** No te limites al resultado final; incluye los obstáculos iniciales y cómo fueron superados.
- **Aprovecha las Estadísticas:** Si tu historia incluye datos relevantes, como un aumento en las ventas o el impacto de un cambio, compártelos para reforzar la credibilidad.

Acción Inmediata:
Piensa en una historia de tu comunidad que ejemplifique la adaptación al cambio. Planifica cómo contarla visualmente y publica tu contenido hoy. Usa un título inspirador y acompáñalo de una invitación para que otros compartan sus propias experiencias.

Consejo 192: Lanza Dinámicas que Destaquen tu Compromiso con la Mejora Continua

¿Qué significa?
Las dinámicas que destacan la mejora continua son estrategias interactivas que muestran cómo tu marca se esfuerza constantemente por evolucionar y adaptarse a las necesidades de sus clientes. Estas dinámicas incluyen encuestas, sesiones de brainstorming con la audiencia o retos creativos que involucran la opinión directa de tu comunidad.

¿Por qué es importante?
Demostrar que tu marca no se conforma con el éxito actual, sino que busca crecer y mejorar, refuerza la confianza y lealtad de tus clientes. Además, al involucrar a tu audiencia en el proceso de mejora, les haces sentir que sus opiniones son valoradas, fortaleciendo la relación con ellos.

¿Cómo hacerlo?

1. **Involucra a Tu Audiencia Directamente:**
   Lanza encuestas en tus redes sociales preguntando cómo podrías mejorar un producto o servicio.
2. **Crea Retos de Colaboración:**
   Invita a tus seguidores a compartir ideas sobre nuevos diseños, campañas o funciones que les gustaría ver.
3. **Comparte tus Objetivos de Mejora:**
   Publica contenido sobre lo que estás trabajando para mejorar,

como sostenibilidad, experiencia del cliente o innovación tecnológica.

4. **Refleja los Cambios en Tiempo Real:**
   Muestra a tu audiencia cómo estás aplicando sus sugerencias. Esto refuerza su percepción de que realmente escuchas y actúas.
5. **Incentiva la Participación:**
   Ofrece recompensas simbólicas, como menciones especiales, descuentos o acceso exclusivo a productos mejorados.

Ejemplo práctico:
Si eres una marca de ropa sostenible:
"Lanzamos un reto para nuestra comunidad: ¿qué diseños o materiales sostenibles te gustaría ver en nuestra próxima colección? Tu opinión nos ayuda a mejorar y a construir un futuro más consciente juntos. Las mejores ideas recibirán un descuento especial en nuestra nueva línea."

Consejos Brutales:

- **Haz de la Transparencia una Prioridad:** Sé claro con tu audiencia sobre lo que puedes y no puedes cambiar en el corto plazo.
- **Celebra las Ideas de tu Comunidad:** Publica contenido destacando las ideas que hayan inspirado mejoras significativas.
- **Monitorea el Impacto:** Usa métricas para medir cómo estas dinámicas afectan la percepción de tu marca y el engagement.

Acción Inmediata:
Crea una publicación interactiva donde invites a tu audiencia a sugerir una mejora en tu producto o servicio. Acompaña el post con una pregunta directa y atractiva, como "¿Qué podemos hacer mejor para ti?" Asegúrate de responder a los comentarios y agradecer las aportaciones.

Consejo 193: Diseña Contenidos Basados en la Superación de Obstáculos Pasados

¿Qué significa?
Este enfoque se centra en crear contenidos que muestren cómo tu marca

ha enfrentado y superado desafíos a lo largo de su trayectoria. Puede ser una historia de superación empresarial, una mejora significativa basada en errores anteriores o un cambio innovador inspirado en el aprendizaje de experiencias pasadas.

¿Por qué es importante?
A las audiencias les gusta conectar con marcas que demuestran resiliencia y adaptabilidad. Mostrar cómo superaste obstáculos crea un vínculo emocional y posiciona a tu marca como auténtica, humana y digna de confianza. Esto también inspira a tus clientes a ver tus productos o servicios como soluciones confiables y adaptativas.

¿Cómo hacerlo?

1. **Identifica Obstáculos Relevantes:**
   Reflexiona sobre los desafíos más significativos que tu marca ha enfrentado. Puede ser un problema logístico, un producto que no funcionó como esperabas o una crisis de reputación.
2. **Crea una Narrativa Clara:**
   Usa la estructura clásica de problemas-solución:
   o   Presenta el desafío que enfrentaste.
   o   Explica cómo lo abordaste.
   o   Resalta las mejoras logradas y los aprendizajes adquiridos.
3. **Utiliza Formatos Visuales Impactantes:**
   Acompaña tus historias con imágenes, gráficos o videos que refuercen la narrativa. Por ejemplo, un video "antes y después" o infografías que ilustren tu progreso.
4. **Invita a la Reflexión:**
   Comparte preguntas o reflexiones con tu audiencia para generar conversación, como: "¿Cuál ha sido tu mayor desafío y cómo lo superaste?"
5. **Vincula tu Historia a una Oferta Actual:**
   Relaciona la mejora con un producto o servicio. Por ejemplo: "Gracias a este aprendizaje, ahora ofrecemos [X], diseñado para superar este tipo de desafíos."

Ejemplo práctico:
Una marca de tecnología podría decir:
"Cuando lanzamos nuestra primera aplicación, enfrentamos problemas

de usabilidad que frustraban a nuestros usuarios. Nos comprometimos a escuchar y mejorar. Hoy, presentamos nuestra versión más intuitiva y rápida, basada en vuestro valioso feedback. ¡Gracias por ayudarnos a crecer!"

Consejos Brutales:

- **No Temas Mostrar Vulnerabilidad:** Admitir errores no te debilita, te humaniza y refuerza la confianza de tu audiencia.
- **Transforma el Fracaso en Inspiración:** Resalta cómo tus aprendizajes pasados te convierten en una marca más fuerte y mejor equipada para satisfacer a tus clientes.
- **Conecta Emocionalmente:** Usa historias reales de personas detrás de tu marca para crear una conexión auténtica.

Acción Inmediata:
Identifica un obstáculo significativo que tu marca haya superado. Diseña un post o video que lo ilustre y compártelo en tus redes sociales con un mensaje de inspiración y gratitud hacia tu audiencia.

Consejo 194: Publica Historias Basadas en Experiencias de Clientes Recuperados

¿Qué significa?
Este enfoque consiste en compartir relatos reales de clientes que, tras enfrentar dificultades o barreras iniciales, encontraron una solución o lograron un cambio positivo gracias a tus productos o servicios. Estas historias no solo destacan los beneficios de tu oferta, sino que también generan esperanza y confianza en nuevas audiencias.

¿Por qué es importante?
Los testimonios reales conectan emocionalmente con las personas y demuestran la eficacia de tu marca desde una perspectiva auténtica. Al mostrar cómo ayudaste a alguien a superar un problema, ofreces prueba social de que puedes hacer lo mismo por otros. Esto refuerza la credibilidad de tu marca y fomenta la lealtad del cliente.

¿Cómo hacerlo?

1. **Recopila Testimonios Verdaderos:**
   Pide a tus clientes que compartan sus historias, ya sea mediante encuestas, entrevistas o comentarios en redes sociales.
2. **Destaca el Antes y el Después:**
   Resalta cómo era la situación del cliente antes de usar tu producto y el impacto positivo que generó.
3. **Cuenta la Historia con Detalle:**
   Utiliza una narrativa estructurada:
   - Introducción del cliente y su problema.
   - Cómo encontró tu marca y por qué confió en ti.
   - El resultado final y cómo cambió su vida.
4. **Usa Formatos Visuales y Dinámicos:**
   Transforma las historias en videos, infografías o carruseles para hacerlas más atractivas. Incluye fotos o citas del cliente, si es posible.
5. **Agradece la Confianza:**
   Muestra gratitud a los clientes que comparten sus experiencias y hazles sentir valorados.

Ejemplo práctico:
Una marca de suplementos podría compartir:
"Cuando Ana comenzó su viaje de bienestar, se sentía agotada y sin energía. Nos contactó en busca de una solución y eligió nuestro suplemento natural. Dos meses después, nos cuenta cómo su vitalidad ha regresado y cómo ahora disfruta más de sus días. Ana, gracias por confiar en nosotros y permitirnos ser parte de tu transformación."

Consejos Brutales:

- **Incluye Estadísticas:** Si es aplicable, añade cifras que respalden el impacto. Por ejemplo: "Ana notó un aumento del 30% en sus niveles de energía diaria."
- **Sé Transparente:** Aclara que los resultados pueden variar según el cliente. Esto refuerza la autenticidad.
- **Haz de Estas Historias una Serie:** Publica regularmente historias similares para mantener a tu audiencia interesada y enganchada.

Acción Inmediata:
Identifica a un cliente satisfecho y pídele que comparta su experiencia. Transforma su relato en un contenido atractivo y publícalo esta semana en tus redes sociales. Incluye una llamada a la acción que invite a otros a compartir sus historias contigo.

Consejo 195: Genera Contenidos que Resalten tu Capacidad de Innovar en Tiempos Difíciles

¿Qué significa?
Mostrar cómo tu marca ha afrontado desafíos y encontrado soluciones innovadoras durante tiempos complicados transmite un mensaje claro de resiliencia y adaptabilidad. Este tipo de contenido destaca tu capacidad de pensar fuera de la caja, manteniendo tu relevancia y liderazgo incluso en contextos adversos.

¿Por qué es importante?
Las audiencias valoran las marcas que pueden adaptarse rápidamente a los cambios, especialmente en situaciones difíciles. Generar este tipo de contenido refuerza la confianza en tu marca, inspirando a los clientes actuales y potenciales. También posiciona a tu negocio como un ejemplo a seguir y como una fuente de soluciones efectivas en cualquier circunstancia.

¿Cómo hacerlo?

1. **Identifica Momentos Clave de Innovación:**
   Piensa en periodos difíciles (crisis económicas, interrupciones de la cadena de suministro, pandemias, etc.) y cómo tu marca se adaptó o innovó para superarlos.
2. **Crea Contenido Basado en Historias Reales:**
   Relata cómo introdujiste un nuevo producto, implementaste un cambio en tu proceso o encontraste formas creativas de atender las necesidades de tu audiencia.

3. **Utiliza Formatos Visuales:**
   Comparte gráficos, videos o líneas de tiempo que detallen los pasos de tu innovación. Esto ayudará a captar la atención y transmitir un mensaje claro.
4. **Incluye Testimonios Internos:**
   Da voz a las personas detrás de la innovación, como empleados o líderes clave. Esto humaniza tu contenido y añade credibilidad.
5. **Comparte los Resultados:**
   Muestra el impacto positivo de tus acciones, ya sea en cifras de crecimiento, satisfacción del cliente o mejoras operativas.

Ejemplo práctico:
Una pequeña empresa de moda podría compartir:
"Cuando las tiendas cerraron durante la pandemia, lanzamos nuestra primera colección digital interactiva. Con esto, no solo mantuvimos las ventas, sino que también descubrimos nuevas formas de conectar con nuestros clientes. Hoy, el 40% de nuestras ventas provienen de nuestra plataforma virtual."

Consejos Brutales:

- **Hazlo Inspirador:** Muestra que incluso en los momentos más difíciles, hay oportunidades para crecer y aprender. Esto motivará a tu audiencia.
- **Invita a la Participación:** Pide a tus seguidores que compartan cómo han innovado o superado desafíos en sus vidas o negocios.
- **Sé Transparente:** No temas compartir los retos y aprendizajes. Mostrar vulnerabilidad puede hacer tu historia más auténtica y relevante.

Acción Inmediata:
Revisa tus logros durante tiempos difíciles y selecciona una historia significativa. Crea un post detallado con imágenes o videos, y publícalo junto con una pregunta que fomente la interacción: "¿Cómo has innovado frente a los desafíos recientes?"

Bloque 14: "Estrategias de Viralidad y Crecimiento Orgánico"

Consejo 196: Publica Contenidos Inspirados en Momentos Memorables de Cultura Pop

¿Qué significa?
La cultura pop está llena de momentos icónicos que resuenan emocionalmente con una amplia audiencia. Aprovechar estos momentos para crear contenido no solo aumenta la relevancia de tus publicaciones, sino que también conecta con las emociones y nostalgias de tu comunidad.

¿Por qué es importante?
Los momentos memorables de la cultura pop son universales y fácilmente reconocibles. Al asociar tu marca con algo que tu audiencia ya ama, puedes captar su atención más rápido, generar engagement y destacar en un mar de contenido genérico.

¿Cómo hacerlo?

1. **Identifica Referencias Relevantes para tu Audiencia**
   Investiga qué películas, series, canciones, videojuegos o eventos culturales son populares en tu nicho. Usa herramientas como Google Trends o encuestas en redes sociales para conocer sus preferencias.
2. **Adapta la Referencia a tu Marca**
   Encuentra formas creativas de conectar esos momentos con tus productos o servicios. Por ejemplo:
   o Si promocionas un producto para emprendedores, haz referencia a una película sobre liderazgo, como *El Lobo de Wall Street*.

  o Si tu público es joven, incorpora memes o frases populares de series actuales como *Stranger Things*.

3. **Usa un Enfoque Nostálgico**
   Las referencias a la cultura pop de décadas pasadas, como los años 80 o 90, generan una fuerte conexión emocional. Publica imágenes, videos o memes que evoquen recuerdos positivos.

4. **Incorpora Visuales Reconocibles**
   Diseña gráficos o videos que reflejen la estética del momento cultural que estás destacando. Usa colores, tipografías y estilos similares para reforzar la asociación.

5. **Integra Humor y Creatividad**
   La cultura pop es un terreno fértil para el humor. Los memes y las parodias relacionadas con tu marca son altamente compartibles.

6. **Aprovecha Días Especiales**
   Publica contenido en aniversarios de eventos culturales importantes, como el estreno de una película o el lanzamiento de un álbum icónico.

Ejemplo práctico:
Si vendes accesorios tecnológicos:

- Publica un meme inspirado en *Star Wars* con la frase: "Que la batería esté siempre contigo" para promocionar tus cargadores portátiles.
- Diseña una campaña usando la estética retro de videojuegos clásicos para lanzar una nueva línea de auriculares.

Consejos Brutales:

- **No Uses Referencias Obscuras:** Asegúrate de que las referencias sean lo suficientemente conocidas por tu audiencia para evitar confusión.
- **Evita Controversias:** Selecciona temas de cultura pop que sean positivos y no polaricen a tu comunidad.
- **Sé Original:** Aunque uses referencias populares, agrega siempre tu toque único para que el contenido destaque.

Acción Inmediata:
Hoy, elige un evento o elemento de cultura pop que conecte con tu

audiencia. Diseña una publicación gráfica o un breve video relacionado con ese tema y publícalo en el momento del día en que tu audiencia esté más activa.

Consejo 197: Lanza Retos Que Inviten a Participar Masivamente

¿Qué significa?
Un reto masivo en redes sociales es una estrategia para involucrar a tu audiencia en actividades que promuevan la interacción, el contenido generado por usuarios (UGC) y el alcance orgánico. Estos desafíos pueden ser divertidos, inspiradores o educativos, dependiendo de tu marca y objetivos.

¿Por qué es importante?
Los retos masivos generan engagement a gran escala, ya que animan a las personas a participar activamente en lugar de solo consumir contenido. Además, los usuarios que participan tienden a compartir sus resultados, aumentando la visibilidad de tu marca y creando una conexión más fuerte con tu audiencia.

¿Cómo hacerlo?

1. **Define un Objetivo Claro**
   Establece qué quieres lograr con el reto: aumentar seguidores, promover un producto, generar contenido viral o reforzar los valores de tu marca.
2. **Hazlo Simple y Atractivo**
   El reto debe ser fácil de entender y ejecutar. Usa instrucciones claras y un llamado a la acción que motive a las personas a participar.
3. **Incorpora tu Marca**
   Asegúrate de que el reto esté relacionado con tu producto o servicio. Por ejemplo, si vendes ropa deportiva, crea un desafío de ejercicios físicos usando tus prendas.
4. **Crea un Hashtag Único**
   Un hashtag es esencial para rastrear y categorizar las

participaciones. Asegúrate de que sea corto, memorable y relacionado con tu marca.

5. **Utiliza un Incentivo**
   Ofrece recompensas atractivas para motivar la participación, como descuentos, premios exclusivos o visibilidad en tus redes sociales.
6. **Promueve el Reto en Múltiples Plataformas**
   Publica el reto en todas tus redes sociales, envía correos electrónicos a tu lista de suscriptores y colabora con influencers para amplificar el alcance.
7. **Destaca Participaciones Notables**
   Comparte las mejores participaciones en tus perfiles para reconocer el esfuerzo de tu audiencia y animar a otros a unirse.

Ejemplo práctico:
Si tienes una marca de productos de cocina:

- Reto: "Crea tu plato más creativo con solo cinco ingredientes".
- Instrucciones: Los participantes deben usar uno de tus productos y publicar su creación en Instagram con el hashtag #Reto5Ingredientes.
- Incentivo: Los tres platos más originales ganan un set de utensilios exclusivos.

Consejos Brutales:

- **Apóyate en Influencers:** Colabora con figuras relevantes en tu nicho para que participen y promocionen el reto.
- **Crea Expectativa:** Anuncia el reto días antes de su lanzamiento con contenido teaser para generar curiosidad.
- **Monitorea y Responde:** Responde a los participantes, agradece su esfuerzo y fomenta la interacción para mantener el interés.

Acción Inmediata:
Piensa en un desafío relacionado con tu marca y lanza una publicación inicial para medir el interés de tu audiencia. Usa encuestas o preguntas en historias para ajustar los detalles del reto antes de implementarlo oficialmente.

Consejo 198: Crea Campañas Basadas en Noticias Virales Relevantes

¿Qué significa?
Las noticias virales son temas de alta relevancia y popularidad que captan la atención masiva en redes sociales. Incorporar estos temas en tus campañas te permite conectar con tu audiencia a través de contenido actual y atractivo, mientras refuerzas la relevancia de tu marca.

¿Por qué es importante?
Aprovechar el interés que generan las noticias virales puede disparar tu visibilidad y engagement. Las personas buscan contenido relacionado con lo que está ocurriendo en el momento, y al vincular tu mensaje con estos temas, puedes entrar en esas conversaciones y ganar la atención de un público más amplio.

¿Cómo hacerlo?

1. **Monitorea Constantemente las Tendencias**
   Usa herramientas como Google Trends, Twitter Trends o plataformas de monitoreo de redes sociales para identificar noticias virales relevantes en tiempo real.
2. **Selecciona Noticias Relacionadas con Tu Marca**
   No todas las noticias virales son adecuadas. Elige temas que se alineen con los valores de tu marca y el interés de tu audiencia.
3. **Adapta el Mensaje de Forma Creativa**
   Conecta el tema viral con tu producto o servicio de manera auténtica y atractiva. Asegúrate de que tu mensaje tenga un impacto positivo y esté bien contextualizado.
4. **Sé Rápido, Pero Reflexivo**
   Actúa con rapidez para capitalizar el momento, pero asegúrate de que tu contenido sea respetuoso y evite controversias.
5. **Utiliza el Formato Adecuado**
   Adapta tu mensaje al formato que mejor funcione para la plataforma y la audiencia. Los videos, memes y publicaciones gráficas suelen ser muy efectivos.
6. **Promueve Interacción**
   Invita a tu audiencia a compartir sus pensamientos, experiencias

o participaciones relacionadas con la noticia. Esto fomenta una conexión más profunda y más alcance.

Ejemplo práctico:
Si tienes una marca de moda sostenible y hay una noticia viral sobre un evento climático:

- Publicación: "El cambio climático nos afecta a todos. Hoy más que nunca, apostemos por la moda sostenible. Descubre nuestras nuevas colecciones eco-amigables 🌱. #CambiemosJuntos".
- Incentiva la interacción: "¿Qué cambios estás haciendo en tu día a día para ayudar al planeta? ¡Compártenos tus ideas!"

Consejos Brutales:

- **Mantente Neutral:** Evita tomar posiciones políticas o controvertidas si no están alineadas con los valores de tu marca.
- **Sé Oportuno:** Publica tu contenido en el pico del interés por la noticia para maximizar el alcance.
- **Crea Hashtags Relevantes:** Únete a las conversaciones utilizando los hashtags virales relacionados con la noticia.

Acción Inmediata:
Revisa las tendencias actuales en tu nicho y selecciona una noticia relevante. Diseña una publicación que conecte la noticia con tu producto o servicio y publícala hoy mismo. Monitorea la reacción y ajusta futuras campañas según los resultados.

Consejo 199: Diseña Encuestas Que Inviten a Predecir Tendencias Futuras

¿Qué significa?
Las encuestas que exploran las opiniones de tu audiencia sobre el futuro son una poderosa herramienta para involucrar a las personas, fomentar el debate y obtener información valiosa. Este enfoque no solo aumenta la

interacción, sino que también posiciona a tu marca como innovadora y visionaria.

¿Por qué es importante?
Las personas aman predecir el futuro, especialmente en temas que les apasionan. Al permitirles expresar sus ideas, les das voz y los haces sentir parte de una comunidad. Además, estas encuestas pueden proporcionarte datos importantes sobre las expectativas y tendencias en tu industria, ayudándote a anticiparte y adaptarte.

¿Cómo hacerlo?

1. **Elige un Tema Relevante**
   Selecciona un tema de interés actual que esté relacionado con tu industria. Por ejemplo, si estás en el sector tecnológico, podrías preguntar sobre avances futuros en inteligencia artificial.
2. **Crea Preguntas Atractivas**
   Usa un lenguaje que estimule la curiosidad. Ejemplo: "¿Cuál será la tendencia dominante en el mundo de la moda sostenible en 2025?" o "¿Crees que los coches eléctricos dominarán las calles en los próximos 10 años?"
3. **Selecciona el Formato Adecuado**
   Utiliza herramientas nativas de encuestas en redes sociales como Instagram Stories, Twitter Polls o LinkedIn. Estos formatos son rápidos, atractivos y fáciles de usar.
4. **Haz Seguimiento de los Resultados**
   Publica los resultados una vez que finalice la encuesta y comparte tu análisis o puntos de vista. Esto fomenta la interacción continua.
5. **Invita a la Colaboración**
   Anima a tu audiencia a compartir sus ideas o elaborar sus predicciones en los comentarios. Esto aumenta la interacción y genera contenido adicional.

Ejemplo práctico:

- Encuesta en Instagram Stories: "¿Qué formato dominará el marketing digital en 2025?"
  - Respuestas: "Videos cortos", "Realidad aumentada", "Podcast interactivos", "Contenido generado por IA".

- Publicación de seguimiento: "La mayoría de ustedes predice que los videos cortos serán la tendencia dominante en marketing digital para 2025. ¡Estamos emocionados de ver cómo evoluciona esta predicción!"

Consejos Brutales:

- **Sé Creativo:** Combina la encuesta con un diseño atractivo que capte la atención y sea coherente con tu identidad visual.
- **Utiliza los Resultados:** Aprovecha los datos obtenidos para crear contenido relevante o desarrollar estrategias adaptadas a las expectativas de tu audiencia.
- **Promueve el Debate:** Publica los resultados y pregunta: "¿Están de acuerdo con la mayoría? ¡Déjanos tu opinión!"

Acción Inmediata:
Hoy mismo, diseña una encuesta en tus redes sociales sobre una tendencia futura en tu industria. Comparte los resultados al día siguiente con un breve análisis y una invitación a seguir discutiendo el tema.

Consejo 200: Publica Videos Que Reflejen Transformaciones Inspiradoras

¿Qué significa?
Los videos que muestran transformaciones reales son historias visuales poderosas que capturan la atención y el corazón de la audiencia. Estos videos pueden ilustrar el cambio positivo que tu producto, servicio o mensaje ha generado en la vida de una persona o una comunidad.

¿Por qué es importante?
La transformación inspira. Ver un antes y un después significativo resuena profundamente en las personas, porque les muestra que el cambio es posible y alcanzable. Además, este tipo de contenido genera confianza, ya que pone de manifiesto los resultados reales que tu marca puede ofrecer.

¿Cómo hacerlo?

1. **Identifica una Historia Real**
   Encuentra clientes o usuarios que hayan experimentado un cambio significativo gracias a tu producto o servicio. Sus historias son tu mejor recurso.
2. **Planifica el Contenido**
   Estructura el video en tres partes:
   - **Inicio:** Presenta el desafío inicial o la situación antes de usar tu producto.
   - **Desarrollo:** Muestra el proceso de transformación.
   - **Desenlace:** Destaca los resultados finales y cómo ha mejorado la vida de la persona o comunidad.
3. **Usa Imágenes y Testimonios Reales**
   Las imágenes auténticas y las declaraciones sinceras de los protagonistas hacen que el video sea más creíble y conmovedor.
4. **Incluye una Llamada a la Acción (CTA)**
   Al final del video, invita a tu audiencia a dar el siguiente paso: comprar tu producto, visitar tu web o compartir el contenido.
5. **Optimiza para Redes Sociales**
   Crea versiones adaptadas a diferentes plataformas, como videos verticales para Instagram Stories o Reels y formatos cortos para TikTok.

Ejemplo práctico:
Si eres un entrenador personal:

- Muestra el recorrido de un cliente que perdió peso y ganó confianza en sí mismo.
- Incluye imágenes de sus sesiones de entrenamiento, gráficos con su progreso y testimonios emotivos sobre cómo su vida cambió.
- Termina con un mensaje motivador: "Tú también puedes hacerlo. Comienza hoy."

Consejos Brutales:

- **Haz el Proceso Relatable:** Elige historias que tu audiencia pueda imaginarse viviendo. Esto aumenta la conexión emocional.
- **Añade Música Inspiradora:** Una banda sonora adecuada puede potenciar el impacto emocional del video.

- **Céntrate en el Protagonista, no en la Marca:** Permite que el cliente o usuario sea el héroe de la historia. Tu marca puede aparecer como el catalizador del cambio.

Acción Inmediata:
Selecciona un cliente o caso de éxito en tu negocio. Crea un breve guion y graba su historia de transformación. Publica el video esta semana y acompáñalo con un mensaje optimista que motive a tu audiencia a emprender su propio cambio.

Consejo 201: Lanza Dinámicas Basadas en Competencias Amistosas

¿Qué significa?
Las dinámicas de competencias amistosas consisten en crear retos o concursos dentro de tu comunidad, donde los participantes puedan competir de manera divertida y ligera, sin dejar de promover la interacción con tu marca. Estas competencias no solo aumentan el engagement, sino que también generan una sensación de camaradería y pertenencia.

¿Por qué es importante?
Las competencias amistosas motivan a las personas a participar activamente y compartir su experiencia. Además, fomentan una conexión más profunda entre tu marca y tu audiencia, ya que crean un ambiente de diversión y celebración. Este tipo de actividades también atraen a nuevos seguidores, especialmente si los participantes comparten el contenido en sus redes.

¿Cómo hacerlo?

1. **Elige un Tema Relacionado con tu Nicho**
   Diseña la competencia en torno a tu producto o servicio. Por ejemplo, si vendes productos de fitness, organiza un reto de 7 días de actividad física.
2. **Define las Reglas Claramente**
   Establece las bases de participación: cómo unirse, qué hacer y

cómo ganar. Asegúrate de que las reglas sean simples y fáciles de seguir.

3. **Crea Incentivos Atractivos**
   Ofrece premios que sean relevantes para tu audiencia, como descuentos, productos gratuitos o menciones destacadas en tus redes sociales.
4. **Fomenta el Uso de Hashtags y Etiquetas**
   Pide a los participantes que usen un hashtag específico relacionado con la competencia y que etiqueten a tu cuenta. Esto te ayudará a monitorizar su participación y ampliar el alcance del contenido.
5. **Destaca a los Participantes Más Creativos**
   Publica historias, reels o posts destacando las mejores participaciones. Esto motiva a otros a involucrarse y le da visibilidad a los competidores.

Ejemplo práctico:
Si tienes una marca de recetas saludables:

- Lanza un reto de "Mejor Desayuno Saludable".
- Invita a tu audiencia a compartir fotos de sus creaciones usando tu hashtag (#DesayunoConSalud).
- Elige una receta ganadora cada semana y publícala en tu perfil con un agradecimiento.

Consejos Brutales:

- **Crea una Competencia de Equipos:** Permite que los participantes formen grupos para trabajar juntos. Esto genera un sentido de comunidad y eleva la participación.
- **Incluye un Elemento Viral:** Diseña una dinámica que sea divertida de compartir, como videos de baile, desafíos de creatividad o memes relacionados con tu marca.
- **Hazlo Multiplataforma:** No te limites a una sola red social. Extiende la competencia a varias plataformas para maximizar tu alcance.

Acción Inmediata:
Piensa en una temática relacionada con tu producto o servicio. Diseña un reto sencillo y anuncia el inicio en tus redes sociales. Prepara un premio

atractivo y destaca las participaciones en tiempo real para mantener el interés.

Consejo 202: Publica Historias Inspiradas en la Superación Personal

¿Qué significa?
Las historias de superación personal muestran cómo alguien ha enfrentado desafíos y los ha superado gracias a su esfuerzo, determinación o, en este caso, al apoyo de tu producto o servicio. Este tipo de contenido conecta emocionalmente con la audiencia, inspirándola y mostrando el impacto positivo que tu marca puede tener en sus vidas.

¿Por qué es importante?
Las personas buscan inspiración en historias reales y auténticas. Mostrar casos de superación personal no solo humaniza tu marca, sino que también genera confianza y crea una conexión emocional duradera con tu comunidad. Además, estas historias son altamente compartibles, lo que amplifica el alcance de tu mensaje.

¿Cómo hacerlo?

1. **Identifica Historias Reales**
   Busca clientes o miembros de tu comunidad que hayan tenido experiencias de transformación gracias a tu producto o servicio. Pídeles permiso para compartir su historia.
2. **Resalta el Viaje, no Solo el Resultado**
   Enfócate en el proceso: los retos iniciales, las emociones enfrentadas y los logros alcanzados. Esto hace que la historia sea más relatable y conmovedora.
3. **Usa Formatos Visuales Impactantes**
   Complementa la historia con imágenes, videos o gráficos. Las fotos del "antes y después" son especialmente efectivas para demostrar la transformación.
4. **Sé Auténtico**
   No exageres ni endulces demasiado la historia. La autenticidad es clave para que la audiencia la perciba como genuina.

5. **Incluye un Llamado a la Acción**
   Motiva a tu audiencia a compartir sus propias historias o a probar tu producto para lograr resultados similares.

Ejemplo práctico:
Si tienes una marca de suplementos nutricionales:

- Publica la historia de un cliente que, tras años de luchar con bajos niveles de energía, empezó a usar tus productos y ahora puede disfrutar de actividades que antes evitaba.
- Incluye citas del cliente, como: *"Nunca pensé que volvería a correr con mis hijos, pero ahora lo hago con entusiasmo todos los días"*.

Consejos Brutales:

- **Crea una Serie de Historias:** Publica una historia cada semana o mes. Esto mantiene a tu audiencia esperando el próximo relato y genera consistencia.
- **Involucra a la Comunidad:** Invita a tus seguidores a compartir sus propias historias de superación usando un hashtag relacionado con tu marca.
- **Combina Formatos:** Usa reels, publicaciones en el feed y carruseles para contar las historias de diferentes maneras.

Acción Inmediata:
Contacta a uno de tus clientes más satisfechos y pídele que comparta su historia. Diseña un post con su testimonio y complementa con imágenes o videos relevantes. Publica la historia mañana mismo y analiza la respuesta de tu audiencia.

Consejo 203: Diseña Retos en Pareja para Incrementar la Interacción

¿Qué significa?
Los retos en pareja son dinámicas diseñadas para que dos personas participen juntas, fomentando la conexión y el trabajo en equipo

mientras interactúan con tu marca. Pueden ser amigos, parejas románticas o incluso compañeros de trabajo. Este enfoque agrega un toque divertido y compartible a tu contenido.

¿Por qué es importante?
Las actividades en pareja generan un compromiso doble: cada participante motiva al otro a unirse y completar el reto. Esto no solo aumenta la participación, sino que también extiende tu alcance, ya que las parejas suelen compartir su experiencia en redes sociales. Además, las dinámicas de colaboración crean una conexión emocional más fuerte con tu audiencia.

¿Cómo hacerlo?

1. **Elige un Tema Relevante para tu Audiencia**
   Asegúrate de que el reto esté alineado con los intereses y valores de tu comunidad. Por ejemplo, un reto fitness para usuarios interesados en salud, o uno de creatividad para un público artístico.
2. **Crea una Estructura Sencilla y Clara**
   Diseña un desafío fácil de entender y realizar. Divide el reto en pasos específicos para facilitar la participación.
3. **Incorpora un Elemento Competitivo o de Premios**
   Ofrece incentivos como descuentos, regalos o menciones destacadas en tus redes. Esto motiva a más personas a unirse y compartir su experiencia.
4. **Usa Hashtags para Agrupar Participaciones**
   Crea un hashtag único para el reto, de manera que puedas seguir y destacar las participaciones de tu comunidad.
5. **Promociona el Reto con Ejemplos Visuales**
   Publica un video o imágenes que muestren a otros participando en el reto. Esto inspira a más personas a intentarlo.

Ejemplo práctico:
Si tienes una marca de ropa deportiva:

- Diseña el reto "Dúo Fit Challenge". Pide a las parejas que graben un video realizando una rutina corta de ejercicios usando tu ropa.
- Incluye ejercicios en los que las parejas interactúen, como sentadillas sincronizadas o relevos.

- Ofrece un descuento especial para ambas personas si completan el reto y etiquetan a tu marca.

Consejos Brutales:

- **Crea Retos Temáticos:** Aprovecha fechas especiales como San Valentín, Día del Amigo o temporadas festivas para darle un contexto único al reto.
- **Incluye Dinámicas Virtuales:** Si tu público está en distintas ubicaciones, permite que las parejas participen a distancia mediante videollamadas o publicaciones conjuntas.
- **Involucra a Influencers:** Invita a microinfluencers a participar en el reto como ejemplo para sus seguidores.

Acción Inmediata:
Diseña un reto simple para parejas basado en tu producto o servicio. Publica una invitación con instrucciones claras y atractivas en tus redes sociales esta semana. Asegúrate de promocionar el hashtag asociado para agrupar las participaciones.

Consejo 204: Lanza Contenidos que Representen Celebraciones Internacionales

¿Qué significa?
Las celebraciones internacionales, como el Día de la Tierra, Halloween o el Año Nuevo Lunar, son eventos que capturan la atención global. Aprovechar estas fechas para crear contenido temático te permite conectar con tu audiencia en momentos significativos y relevantes.

¿Por qué es importante?
Al incorporar celebraciones internacionales en tu estrategia de contenido, demuestras que tu marca está conectada con el mundo y con los intereses de tu audiencia. Estos eventos suelen ser oportunidades para atraer más interacción, ya que las personas buscan contenido que refleje su participación en estas festividades. También te permite ampliar tu alcance a audiencias de distintas culturas y geografías.

¿Cómo hacerlo?

1. **Elige Celebraciones Relevantes para tu Nicho**
   No todas las festividades aplican a todas las marcas. Por ejemplo, una marca de alimentos puede enfocarse en el Día Mundial de la Alimentación, mientras que una empresa de moda puede aprovechar el Día de la Mujer.
2. **Crea Contenido Temático**
   Diseña publicaciones que incorporen elementos visuales y mensajes alusivos a la celebración. Por ejemplo, usa colores específicos, gráficos relacionados y frases representativas.
3. **Incorpora Ofertas Especiales**
   Lanza descuentos, promociones o paquetes temáticos exclusivos por tiempo limitado para incentivar compras relacionadas con la celebración.
4. **Cuenta Historias Culturales**
   Si tu audiencia es global, comparte historias o tradiciones relacionadas con la celebración en diferentes culturas. Esto genera interés y enriquece la conexión emocional con tu marca.
5. **Hazlo Interactivo**
   Invita a tus seguidores a compartir cómo celebran ese día. Puedes usar encuestas, retos o hashtags temáticos para fomentar la participación.

Ejemplo práctico:
Si tienes una marca de productos sostenibles:

- En el Día de la Tierra, lanza una campaña que destaque cómo tus productos ayudan al medio ambiente.
- Ofrece un descuento especial para clientes que compartan una foto reciclando o utilizando productos reutilizables.
- Crea una publicación con datos interesantes sobre el impacto positivo de pequeñas acciones diarias.

Consejos Brutales:

- **Adelántate a la Fecha:** Planea y promociona tu contenido antes del evento para maximizar la participación y anticipar las conversaciones.

- **Colabora con Influencers Locales:** Invita a personas influyentes de distintas culturas a compartir cómo celebran la festividad, incorporando tu marca en sus publicaciones.
- **Adapta el Idioma y el Contexto:** Si tienes una audiencia internacional, personaliza tu contenido para reflejar las tradiciones y lenguajes de cada región.

Acción Inmediata:
Identifica la próxima celebración internacional relevante para tu nicho. Diseña una publicación visual atractiva, acompáñala de una oferta especial y crea un hashtag temático para agrupar la interacción de tu audiencia.

Consejo 205: Publica Videos en Formato Meme para Conectar con Audiencias Jóvenes

¿Qué significa?
Los memes en formato video combinan humor, cultura pop y relevancia social para captar rápidamente la atención de las audiencias jóvenes. Este tipo de contenido, ligero y compartible, te permite transmitir tu mensaje de manera divertida y memorable.

¿Por qué es importante?
El público joven domina plataformas como TikTok, Instagram Reels y YouTube Shorts, donde los memes en video se convierten en un lenguaje universal. Publicar este tipo de contenido no solo humaniza tu marca, sino que también aumenta las probabilidades de viralidad, generando un alcance orgánico masivo.

¿Cómo hacerlo?

1. **Observa Tendencias Virales**
   Mantente al tanto de los formatos, sonidos y temas que están ganando popularidad en redes sociales. Usa estos elementos como base para tus memes.
2. **Incorpora tu Marca sin Forzarla**
   Relaciona el meme con tu producto o mensaje de manera creativa

y natural. Forzar la conexión puede parecer insincero y alejar a tu audiencia.

3. **Usa Humor Relatable**
Asegúrate de que el contenido sea fácil de entender y que las situaciones representadas sean comunes para tu audiencia. Esto aumenta la identificación y las interacciones.

4. **Mantén la Duración Breve**
Los memes en video funcionan mejor cuando son cortos y al punto, generalmente entre 10 y 30 segundos.

5. **Apela a la Nostalgia**
Incorpora referencias culturales que evoquen recuerdos agradables en tu audiencia, como canciones, programas de televisión o videojuegos populares.

Ejemplo práctico:
Si tienes una marca de café:

- Crea un video corto mostrando la transformación de alguien de "zombie matutino" a persona activa y feliz después de tomar tu café, usando un sonido viral de TikTok.
- Agrega un texto divertido como: "Antes del café: Evitando humanos. Después del café: Líder del equipo."

Consejos Brutales:

- **Aprovecha los Sonidos Virales:** Usa canciones o clips de audio en tendencia para aumentar la visibilidad de tu video.
- **Publica Rápido:** Las tendencias cambian rápido, así que actúa con agilidad. Un meme fuera de tiempo pierde impacto.
- **Prueba y Experimenta:** Publica diferentes estilos de memes para descubrir cuál conecta mejor con tu audiencia.

Acción Inmediata:
Busca los tres memes más populares en tu nicho o industria en las últimas semanas. Crea una adaptación que incluya tu producto o mensaje y súbelo a tu plataforma más activa.

Consejo 206: Diseña Contenidos Virales Basados en la Nostalgia

¿Qué significa?
La nostalgia evoca recuerdos positivos de momentos pasados, generando una conexión emocional profunda con tu audiencia. Crear contenido que haga referencia a épocas anteriores, canciones, películas o experiencias compartidas puede ser una estrategia poderosa para captar la atención y generar engagement.

¿Por qué es importante?
La nostalgia conecta con el corazón de las personas, creando una sensación de familiaridad y confort. Este tipo de contenido tiene más probabilidades de ser compartido, ya que los usuarios suelen querer revivir y compartir esos recuerdos con amigos y familiares.

¿Cómo hacerlo?

1. **Identifica Épocas Relevantes para tu Público**
   Investiga qué décadas o eventos históricos resuenan con tu audiencia según su edad. Por ejemplo, los millennials pueden conectar con referencias a los años 90.
2. **Incorpora Elementos Clásicos**
   Usa imágenes, sonidos, colores o frases icónicas que evoquen recuerdos específicos. Por ejemplo, un diseño que recuerde las cintas de casete o los primeros videojuegos.
3. **Conecta con tu Producto o Marca**
   Encuentra maneras sutiles de alinear tu contenido nostálgico con tu oferta. Por ejemplo, si vendes ropa, podrías lanzar una línea inspirada en una década específica.
4. **Crea Comparaciones del Pasado y Presente**
   Diseña publicaciones que muestren "antes y ahora" de tu industria, producto o incluso estilos de vida.
5. **Involucra a tu Audiencia**
   Pide a tus seguidores que compartan sus recuerdos favoritos de la época en cuestión. Esto aumenta la interacción y hace que tu comunidad se sienta parte de la conversación.

Ejemplo práctico:
Si tienes una marca de tecnología:

- Publica un video corto mostrando cómo eran los dispositivos tecnológicos en los años 90 frente a los actuales.
- Termina con una pregunta: "¿Recuerdas cuando esto era lo más avanzado? Cuéntanos tus momentos favoritos de esa época."

Consejos Brutales:

- **Usa Hashtags Nostálgicos:** Incluye etiquetas como #TBT (Throwback Thursday) o #FlashbackFriday para llegar a audiencias buscando contenido de este tipo.
- **Colabora con Influencers Relacionados:** Encuentra creadores que ya estén trabajando con nostalgia y haz que mencionen tu marca en sus publicaciones.
- **Lanza Retos Temáticos:** Propón desafíos como "Recrea una foto de los 90" y ofrece premios para fomentar la participación.

Acción Inmediata:
Identifica un elemento de tu marca o industria que tenga un paralelo interesante en el pasado. Diseña una publicación nostálgica que lo destaque y comparte una anécdota personal o profesional relacionada con esa época.

Consejo 207: Publica Historias Basadas en Iconos Culturales Actuales

¿Qué significa?
Aprovechar la relevancia y popularidad de figuras o temas que son tendencia cultural puede ser una estrategia eficaz para captar la atención de tu audiencia. Estos iconos pueden ser actores, músicos, influencers, personajes de películas o eventos culturales que están resonando en el momento.

¿Por qué es importante?
Los iconos culturales actúan como puntos de conexión emocional para

las personas. Referenciarlos en tus historias o contenido muestra que tu marca está al tanto de las tendencias, lo que te ayuda a ser más relevante y cercano para tu audiencia.

¿Cómo hacerlo?

1. **Identifica Iconos Culturales en Tendencia**
   Mantente al día con lo que es popular en la música, el cine, la televisión, los deportes y las redes sociales. Usa herramientas como Google Trends o explora hashtags populares en Instagram y Twitter.
2. **Crea Historias Relacionadas**
   Usa estas referencias para construir narrativas que reflejen valores o aspiraciones de tu audiencia. Por ejemplo, si un superhéroe está en tendencia, podrías hablar de cómo tu producto ayuda a las personas a "ser sus propios héroes".
3. **Mantén la Coherencia con tu Marca**
   Asegúrate de que cualquier icono o referencia cultural esté alineada con la identidad y los valores de tu negocio. Evita incorporar elementos que puedan parecer forzados o desconectados.
4. **Involucra a tu Comunidad**
   Invita a tus seguidores a interactuar con preguntas o encuestas relacionadas con el tema. Esto fomenta la conversación y el engagement.
5. **Usa Elementos Visuales Potentes**
   Las imágenes y videos relacionados con los iconos culturales en tendencia son cruciales para captar la atención en un entorno visual como las redes sociales.

Ejemplo práctico:
Si un evento deportivo está capturando la atención mundial:

- Publica una historia de Instagram con frases inspiradoras relacionadas con el esfuerzo y el trabajo en equipo, usando imágenes del deporte en cuestión.
- Termina con un mensaje: "Conquista tus metas como un verdadero campeón. Descubre cómo nuestros productos te ayudan a ganar."

Consejos Brutales:

- **Apoya Movimientos Culturales Positivos:** Si un icono cultural está promoviendo temas como la sostenibilidad, la inclusión o la salud mental, crea contenido que refuerce estos mensajes.
- **Sé Creativo, no Literal:** No necesitas usar directamente el nombre o la imagen del icono. Usa alusiones que tu audiencia pueda identificar fácilmente.
- **Aprovecha la Temporalidad:** Los iconos culturales actuales tienen un impacto limitado en el tiempo. Sé rápido y actúa mientras el tema sigue siendo relevante.

Acción Inmediata:
Identifica un icono cultural o tendencia actual que esté resonando con tu audiencia. Crea una publicación que relacione tu marca con este tema, usando una narrativa creativa o visual que conecte emocionalmente.

Consejo 208: Lanza Encuestas Relacionadas con Cambios Sociales Actuales

¿Qué significa?
Las encuestas son herramientas efectivas para interactuar con tu audiencia y obtener información valiosa sobre sus opiniones y preferencias. Cuando estas encuestas están alineadas con cambios sociales actuales, no solo generan engagement, sino que también posicionan a tu marca como relevante y consciente de los temas que importan.

¿Por qué es importante?
Los cambios sociales actuales, como el interés en la sostenibilidad, la igualdad de género, la salud mental o la tecnología, son temas que generan discusiones activas en las comunidades digitales. Participar en estas conversaciones a través de encuestas muestra que tu marca está conectada con las preocupaciones de tu audiencia, fortaleciendo la relación y aumentando la confianza.

¿Cómo hacerlo?

1. **Elige un Tema Relevante**
   Identifica un cambio social o tema actual que sea significativo para tu audiencia. Por ejemplo, si tu marca se relaciona con la moda, podrías preguntar: "¿Qué tan importante es para ti que una marca sea sostenible?"

2. **Crea Preguntas Sencillas y Claras**
   Mantén tus preguntas directas y fáciles de responder. Usa opciones de respuesta que reflejen posibles puntos de vista, como "Muy importante", "Algo importante" o "No me importa".

3. **Aprovecha el Formato de las Plataformas**
   Usa las herramientas de encuestas que ofrecen redes como Instagram Stories, Twitter o LinkedIn. Estos formatos están diseñados para ser interactivos y captar la atención rápidamente.

4. **Involucra a tu Audiencia con Resultados**
   Comparte los resultados de la encuesta y destaca cómo utilizarás esa información. Por ejemplo: "El 85% de ustedes cree en la importancia de la sostenibilidad. Por eso, lanzaremos una nueva línea de productos ecológicos."

5. **Vincula las Encuestas a tu Estrategia**
   Usa las respuestas para informar tus decisiones de contenido, productos o campañas. Esto muestra que escuchas a tu comunidad y actúas en función de sus intereses.

Ejemplo práctico:
Si diriges una empresa de tecnología:

- Lanza una encuesta en LinkedIn: "¿Cómo creen que la inteligencia artificial impactará la educación en los próximos 5 años?"
- Comparte las respuestas destacando la opinión mayoritaria y cómo tu marca está trabajando en soluciones alineadas con estas perspectivas.

Consejos Brutales:

- **Incluye una Llamada a la Acción:** Anima a tu audiencia a compartir sus opiniones con un mensaje como: "¡Tu voz importa!

Participa en nuestra encuesta y ayúdanos a construir un futuro mejor."

- **Sé Neutro y Respetuoso:** Evita que las preguntas sean polarizadoras o que puedan generar controversias negativas. Mantén un tono positivo y profesional.
- **Sigue el Ritmo del Cambio:** Haz de las encuestas sobre temas sociales una práctica habitual para mantenerte siempre relevante y conectado.

Acción Inmediata:
Elige un cambio social o tendencia que esté resonando con tu audiencia. Diseña una encuesta simple, publícala en tus redes sociales y programa una publicación posterior para compartir los resultados y la acción que tomarás en base a ellos.

Consejo 209: Crea Dinámicas Basadas en Experiencias de Multitudes

¿Qué significa?
Las experiencias de multitudes son eventos, desafíos o dinámicas en las que un gran número de personas puede participar de manera colaborativa o competitiva. Estas iniciativas aprovechan el sentido de comunidad y pertenencia, motivando a tu audiencia a interactuar con tu marca mientras se sienten parte de algo más grande.

¿Por qué es importante?
Las dinámicas basadas en multitudes generan altos niveles de engagement al crear una sensación de inclusión y diversión. Este tipo de interacciones fomenta la lealtad hacia tu marca y aumenta su visibilidad, ya que los participantes suelen compartir su experiencia con sus propias redes.

¿Cómo hacerlo?

1. **Identifica un Tema Atractivo**
   Encuentra un tema que resuene con los intereses y valores de tu audiencia. Por ejemplo, un desafío relacionado con el fitness,

como un "Reto de 30 días de movimiento", puede captar la atención de una comunidad activa.

2. **Define un Objetivo Claro**
   Establece metas específicas para la dinámica. Puede ser juntar cierto número de fotos, cumplir un desafío o alcanzar una meta colectiva, como plantar árboles por cada interacción.

3. **Usa un Hashtag Unificador**
   Crea un hashtag único para que los participantes puedan seguir el progreso colectivo y conectarse entre sí. Ejemplo: #RetoCreativo2024.

4. **Proporciona Instrucciones Claras**
   Explica claramente cómo unirse y participar. Si es un concurso, indica las reglas y los premios. Si es una actividad colaborativa, muestra el impacto que tendrá el esfuerzo grupal.

5. **Destaca las Contribuciones Individuales y Colectivas**
   Agradece y celebra a los participantes destacando sus aportes en publicaciones o historias. Esto fomenta una mayor participación y refuerza el sentido de comunidad.

Ejemplo práctico:
Si eres una marca de alimentación saludable:

- Lanza un reto para compartir recetas caseras con ingredientes sostenibles.
- Anima a los participantes a publicar sus creaciones con el hashtag #CocinaConsciente.
- Cada semana, comparte las recetas más creativas y destaca a los autores.

Consejos Brutales:

- **Genera Incentivos Colectivos:** Promete una acción significativa si se alcanza un objetivo, como una donación benéfica por cada participación.
- **Usa Contenido en Tiempo Real:** Transmite avances del reto o dinámica mediante lives o actualizaciones diarias en tus redes.
- **Hazlo Escalable:** Diseña dinámicas que puedan repetirse con variaciones para mantener el interés a lo largo del tiempo.

Acción Inmediata:
Elige una experiencia colectiva que se alinee con tu marca y diseña una dinámica con objetivos claros. Crea un hashtag, lanza una publicación explicativa y comienza a interactuar con los participantes para construir momentum desde el inicio.

Consejo 210: Diseña Videos Cortos con Historias Impactantes

¿Qué significa?
Los videos cortos con historias impactantes son piezas audiovisuales de pocos segundos que cuentan una narrativa poderosa. Estos videos logran captar la atención de la audiencia de inmediato, transmitir un mensaje claro y generar emociones fuertes en un tiempo limitado.

¿Por qué es importante?
En un mundo donde la atención de los usuarios es cada vez más fugaz, los videos cortos tienen un gran potencial para destacar en plataformas como Instagram Reels, TikTok o YouTube Shorts. Cuando contienen historias impactantes, estos videos no solo atraen, sino que también permanecen en la memoria del espectador y lo impulsan a compartirlos.

¿Cómo hacerlo?

1. **Define el Mensaje Central**
   Decide qué mensaje o emoción quieres transmitir. Puede ser una llamada a la acción, un momento emotivo o un mensaje inspirador.
2. **Usa una Estructura Clara**
   Aunque sean cortos, los videos deben tener un inicio, desarrollo y final.
   - **Inicio:** Capta la atención con algo visualmente impactante o intrigante.
   - **Desarrollo:** Cuenta el núcleo de la historia de forma ágil.
   - **Final:** Incluye una resolución clara o una llamada a la acción.
3. **Incluye Visuales Poderosos**
   Los primeros tres segundos son cruciales para captar el interés.

Usa colores vivos, movimientos dinámicos y tomas bien iluminadas para atraer la mirada.

4. **Usa Música Emocional**
Elige una banda sonora que complemente el tono de la historia. La música puede amplificar la emoción y conectar más profundamente con el espectador.

5. **Mantén la Autenticidad**
Las historias reales o inspiradas en experiencias humanas genuinas tienden a resonar más. Muestra personas, situaciones o emociones con las que tu audiencia pueda identificarse.

6. **Aprovecha los Subtítulos y el Texto en Pantalla**
Muchas personas ven videos sin sonido. Añade subtítulos o frases clave para asegurar que el mensaje sea comprendido.

Ejemplo práctico:
Si tienes una marca de ropa sostenible:

- Video de 15 segundos mostrando cómo una prenda reciclada transforma una pila de ropa vieja en un look moderno.
- Inicio: Una imagen rápida de la contaminación por desechos textiles.
- Desarrollo: Proceso visual de transformación de los materiales reciclados.
- Final: Una frase poderosa como "Cambia tu estilo, cambia el mundo" y un llamado a visitar tu tienda en línea.

Consejos Brutales:

- **Evita la Sobreproducción:** No necesitas un presupuesto alto; lo auténtico y bien pensado es más efectivo.
- **Prueba Formatos Verticales:** Son ideales para las plataformas móviles.
- **Mide y Aprende:** Analiza qué videos generan más interacción para replicar ese enfoque en futuros contenidos.

Acción Inmediata:
Piensa en una historia breve relacionada con tu marca y crea un guion simple de 15 segundos. Usa tu móvil para grabar y edítalo con herramientas accesibles como CapCut o InShot. Publica hoy mismo y observa las reacciones.

Bloque 15: "Contenido Viral y Estrategias de Tendencias"

Consejo 211: Publica Videos Cortos Inspirados en Noticias Relevantes

¿Qué significa?

Utilizar eventos actuales o temas que están siendo ampliamente discutidos en los medios y las redes sociales para crear videos cortos que capten la atención. Estos videos no solo informan, sino que también conectan tu marca con las conversaciones que interesan a tu audiencia.

¿Por qué es importante?

Los videos cortos son el formato más consumido en redes sociales y tienen mayor probabilidad de volverse virales cuando se vinculan a noticias o tendencias. Además, esta estrategia posiciona a tu marca como relevante, actual y conectada con los intereses de tu audiencia.

¿Cómo hacerlo?

1. **Monitorea las Noticias y Tendencias:**
   o Usa herramientas como Google Trends, Twitter Trending Topics o plataformas de noticias locales e internacionales para identificar temas actuales que interesan a tu público.
2. **Selecciona Noticias Relevantes para tu Nicho:**
   o No todas las noticias son adecuadas. Elige aquellas que se alineen con los valores de tu marca o que puedas conectar creativamente con tus productos o servicios.
3. **Crea Videos Breves y Directos:**
   o Mantén los videos entre 15 y 60 segundos. Asegúrate de incluir un mensaje claro y visualmente atractivo desde el primer segundo.
4. **Añade un Toque de Creatividad:**

- o Usa humor, datos curiosos o una perspectiva única para diferenciarte de otras marcas que puedan estar hablando del mismo tema.
5. **Incluye Llamadas a la Acción:**
   - o Al final del video, invita a tu audiencia a compartir sus opiniones, etiquetar a amigos o visitar tu perfil para más contenido relacionado.

Ejemplo práctico:
Si eres una marca de tecnología y surge una noticia sobre un avance en inteligencia artificial:
"¿Sabías que la IA está revolucionando cómo trabajamos y aprendemos? Descubre cómo nuestra app usa esta tecnología para ayudarte a ser más productivo en tu día a día."

Consejos Brutales:

- **Sé Rápido:** Las noticias tienen un ciclo de vida corto. Publica tus videos en las primeras 24-48 horas después de que la noticia se haga viral.
- **Evita la Controversia Innecesaria:** No toques temas sensibles o polémicos a menos que tengas una estrategia clara para abordarlos de manera respetuosa.
- **Usa Títulos Impactantes:** Acompaña el video con un título que capte la atención de inmediato, como: "¿Sabías esto sobre el último avance en X?"

Acción Inmediata:
Elige una noticia actual que esté generando interés en tu nicho y crea un video corto hoy mismo. Asegúrate de incluir subtítulos para captar la atención incluso cuando el video se reproduzca sin sonido.

Consejo 212: Diseña Retos Basados en Desafíos Virales de tu Industria

¿Qué significa?
Crear desafíos que motiven a tu audiencia a participar y compartir

contenido relacionado con tu marca, inspirándote en tendencias virales o retos populares dentro de tu sector. Estos retos deben ser accesibles, divertidos y relevantes para tu nicho.

¿Por qué es importante?
Los retos virales generan alto nivel de interacción, atraen nuevos seguidores y fomentan el contenido generado por usuarios (UGC). Esto no solo expande tu alcance, sino que también refuerza la conexión emocional entre tu marca y tu audiencia al hacerlos parte activa de tu estrategia.

¿Cómo hacerlo?

1. **Identifica Tendencias Populares:**
   o Estudia los retos que han sido exitosos en tu industria o en plataformas como TikTok e Instagram. Analiza qué elementos los hicieron destacar.
2. **Conéctalos con tu Marca:**
   o Diseña un reto que destaque las características de tu producto o servicio, pero que también sea lo suficientemente divertido o emocionante para ser compartido.
3. **Crea Instrucciones Claras y Visuales:**
   o Asegúrate de explicar los pasos del reto de forma sencilla. Usa imágenes o videos que muestren cómo participar.
4. **Ofrece un Incentivo:**
   o Premia la participación con descuentos, premios o reconocimiento público, para motivar aún más a tus seguidores.
5. **Promueve el Uso de un Hashtag:**
   o Crea un hashtag único para tu reto que sea fácil de recordar. Esto facilitará que tu contenido sea encontrado y compartido.
6. **Colabora con Influencers:**
   o Trabaja con personas influyentes en tu nicho para que participen y promuevan el reto desde el inicio, aumentando la visibilidad.

Ejemplo práctico:
Una marca de ropa deportiva podría lanzar el reto #10SegundosDeSuperación, donde los participantes graben un video haciendo su ejercicio favorito en 10 segundos mientras usan las prendas de la marca.

Consejos Brutales:

- **Incluye Elementos Visuales Impactantes:** Diseña un video o post promocional del reto que sea dinámico y atractivo.
- **Fomenta la Competitividad Amistosa:** Crea categorías, como "más creativo" o "más inspirador", para premiar diferentes aspectos del reto.
- **Interactúa con los Participantes:** Comenta, da "me gusta" y comparte las publicaciones de quienes participen para demostrar que valoras su esfuerzo.

Acción Inmediata:
Diseña un reto relacionado con tu marca y publica un video hoy explicándolo. Asegúrate de usar un hashtag específico y comienza a invitar a tus seguidores a participar.

Consejo 213: Genera Historias Inspiradas en Eventos Globales Populares

¿Qué significa?
Aprovechar eventos globales, ya sean deportivos, culturales, tecnológicos o ambientales, como contexto para crear historias que conecten tu marca con lo que está sucediendo en el mundo. Estas historias deben ser relevantes para tu audiencia y reflejar los valores de tu marca.

¿Por qué es importante?
Los eventos globales generan conversaciones masivas en las redes sociales. Aprovechar este enfoque te permite ser parte de esas conversaciones, aumentar la visibilidad de tu marca y posicionarte como

actual y relevante. Además, vincular tu mensaje a un evento inspira una conexión emocional más profunda con tu audiencia.

¿Cómo hacerlo?

1. **Identifica los Eventos Más Relevantes:**
   o Utiliza calendarios globales de eventos, como los Juegos Olímpicos, el Mundial de Fútbol, el Día de la Tierra o incluso lanzamientos tecnológicos destacados.
   o Selecciona aquellos que resuenen con tu industria y valores.
2. **Encuentra un Ángulo Relacionado con tu Marca:**
   o Pregúntate: ¿Cómo puede mi producto o servicio aportar algo a este evento? Por ejemplo, una marca de comida podría destacar recetas temáticas de diferentes países durante un torneo mundial.
3. **Crea Historias Inspiradoras:**
   o Relata cómo tu audiencia, colaboradores o productos están conectados con el evento.
   o Ejemplo: Si es el Día Mundial de la Salud, podrías compartir historias de clientes que mejoraron su bienestar usando tus productos.
4. **Diseña Visuales Personalizados:**
   o Usa gráficos, videos o imágenes que integren elementos del evento con tu branding. Asegúrate de respetar cualquier regla de copyright relacionada con logotipos oficiales.
5. **Promueve Conversaciones:**
   o Invita a tu comunidad a compartir sus experiencias relacionadas con el evento. Esto podría ser un reto fotográfico, un testimonio o una reflexión.

Ejemplo práctico:
Durante la Copa Mundial, una marca de calzado deportivo podría publicar una serie de historias sobre personas comunes que se esfuerzan como los jugadores profesionales, destacando cómo el deporte transforma vidas.

Consejos Brutales:

- **Sé Rápido y Relevante:** Los eventos tienen una vida útil corta en redes. Publica tu contenido en el pico de interés.
- **Evita Polémicas:** Mantente lejos de temas controvertidos que puedan dividir a tu audiencia.
- **Mide el Impacto:** Analiza el engagement para ajustar futuras estrategias relacionadas con eventos globales.

Acción Inmediata:
Investiga un evento relevante que ocurrirá pronto y planea una publicación o campaña alineada con el mismo. Diseña visuales que integren los elementos del evento con tu mensaje y publícalos hoy.

Consejo 214: Publica Comparaciones Visuales Basadas en Tendencias Actuales

¿Qué significa?
Se trata de utilizar comparaciones visuales para destacar cómo tu producto, servicio o idea se alinea con las tendencias actuales, ofreciendo una perspectiva clara y fácil de entender para tu audiencia. Estas comparaciones pueden ser gráficas, tablas o imágenes que muestren diferencias, mejoras o resultados destacados.

¿Por qué es importante?
Las comparaciones visuales simplifican la información y hacen que las decisiones sean más fáciles para tu audiencia. Además, al vincular tu contenido con tendencias actuales, te posicionas como una marca relevante y moderna que está al tanto de lo que importa en este momento.

¿Cómo hacerlo?

1. **Identifica las Tendencias Actuales:**
   - Investiga las tendencias en tu industria utilizando herramientas como Google Trends, redes sociales o reportes de mercado.

o   Encuentra aquellos temas o conceptos que resuenen con tu audiencia y estén relacionados con tus productos o servicios.

2. **Elige el Formato Adecuado:**
    o   Usa gráficos de barras, tablas comparativas, imágenes "antes y después" o incluso videos para destacar las diferencias o beneficios.
    o   Por ejemplo, compara cómo tu producto se ajusta a una tendencia frente a alternativas desactualizadas.

3. **Resalta los Beneficios Clave:**
    o   No te centres solo en características, muestra cómo tu solución mejora la vida de las personas o responde mejor a la tendencia.
    o   Ejemplo: Una marca de ropa sostenible podría comparar visualmente el impacto ambiental de sus productos frente a los de la competencia tradicional.

4. **Incluye Datos y Cifras Relevantes:**
    o   Apoya tus visuales con estadísticas actuales, testimonios o certificaciones que validen tu mensaje.

5. **Incorpora Elementos Visuales de la Tendencia:**
    o   Integra colores, estilos o símbolos asociados a la tendencia en tus comparaciones para captar mejor la atención de tu audiencia.

Ejemplo práctico:
Una marca de tecnología podría crear una tabla comparativa que muestre cómo su nuevo dispositivo ahorra energía y reduce costos frente a modelos antiguos, destacando el interés creciente por productos sostenibles.

Consejos Brutales:

•   **Sé Conciso y Claro:** Evita saturar tus visuales con demasiada información. Destaca solo los puntos más impactantes.
•   **Optimiza para Redes Sociales:** Asegúrate de que tus comparaciones se vean bien en dispositivos móviles, ya que la mayoría de los usuarios acceden desde sus teléfonos.
•   **Prueba Diferentes Enfoques:** Experimenta con comparaciones directas, simbólicas o incluso humorísticas para ver cuál resuena mejor con tu audiencia.

Acción Inmediata:
Elige una tendencia actual relacionada con tu marca y diseña una comparación visual. Publica este contenido con un llamado a la acción claro para que tu audiencia interactúe con la publicación.

Consejo 215: Diseña Campañas Inspiradas en Memes Populares

¿Qué significa?
Aprovechar el poder de los memes virales para crear campañas que conecten con tu audiencia de una manera ligera, divertida y altamente compartible. Los memes son herramientas visuales y textuales que combinan humor y cultura contemporánea, ideales para captar la atención y fomentar la participación.

¿Por qué es importante?
Los memes son un lenguaje universal en el mundo digital. Son reconocibles al instante, fáciles de compartir y pueden hacer que tu contenido alcance audiencias mucho más grandes de lo habitual. Incorporar memes populares en tus campañas muestra que tu marca está al día, es accesible y entiende el contexto cultural de su audiencia.

¿Cómo hacerlo?

1. **Selecciona Memes Relevantes:**
   o Investiga cuáles son los memes más populares en este momento en plataformas como Twitter, Instagram o Reddit.
   o Asegúrate de que el meme se alinee con el tono y valores de tu marca.
2. **Adapta el Meme a tu Mensaje:**
   o Ajusta el texto o contexto del meme para transmitir un mensaje relacionado con tu producto, servicio o filosofía.
   o Ejemplo: Si estás promocionando un curso en línea, podrías usar un meme popular para destacar lo sencillo que es aprender con tu plataforma.
3. **Sé Rápido:**

- Los memes tienen un ciclo de vida corto. Para aprovechar su popularidad, necesitas actuar rápidamente mientras aún están en tendencia.

4. **Mantén el Equilibrio:**
   - Usa memes de forma estratégica, no los fuerces. Asegúrate de que sean coherentes con tu mensaje y no desvirtúen tu marca.
   - No intentes utilizar memes que tu audiencia pueda percibir como insensibles o inadecuados.

5. **Involucra a tu Comunidad:**
   - Anima a tus seguidores a crear y compartir sus propios memes relacionados con tu marca mediante concursos o retos. Esto puede generar interacción orgánica y contenido generado por el usuario.

Ejemplo práctico:
Una marca de snacks puede usar el meme de "Distracted Boyfriend" (Novio Distraído) mostrando al novio mirando con interés un snack saludable en lugar de una opción tradicional poco saludable, transmitiendo el mensaje de una elección más consciente.

Consejos Brutales:

- **Conoce a tu Audiencia:** No todos los memes funcionan para todas las audiencias. Asegúrate de que el humor del meme sea comprensible y relevante para tu público objetivo.
- **Cuida los Derechos de Autor:** Aunque los memes son generalmente de uso público, evita problemas legales al no usar imágenes protegidas o registradas sin autorización.
- **Sé Auténtico:** No intentes ser gracioso a la fuerza. Si un meme no se adapta bien a tu mensaje, es mejor dejarlo pasar.

Acción Inmediata:
Identifica un meme viral que esté en tendencia y crea una publicación adaptada que refleje tu marca. Publica tu contenido en la red social donde sepas que tiene mayor probabilidad de resonar y observa la reacción de tu audiencia.

Consejo 216: Lanza Encuestas sobre Opiniones de Eventos en Tendencia

¿Qué significa?
Crear encuestas relacionadas con eventos o temas en tendencia para captar la atención de tu audiencia, generar conversación y descubrir lo que piensan sobre asuntos relevantes. Estas encuestas aprovechan el interés actual de las personas y los conectan con tu marca de manera significativa.

¿Por qué es importante?
Las encuestas basadas en tendencias permiten a tu marca participar en conversaciones actuales de una forma interactiva y atractiva. Además, fomentan la interacción directa con tu audiencia, fortaleciendo su vínculo con tu marca. También pueden proporcionar información valiosa sobre sus opiniones y preferencias.

¿Cómo hacerlo?

1. **Identifica Tendencias Relevantes:**
   o Usa herramientas como Google Trends, Twitter Trends o las secciones de exploración de redes sociales para identificar temas actuales que estén generando conversación.
   o Asegúrate de que las tendencias estén alineadas con los intereses de tu audiencia.
2. **Crea Preguntas Atractivas:**
   o Diseña preguntas simples y directas que inciten a la participación.
   o Ejemplo: Si hay un evento deportivo en auge, pregunta: "¿Quién crees que ganará el partido de esta noche?"
3. **Usa Formatos Interactivos:**
   o Las historias de Instagram, las encuestas de Twitter y las opciones de LinkedIn son ideales para este tipo de contenido.
4. **Conecta la Tendencia con tu Marca:**
   o Relaciona el tema de la encuesta con tus productos o servicios.

- o Ejemplo: Una tienda de ropa deportiva podría preguntar: "¿Prefieres ropa técnica o estilo casual para ver el próximo partido?"
5. **Comparte los Resultados:**
   - o Publica los resultados en tiempo real o al final de la encuesta para mantener a tu audiencia involucrada.
   - o Añade un comentario que enlace el tema con tu oferta: "El 65% de ustedes prefieren ropa técnica. Descubre nuestra nueva línea aquí."

Ejemplo práctico:
Un restaurante puede lanzar una encuesta sobre cuál es el mejor snack para una noche de cine, y luego compartir su menú especial que incluye las opciones favoritas de la audiencia.

Consejos Brutales:

- **Hazlo Breve y Claro:** Las encuestas con opciones simples (2-4 respuestas) tienen mayores tasas de participación.
- **Evita los Temas Controvertidos:** Aunque puede ser tentador, evita las encuestas sobre temas polarizantes que puedan dividir a tu audiencia o generar conflictos.
- **Fomenta la Participación con Incentivos:** Considera ofrecer un pequeño premio o descuento para quienes participen en la encuesta, incentivando aún más la interacción.

Acción Inmediata:
Busca un tema en tendencia hoy mismo, crea una encuesta relevante y publícala en tus redes sociales más activas. Monitoriza las respuestas y analiza cómo puedes usar esa información para tus próximos contenidos o campañas.

Consejo 217: Genera Videos Basados en Reacciones y Respuestas Creativas

¿Qué significa?
Crear videos que respondan a tendencias, comentarios, o situaciones actuales de forma creativa, dinámica y directa. Este tipo de contenido permite que tu marca participe activamente en las conversaciones digitales, aportando valor, humor o soluciones.

¿Por qué es importante?
Los videos de reacciones son altamente atractivos porque muestran un lado humano y espontáneo de tu marca. Incrementan la interacción, fortalecen la conexión emocional con tu audiencia y aumentan el alcance orgánico al alinearse con temas que ya interesan a tu público.

¿Cómo hacerlo?

1. **Detecta Comentarios o Tendencias:**
   o   Revisa los comentarios en tus publicaciones o las menciones a tu marca.
   o   Identifica tendencias actuales que puedas abordar con un enfoque único.
2. **Responde con Personalidad:**
   o   Usa un tono que refleje los valores y la identidad de tu marca: humor, empatía o profesionalismo.
   o   Ejemplo: Si alguien comenta "¿Realmente necesito esto?", podrías responder con un video mostrando casos prácticos y divertidos donde tu producto es imprescindible.
3. **Incorpora Elementos Visuales Dinámicos:**
   o   Añade texto en pantalla, efectos visuales, transiciones rápidas y música para captar la atención desde los primeros segundos.
4. **Invita a la Interacción:**
   o   Cierra tus videos con una pregunta o un llamado a la acción para fomentar la participación.
   o   Ejemplo: "¿Te ha pasado algo similar? Cuéntanos tu historia."
5. **Publica en los Formatos Correctos:**

- Plataformas como TikTok, Instagram Reels o YouTube Shorts son ideales para este tipo de contenido.

Ejemplo práctico:
Una marca de alimentos saludables podría reaccionar a un meme viral sobre comida chatarra y responder con un video mostrando cómo preparar una alternativa saludable en menos de 5 minutos.

Consejos Brutales:

- **Sé Ágil:** Responde rápido para aprovechar la ventana de oportunidad que ofrecen las tendencias.
- **Usa Humor Inteligente:** Si tu marca lo permite, el humor es una herramienta poderosa para hacer que tus videos sean memorables.
- **Incluye Participación de tu Equipo:** Mostrar reacciones auténticas de tus empleados añade un toque humano que resuena con la audiencia.

Acción Inmediata:
Selecciona un comentario o tendencia relevante y graba un video de reacción hoy mismo. Publica en tus redes sociales y monitorea cómo interactúa tu audiencia.

Consejo 218: Publica Historias que Resalten Cambios Clave en el Entorno Social

¿Qué significa?
Crear contenido que destaque transformaciones importantes en el entorno social, cultural o económico, vinculándolas a los valores y objetivos de tu marca. Este enfoque te posiciona como un agente consciente y comprometido con temas relevantes para tu audiencia.

¿Por qué es importante?
El contenido relacionado con cambios sociales genera conexión emocional y credibilidad. Muestra que tu marca está al tanto de lo que

sucede en el mundo, preocupándose por causas o temas que impactan a tu comunidad.

¿Cómo hacerlo?

1. **Identifica Cambios Significativos:**
   o Investiga tendencias sociales, políticas o culturales relevantes en tu industria.
   o Ejemplo: La transición hacia la sostenibilidad en moda, cambios en hábitos de consumo o movimientos de inclusión.
2. **Vincula con tu Marca:**
   o Relaciona estos cambios con los valores y productos de tu marca.
   o Ejemplo: "Nuestra nueva línea de productos respalda el movimiento hacia un consumo consciente y sostenible."
3. **Crea Historias Humanas:**
   o Incluye historias reales o ficticias que reflejen cómo esos cambios afectan a las personas.
   o Ejemplo: Presenta a un cliente que adoptó un estilo de vida más sostenible usando tu producto.
4. **Utiliza Formatos Visuales Impactantes:**
   o Infografías, videos testimoniales o documentales cortos pueden ilustrar de forma efectiva los cambios sociales que deseas destacar.
5. **Invita a la Reflexión y la Acción:**
   o Genera preguntas o retos para que tu audiencia participe en la conversación.
   o Ejemplo: "¿Qué pequeño cambio puedes hacer hoy para un futuro más inclusivo?"

Ejemplo práctico:
Una marca de tecnología podría compartir una historia sobre cómo sus dispositivos están ayudando a comunidades rurales a acceder a educación en línea, vinculándolo al cambio hacia una educación más inclusiva.

Consejos Brutales:

- **Apóyate en Datos:** Aporta estadísticas o estudios que refuercen tu narrativa y den credibilidad a tu mensaje.
- **Crea una Campaña Dedicada:** Si el cambio social es clave para tu industria, desarrolla una serie de publicaciones o videos que lo destaquen en profundidad.
- **Sé Genuino:** Evita el oportunismo. Asegúrate de que tu mensaje sea coherente con los valores de tu marca.

Acción Inmediata:
Investiga un cambio social relevante para tu industria y escribe un borrador para una publicación que lo conecte con tu marca. Comparte hoy mismo un adelanto o dato relevante en tus redes sociales.

Consejo 219: Diseña Contenidos que Resuman Momentos Virales en tu Nicho

¿Qué significa?
Crear publicaciones que recopilen y analicen momentos virales relacionados con tu industria o nicho. Esto ayuda a tu audiencia a mantenerse informada, mientras posiciona tu marca como una fuente confiable de tendencias y actualidad.

¿Por qué es importante?
En el mundo digital, la viralidad mueve la conversación. Ser quien compila, comenta y comparte estos momentos te otorga autoridad y fomenta la interacción. Además, estos contenidos suelen generar mayor alcance, ya que están alineados con el interés del público en tendencias actuales.

¿Cómo hacerlo?

1. **Monitoriza las Redes Sociales:**
   - Utiliza herramientas como Google Trends, TweetDeck o Hootsuite para detectar los temas más virales en tu sector.
   - Ejemplo: Si tu nicho es el fitness, un reto viral de ejercicios en TikTok podría ser un excelente tema.
2. **Selecciona lo Más Relevante:**

- o Identifica momentos que sean atractivos y útiles para tu audiencia.
- o Prioriza tendencias que se alineen con tus valores y mensajes de marca.

3. **Añade Valor con Comentarios y Análisis:**
   - o Explica por qué ese momento viral es significativo.
   - o Ofrece datos, contexto o recomendaciones para involucrar a tu audiencia.

4. **Elige el Formato Adecuado:**
   - o Infografías: Resumen visual claro y atractivo.
   - o Videos: Clips cortos con comentarios sobre el tema.
   - o Historias: Perfectas para compartir momentos y preguntar la opinión de tu audiencia.

5. **Invita a la Participación:**
   - o Usa preguntas abiertas como: "¿Qué opinas de esta tendencia?" o "¿Te sumas al reto?".
   - o Incentiva a tu comunidad a compartir su experiencia o perspectiva.

Ejemplo práctico:

Si tienes un negocio de marketing digital, podrías crear una publicación que analice la estrategia detrás de un anuncio viral reciente, explicando por qué funcionó y cómo los emprendedores pueden aprender de ello.

Consejos Brutales:

- **Sé Rápido:** La relevancia es clave. Publica mientras el tema aún es tendencia.
- **Hazlo Periódico:** Convertir estos resúmenes en una serie semanal o mensual puede mantener a tu audiencia interesada y esperando más.
- **Etiqueta a los Creadores Originales:** Esto puede ampliar el alcance de tu publicación y mostrar respeto por las ideas originales.

Acción Inmediata:

Busca un momento viral reciente en tu industria y prepara un post destacándolo. Incluye una breve reflexión sobre cómo impacta en tu nicho y comparte tu publicación en las próximas 24 horas.

Consejo 220: Lanza Dinámicas Basadas en Predicciones de Futuras Tendencias

¿Qué significa?

Organizar actividades en redes sociales que inviten a tu audiencia a participar haciendo predicciones sobre el futuro de tu industria, temas globales o cambios sociales. Esto genera interacción, fomenta el pensamiento crítico y establece a tu marca como una visionaria en su nicho.

¿Por qué es importante?

Las predicciones crean curiosidad y generan debates, dos factores que aumentan el compromiso y el alcance de tus publicaciones. Además, posicionarte como un líder que mira hacia el futuro refuerza tu autoridad y fortalece el vínculo con tu audiencia.

¿Cómo hacerlo?

1. **Identifica Temas Clave:**
   o Analiza tendencias actuales y proyecta cómo podrían evolucionar.
   o Ejemplo: Si tu nicho es la tecnología, pregunta: "¿Qué avances veremos en inteligencia artificial en 2030?".
2. **Crea un Formato Interactivo:**
   o Encuestas: "¿Crees que X será una tendencia en los próximos años?"
   o Retos: Invita a tu audiencia a compartir sus propias predicciones con un hashtag.
   o Historias: Usa encuestas o deslizadores para medir el optimismo o interés en ciertas ideas.
3. **Aporta Tu Propia Visión:**
   o Comparte tus predicciones para iniciar el debate.
   o Explica por qué crees en ellas, respaldándolas con datos o ejemplos relevantes.
4. **Reconoce la Participación:**
   o Destaca las mejores predicciones de tus seguidores en tus publicaciones.
   o Ofrece pequeños incentivos, como descuentos o menciones, a quienes participen.

5. **Refuerza con Visuales Impactantes:**
   - o Diseña gráficos o videos que representen las posibles tendencias de manera clara y atractiva.
   - o Ejemplo: Un timeline visual sobre el impacto del cambio climático en la moda sostenible.

Ejemplo práctico:
Si tu marca está en el sector del turismo, podrías lanzar una dinámica como:
"Predicciones 2025: ¿Cuál será el destino de moda? 🌍 Participa en nuestra encuesta y cuéntanos dónde crees que todos querrán viajar el próximo año".

Consejos Brutales:

- **Crea Anticipación:** Publica teasers antes de lanzar la dinámica, generando expectativa en tu audiencia.
- **Usa Hashtags Exclusivos:** Esto facilita la recopilación de respuestas y extiende el alcance de tu campaña.
- **Archiva las Predicciones:** Guarda las respuestas para futuras referencias. Puedes usarlas en campañas posteriores para mostrar cómo tu comunidad participó en prever tendencias.

Acción Inmediata:
Hoy mismo, elige un tema relevante en tu nicho y crea una encuesta o post pidiendo predicciones a tu audiencia. Acompáñalo de un gráfico visual llamativo y publica en las próximas 24 horas.

Consejo 221: Publica Retos que Inviten a tu Audiencia a Participar en Movimientos Actuales

¿Qué significa?
Crear desafíos o actividades en redes sociales que conecten con causas sociales, culturales o movimientos populares. Estos retos invitan a tu

audiencia a ser parte activa de algo significativo, aumentando la
interacción y el compromiso emocional con tu marca.

¿Por qué es importante?
Los movimientos actuales generan conversaciones masivas y visibilidad.
Asociarte de manera genuina con estos temas no solo amplía tu alcance,
sino que también posiciona a tu marca como consciente y
comprometida. Este tipo de retos fomenta la comunidad y crea un
impacto positivo en la percepción de tu audiencia.

¿Cómo hacerlo?

1. **Elige un Movimiento Relevante:**
   o   Investiga qué temas están en el centro de las
       conversaciones sociales.
   o   Ejemplo: La sostenibilidad, la diversidad o el apoyo a
       comunidades locales.
2. **Diseña un Reto con Propósito:**
   o   Define una acción clara que tus seguidores puedan
       realizar.
   o   Ejemplo: "Comprométete a reducir tu huella de carbono
       esta semana y comparte cómo lo haces con nuestro
       hashtag."
3. **Hazlo Accesible:**
   o   Asegúrate de que la actividad sea fácil de realizar para la
       mayoría de tu audiencia.
   o   Proporciona instrucciones claras y recursos útiles.
4. **Usa Hashtags Impactantes:**
   o   Crea un hashtag único que refleje el espíritu del reto.
   o   Ejemplo: #ActúaConImpacto.
5. **Muestra el Impacto:**
   o   Publica resultados, historias de participantes o
       estadísticas del reto para reforzar su valor.
   o   Celebra a quienes participaron destacándolos en tus redes
       sociales.

Ejemplo práctico:
Si tu marca está en el sector alimenticio:
"Únete al Reto Sin Plástico 🌱 : Durante una semana, evita el plástico

desechable en tus comidas. Usa el hashtag #SinPlásticoCon[TuMarca] y comparte tus soluciones creativas. ¡Inspiremos juntos!"

Consejos Brutales:

- **Colabora con Aliados Relevantes:** Invita a influencers, ONGs o figuras públicas que refuercen el mensaje de tu reto.
- **Crea Material Visual:** Diseña banners, videos o guías que expliquen el reto y aumenten su atractivo.
- **Haz un Seguimiento Real:** Si el reto implica una causa social, dona parte de tus ganancias o tiempo al movimiento para mostrar tu compromiso.

Acción Inmediata:
Identifica un movimiento actual relacionado con tu nicho. Crea un reto basado en ese tema y diseña una publicación llamativa. Lánzalo en las próximas 48 horas y mide la respuesta de tu audiencia.

Consejo 222: Genera Historias Visuales Inspiradas en Iconos Populares

¿Qué significa?
Crear contenido visual inspirado en figuras públicas, personajes o elementos culturales que sean reconocidos y admirados por tu audiencia. Estas historias visuales aprovechan el atractivo y la relevancia de los íconos para captar la atención y generar un vínculo emocional.

¿Por qué es importante?
Los iconos populares tienen un poder único para conectar con emociones, recuerdos y aspiraciones colectivas. Asociarte creativamente con estos símbolos culturales permite que tu marca sea más accesible y resuene con una audiencia más amplia, aumentando la interacción y la recordación.

¿Cómo hacerlo?

1. **Investiga los Iconos Relevantes para tu Audiencia:**

- Identifica figuras públicas, personajes de ficción o elementos culturales que tu público admira.
- Ejemplo: Artistas musicales, películas de moda, héroes deportivos o influencers.

2. **Alinea el Icono con tu Marca:**
   - Asegúrate de que el icono elegido tenga valores o características que reflejen los de tu marca.
   - Ejemplo: Si tu marca promueve la sostenibilidad, puedes usar referencias de activistas ecológicos.

3. **Diseña una Historia Visual Impactante:**
   - Usa imágenes, ilustraciones o videos que combinen elementos del icono con los de tu producto o mensaje.
   - Ejemplo: Un post que diga: "Canaliza tu héroe interior con nuestra línea deportiva inspirada en atletas olímpicos."

4. **Incorpora Referencias Directas o Creativas:**
   - Puedes usar citas, colores icónicos o estilos que recuerden al personaje o figura sin infringir derechos de autor.
   - Ejemplo: Diseños gráficos inspirados en un artista, pero adaptados a tu marca.

5. **Fomenta la Interacción:**
   - Invita a tu audiencia a participar con comentarios o compartiendo su admiración por el icono destacado.
   - Ejemplo: "¿Cuál es tu momento favorito de [Figura/Personaje]? ¡Cuéntanos y participa en nuestro sorteo!"

Ejemplo práctico:

Si tienes una marca de accesorios:

"Celebra el estilo icónico de Audrey Hepburn con nuestra nueva colección de gafas retro. ¡Descubre cómo reinventar la elegancia clásica a tu manera! "

Consejos Brutales:

- **Aprovecha Tendencias Actuales:** Si un ícono o personaje está en auge, actúa rápidamente para capitalizar su popularidad.
- **Evita la Controversia:** Escoge figuras que sean universalmente admiradas o relevantes para evitar polarizar a tu audiencia.

- **Crea Variaciones de Contenido:** Diseña diferentes formatos (stories, reels, posts estáticos) para maximizar el alcance.

Acción Inmediata:
Elige un icono relevante para tu audiencia y diseña una publicación visual que conecte ese personaje con tu mensaje. Lánzala en las próximas 72 horas con un hashtag relacionado y mide la interacción.

Consejo 223: Diseña Encuestas sobre Expectativas Futuras en el Mercado

¿Qué significa?
Las encuestas sobre expectativas futuras en el mercado son una herramienta para conocer las opiniones, deseos y predicciones de tu audiencia sobre tendencias emergentes o cambios en tu industria. Estas encuestas no solo generan interacción, sino que también posicionan a tu marca como interesada en innovar y adaptarse a las necesidades futuras.

¿Por qué es importante?
Anticiparte a las expectativas de tu audiencia te permite diseñar productos, servicios y estrategias que respondan a sus necesidades incluso antes de que las expresen claramente. Además, fomenta una relación más cercana al darles voz en el desarrollo futuro de tu marca.

¿Cómo hacerlo?

1. **Identifica Temas Relevantes:**
   - Define qué aspectos del mercado o de tu industria son más interesantes para tu audiencia.
   - Ejemplo: "¿Qué tecnología crees que revolucionará la forma en que compras online?"
2. **Diseña Preguntas Clave:**
   - Haz preguntas abiertas o de opción múltiple que permitan a tu público expresar su perspectiva.
   - Ejemplo: "¿Crees que en los próximos 5 años las compras serán más personalizadas o automatizadas?"
3. **Usa Plataformas Adecuadas:**

- o Publica las encuestas en redes donde tu audiencia esté más activa, como Instagram Stories, Twitter o LinkedIn.
  - o Utiliza herramientas específicas de cada plataforma para maximizar la interacción.
4. **Incorpora Incentivos:**
   - o Ofrece un incentivo para motivar la participación, como descuentos, acceso a contenido exclusivo o sorteos.
   - o Ejemplo: "Responde y entra al sorteo de nuestra nueva colección."
5. **Analiza los Resultados y Comparte Hallazgos:**
   - o Publica un resumen de las respuestas y, si es posible, incluye cómo planeas incorporar esas ideas en el futuro.
   - o Ejemplo: "El 70% de ustedes piensa que el diseño minimalista será clave. ¡Estamos trabajando en algo especial!"

Ejemplo práctico:
Si manejas una tienda de moda:
"¿Cómo crees que será el futuro de la moda sostenible? 📝
1 Más ropa hecha con materiales reciclados.
2 Prendas personalizadas según tu estilo.
3 Tecnología integrada en la ropa.
¡Participa y cuéntanos tu opinión! "

Consejos Brutales:

- **Sé Específico pero Inspirador:** Encuestas claras generan más participación, pero asegúrate de plantear preguntas que inviten a reflexionar.
- **Aprovecha la Curiosidad:** Formula preguntas que la audiencia sienta que quieren responder para formar parte de una conversación más amplia.
- **Utiliza los Datos:** Usa las respuestas para ajustar estrategias y demuestra que valoras la retroalimentación.

Acción Inmediata:
Crea una encuesta sobre un tema relevante en tu industria y publícala hoy en tus redes sociales. Recopila las respuestas, analiza los resultados

y compártelos en una publicación de seguimiento para demostrar tu compromiso con las expectativas de tu audiencia.

Consejo 224: Publica Historias Basadas en la Adaptación a Nuevas Tendencias

¿Qué significa?
Las historias que reflejan cómo tu marca o tus productos se adaptan a nuevas tendencias demuestran tu capacidad de evolucionar y responder a las demandas del mercado. Este tipo de contenido no solo educa a tu audiencia sobre las novedades, sino que también genera confianza al posicionarte como un referente actualizado y flexible.

¿Por qué es importante?
Las tendencias son el pulso del mercado, y estar alineado con ellas indica que tu marca es innovadora y está al día. Mostrar cómo integras estas tendencias en tus prácticas o productos genera interés, inspira y puede captar nuevos seguidores que buscan lo último en tu industria.

¿Cómo hacerlo?
1. **Identifica las Tendencias Relevantes:**
   - Mantente atento a los cambios en tu sector, ya sea en tecnología, diseño, sostenibilidad o comportamientos del consumidor.
   - Ejemplo: Si estás en la moda, podrías destacar cómo tu nueva línea utiliza materiales reciclados siguiendo la tendencia de sostenibilidad.
2. **Crea Historias Visuales:**
   - Usa imágenes o videos para contar cómo tu marca se adapta a estas tendencias.
   - Ejemplo: Muestra el antes y después de implementar una nueva tecnología en tu negocio.
3. **Involucra a tu Audiencia:**
   - Comparte el proceso de adaptación e invita a tu público a opinar sobre cómo estas novedades los benefician.

- o Ejemplo: "Estamos probando esta nueva funcionalidad. ¿Qué opinan? ¿Les gustaría algo más personalizado?"
4. **Educa y Entretén:**
   - o Explica el porqué detrás de la tendencia y cómo impacta a tus clientes, pero hazlo de forma atractiva.
   - o Ejemplo: Un video corto mostrando los pasos para crear un producto usando materiales biodegradables.
5. **Incluye Resultados Tangibles:**
   - o Si ya implementaste la tendencia, destaca los resultados con datos o testimonios.
   - o Ejemplo: "Desde que introdujimos esta tecnología, hemos reducido nuestros tiempos de entrega en un 30%."

Ejemplo práctico:
Una marca de alimentos podría publicar:
"¿Sabías que el 2024 es el año del auge de los superalimentos locales? Por eso, hemos incorporado moringa y chía de pequeños productores a nuestras recetas. ¡Descubre sus beneficios en nuestro próximo post!"

Consejos Brutales:

- **Sé Proactivo:** No esperes a que todos hablen de la tendencia. Adopta una postura de liderazgo e introdúcela antes.
- **Humaniza el Cambio:** Muestra el impacto en las personas detrás de tu marca o en tus clientes, no solo en los productos.
- **Experimenta con Formatos:** Usa carruseles, reels o TikToks para hacer el contenido más dinámico y atractivo.

Acción Inmediata:
Investiga una tendencia relevante para tu nicho, identifica cómo tu marca ya está alineada o puede alinearse, y crea una historia visual o narrativa al respecto. Publícala esta semana y evalúa la respuesta de tu audiencia.

Consejo 225: Lanza Campañas Basadas en Temas de Interés Cultural Global

¿Qué significa?

Las campañas que se centran en temas de interés cultural global abordan problemas, celebraciones o eventos que resuenan a nivel mundial. Al vincular tu marca con causas o momentos significativos, demuestras conciencia social y alineación con valores compartidos por una amplia audiencia.

¿Por qué es importante?

Este enfoque no solo humaniza tu marca, sino que también amplía su alcance al atraer a personas que comparten esos intereses o valores. Participar en conversaciones globales te posiciona como una marca comprometida y relevante, capaz de conectar con audiencias diversas.

¿Cómo hacerlo?

1. **Identifica Momentos y Causas Globales:**
   o Utiliza calendarios culturales y globales para identificar días internacionales, como el Día de la Tierra o el Día Internacional de la Mujer.
   o Ejemplo: Para el Día Mundial del Agua, una marca de sostenibilidad podría promover productos que ahorren agua.
2. **Alinea el Tema con tu Marca:**
   o Asegúrate de que la campaña tenga sentido dentro del contexto de tu nicho y misión.
   o Ejemplo: Una marca de moda sostenible podría lanzar una colección especial para el Día Mundial del Reciclaje.
3. **Crea Contenido Impactante:**
   o Diseña imágenes, videos o publicaciones que conecten emocionalmente y eduquen sobre el tema.
   o Ejemplo: Un reel mostrando cómo tus productos contribuyen a reducir la huella de carbono.
4. **Invita a Participar:**
   o Diseña dinámicas que involucren a tu audiencia, como retos, encuestas o donaciones.

- o Ejemplo: "Por cada comentario en esta publicación, donaremos un árbol para la reforestación 🌳."

5. **Colabora con Organizaciones o Influencers:**
   - o Aumenta tu credibilidad y alcance asociándote con entidades reconocidas relacionadas con el tema.
   - o Ejemplo: Trabaja con ONGs para una campaña contra el desperdicio de alimentos.

Ejemplo práctico:

Una marca de tecnología podría publicar:

"Este Día Internacional de la Innovación 🌍, queremos celebrar las mentes brillantes que están cambiando el mundo. Descubre cómo nuestros productos están diseñados para empoderar a los futuros innovadores."

Consejos Brutales:

- **Sé Consistente:** Participar regularmente en temas globales muestra que tu compromiso es genuino, no una estrategia de marketing oportunista.
- **Adopta una Perspectiva Local:** Relaciona el tema global con algo cercano a tu audiencia para hacerlo más relevante.
- **Crea un Hashtag Propio:** Diseña un hashtag único para tu campaña que combine el tema global con tu identidad de marca.

Acción Inmediata:

Revisa los próximos eventos o días internacionales relevantes para tu sector. Diseña una campaña que celebre uno de ellos y que alinee tus productos o servicios con su propósito. Planifica su publicación antes del día señalado.

Bloque 16: "Optimización Constante y Estrategias Basadas en Datos"

Consejo 226: Realiza Análisis de Métricas para Ajustar Tu Contenido

¿Qué significa?
El análisis de métricas consiste en revisar datos clave como visualizaciones, interacciones, conversiones y tiempos de permanencia para entender cómo tu contenido está funcionando en redes sociales. Este proceso te permite identificar qué estrategias están funcionando y cuáles necesitan ajustes.

¿Por qué es importante?
En el dinámico mundo de las redes sociales, lo que funciona hoy podría no funcionar mañana. Analizar métricas te ayuda a mantenerte relevante y competitivo. Además, te proporciona una base objetiva para tomar decisiones informadas y optimizar tus recursos de manera eficiente.

¿Cómo hacerlo?

1. **Identifica las Métricas Clave (KPIs):**
   Define qué indicadores son más relevantes para tus objetivos. Por ejemplo:
   o **Alcance** para evaluar visibilidad.
   o **Interacciones** para medir el engagement.
   o **CTR (Click Through Rate)** para analizar el interés.
   o **Conversión** para medir el impacto en ventas.
2. **Usa Herramientas de Análisis:**
   Utiliza herramientas como Google Analytics, Meta Business Suite o Hootsuite para recopilar y analizar datos de tus campañas.

3. **Establece un Periodo de Evaluación:**
   Define intervalos regulares (semanales o mensuales) para evaluar tus métricas. Esto asegura que detectes tendencias y ajustes oportunamente.
4. **Segmenta tu Audiencia:**
   Analiza los datos segmentados por grupos demográficos, intereses o comportamiento. Esto te permite entender cómo se relacionan diferentes públicos con tu contenido.
5. **Detecta Patrones:**
   Observa qué tipos de publicaciones obtienen mayor interacción. ¿Son videos, imágenes o textos? ¿Qué tonos o temas generan más clics?
6. **Prueba y Ajusta:**
   Implementa cambios basados en tus hallazgos y realiza pruebas A/B para validar qué ajustes tienen mayor impacto.

Ejemplo práctico:
Supón que tu objetivo es incrementar las visitas a tu sitio web desde Instagram. Si notas que tus publicaciones con títulos llamativos generan más clics, podrías ajustar tu estrategia para crear contenido similar con títulos que inviten a la acción.

Consejos Brutales:

- **No te Enfoques en Vanidad:** Métricas como likes o seguidores son importantes, pero lo que realmente importa es cómo estas cifras impactan tus objetivos de negocio.
- **Actúa Rápido:** Los datos no sirven si no se utilizan. Tan pronto detectes áreas de mejora, realiza ajustes.
- **Alinea tu Equipo:** Comparte resultados clave con tu equipo para que todos estén alineados en la estrategia de mejora.

Acción Inmediata:
Hoy mismo, revisa las métricas de tu publicación más reciente. Identifica una métrica que quieras mejorar (por ejemplo, el CTR) y ajusta el contenido de tu próxima publicación para maximizarla.

Consejo 227: Diseña Campañas Basadas en Resultados de Pruebas A/B

¿Qué significa?
Las pruebas A/B son un método para comparar dos versiones de un contenido o campaña y determinar cuál tiene mejor desempeño. Este enfoque te permite tomar decisiones respaldadas por datos concretos, maximizando la efectividad de tus esfuerzos en redes sociales.

¿Por qué es importante?
Las preferencias de tu audiencia no siempre son evidentes, y lo que tú crees que funcionará mejor podría no ser lo que realmente resuena con ellos. Las pruebas A/B te brindan insights claros sobre qué estrategias generan mayor impacto y te ayudan a optimizar tus recursos.

¿Cómo hacerlo?

1. **Define el Elemento a Probar:**
   Decide qué aspecto deseas evaluar:
   - Titulares.
   - Imágenes.
   - CTA (Llamadas a la acción).
   - Segmentación de la audiencia.
2. **Crea Dos Versiones Distintas:**
   Diseña dos opciones del mismo contenido, variando solo un elemento. Por ejemplo:
   - **Versión A:** "Descubre cómo mejorar tu vida ahora".
   - **Versión B:** "Empieza hoy a transformar tu futuro".
3. **Segmenta tu Audiencia:**
   Divide tu público objetivo en dos grupos similares para garantizar resultados representativos.
4. **Lanza las Pruebas Simultáneamente:**
   Asegúrate de que ambas versiones se publiquen al mismo tiempo para minimizar el impacto de variables externas, como días u horarios.
5. **Mide los Resultados:**
   Analiza las métricas clave, como CTR, tasa de conversión o tiempo de permanencia, para determinar cuál versión tuvo mejor desempeño.

6. **Implementa la Mejor Opción:**
Una vez que identifiques la versión ganadora, utiliza sus características para mejorar futuras campañas.

Ejemplo práctico:
Imagina que estás promocionando un webinar. Podrías probar dos titulares:

- **Versión A:** "Aprende las claves del éxito en marketing digital".
- **Versión B:** "Transforma tu carrera con estrategias de marketing digital".
  Si la Versión B genera un 20% más de clics, sabrás que un enfoque transformacional resuena mejor con tu audiencia.

Consejos Brutales:

- **Prueba Solo un Elemento a la Vez:** Si cambias múltiples variables, será difícil identificar qué factor influyó en los resultados.
- **Usa una Muestra Representativa:** Asegúrate de que la audiencia sea lo suficientemente grande para que los resultados sean significativos.
- **Itera Constantemente:** Las pruebas A/B no son un evento único; conviértelas en una práctica regular para mantenerte en sintonía con tu audiencia.

Acción Inmediata:
Selecciona una publicación reciente que haya tenido bajo rendimiento y crea dos versiones nuevas para probar. Define el elemento que variarás, lanza ambas versiones y analiza los resultados en un periodo de 48 horas.

Consejo 228: Publica Informes Visuales Que Destaquen Resultados Clave

¿Qué significa?
Un informe visual es una forma gráfica y atractiva de mostrar datos relevantes. Este enfoque transforma números y estadísticas en historias claras y accesibles que tu audiencia puede comprender y valorar fácilmente.

¿Por qué es importante?
Las personas procesan y recuerdan mejor la información presentada visualmente. Al destacar resultados clave con gráficos, tablas o infografías, no solo transmites confianza, sino que también posicionas tu marca como experta y transparente.

¿Cómo hacerlo?

1. **Selecciona los Datos Más Relevantes:**
   Elige métricas que resalten logros significativos, como crecimiento de la comunidad, tasas de conversión o resultados de campañas específicas.
2. **Elige un Formato Visual Atractivo:**
   Diseña gráficos, tablas o diagramas que sean fáciles de interpretar. Herramientas como Canva, Piktochart o Power BI pueden ayudarte a crear contenido profesional.
3. **Simplifica la Información:**
   Evita saturar a tu audiencia con demasiados datos. Presenta solo la información más relevante con encabezados claros.
4. **Añade Contexto:**
   Explica brevemente qué significan los números y cómo benefician a tu comunidad o reflejan el impacto de tu marca.
5. **Incorpora tu Identidad Visual:**
   Usa los colores, fuentes y logotipos de tu marca para reforzar tu identidad y garantizar que el informe sea fácilmente reconocible.
6. **Incluye un Llamado a la Acción:**
   Motiva a tu audiencia a interactuar con el contenido, ya sea dejando un comentario, compartiendo el informe o visitando tu sitio web para obtener más información.

Ejemplo práctico:
Si tienes una tienda online, podrías diseñar una infografía que muestre:

- **Título:** "Impacto de Nuestra Última Campaña de Descuentos".
- **Datos Visualizados:**
  o 25% de aumento en ventas.
  o Más de 10,000 productos vendidos.
  o Tasa de satisfacción del cliente: 95%.
- **Llamado a la acción:** "Descubre más ofertas increíbles en nuestra web".

Consejos Brutales:

- **Cuenta una Historia con los Datos:** No solo presentes números; muestra cómo impactan en la vida de tus clientes o en el éxito de tu marca.
- **Optimiza para Redes Sociales:** Asegúrate de que los gráficos sean legibles en dispositivos móviles.
- **Actualiza Regularmente:** Publica informes mensuales o trimestrales para mantener a tu audiencia informada y comprometida.

Acción Inmediata:
Selecciona un logro reciente de tu marca y crea un gráfico simple que lo destaque. Publica el informe acompañado de un breve texto explicativo y una invitación para que tu audiencia participe o comparta sus opiniones.

Consejo 229: Lanza Retos Basados en Métricas de Crecimiento

¿Qué significa?
Un reto basado en métricas de crecimiento consiste en motivar a tu audiencia a alcanzar metas específicas, utilizando datos o estadísticas como punto de referencia. Estos retos no solo son dinámicos, sino que también incentivan el compromiso y la participación activa.

¿Por qué es importante?

Los retos basados en métricas aprovechan el poder de la competencia saludable y el deseo de superación personal. Al involucrar a tu audiencia en un desafío, no solo aumentas su interacción, sino que también posicionas tu marca como un catalizador del progreso.

¿Cómo hacerlo?

1. **Identifica una Métrica Relevante:**
   Escoge una métrica significativa para tu audiencia. Por ejemplo, pasos diarios, ventas logradas o libros leídos en un mes.

2. **Crea un Reto Atractivo:**
   Diseña un desafío que sea alcanzable pero que también motive a la acción. Ejemplo: "¡Alcanza 10,000 pasos al día durante una semana y comparte tus logros!"

3. **Proporciona Recursos de Apoyo:**
   Ayuda a los participantes a lograr el objetivo ofreciendo consejos, plantillas o tutoriales.

4. **Fomenta el Seguimiento y la Comparación:**
   Usa herramientas como hashtags, encuestas o publicaciones para que los participantes compartan su progreso y se motiven mutuamente.

5. **Ofrece Incentivos:**
   Premia a los participantes con descuentos, reconocimientos públicos o pequeños regalos. Esto refuerza su compromiso y genera lealtad hacia tu marca.

6. **Evalúa y Comparte Resultados:**
   Una vez finalizado el reto, comparte los datos generales: cuántos participaron, cuántos completaron el desafío, etc. Esto crea una sensación de logro colectivo.

Ejemplo práctico:

Si tienes una aplicación de fitness:

- **Título del reto:** "¡7 días para lograr tus metas de pasos!"
- **Instrucciones:** Registra tus pasos diarios en la app, comparte tu progreso con el hashtag #DesafíoDePasos y compite por ser destacado en nuestras redes.
- **Incentivo:** Los 5 mejores participantes recibirán acceso premium durante un mes.

Consejos Brutales:

- **Hazlo Colaborativo:** Crea retos en los que los participantes puedan formar equipos. Esto refuerza el sentido de comunidad.
- **Integra Gamificación:** Usa elementos como tablas de clasificación o insignias para hacer el reto más emocionante.
- **Aprovecha Eventos o Temporadas:** Lanza desafíos temáticos en fechas clave, como Año Nuevo o Black Friday, para aprovechar el entusiasmo del momento.

Acción Inmediata:
Diseña un reto simple para tu audiencia relacionado con tu industria. Publica una invitación clara en tus redes sociales y explica cómo pueden participar y compartir su progreso.

Consejo 230: Publica Comparaciones Visuales Basadas en Tendencias

¿Qué significa?
Las comparaciones visuales son herramientas poderosas que muestran las diferencias o beneficios de un producto, servicio o idea de manera directa y clara. Cuando están basadas en tendencias actuales, se vuelven aún más efectivas, ya que aprovechan temas relevantes que ya están captando la atención de tu audiencia.

¿Por qué es importante?
Las personas procesan imágenes mucho más rápido que el texto. Una comparación visual bien diseñada no solo comunica un mensaje de manera inmediata, sino que también genera un impacto emocional, haciendo que tu contenido sea memorable y compartible. Además, conectar tu mensaje con una tendencia actual lo hace más relevante y atractivo.

¿Cómo hacerlo?

1. **Identifica la Tendencia:**
   Investiga qué temas, productos o conceptos están en auge dentro

de tu nicho o en la cultura general. Herramientas como Google Trends o las secciones de "Explorar" en redes sociales pueden ayudarte.
2. **Selecciona un Formato Visual Claro:**
Usa gráficos comparativos, imágenes de antes y después, infografías o carruseles de Instagram para presentar la comparación de manera atractiva y fácil de entender.
3. **Destaca lo Relevante:**
Enfatiza los puntos clave que hacen que tu producto, servicio o idea sea superior o diferente en relación con la tendencia que estás abordando.
4. **Usa Colores y Diseño Estratégico:**
Utiliza colores contrastantes para diferenciar los elementos comparados y asegurarte de que la información más importante sea fácil de captar.
5. **Acompaña la Imagen con un Mensaje Conciso:**
Incluye un texto breve que refuerce la comparación y llame a la acción, como "¿Cuál prefieres? Descubre más aquí".

Ejemplo práctico:
Si vendes un producto sostenible y una tendencia actual es la preocupación por el medio ambiente:

- **Comparación:** Un gráfico que muestre las diferencias entre botellas plásticas desechables y botellas reutilizables.
- **Título:** "Pequeñas decisiones, grandes impactos."
- **Mensaje:** "Cambia a reutilizable y reduce tu huella ecológica. Disponible ahora."

Consejos Brutales:

- **Incorpora Elementos de Humor:** Comparaciones divertidas o inesperadas tienen más probabilidades de ser compartidas.
- **Usa Testimonios o Datos Reales:** Refuerza tus comparaciones con hechos o testimonios que aumenten tu credibilidad.
- **Hazlo Interactivo:** En formatos como historias, invita a la audiencia a votar por su opción favorita.

Acción Inmediata:
Selecciona una tendencia que esté resonando con tu público y crea una

comparación visual sencilla hoy mismo. Publica el contenido en tus redes y utiliza hashtags relacionados con la tendencia para maximizar su alcance.

Consejo 231: Diseña Encuestas para Explorar la Percepción de Tu Marca

¿Qué significa?
Las encuestas son herramientas prácticas y efectivas para descubrir cómo perciben tu marca los clientes actuales y potenciales. Te permiten obtener información directa sobre lo que piensan, sienten y esperan de ti, lo que puede ser clave para ajustar tus estrategias y mejorar tu oferta.

¿Por qué es importante?
Comprender la percepción de tu marca te ayuda a identificar áreas de mejora y fortalezas únicas. Además, involucrar a tu audiencia en estas encuestas los hace sentir valorados, fortaleciendo su conexión emocional contigo. Una percepción positiva construida sobre datos reales puede marcar la diferencia entre clientes ocasionales y una comunidad leal.

¿Cómo hacerlo?

1. **Define el Objetivo de la Encuesta:**
   ¿Quieres saber cómo perciben tu calidad, servicio al cliente, o alineación con sus valores? Ten claro lo que buscas antes de crear las preguntas.
2. **Haz Preguntas Claras y Breves:**
   Usa preguntas directas y fáciles de responder, como:
   - "¿Qué palabra usarías para describir nuestra marca?"
   - "¿Cómo calificarías tu experiencia con nosotros?"
3. **Utiliza Formatos Interactivos:**
   Las redes sociales ofrecen múltiples opciones, desde encuestas en historias de Instagram hasta preguntas abiertas en Twitter o Facebook. Usa formatos que sean fáciles y rápidos de responder.
4. **Añade Opciones Visualmente Atractivas:**
   Incorpora elementos gráficos, emojis o colores para hacer que la encuesta sea más llamativa y divertida.

5. **Ofrece Incentivos:**
   Considera ofrecer descuentos, regalos o sorteos a quienes
   participen, como agradecimiento por su tiempo y honestidad.

Ejemplo práctico:
Si tienes un negocio de moda sostenible:

- **Encuesta:** Una historia en Instagram con la pregunta: "¿Qué es
  más importante para ti al elegir ropa?"
  - Opciones: 🌍 Sostenibilidad | 💰 Precio accesible | 🎨
    Diseño único | 🧵 Calidad premium

Consejos Brutales:

- **Realiza Encuestas Periódicamente:** Las percepciones cambian,
  y repetir esta práctica cada pocos meses puede ayudarte a
  mantenerte relevante.
- **Comparte los Resultados:** Haz que tu audiencia se sienta
  involucrada mostrando lo que aprendiste y cómo planeas actuar
  en consecuencia.
- **Combina Datos Cualitativos y Cuantitativos:** Usa preguntas
  abiertas junto con opciones predeterminadas para obtener una
  visión más rica.

Acción Inmediata:
Crea una encuesta hoy mismo utilizando las herramientas de la
plataforma que más uses. Formula tres preguntas clave sobre cómo
perciben tu marca y publícala para recopilar datos valiosos que puedas
usar para mejorar tu estrategia.

Consejo 232: Genera Reportes Visuales Basados en Resultados Tangibles

¿Qué significa?
Un reporte visual presenta información clave de manera atractiva y
comprensible. En el mundo de las redes sociales, estos reportes pueden

destacar logros, datos de impacto o resultados obtenidos por tu marca, creando una conexión más fuerte con tu audiencia al mostrarles evidencia concreta de tu valor.

¿Por qué es importante?
Las personas confían más en lo que pueden ver y entender fácilmente. Mostrar resultados tangibles mediante reportes visuales ayuda a construir credibilidad, destacar tus logros y diferenciarte de la competencia. Además, este tipo de contenido tiende a generar mayor interacción y compartir en redes sociales.

¿Cómo hacerlo?

1. **Selecciona los Datos Clave:**
   Escoge información relevante, como el crecimiento en ventas, logros ambientales, o impacto social, que resalten tus fortalezas y el valor que aportas.
2. **Usa Herramientas de Diseño Simples:**
   Canva, Piktochart o Adobe Express son excelentes opciones para crear reportes visuales profesionales sin complicaciones técnicas.
3. **Elige Formatos Efectivos:**
   - **Infografías:** Perfectas para datos resumidos.
   - **Gráficos y Diagramas:** Útiles para mostrar comparaciones y tendencias.
   - **Historias Visuales:** Ideales para combinar imágenes y texto narrativo.
4. **Hazlo Breve y Visualmente Atractivo:**
   Usa colores alineados con tu identidad de marca, fuentes legibles y elementos gráficos que resalten la información más importante.
5. **Añade un Llamado a la Acción (CTA):**
   Incluye frases como: "Descubre más en nuestro sitio web" o "Comparte si te inspiró este logro".

Ejemplo práctico:
Si diriges un negocio de productos ecológicos:

- **Reporte Visual:**
  - Título: "Impacto 2023: Juntos por un Planeta Mejor"
  - Contenido:

- 🌱 10,000 árboles plantados gracias a tus compras.
- ♻️ 500 toneladas de plástico reciclado.
- 💡 80% de energía renovable usada en nuestra producción.

Consejos Brutales:

- **Haz Comparaciones Impactantes:** Muestra "antes y después" o destaca cómo tus resultados superan el promedio de la industria.
- **Incluye Testimonios:** Complementa el reporte con frases breves de clientes o colaboradores que respalden los datos.
- **Usa Animaciones o Videos Cortos:** En lugar de gráficos estáticos, prueba con animaciones para captar aún más la atención.

Acción Inmediata:
Identifica un logro reciente de tu marca y crea un reporte visual sobre él. Publícalo en tus redes sociales acompañado de un mensaje que invite a tu audiencia a celebrar ese éxito contigo.

Consejo 233: Publica Retos que Midan el Impacto de Tu Contenido en Tiempo Real

¿Qué significa?
Un reto en redes sociales que involucra a tu audiencia para medir el impacto inmediato de tus publicaciones, te permite evaluar qué tan bien están conectando tus mensajes con tu público. Es una estrategia que combina creatividad, participación activa y análisis de resultados.

¿Por qué es importante?
Publicar retos en tiempo real no solo fomenta la interacción, sino que también proporciona información valiosa sobre lo que más atrae a tu audiencia. Esta retroalimentación instantánea puede ser clave para ajustar y mejorar tus estrategias de contenido, aumentando su efectividad.

¿Cómo hacerlo?

1. **Define un Objetivo Claro:**
   Establece qué quieres medir: ¿interacción? ¿alcance? ¿nuevos seguidores? Esto te ayudará a diseñar un reto enfocado.
2. **Crea un Reto Simple y Enganchador:**
   - Por ejemplo: "Comenta tu palabra favorita para describirnos y ayúdanos a mejorar nuestro próximo producto".
   - O: "Comparte esta publicación y etiqueta a tres amigos para desbloquear una sorpresa especial".
3. **Hazlo Medible:**
   Usa métricas como la cantidad de comentarios, compartidos o etiquetas para analizar el impacto en tiempo real.
4. **Promueve el Reto Activamente:**
   Publica el reto en todas tus plataformas con un diseño atractivo y mensajes claros. Usa videos o GIFs dinámicos para captar la atención.
5. **Ofrece un Incentivo:**
   Premia la participación con descuentos, menciones especiales, acceso a contenido exclusivo o productos gratuitos.
6. **Analiza los Resultados:**
   Una vez que el reto termine, evalúa los datos obtenidos y utiliza esa información para futuras estrategias.

Ejemplo práctico:

- **Reto:**
  "Día de la Generosidad: Comparte nuestra publicación y nombra a tres personas que siempre te inspiran. Por cada 10 menciones, donaremos 1 euro a una causa social. ¡Ayúdanos a marcar la diferencia juntos!"
  - **Impacto esperado:**
    - Aumento en la visibilidad.
    - Participación masiva con menciones y etiquetas.
    - Fortalecimiento de la imagen de marca.

Consejos Brutales:

- **Hazlo Relevante:** Relaciona el reto con eventos actuales o temas de interés para tu audiencia.
- **Crea Urgencia:** Usa frases como "Solo por 24 horas" para motivar una respuesta inmediata.
- **Utiliza Hashtags Exclusivos:** Esto facilita el seguimiento del reto y potencia su viralidad.

Acción Inmediata:
Piensa en un reto simple relacionado con tu contenido actual. Publícalo hoy mismo, establece un tiempo límite y monitoriza las respuestas. Evalúa qué tan bien conecta con tu audiencia y ajusta para el siguiente.

Consejo 234: Diseña Campañas Basadas en Resultados de Encuestas Relevantes

¿Qué significa?
Las encuestas son una herramienta poderosa para recopilar opiniones, entender necesidades y conocer los deseos de tu audiencia. Diseñar campañas fundamentadas en los resultados de estas encuestas garantiza que tu contenido resuene con tu público de forma directa y eficaz.

¿Por qué es importante?
Cuando basas una campaña en datos reales proporcionados por tu audiencia, estás creando contenido que tiene un impacto más significativo. Esto no solo aumenta la relevancia de tu mensaje, sino que también demuestra que valoras las opiniones de tu comunidad, fortaleciendo la conexión con ellos.

¿Cómo hacerlo?

1. **Realiza Encuestas Estratégicas:**
   Crea encuestas que exploren temas específicos relacionados con tu producto, servicio o industria. Haz preguntas claras y enfocadas para obtener información útil.

2. **Analiza los Resultados:**
   Revisa las respuestas para identificar patrones, preferencias o necesidades recurrentes. Por ejemplo, si la mayoría de tus seguidores buscan tutoriales, es una señal para priorizarlos en tu estrategia.
3. **Diseña Campañas Dirigidas:**
   - Usa los datos para crear contenido que aborde los problemas o intereses más mencionados.
   - Incluye testimonios o citas directas de la encuesta para personalizar la campaña.
4. **Involucra a Tu Audiencia:**
   Muestra cómo estás implementando sus sugerencias. Esto genera un sentido de pertenencia y motiva la participación futura.
5. **Evalúa el Impacto:**
   Después de lanzar la campaña, mide el engagement y analiza si los resultados cumplen con las expectativas.

Ejemplo práctico:

- **Encuesta:** "¿Qué es más importante para ti al elegir un producto? (a) Precio, (b) Calidad, (c) Diseño innovador, (d) Sostenibilidad."
- **Resultado:** El 65% respondió "Sostenibilidad".
- **Campaña:** "Descubre nuestra nueva línea ecológica: diseñada pensando en ti y en el planeta."

Consejos Brutales:

- **Sé Transparente:** Comparte los resultados más relevantes de la encuesta con tu audiencia. Por ejemplo: "El 70% de ustedes pidió más contenido sobre X, y estamos aquí para entregarlo."
- **Incluye Incentivos:** Anima a más personas a participar en encuestas ofreciendo descuentos, regalos o menciones en redes sociales.
- **Prueba Encuestas Rápidas:** Usa historias de Instagram o Twitter para preguntas sencillas y respuestas inmediatas.

Acción Inmediata:
Crea una encuesta en tu red social más activa hoy mismo. Pregunta algo directamente relacionado con tus próximos proyectos y usa los datos para estructurar tu próxima publicación o campaña.

Consejo 235: Publica Historias Basadas en el Análisis de Feedback Recibido

¿Qué significa?

El feedback de tu audiencia, ya sea a través de comentarios, reseñas, encuestas o mensajes directos, es una mina de oro para crear contenido relevante y auténtico. Transformar este feedback en historias atractivas te permite demostrar que escuchas a tu comunidad y que estás comprometido con sus necesidades.

¿Por qué es importante?

Cuando utilizas las opiniones de tu audiencia para crear contenido, refuerzas su sentido de pertenencia y confianza en tu marca. Además, compartir cómo sus sugerencias han influido en tus decisiones o productos muestra que valoras sus aportes, construyendo una relación sólida y duradera.

¿Cómo hacerlo?

1. **Recopila Feedback Relevante:**
   o Revisa comentarios, encuestas y mensajes.
   o Busca sugerencias, dudas recurrentes o historias personales que reflejen cómo tu producto o servicio ha impactado sus vidas.
2. **Selecciona Historias Significativas:**
   Elige las que sean representativas de tu comunidad o que resalten un aspecto clave de tu marca.
3. **Crea una Narrativa Inspiradora:**
   o Presenta la historia desde el punto de vista del cliente o seguidor.
   o Explica cómo el feedback recibido te ayudó a mejorar o a implementar cambios.
4. **Incluye Elementos Visuales:**
   Utiliza fotos, capturas de pantalla del comentario original o videos que refuercen la autenticidad de la historia.

5. **Reconoce a tu Comunidad:**
   Dale crédito al autor del feedback (siempre con su permiso) para fortalecer la conexión con ellos.

Ejemplo práctico:

- **Feedback recibido:** "Me encantan tus productos, pero sería genial si los envases fueran más sostenibles."
- **Historia publicada:**
  "Gracias a vuestras sugerencias, hemos lanzado nuestra nueva línea con envases biodegradables. 🌱 Estamos comprometidos con cuidar el planeta, ¡y todo gracias a vosotros, nuestra increíble comunidad!"

Consejos Brutales:

- **Celebra Cambios Visibles:** Muestra cómo las opiniones de tus seguidores han influido en mejoras tangibles. Por ejemplo, "Por petición de muchos, ahora ofrecemos envíos más rápidos."
- **Haz Encuestas de Seguimiento:** Una vez implementados los cambios, pregunta si cumplieron con sus expectativas. Esto cierra el ciclo de comunicación.
- **Crea Contenido en Colaboración:** Invita a los seguidores a compartir videos o fotos relacionados con sus comentarios para darles protagonismo.

Acción Inmediata:

Elige un comentario o sugerencia destacada que hayas recibido recientemente. Usa esa información para crear una historia visual o escrita, destacando cómo te ayudó a mejorar. Publica hoy y observa cómo reacciona tu audiencia.

Consejo 236: Lanza Encuestas Que Identifiquen Áreas de Mejora

¿Qué significa?

Las encuestas son una herramienta poderosa para obtener información directa de tu audiencia sobre lo que esperan, necesitan o desean mejorar en tu marca. Más que simples preguntas, son una forma de dialogar con tu comunidad y demostrarles que valoras su opinión.

¿Por qué es importante?

Identificar áreas de mejora te ayuda a mantenerte relevante y competitivo en tu mercado. Además, al pedir retroalimentación activa, construyes confianza y refuerzas el sentido de pertenencia de tu audiencia, ya que sienten que sus opiniones tienen un impacto real.

¿Cómo hacerlo?

1. **Define el Objetivo de la Encuesta:**
   o ¿Quieres mejorar un producto o servicio?
   o ¿Deseas conocer sus preferencias sobre contenido o promociones?
2. **Haz Preguntas Claras y Concisas:**
   o Usa un lenguaje sencillo.
   o Evita preguntas complejas o que puedan interpretarse de varias formas.
3. **Utiliza Formatos Interactivos:**
   o En Instagram, utiliza stickers de encuestas o preguntas en las historias.
   o En Twitter, crea encuestas rápidas y atractivas.
   o En LinkedIn, aprovecha la función de encuestas para temas más profesionales.
4. **Incluye Opciones de Respuesta:**
   Ofrece opciones para facilitar la respuesta, pero deja espacio para comentarios abiertos en caso de que alguien quiera compartir más.
5. **Agradece y Actúa Sobre los Resultados:**
   Publica un resumen de las respuestas y comparte los pasos que tomarás en base a ellas. Esto muestra que tomas en serio la retroalimentación.

Ejemplo práctico:
Supón que tienes una marca de ropa sostenible:

- **Encuesta en Instagram:**
  "¿Qué te gustaría ver en nuestra próxima colección? "
  Opciones:
  1 Ropa para actividades deportivas.
  2 Más diseños casuales.
  3 Complementos como bolsos o accesorios.
- **Resultado compartido:**
  "Gracias por votar, el 60% de vosotros queréis más ropa casual. ¡Estamos trabajando en ello y os mantendremos informados!"

Consejos Brutales:

- **Haz Seguimientos Activos:** Una vez implementados los cambios o mejoras, crea contenido mostrando cómo las sugerencias de la encuesta ayudaron a hacer realidad algo nuevo.
- **Segmenta las Encuestas:** Adapta tus preguntas según el segmento de tu audiencia (edad, intereses, ubicación) para obtener información más específica.
- **Incentiva la Participación:** Ofrece un pequeño incentivo como descuentos o sorteos para quienes participen en la encuesta.

Acción Inmediata:
Hoy mismo crea una encuesta en tus redes sociales sobre un tema relevante para tu audiencia. Analiza las respuestas y prepara un contenido futuro basado en los resultados. Asegúrate de agradecer a quienes participaron para mantener la interacción positiva.

Consejo 237: Diseña Contenidos Basados en Expectativas de Crecimiento

¿Qué significa?
Diseñar contenidos basados en expectativas de crecimiento implica alinear tus publicaciones con las metas, aspiraciones y sueños de tu

audiencia. Este enfoque no solo conecta emocionalmente, sino que también posiciona tu marca como un catalizador para que logren lo que desean.

¿Por qué es importante?
Las personas están constantemente buscando formas de mejorar sus vidas, ya sea en términos personales, profesionales o emocionales. Cuando tus contenidos reflejan estas metas y ofrecen soluciones o inspiración, tu marca se convierte en una fuente de valor constante. Además, estimulas la interacción y la fidelidad al mostrar que comprendes y compartes sus aspiraciones.

¿Cómo hacerlo?

1. **Investiga los Sueños de tu Audiencia:**
   Realiza encuestas, analiza comentarios o investiga foros para identificar las metas más comunes en tu nicho.
2. **Crea Historias Inspiradoras:**
   Comparte casos de éxito o historias reales que demuestren cómo tus productos o servicios ayudan a alcanzar objetivos.
3. **Utiliza un Lenguaje Motivador:**
   Palabras como "lograr", "crecer", "alcanzar" o "superar" resuenan profundamente con una audiencia enfocada en el crecimiento.
4. **Incluye Recursos Prácticos:**
   Ofrece guías, tutoriales o consejos que puedan aplicar de inmediato para avanzar hacia sus metas.
5. **Aprovecha el Formato Visual:**
   Usa gráficos, infografías o videos que ilustren procesos de mejora o crecimiento, haciéndolos atractivos y fáciles de entender.

Ejemplo práctico:
Si tienes un negocio de asesoría financiera:

- **Post motivacional:** "¿Sueñas con una vida libre de deudas? Aquí tienes 5 pasos simples para empezar hoy."
- **Contenido visual:** Comparativa antes y después de aplicar un plan financiero con gráficos claros.
- **Historia real:** "Marta transformó su economía familiar en solo un año aplicando nuestras estrategias. Conoce su historia."

Consejos Brutales:

- **Segmenta el Contenido:** Personaliza tus publicaciones según las metas específicas de diferentes segmentos de tu audiencia (jóvenes emprendedores, padres, estudiantes, etc.).
- **Muestra el Proceso, no Solo el Resultado:** Las personas se conectan más con historias auténticas que muestran el esfuerzo detrás de los logros.
- **Invita a Compartir Logros:** Crea campañas donde tu audiencia comparta sus avances relacionados con tu producto o servicio, fomentando un sentido de comunidad.

Acción Inmediata:
Hoy mismo, publica un post que hable sobre un logro o aspiración común en tu audiencia. Proporciona un consejo o herramienta práctica que puedan usar para avanzar hacia esa meta. Acompáñalo con imágenes o videos inspiradores para maximizar el impacto.

Consejo 238: Genera Campañas Basadas en Objetivos Claros de Conversión

¿Qué significa?
Crear campañas basadas en objetivos claros de conversión significa diseñar estrategias enfocadas en acciones específicas que deseas que tu audiencia realice, como comprar un producto, registrarse en un evento o descargar un recurso.

¿Por qué es importante?
Las campañas con objetivos claros logran que cada publicación, anuncio o interacción esté alineado con una meta específica. Esto no solo mejora la eficiencia de tus esfuerzos, sino que también te permite medir resultados concretos y optimizar tus estrategias para obtener mejores conversiones.

¿Cómo hacerlo?

1. **Define tu Objetivo Principal:**
   ¿Quieres aumentar las ventas? ¿Generar leads? ¿Promover un nuevo producto? Identifica una meta clara para cada campaña.
2. **Segmenta tu Audiencia:**
   Personaliza tu mensaje para diferentes segmentos de tu público. Por ejemplo, una oferta puede ser presentada de manera diferente a un cliente recurrente que a uno nuevo.
3. **Crea un Embudo de Conversión:**
   Diseña un flujo lógico de contenido:
   - **Etapa de atracción:** Publicaciones o anuncios para captar la atención.
   - **Etapa de consideración:** Recursos como guías, testimonios o demostraciones.
   - **Etapa de acción:** Ofertas, descuentos o llamados a la acción directos.
4. **Usa CTA Poderosos:**
   Asegúrate de que tus llamados a la acción sean claros, directos y convincentes. Ejemplo: "Compra ahora y obtén un 20% de descuento."
5. **Aprovecha las Herramientas de Análisis:**
   Monitorea tus métricas clave (clics, conversiones, tasa de abandono) para identificar qué funciona y ajustar en tiempo real.

Ejemplo práctico:
Si estás promoviendo un curso en línea:

- **Objetivo:** Incrementar inscripciones.
- **Campaña:**
  - Post inicial: "¿Estás listo para dominar [tema del curso]? Descubre cómo nuestro programa puede cambiar tu vida."
  - Contenido adicional: Testimonios de estudiantes, acceso a una clase gratuita.
  - Llamado a la acción final: "Regístrate hoy y obtén un 15% de descuento exclusivo."

Consejos Brutales:

- **Ofrece Incentivos Irresistibles:** Como descuentos, regalos exclusivos o beneficios adicionales por tiempo limitado.
- **Simplifica el Proceso de Conversión:** Asegúrate de que la experiencia del usuario sea fluida, desde hacer clic en el enlace hasta completar la acción deseada.
- **Crea Urgencia:** Usa elementos como temporizadores o mensajes de disponibilidad limitada para motivar decisiones rápidas.

Acción Inmediata:
Revisa tu campaña actual y asegúrate de que tenga un objetivo claro. Optimiza tu llamado a la acción y verifica que cada elemento de la campaña conduzca a ese objetivo de manera lógica y efectiva.

Consejo 239: Publica Comparativas Visuales que Representen Cambios

¿Qué significa?
Una comparativa visual es una representación gráfica que muestra diferencias significativas entre dos estados o situaciones. Estas comparaciones pueden ser "antes y después", "esto vs. aquello" o incluso mostrar opciones distintas para resaltar el valor de tu producto o servicio.

¿Por qué es importante?
Las comparativas visuales son altamente efectivas porque permiten a tu audiencia comprender rápidamente el impacto, beneficio o transformación que ofrece tu solución. Además, este tipo de contenido genera más interacción y es ideal para captar la atención en plataformas donde la imagen es clave, como Instagram o Pinterest.

¿Cómo hacerlo?

1. **Selecciona el Tema Adecuado:**
   Elige aspectos que puedan mostrar claramente un cambio o beneficio. Por ejemplo, una mejora en el rendimiento, una

transformación física o una comparación entre tu producto y una alternativa.

2. **Usa un Formato Visual Atractivo:**
   Opta por imágenes, gráficos o diagramas bien diseñados.
   Asegúrate de que los elementos visuales sean claros y fáciles de entender.

3. **Incluye Datos Claros:**
   Añade texto breve que destaque números clave, porcentajes o descripciones rápidas. Por ejemplo: "Reducción del 50% en el tiempo de entrega."

4. **Resalta tu Diferenciador:**
   Muestra qué hace que tu producto o servicio sea superior o cómo resuelve un problema específico de manera efectiva.

5. **Utiliza Colores y Contrastes:**
   Ayuda a que las diferencias sean aún más evidentes con el uso de colores contrastantes que dirijan la atención hacia los puntos clave.

Ejemplo práctico:
Un gimnasio podría publicar una comparativa visual de un cliente:

- Imagen "Antes": Persona en su primera clase, con postura relajada.
- Imagen "Después": Misma persona tres meses después, en una pose atlética.
  Texto: "Transformación visible en solo 90 días. ¿Qué esperas para comenzar?"

Consejos Brutales:

- **Involucra a tu Comunidad:** Anima a tus clientes a compartir sus propios "antes y después" y destácalos en tus redes sociales.
- **Hazlo Relatable:** Usa comparaciones que sean fáciles de identificar para tu público objetivo.
- **Evita el Engaño:** Asegúrate de que las imágenes y datos sean 100% reales y creíbles. La transparencia genera confianza.

Acción Inmediata:
Elige un producto, servicio o caso de éxito y crea una comparativa visual. Publica el contenido en tus redes sociales acompañado de un

llamado a la acción como: "Descubre cómo puedes lograr esta transformación." Monitorea los resultados para medir su impacto.

Consejo 240: Crea Historias Visuales Basadas en Éxitos Medibles

¿Qué significa?
Las historias visuales son narrativas contadas a través de imágenes, gráficos, o videos que destacan resultados concretos y medibles. Estas historias deben mostrar logros alcanzados gracias a tus productos o servicios, de una manera visualmente atractiva y emocionalmente cautivadora.

¿Por qué es importante?
A las personas les encanta ver resultados reales y tangibles. Una historia visual basada en datos medibles refuerza la credibilidad de tu marca, ayuda a generar confianza y motiva a otros a desear los mismos beneficios. Este enfoque combina el impacto emocional con la validación lógica, lo que es clave para la conversión.

¿Cómo hacerlo?

1. **Identifica Resultados Relevantes:**
   Busca casos de éxito de clientes que hayan alcanzado resultados significativos y alineados con las aspiraciones de tu audiencia.
2. **Usa Formatos Visuales Eficaces:**
   Diseña gráficos de barras, líneas de tiempo, videos cortos o incluso animaciones que expliquen cómo se lograron esos éxitos.
3. **Humaniza los Datos:**
   Añade el contexto de la persona o negocio detrás del logro. Incluye fotos o citas reales que acompañen los números.
4. **Estructura la Historia:**
   Comienza con el problema inicial, presenta cómo tu producto o servicio intervino, y finaliza mostrando los resultados medibles obtenidos.
5. **Incluye un Llamado a la Acción:**
   Cierra la historia invitando a tu audiencia a obtener los mismos

beneficios, proporcionando enlaces o botones claros para contactarte o adquirir tu producto.

Ejemplo práctico:
Si eres una marca de herramientas de productividad:

- Visualización: Una línea de tiempo con hitos alcanzados por una empresa que implementó tus herramientas.
- Texto: "Antes de usar nuestra plataforma, el equipo de ACME tardaba 5 días en completar informes. Ahora lo hacen en solo 24 horas. Descubre cómo puedes mejorar tus procesos también."

Consejos Brutales:

- **Prioriza lo Visual:** Los datos son más convincentes cuando están bien diseñados. Usa plataformas como Canva o herramientas especializadas en diseño gráfico.
- **Céntrate en la Historia del Cliente:** Destaca cómo el cliente sintió el cambio y qué impacto tuvo en su vida o negocio.
- **Mantén la Simplicidad:** No sobrecargues la historia con demasiados datos; enfócate en los más impactantes.

Acción Inmediata:
Recopila testimonios o datos de éxito recientes y crea una publicación visual con ellos. Asegúrate de incluir números impactantes y un llamado a la acción que motive a tu audiencia a contactarte o probar tu servicio.

Bloque 17: "Automatización y Optimización Estratégica"

Consejo 241: Utiliza Bots para Responder a Consultas Frecuentes en Tiempo Real

¿Qué significa?
Un bot es una herramienta de software diseñada para automatizar tareas repetitivas, como responder a preguntas frecuentes. Implementar bots en tus redes sociales o sitio web te permite proporcionar respuestas inmediatas y personalizadas, mejorando la experiencia del cliente sin requerir supervisión constante.

¿Por qué es importante?
Los clientes valoran la rapidez y la precisión. Al utilizar bots, puedes garantizar respuestas inmediatas, resolver dudas comunes y mantener a tu audiencia involucrada en cualquier momento del día. Además, un bot bien configurado libera tiempo para que te enfoques en tareas más estratégicas.

¿Cómo hacerlo?

1. **Define Preguntas Frecuentes:**
   o Identifica las consultas más comunes que recibes, como horarios, precios o características de productos.
   o Ejemplo: "¿Cuáles son los costos de envío?" o "¿Qué incluye el plan básico?"
2. **Elige una Herramienta de Automatización:**
   o Plataformas como ManyChat, Chatfuel o los bots integrados de Facebook Messenger y WhatsApp son excelentes opciones.
3. **Configura el Bot con Respuestas Claras:**

- o Usa un tono amigable y profesional que refleje la personalidad de tu marca.
- o Mantén las respuestas simples y útiles.

4. **Integra Funciones Avanzadas:**
   - o Permite que los usuarios naveguen por tu catálogo, reserven citas o incluso realicen pagos directamente desde el bot.

5. **Monitorea y Mejora:**
   - o Analiza el rendimiento del bot para identificar fallos o preguntas que no cubre adecuadamente. Realiza ajustes según sea necesario.

Ejemplo práctico:

Imagina que administras una tienda de ropa en línea. Configura un bot que responda:

- **Usuario:** "¿Tienen tallas grandes?"
- **Bot:** "¡Sí! Contamos con tallas desde XS hasta 3XL. ¿Te gustaría explorar nuestras opciones en tallas grandes?"

Consejos Brutales:

- **Mantén un Opción Humana:** Asegúrate de incluir la posibilidad de que los usuarios hablen con una persona en caso de consultas complejas.
- **Crea Personalidad en el Bot:** Dale un nombre y estilo distintivos para hacerlo más atractivo y memorable.
- **Usa Estadísticas del Bot:** Analiza las interacciones para descubrir patrones o áreas de mejora en tus productos o servicios.

Acción Inmediata:

Selecciona una herramienta de bots adecuada para tu negocio. Define al menos 5 preguntas frecuentes y configúralas hoy mismo para ofrecer una experiencia más ágil y profesional a tus clientes.

Consejo 242: Diseña Workflows Automatizados para Segmentos de Público

¿Qué significa?

Un workflow automatizado es una secuencia de acciones preprogramadas que se activan automáticamente en respuesta a un evento específico, como una suscripción o una interacción en redes sociales. Estos flujos te permiten guiar a los usuarios de manera personalizada según sus intereses, comportamientos o características demográficas.

¿Por qué es importante?

Los workflows automatizados aumentan la eficiencia y garantizan una experiencia adaptada para cada segmento de tu audiencia. Esto no solo mejora la relación con los clientes, sino que también incrementa las conversiones al ofrecer contenido y ofertas relevantes en el momento adecuado.

¿Cómo hacerlo?

1. **Segmenta a tu Público:**
   o Divide a tu audiencia según criterios como ubicación, edad, comportamiento de compra o interacción con tu contenido.
   o Ejemplo: usuarios que abandonaron el carrito de compras, nuevos suscriptores, o clientes leales.
2. **Establece Objetivos Claros para Cada Workflow:**
   o Define el propósito del flujo: aumentar las ventas, educar a los nuevos usuarios o fomentar la retención.
   o Ejemplo: un workflow de bienvenida para nuevos seguidores.
3. **Diseña el Proceso:**
   o Crea pasos específicos que guíen a los usuarios hacia la acción deseada.
   o Ejemplo:
     ▪ Día 1: Enviar un mensaje de bienvenida.
     ▪ Día 3: Compartir contenido educativo sobre tu producto.
     ▪ Día 5: Ofrecer un descuento exclusivo.

4. **Utiliza Herramientas Adecuadas:**
   - Plataformas como ActiveCampaign, HubSpot o Mailchimp te permiten crear y gestionar workflows de manera sencilla.
5. **Monitorea y Optimiza:**
   - Analiza métricas como tasas de apertura, clics y conversiones para mejorar continuamente tus flujos.

Ejemplo práctico:
Si tienes una tienda online de accesorios:

- **Paso 1:** Cuando alguien se suscribe a tu lista, envíale un correo de bienvenida con un 10% de descuento en su primera compra.
- **Paso 2:** Dos días después, envía un mensaje destacando tus productos más vendidos.
- **Paso 3:** Una semana más tarde, comparte testimonios de clientes para reforzar la confianza.

Consejos Brutales:

- **Crea Workflows para Diferentes Etapas del Cliente:** Desde el primer contacto hasta la retención, diseña flujos para acompañar a tus usuarios en todo el recorrido.
- **Automatiza Sin Perder el Toque Humano:** Personaliza los mensajes con el nombre del cliente o referencias a su historial de interacciones.
- **Incluye Contenido Multimedia:** Usa videos, imágenes o infografías para hacer los mensajes más atractivos y efectivos.

Acción Inmediata:
Elige un segmento de tu público (por ejemplo, nuevos suscriptores). Diseña un workflow básico con tres pasos y configúralo hoy mismo en tu plataforma de automatización preferida. Monitorea los resultados para afinar tu estrategia.

Consejo 243: Publica Historias Basadas en Resultados de Proyectos Automatizados

¿Qué significa?

Compartir historias reales sobre cómo la automatización ha impactado positivamente tu negocio o tus clientes. Estas historias muestran casos concretos donde los procesos automatizados han ahorrado tiempo, mejorado la experiencia del usuario o incrementado las conversiones.

¿Por qué es importante?

Las historias basadas en resultados son una prueba tangible de que la automatización funciona. Ayudan a construir credibilidad, atraer a más clientes y posicionarte como un referente en el uso eficiente de tecnología para resolver problemas.

¿Cómo hacerlo?

1. **Identifica el Caso de Éxito:**
   - Busca proyectos donde la automatización haya tenido un impacto significativo.
   - Ejemplo: un flujo de email marketing que aumentó las ventas en un 20%.
2. **Detalla el Proceso:**
   - Explica cómo se implementó la automatización, las herramientas utilizadas y los objetivos iniciales.
   - Sé transparente sobre los desafíos enfrentados y cómo se resolvieron.
3. **Muestra los Resultados:**
   - Usa datos concretos: "Gracias al uso de chatbots, redujimos el tiempo de respuesta al cliente de 2 horas a 5 minutos".
   - Comparte gráficos, capturas de pantalla o métricas que respalden tus logros.
4. **Resalta los Beneficios para los Clientes:**
   - Explica cómo la automatización mejoró la experiencia del cliente, como un servicio más rápido o recomendaciones más acertadas.
5. **Crea Contenido Visual:**

o   Usa infografías, videos o carruseles en redes sociales para presentar el caso de manera dinámica y atractiva.

Ejemplo práctico:
Un restaurante implementó un sistema automatizado para reservas en línea.

- **Antes:** Los clientes debían llamar y esperar en línea.
- **Automatización:** Instaló un chatbot que aceptaba reservas las 24 horas.
- **Resultado:** Aumentaron las reservas un 35% y redujeron las llamadas en un 50%.

Publica esta historia en un formato de carrusel en Instagram, destacando cada paso con imágenes y gráficos.

Consejos Brutales:

- **Muestra Antes y Después:** Comparar la situación inicial con los resultados finales genera mayor impacto.
- **Incluye Testimonios:** Agrega opiniones de clientes o miembros del equipo sobre cómo la automatización cambió las cosas.
- **Inspira a Otros:** Termina la historia invitando a tu audiencia a probar una solución automatizada similar.

Acción Inmediata:
Selecciona un caso de éxito en tu negocio relacionado con la automatización. Crea un borrador de la historia destacando los problemas iniciales, la implementación y los resultados obtenidos. Publica esta historia en una red social o blog esta semana.

Consejo 244: Genera Retos que Destaquen el Uso de Herramientas Digitales

¿Qué significa?
Diseñar desafíos interactivos para tu audiencia que les enseñen, de manera práctica, cómo aprovechar herramientas digitales relacionadas

con tu industria o producto. Estos retos fomentan el aprendizaje activo mientras promueven tus servicios o productos.

¿Por qué es importante?
Los retos interactivos no solo son educativos, sino también entretenidos. Involucran activamente a tu audiencia y generan un impacto duradero, posicionándote como un experto que les brinda valor real mientras promueve tu marca.

¿Cómo hacerlo?

1. **Elige una Herramienta Popular o Relevante:**
   o Selecciona una herramienta que tu audiencia pueda necesitar o que esté relacionada con tus servicios.
   o Ejemplo: Canva, ChatGPT, Google Analytics o una app de edición de video.
2. **Crea un Reto Práctico:**
   o Diseña un desafío que pueda completarse en pocos días o una semana.
   o Ejemplo: "Crea tu primera infografía profesional en Canva en 5 días".
3. **Proporciona Instrucciones Claras:**
   o Explica paso a paso cómo usar la herramienta y qué resultados esperar.
   o Puedes usar tutoriales en video, guías descargables o publicaciones con capturas de pantalla.
4. **Involucra a Tu Comunidad:**
   o Invita a los participantes a compartir sus resultados con un hashtag único.
   o Resalta las mejores creaciones en tus redes sociales para motivar a otros.
5. **Ofrece un Incentivo:**
   o Recompensa a los participantes con un regalo, descuento o reconocimiento público. Esto aumenta la motivación para completar el reto.

Ejemplo práctico:
Si eres un consultor de marketing digital:

- **Reto:** "Aprende a crear tu primera campaña efectiva en Google Ads".
- **Duración:** 5 días.
- **Paso a Paso:** Cada día comparte una tarea pequeña:
  - Día 1: Configura tu cuenta.
  - Día 2: Define tu público objetivo.
  - Día 3: Diseña tus anuncios.
  - Día 4: Configura el presupuesto y lanza la campaña.
  - Día 5: Analiza los resultados iniciales.

Consejos Brutales:

- **Hazlo Compartible:** Diseña gráficos y plantillas atractivas para que los participantes compartan su progreso.
- **Crea un Grupo Exclusivo:** Usa herramientas como WhatsApp, Telegram o Discord para fomentar la interacción entre los participantes.
- **Apoya con Recursos:** Proporciona plantillas o tutoriales exclusivos que faciliten la participación en el reto.

Acción Inmediata:
Elige una herramienta digital que sea útil para tu audiencia. Diseña un pequeño reto práctico y crea un plan de contenido para promoverlo en tus redes sociales esta semana.

Consejo 245: Lanza Encuestas para Detectar Preferencias de Comunicación Automática

¿Qué significa?
Las encuestas son una herramienta poderosa para comprender cómo prefiere comunicarse tu audiencia cuando interactúan con tu marca. Al detectar estas preferencias, puedes optimizar tus canales y estrategias de automatización para brindarles una experiencia más personalizada y efectiva.

¿Por qué es importante?
Conocer las preferencias de comunicación ayuda a:

- Evitar frustraciones en tu audiencia.
- Incrementar la tasa de respuesta y satisfacción.
- Optimizar el uso de recursos al enfocar tus esfuerzos en los canales preferidos.

¿Cómo hacerlo?

1. **Define los Objetivos de la Encuesta:**
   - Decide qué tipo de información deseas obtener: ¿Prefieren chatbots, email, mensajes de texto o interacciones humanas?
   - Ejemplo: Identificar si tus clientes valoran respuestas rápidas automatizadas o interacciones más personalizadas.
2. **Elige la Plataforma Adecuada:**
   - Usa herramientas como Google Forms, Typeform o encuestas integradas en redes sociales (Instagram Stories, LinkedIn, etc.).
3. **Haz las Preguntas Correctas:**
   - Ejemplo de preguntas:
     - ¿Qué canal prefieres para resolver tus dudas?
     - ¿Te sientes cómodo interactuando con chatbots?
     - ¿Prefieres correos electrónicos o mensajes directos en redes sociales?
4. **Promueve la Encuesta:**
   - Comparte la encuesta en tus redes sociales, boletines y página web. Ofrece incentivos como descuentos o acceso exclusivo a contenido para animar la participación.
5. **Analiza los Resultados:**
   - Segmenta las respuestas por grupo demográfico o tipo de cliente para obtener insights más específicos.
6. **Adapta Tu Estrategia:**
   - Implementa mejoras basándote en los resultados. Por ejemplo, si la mayoría prefiere WhatsApp, prioriza este canal para tus comunicaciones.

Ejemplo práctico:
Si eres una tienda de ropa online:

- Encuesta:

- o "¿Cómo prefieres recibir notificaciones sobre ofertas y novedades?"
- o Opciones: Correo electrónico, WhatsApp, SMS, App móvil.
- Resultado: El 65% de tu audiencia prefiere WhatsApp.
- Acción: Implementa notificaciones personalizadas en WhatsApp para promociones exclusivas.

Consejos Brutales:

- **Sé Breve y Claro:** Una encuesta corta tiene más probabilidades de ser completada.
- **Ofrece Valor:** Asegúrate de que los participantes sientan que sus opiniones impactarán directamente en la mejora de tu servicio.
- **Aplica lo Aprendido Rápidamente:** Comunica a tu audiencia cómo usarás los resultados para mejorar su experiencia.

Acción Inmediata:
Crea una encuesta con tres preguntas clave sobre las preferencias de comunicación de tu audiencia. Lánzala en tus redes sociales hoy mismo y empieza a recopilar datos útiles.

Consejo 246: Diseña Campañas que Integren Chatbots de Conversación Personalizada

¿Qué significa?
Los chatbots de conversación personalizada son herramientas que utilizan inteligencia artificial para interactuar con tus clientes de manera eficiente y personalizada. Diseñar campañas que integren estos chatbots te permite mejorar la atención al cliente, automatizar respuestas frecuentes y guiar a los usuarios hacia una acción específica.

¿Por qué es importante?
Un chatbot bien diseñado no solo ahorra tiempo y recursos, sino que también mejora la experiencia del cliente al:

- Responder consultas de inmediato.

- Ofrecer recomendaciones personalizadas.
- Simplificar el proceso de compra o registro.

¿Cómo hacerlo?

1. **Define el Propósito del Chatbot:**
   - Decide qué función cumplirá en tu campaña: resolver dudas, generar leads, cerrar ventas o asistir en el proceso de compra.
2. **Elige la Plataforma Correcta:**
   - Usa herramientas como ManyChat, ChatGPT API, o plataformas integradas en redes sociales como Facebook Messenger o WhatsApp.
3. **Crea Flujos de Conversación Naturales:**
   - Simula un diálogo humano usando lenguaje claro y amigable.
   - Ejemplo:
     - Chatbot: "¡Hola! Soy tu asistente virtual. ¿En qué puedo ayudarte hoy?"
     - Opciones: "Saber más sobre nuestros productos" / "Rastrear mi pedido" / "Hablar con un agente".
4. **Personaliza las Respuestas:**
   - Usa datos del cliente, como su nombre o historial de compras, para ofrecer una experiencia más cercana.
5. **Añade Elementos Visuales y Links:**
   - Incluye imágenes, botones y enlaces directos para hacer la experiencia interactiva y atractiva.
6. **Integra el Chatbot en tu Estrategia General:**
   - Asegúrate de que el chatbot refuerce los mensajes de tu campaña, ya sea promocionando un producto específico o guiando hacia un objetivo claro.
7. **Prueba y Optimiza:**
   - Lanza un piloto para medir la eficacia del chatbot y ajusta las áreas que generen dudas o desconexión con los usuarios.

Ejemplo práctico:
Campaña de descuento:

- Chatbot en Instagram:

- o Mensaje inicial: "¡Hola, [nombre]! ¿Sabías que tenemos un 20% de descuento en nuestra nueva colección? ¿Quieres ver los productos destacados?"
- o Opciones: "Sí, por favor" / "Muéstrame los más populares" / "Quiero saber más".

Consejos Brutales:

- **Asegúrate de que la Experiencia Sea Fluida:** Diseña un flujo claro que evite confundir al usuario.
- **Incluye una Opción Humana:** Siempre ofrece la posibilidad de hablar con un agente real para resolver consultas complejas.
- **Usa Análisis de Datos:** Los chatbots recopilan información valiosa sobre los intereses de los usuarios. Usa estos datos para optimizar futuras campañas.

Acción Inmediata:
Configura un chatbot básico para tu próxima campaña. Define dos o tres flujos de conversación clave y pruébalo internamente antes de lanzarlo al público.

Consejo 247: Publica Comparaciones Visuales de Antes y Después de Implementar Automatización

¿Qué significa?
Este consejo se centra en mostrar de manera gráfica cómo la automatización ha mejorado tus procesos, resultados o productos. Las comparaciones visuales de "antes y después" son una herramienta poderosa para evidenciar el impacto positivo de tus estrategias tecnológicas o procesos actualizados.

¿Por qué es importante?
Las comparaciones visuales generan confianza al mostrar cambios tangibles. Los clientes potenciales quieren ver resultados claros antes de comprometerse. Este enfoque también refuerza tu autoridad como

innovador en tu industria y ayuda a destacar los beneficios de implementar automatización en cualquier proceso.

¿Cómo hacerlo?

1. **Identifica un Cambio Medible:**
   o Elige un área en la que la automatización haya generado resultados significativos. Ejemplos: reducción de tiempo, aumento en la calidad, o mejoras en la experiencia del cliente.
2. **Reúne Datos y Visuales Relevantes:**
   o Antes: Muestra los desafíos o limitaciones previas a la automatización.
   o Después: Destaca los resultados obtenidos con gráficos, imágenes o capturas de pantalla.
3. **Crea Comparaciones Atractivas:**
   o Diseña gráficos lado a lado o imágenes divididas que muestren el antes y el después.
   o Usa herramientas como Canva, Visme o Adobe Express para un diseño profesional.
4. **Resalta los Beneficios Clave:**
   o Enfatiza en cómo la automatización ha reducido costos, mejorado la eficiencia o incrementado la satisfacción del cliente.
5. **Involucra a tu Audiencia:**
   o Acompaña la publicación con una pregunta o llamada a la acción. Por ejemplo: "¿Quieres transformar tus resultados como lo hicimos nosotros? ¡Descubre cómo aquí!"

Ejemplo práctico:
Automatización de atención al cliente:

- Antes: Muestra un gráfico de tiempos de respuesta elevados o comentarios negativos de clientes.
- Después: Presenta la reducción en tiempos de respuesta y un aumento en calificaciones positivas.

Consejos Brutales:

- **Sé Honesto y Realista:** No exageres los resultados; la autenticidad es clave para generar confianza.
- **Usa Testimonios Reales:** Complementa tus comparaciones con historias de clientes que hayan experimentado el cambio.
- **Optimiza para Redes Sociales:** Diseña comparaciones visuales que sean fáciles de leer en dispositivos móviles.

Acción Inmediata:
Elige un caso de éxito relacionado con automatización en tu negocio. Diseña una comparación visual de antes y después y publícala en tus redes sociales con un enlace que invite a explorar más detalles.

Consejo 248: Genera Historias Visuales Basadas en la Eficiencia Operativa

¿Qué significa?
Las historias visuales sobre eficiencia operativa muestran cómo tu empresa o producto optimiza procesos, ahorra recursos y mejora resultados. Estas historias son herramientas persuasivas que explican de forma clara y atractiva el impacto de tu oferta en el día a día de tus clientes.

¿Por qué es importante?
Los usuarios valoran empresas que les ayudan a ahorrar tiempo y dinero mientras mejoran su desempeño. Mostrar visualmente estos logros refuerza la confianza en tu marca y posiciona tus productos o servicios como soluciones efectivas y necesarias.

¿Cómo hacerlo?

1. **Selecciona un Caso de Éxito:**
   o Identifica un cliente o proyecto donde la eficiencia operativa haya tenido un impacto significativo.
2. **Visualiza los Progresos:**

- o Usa gráficos, líneas de tiempo o diagramas para ilustrar cómo mejoraron los procesos antes y después de implementar tu solución.
3. **Crea una Historia Inspiradora:**
   - o Diseña una narrativa que conecte con el público. Ejemplo: "Nuestra herramienta ayudó a un negocio local a reducir el tiempo de producción en un 40%."
4. **Usa Elementos Visuales Atractivos:**
   - o Incorpora infografías, videos cortos o animaciones para mantener el interés del usuario.
5. **Incluye Métricas y Resultados Tangibles:**
   - o Acompaña la historia visual con datos relevantes: "Ahorro de $10,000 en costes operativos al año."
6. **Comparte en Plataformas Adecuadas:**
   - o Publica en redes donde tu audiencia valore la eficiencia, como LinkedIn o Instagram, y utiliza hashtags relacionados con productividad y optimización.

Ejemplo práctico:
Un sistema de gestión automatizado:

- Caso: Una tienda en línea mejoró sus tiempos de envío de 48 horas a solo 12.
- Visualización: Un video que muestra el flujo optimizado desde el pedido hasta la entrega, destacando los beneficios clave.

Consejos Brutales:

- **Humaniza tu Historia:** Incluye testimonios de personas que han experimentado los beneficios de primera mano.
- **Dale un Toque Emocional:** Resalta cómo la eficiencia ha cambiado la vida de tus clientes, no solo sus números.
- **Hazlo Breve pero Potente:** En redes sociales, menos es más. Una historia visual debe ser directa y fácil de entender.

Acción Inmediata:
Crea una publicación visual hoy mismo usando un caso de éxito interno o de un cliente. Resalta cómo tu solución transformó procesos y comparte los beneficios en una infografía o video.

Consejo 249: Lanza Dinámicas que Promuevan la Familiarización con la Tecnología

¿Qué significa?
Este consejo se centra en crear actividades interactivas que permitan a tu audiencia experimentar y entender mejor la tecnología asociada a tu marca o productos. Las dinámicas deben ser entretenidas, educativas y diseñadas para reducir la barrera de entrada al uso de nuevas herramientas tecnológicas.

¿Por qué es importante?
La adopción de nuevas tecnologías puede ser intimidante para algunos usuarios. Ofrecer una experiencia práctica y accesible genera confianza, aumenta el interés y facilita la adopción de tus soluciones. Además, te posiciona como una marca innovadora y comprometida con la educación de su comunidad.

¿Cómo hacerlo?

1. **Organiza Talleres Virtuales o Presenciales:**
   o Ofrece sesiones gratuitas donde los participantes puedan aprender a usar tu tecnología en tiempo real.
2. **Crea Tutoriales Paso a Paso:**
   o Diseña guías visuales, videos cortos o animaciones que expliquen las funciones clave de tus productos.
3. **Diseña Juegos Interactivos:**
   o Implementa dinámicas gamificadas que permitan a los usuarios familiarizarse con tu tecnología mientras se divierten.
4. **Lanza Retos Tecnológicos:**
   o Propón desafíos prácticos, como "Crea tu primer diseño con nuestra app en menos de 10 minutos," y recompensa a quienes participen.
5. **Ofrece Soporte Activo Durante las Dinámicas:**
   o Asegúrate de contar con un equipo disponible para resolver dudas y guiar a los participantes.
6. **Utiliza Historias de Usuarios:**

    o   Comparte casos reales de personas que lograron resultados sorprendentes tras aprender a utilizar tu tecnología.

Ejemplo práctico:
Si vendes software de edición de video:

- Organiza un reto para que los usuarios creen un video corto en tu plataforma. Proporciona una guía paso a paso y ofrece premios para los mejores resultados.

Consejos Brutales:

- **Facilita el Proceso:** Diseña actividades que sean accesibles incluso para principiantes. La simplicidad impulsa la participación.
- **Crea un Sentido de Comunidad:** Incluye elementos colaborativos, como foros o chats en vivo, para que los participantes puedan compartir sus avances y apoyarse mutuamente.
- **Mide el Impacto:** Recoge feedback al final de las dinámicas para identificar áreas de mejora y crear mejores experiencias en el futuro.

Acción Inmediata:
Elabora una publicación anunciando un taller o reto interactivo donde tu audiencia pueda familiarizarse con tu tecnología. Acompaña el anuncio con un video que explique los beneficios de participar y lo fácil que será unirse.

Consejo 250: Publica Videos Tutoriales sobre el Uso de Herramientas Automatizadas

¿Qué significa?
Este consejo consiste en crear videos educativos que expliquen, de manera clara y visual, cómo utilizar herramientas automatizadas relacionadas con tu producto o servicio. Estos videos deben ser

accesibles, informativos y diseñados para guiar a los usuarios desde lo básico hasta funciones avanzadas.

¿Por qué es importante?
Las herramientas automatizadas pueden ser complejas para quienes no están familiarizados con ellas. Proporcionar contenido educativo elimina la incertidumbre, aumenta la confianza del usuario y mejora la experiencia general. Además, este tipo de videos posicionan a tu marca como una fuente confiable de información.

¿Cómo hacerlo?

1. **Segmenta el Contenido:**
   o Divide el video en secciones como "Introducción", "Funciones Básicas" y "Consejos Avanzados".
2. **Utiliza un Lenguaje Claro y Visuales Atractivos:**
   o Evita la jerga técnica. Usa gráficos, animaciones y ejemplos prácticos para hacer el contenido más comprensible.
3. **Incluye Ejercicios Prácticos:**
   o Anima a los espectadores a seguir el tutorial en tiempo real utilizando la herramienta.
4. **Cubre Escenarios Comunes y Problemas Frecuentes:**
   o Explica cómo resolver desafíos típicos que los usuarios puedan enfrentar al usar la herramienta.
5. **Acompaña con Recursos Adicionales:**
   o Proporciona enlaces a documentos, plantillas o soporte técnico para complementar el tutorial.
6. **Crea Variantes para Diferentes Plataformas:**
   o Adapta el contenido del video para redes sociales, como TikTok (videos cortos) o YouTube (tutoriales largos).

Ejemplo práctico:
Si ofreces una herramienta de automatización de correos electrónicos, crea un tutorial titulado:

- "Cómo Configurar tu Primera Campaña de Correo Electrónico Automatizado en 5 Minutos." Muestra, paso a paso, cómo elegir plantillas, segmentar audiencias y programar correos.

Consejos Brutales:

- **Incluye Ejemplos Reales:** Graba casos de éxito donde se muestre cómo tus clientes han usado la herramienta para obtener resultados medibles.
- **Facilita la Descarga:** Añade un código QR o enlace en el video para que los usuarios puedan acceder directamente a la herramienta.
- **Interactúa con la Audiencia:** Responde preguntas sobre el video en los comentarios y crea una comunidad activa en torno al contenido.

Acción Inmediata:
Selecciona una función clave de tu herramienta y graba un video tutorial explicándola. Publica el contenido en tus plataformas más relevantes y anima a tu audiencia a compartir sus avances usando el hashtag de tu marca.

Consejo 251: Diseña Estrategias Basadas en la Optimización de Tareas Repetitivas

¿Qué significa?
Este consejo implica identificar procesos o tareas recurrentes en tu estrategia de redes sociales y utilizar herramientas y métodos que los automaticen o simplifiquen. La optimización de tareas repetitivas libera tiempo para que puedas centrarte en estrategias creativas y de alto impacto.

¿Por qué es importante?
El tiempo es uno de los recursos más valiosos en la gestión de redes sociales. Delegar tareas rutinarias a herramientas automatizadas reduce el riesgo de errores, mejora la consistencia y permite dedicar más energía a la interacción directa con tu audiencia.

¿Cómo hacerlo?

1. **Identifica Tareas Repetitivas:**

476

- Ejemplos comunes incluyen programar publicaciones, responder preguntas frecuentes o analizar métricas.
2. **Elige las Herramientas Adecuadas:**
   - Usa plataformas como Buffer o Hootsuite para programar publicaciones.
   - Implementa chatbots para atender consultas frecuentes en tiempo real.
3. **Establece Flujos de Trabajo Eficientes:**
   - Define una secuencia clara para cada tarea. Por ejemplo, "crear contenido -> programar publicación -> revisar interacción -> responder mensajes".
4. **Integra Automatización Inteligente:**
   - Usa herramientas como Zapier o IFTTT para conectar aplicaciones y automatizar acciones entre ellas.
5. **Monitorea y Ajusta:**
   - Evalúa regularmente el rendimiento de los procesos automatizados y realiza ajustes para mejorar su eficacia.
6. **Capacita a tu Equipo:**
   - Si trabajas con un equipo, asegúrate de que todos entiendan y sepan manejar las herramientas de automatización.

Ejemplo práctico:
Si gestionas múltiples cuentas en redes sociales, puedes automatizar la programación de publicaciones semanales. Establece un calendario para cada red, define un tema para cada día (ej. lunes: tips, miércoles: videos) y usa herramientas como Later para cargar y programar todo el contenido.

Consejos Brutales:

- **Crea Plantillas para Respuestas Rápidas:** Diseña respuestas predeterminadas para preguntas frecuentes, pero personalízalas cuando sea necesario.
- **Automatiza los Recordatorios Internos:** Usa herramientas de gestión de proyectos como Trello o Asana para notificarte automáticamente de plazos importantes.
- **Optimiza el Análisis de Datos:** Configura reportes automáticos semanales que te den una visión clara del rendimiento de tus publicaciones.

Acción Inmediata:
Elige una tarea repetitiva de tu estrategia de redes sociales y prueba una herramienta que pueda automatizarla. Por ejemplo, usa un bot para responder preguntas frecuentes durante una semana y mide el impacto en el tiempo que ahorras.

Consejo 252: Genera Campañas que Resalten la Importancia de Medir Resultados

¿Qué significa?
Diseñar campañas que no solo promocionen tus productos o servicios, sino que también incluyan elementos que permitan medir su impacto. Esto implica establecer métricas clave desde el inicio, recopilar datos relevantes y usar esos resultados para ajustar tus estrategias y maximizar la efectividad de futuras campañas.

¿Por qué es importante?
Medir los resultados de tus campañas te ayuda a entender qué está funcionando y qué no. Las decisiones basadas en datos aumentan la probabilidad de éxito y te permiten optimizar tus esfuerzos, garantizando que cada recurso invertido genere un retorno tangible.

¿Cómo hacerlo?

1. **Define Objetivos Específicos:**
   o Asegúrate de que tus objetivos sean claros, medibles y alcanzables, como "incrementar seguidores en un 20%" o "duplicar la tasa de clics".
2. **Selecciona las Métricas Clave:**
   o Identifica los indicadores que reflejan mejor el rendimiento de tu campaña, como el alcance, la interacción, las conversiones o el retorno de inversión (ROI).
3. **Integra Herramientas de Análisis:**
   o Usa plataformas como Google Analytics, Facebook Insights o herramientas de terceros como Sprout Social para recopilar y analizar datos.

4. **Establece Periodos de Evaluación:**
   o Decide con qué frecuencia evaluarás los resultados: al inicio, durante el desarrollo y al final de la campaña.
5. **Involucra a tu Audiencia:**
   o Incluye encuestas, preguntas o llamados a la acción que te permitan recopilar datos directamente de tus seguidores.
6. **Comunica los Resultados:**
   o Comparte los logros obtenidos con tu equipo y, si corresponde, con tu audiencia, destacando el impacto positivo de la campaña.

Ejemplo práctico:
Imagina que lanzas una campaña de descuento exclusivo para seguidores de Instagram. Usa un código único para rastrear cuántas personas lo utilizan y combina los datos de ventas con las métricas de interacción en la publicación. Esto te permitirá medir el éxito de la promoción y ajustar futuras ofertas.

Consejos Brutales:

- **Usa Comparativas para Mejorar:** Compara los resultados de campañas anteriores con la actual para identificar patrones y áreas de mejora.
- **Prueba Diferentes Enfoques:** Realiza pruebas A/B en tus anuncios o publicaciones para identificar qué mensaje o formato genera mayor impacto.
- **Automatiza los Informes:** Configura reportes automáticos semanales o mensuales para mantener un monitoreo constante sin gastar tiempo extra.

Acción Inmediata:
Elige una campaña actual o próxima y define tres métricas clave para medir su éxito. Usa una herramienta de análisis para configurar un seguimiento automatizado y revisa los resultados en un plazo de una semana.

Consejo 253: Lanza Encuestas para Evaluar el Impacto de Soluciones Digitales

¿Qué significa?
Las encuestas son herramientas poderosas para recopilar información directa de tu audiencia. Al centrarte en soluciones digitales, estas te permiten medir su eficacia, comprender la experiencia del usuario y ajustar tus servicios para satisfacer mejor sus necesidades.

¿Por qué es importante?
Saber cómo perciben tus seguidores las herramientas digitales que ofreces, como apps, plataformas o servicios online, te da una ventaja competitiva. Una encuesta bien diseñada revela áreas de mejora, destaca tus fortalezas y refuerza la confianza de tu audiencia al demostrar que valoras su opinión.

¿Cómo hacerlo?

1. **Define el Propósito de la Encuesta:**
   o Sé claro sobre lo que deseas descubrir: ¿satisfacción general? ¿sugerencias de mejora? ¿problemas técnicos específicos?
2. **Crea Preguntas Claras y Concisas:**
   o Usa preguntas directas y fáciles de responder. Por ejemplo: "¿Qué tan fácil fue usar nuestra app?" o "¿Qué función te gustaría ver en futuras actualizaciones?".
3. **Ofrece Incentivos:**
   o Motiva a tu audiencia a participar ofreciéndoles descuentos, contenido exclusivo o sorteos por completar la encuesta.
4. **Selecciona un Formato Atractivo:**
   o Usa herramientas como Google Forms, Typeform o encuestas nativas en redes sociales para que el diseño sea visualmente agradable y sencillo.
5. **Segmenta a tu Audiencia:**
   o Dirige las encuestas a usuarios específicos según su interacción previa con tus soluciones digitales, como nuevos usuarios o clientes recurrentes.
6. **Analiza y Actúa:**

o Procesa las respuestas rápidamente y aplica los cambios necesarios. Comunica a tu audiencia cómo sus opiniones influyeron en las mejoras.

Ejemplo práctico:
Si ofreces un curso online, puedes enviar una encuesta tras la primera semana con preguntas como:

- "¿Qué tan claro te resultó el contenido del curso?"
- "¿Qué temas te gustaría que se incluyan en las próximas sesiones?"
- "¿Recomendarías este curso a un amigo?"

Las respuestas te ayudarán a ajustar el contenido y mejorar la experiencia de los futuros participantes.

Consejos Brutales:

- **Mantén la Encuesta Breve:** No más de 5-7 preguntas. La audiencia valora su tiempo y es más probable que participen si saben que no será un proceso largo.
- **Usa Preguntas Abiertas y Cerradas:** Combina opciones de respuesta rápidas (sí/no, escalas de 1 a 5) con preguntas abiertas para obtener insights más detallados.
- **Comparte los Resultados:** Publica un resumen de las respuestas más destacadas y las acciones que tomarás basándote en ellas.

Acción Inmediata:
Lanza una encuesta en tu red social principal hoy mismo. Pregunta algo simple, como: "¿Qué características digitales mejorarían tu experiencia con nosotros?" Analiza las respuestas y planifica un cambio basado en ellas dentro de la próxima semana.

Consejo 254: Publica Historias Inspiradas en Innovaciones Tecnológicas de tu Nicho

¿Qué significa?
Las innovaciones tecnológicas transforman continuamente las industrias, y compartir estas novedades en tus redes sociales no solo te posiciona como un líder informado, sino que también inspira a tu audiencia a soñar con lo que es posible. Estas historias destacan los avances en tu nicho y refuerzan la percepción de tu marca como innovadora y visionaria.

¿Por qué es importante?
Mostrar que estás al día con los desarrollos tecnológicos refuerza tu autoridad y credibilidad en el sector. Además, estas publicaciones suelen ser atractivas para audiencias interesadas en lo novedoso, lo que aumenta la interacción y el alcance de tu contenido.

¿Cómo hacerlo?

1. **Identifica Innovaciones Relevantes:**
   - Investiga tendencias tecnológicas relacionadas con tu industria. Por ejemplo, si trabajas en el sector del fitness, podrías hablar de dispositivos portátiles que monitorean el rendimiento físico o aplicaciones que personalizan entrenamientos.
2. **Conecta la Innovación con tu Marca:**
   - Explica cómo estas tecnologías benefician a tu audiencia y cómo se alinean con tu misión o productos.
3. **Usa un Formato Interactivo:**
   - Crea publicaciones dinámicas como videos explicativos, infografías o carruseles que simplifiquen conceptos complejos para tu audiencia.
4. **Haz Comparaciones Claras:**
   - Contrasta cómo se hacía algo antes y cómo la innovación tecnológica mejora ese proceso, usando ejemplos visuales.
5. **Incluye Opiniones de Expertos:**
   - Si es posible, cita a profesionales o comparte entrevistas sobre el impacto de la tecnología en el nicho.

Ejemplo práctico:
Imagina que tienes un negocio de jardinería y aparece una nueva
herramienta de riego automático que ahorra agua. Tu publicación podría
ser:

- **Inicio:** "¿Sabías que ahora puedes ahorrar un 30% más de agua
  en tu jardín?"
- **Desarrollo:** "Con esta nueva tecnología de riego inteligente,
  detecta la humedad del suelo y ajusta el uso del agua según las
  necesidades reales de tus plantas."
- **Cierre:** "Descubre cómo transformar tu jardín con esta
  innovación. 🌱 "

Consejos Brutales:

- **Simplifica los Conceptos:** Explica cómo funciona la tecnología
  en términos que cualquier persona pueda entender, evitando jerga
  técnica innecesaria.
- **Sé Visualmente Impactante:** Usa imágenes, animaciones o
  videos que muestren la tecnología en acción.
- **Fomenta el Debate:** Termina tu publicación con una pregunta
  como: "¿Qué tecnología crees que revolucionará nuestro sector
  en los próximos años?"

Acción Inmediata:
Investiga una innovación reciente en tu nicho y crea un post en formato
carrusel destacando sus beneficios. Publica hoy mismo y mide la
interacción generada para ajustar futuras publicaciones.

Consejo 255: Diseña Contenidos que Destaquen Diseños Simétricos y Ordenados

¿Qué significa?
Los diseños simétricos y ordenados captan de inmediato la atención
visual de tu audiencia, gracias a su estructura armónica. Este estilo

organiza los elementos gráficos y textuales de manera equilibrada, haciendo que el contenido sea más atractivo y fácil de comprender.

¿Por qué es importante?
Un diseño ordenado y visualmente agradable transmite profesionalismo y refuerza la confianza en tu marca. Además, las publicaciones bien estructuradas son más fáciles de consumir, lo que aumenta el tiempo de atención y el engagement de tu audiencia.

¿Cómo hacerlo?

1. **Utiliza Plantillas Profesionales:**
   o Usa herramientas como Canva o Adobe Express que ofrecen plantillas listas para personalizar con diseños simétricos y limpios.
2. **Mantén un Balance Visual:**
   o Asegúrate de que los elementos estén distribuidos de manera uniforme. Por ejemplo, si usas imágenes en un lado, equilibra el otro lado con texto o gráficos.
3. **Usa Colores Complementarios:**
   o Selecciona una paleta de colores que sea consistente con tu marca y que no sature la vista del usuario.
4. **Incorpora Tipografías Claras:**
   o Utiliza fuentes legibles y armoniosas que refuercen el mensaje sin distraer.
5. **Respeta los Espacios Vacíos:**
   o No llenes todo el diseño con elementos; los espacios vacíos ayudan a que los ojos descansen y el mensaje principal destaque.

Ejemplo práctico:
Imagina que promocionas un servicio de organización personal. Un post diseñado con simetría podría incluir:

- Una imagen de antes y después dividida en dos partes iguales.
- Encabezados como: "Del caos a la claridad" en la parte superior.
- Un llamado a la acción centrado: "Reserva tu sesión gratuita hoy".

Consejos Brutales:

- **Sigue la Regla de los Tercios:** Divide el diseño en una cuadrícula de nueve partes y posiciona los elementos clave en las intersecciones para maximizar su impacto visual.
- **Usa Simetría Reflejada:** Crea efectos visuales atractivos al duplicar y reflejar ciertos elementos del diseño.
- **Aplica Contrastes Sutiles:** Destaca secciones importantes con un leve contraste de color o sombra, manteniendo la simetría.

Acción Inmediata:
Elige una publicación antigua y rediseña su formato usando un enfoque simétrico y ordenado. Hazla más atractiva visualmente y vuelve a publicarla para medir la diferencia en la interacción.

Bloque 18: "Comunicación Visual y Diseño Impactante"

Consejo 256: Diseña Videos con Transiciones y Efectos Profesionales

¿Qué significa?
Los videos con transiciones y efectos bien elaborados no solo capturan la atención, sino que también transmiten un mensaje más dinámico y atractivo. Este tipo de contenido eleva la calidad visual de tus publicaciones y posiciona a tu marca como innovadora y profesional.

¿Por qué es importante?
La competencia en redes sociales es feroz, y el contenido que destaca visualmente tiene más probabilidades de retener la atención del espectador. Usar transiciones y efectos profesionales crea una experiencia visual que refuerza la percepción de calidad de tu marca.

¿Cómo hacerlo?

1. **Elige Herramientas Adecuadas:**
   o Usa programas como Adobe Premiere Pro, Final Cut Pro, o herramientas más simples como CapCut o InShot para crear videos con transiciones fluidas.
2. **Planifica tu Mensaje:**
   o Define qué emociones o información quieres transmitir. Tus efectos deben complementar y no distraer del mensaje principal.
3. **Usa Transiciones Creativas pero Moderadas:**
   o Incorpora efectos que mejoren el flujo del video, como fundidos, zooms o transiciones de barrido, pero evita saturar con demasiados elementos.
4. **Optimiza para Redes Sociales:**

o Adapta tus videos al formato y duración ideal para cada plataforma. Ejemplo: videos verticales para TikTok o Instagram Stories.

Ejemplo práctico:
Si estás lanzando una nueva colección de ropa, puedes crear un video que muestre una transición fluida entre cada atuendo, usando efectos como un barrido de cámara o una superposición de texturas. Finaliza con un llamado a la acción como:
"Descubre la colección completa hoy mismo."

Consejos Brutales:

- **Incorpora Música de Alta Calidad:** Combina los efectos visuales con música que complemente el tono y ritmo del video.
- **Prueba con Motion Graphics:** Agrega texto animado o gráficos en movimiento para destacar información clave como precios o beneficios.
- **Cuenta una Historia en 15 Segundos:** Asegúrate de que el video tenga un inicio, desarrollo y final claros, incluso en un tiempo limitado.

Acción Inmediata:
Hoy, elige un producto o servicio y crea un video corto utilizando transiciones sencillas. Usa herramientas gratuitas o de bajo costo si estás comenzando, y sube el resultado a tus redes sociales para medir la interacción.

Consejo 257: Publica Historias Basadas en Colores y Formas Atractivas

¿Qué significa?
Los colores y las formas juegan un papel crucial en la comunicación visual, ya que influyen en las emociones y decisiones de tu audiencia. Usar combinaciones de colores llamativos y formas bien diseñadas puede potenciar el impacto de tus publicaciones, captando atención instantáneamente.

¿Por qué es importante?

Las redes sociales son plataformas visuales por naturaleza. Una estética atractiva no solo mejora el engagement, sino que también refuerza la identidad de tu marca y la hace más memorable. Los colores adecuados pueden transmitir emociones específicas que conecten con tu audiencia.

¿Cómo hacerlo?

1. **Selecciona una Paleta de Colores Representativa:**
   o Usa colores que representen los valores y la personalidad de tu marca. Herramientas como Coolors o Adobe Color pueden ayudarte a definir tu paleta.
2. **Crea Armonía Visual:**
   o Combina colores complementarios o contrastantes según el mensaje que quieras transmitir. Por ejemplo, usa colores cálidos para entusiasmo y fríos para tranquilidad.
3. **Incorpora Formas Consistentes:**
   o Diseña publicaciones con formas geométricas, curvas o patrones que reflejen modernidad o elegancia, dependiendo de tu nicho.
4. **Utiliza Psicología del Color:**
   o Los colores afectan el estado de ánimo. Usa rojo para urgencia, azul para confianza, o verde para frescura y salud.

Ejemplo práctico:

Un negocio de smoothies puede publicar una serie de historias destacando diferentes bebidas, con colores vivos que representen sus sabores:

- Amarillo para mango.
- Verde para espinaca y menta.
- Púrpura para moras.
  Incorpora formas suaves y orgánicas para evocar frescura y naturalidad.

Consejos Brutales:

- **Crea Plantillas Consistentes:** Usa herramientas como Canva para desarrollar plantillas que mantengan una estética uniforme.

- **Adapta el Color al Mensaje:** Si estás promoviendo una oferta, usa tonos vibrantes; para contenido informativo, colores más neutros y calmados.
- **Prueba con Gradientes:** Los degradados son tendencia y aportan dinamismo. Úsalos en fondos o textos destacados.

Acción Inmediata:
Crea una publicación en la que los colores y las formas reflejen la personalidad de tu marca. Asegúrate de que los elementos visuales trabajen en conjunto para transmitir tu mensaje de manera poderosa. Súbela a tu perfil y mide el impacto en términos de likes y comentarios.

Consejo 258: Genera Comparativas Visuales que Destaquen Detalles Estéticos

¿Qué significa?
Las comparaciones visuales son una herramienta poderosa para destacar diferencias y ventajas entre productos, servicios o conceptos. Estas pueden ser usadas para demostrar cómo tu oferta es superior o cómo se adapta mejor a las necesidades de tu audiencia, aprovechando detalles estéticos para captar atención.

¿Por qué es importante?
Las personas procesan imágenes mucho más rápido que el texto. Una comparativa bien diseñada puede comunicar de forma inmediata por qué tu producto o servicio es la elección ideal, simplificando la decisión de compra. Además, refuerza la percepción de calidad y profesionalismo.

¿Cómo hacerlo?

1. **Elige el Enfoque de Comparación:**
   o Decide si deseas comparar tu producto con uno de la competencia, mostrar un "antes y después", o destacar diferentes opciones dentro de tu propia línea de productos.
2. **Usa Elementos Visuales Limpios y Atractivos:**

- Diseña comparativas con colores contrastantes, bordes definidos y textos minimalistas. Esto evita confusiones y mantiene el foco en los detalles importantes.

3. **Enfatiza el Valor Único:**
   - Resalta características clave de tu producto, como su diseño innovador, facilidad de uso o estética superior, usando etiquetas o íconos llamativos.

4. **Añade Comparativas Funcionales:**
   - Combina estética con datos concretos. Por ejemplo, si vendes una lámpara, muestra cómo ilumina más metros cuadrados que una estándar.

Ejemplo práctico:

Un negocio de diseño de interiores puede crear una publicación comparando dos estilos de decoración:

- Lado izquierdo: Antes, con un espacio desordenado y aburrido.
- Lado derecho: Después, con muebles minimalistas y colores neutros.
  Incluye etiquetas como "Mayor Espacio", "Mejor Iluminación" y "Elegancia Moderna" para guiar la mirada del espectador hacia las mejoras.

Consejos Brutales:

- **Incorpora Iconografía:** Usa íconos simples para destacar ventajas específicas, como "Resistente al agua" o "Fácil de limpiar".
- **Aplica Animaciones Sutiles:** Para comparaciones digitales, usa sliders o GIFs que permitan al usuario explorar el antes y después con movimiento.
- **Usa Modelos Reales:** Las imágenes con personas generando interacciones reales tienen mayor impacto emocional y credibilidad.

Acción Inmediata:

Crea una publicación comparativa usando tus productos o servicios. Asegúrate de que sea clara y atractiva, destacando las diferencias con un diseño profesional. Súbela y evalúa su rendimiento en engagement para identificar oportunidades de mejora en futuras comparaciones.

Consejo 259: Diseña Infografías Basadas en Datos Relevantes y Concretos

¿Qué significa?

Las infografías son representaciones visuales de datos o información diseñada para hacer que los conceptos complejos sean fáciles de entender y atractivos para la audiencia. Combina gráficos, colores y texto de manera creativa para comunicar mensajes clave de manera eficaz.

¿Por qué es importante?

Vivimos en una era de sobrecarga de información. Las infografías ofrecen una solución rápida y atractiva para captar la atención y transmitir información valiosa. Además, fomentan el contenido compartible, lo que puede aumentar tu alcance orgánico en redes sociales.

¿Cómo hacerlo?

1. **Elige un Tema Específico:**
   - Asegúrate de que la infografía responda a una pregunta clara o explique un tema relevante para tu audiencia, como "5 pasos para mejorar tu productividad" o "Tendencias del mercado en 2024".
2. **Recopila Datos Precisos y Verificables:**
   - Utiliza fuentes confiables y actuales. Los datos inexactos o desactualizados pueden dañar tu credibilidad.
3. **Organiza la Información en Secciones Claras:**
   - Divide el contenido en bloques visuales con títulos llamativos. Esto facilita la navegación y el entendimiento.
4. **Usa Colores y Gráficos Consistentes:**
   - Mantén una paleta de colores armoniosa y utiliza gráficos simples como barras, líneas o diagramas circulares para destacar los datos más importantes.
5. **Incluye un Llamado a la Acción:**

o Al final de la infografía, invita a tu audiencia a compartirla, comentar o visitar tu sitio web para obtener más información.

Ejemplo práctico:
Un gimnasio podría diseñar una infografía titulada: "Beneficios del Entrenamiento con Pesas".

- Sección 1: Gráficos circulares que muestran la mejora en fuerza muscular (50%), metabolismo (30%) y densidad ósea (20%).
- Sección 2: Una lista visual con íconos representando cada beneficio.
- Sección 3: CTA: "Conoce más sobre nuestros planes personalizados. ¡Empieza hoy!"

Consejos Brutales:

- **Usa Herramientas de Diseño Eficientes:** Plataformas como Canva o Piktochart tienen plantillas prediseñadas que puedes personalizar fácilmente.
- **Incluye Datos Impactantes:** Los números o estadísticas sorprendentes generan mayor interés. Ejemplo: "El 70% de los consumidores prefieren marcas con contenido visual atractivo".
- **Optimiza para Redes Sociales:** Diseña infografías que se adapten a los formatos más populares, como verticales para Instagram Stories o 1:1 para publicaciones regulares.

Acción Inmediata:
Crea una infografía simple sobre un tema de interés en tu nicho. Asegúrate de incluir un dato llamativo en el título y acompáñala con una descripción breve al publicarla. Mide las interacciones para evaluar su impacto en tu estrategia.

Consejo 260: Lanza Videos con Formatos Cinematográficos para Redes

¿Qué significa?
Crear videos con calidad cinematográfica implica utilizar técnicas avanzadas de grabación, edición y narrativa visual para captar la atención de tu audiencia de manera poderosa. Esto incluye planos profesionales, efectos visuales, música emocional y una edición pulida que eleve la calidad percibida de tu contenido.

¿Por qué es importante?
El contenido visual de alta calidad destaca en un mar de publicaciones ordinarias. Los videos cinematográficos generan una impresión duradera, mejoran la percepción de tu marca y aumentan las probabilidades de compartir, comentar y recordar tu mensaje.

¿Cómo hacerlo?

1. **Planifica tu Historia Visual:**
   o Crea un guion sólido con un inicio, desarrollo y desenlace. Esto puede ser una narración emotiva sobre tu producto o un tutorial visualmente impactante.
2. **Usa Equipo Adecuado:**
   o Si tienes acceso a cámaras de alta resolución y micrófonos externos, úsalos. Si no, los smartphones modernos también ofrecen modos de grabación avanzada.
3. **Aplica Técnicas de Iluminación:**
   o La luz es clave en el cine. Usa luces naturales o artificiales para resaltar colores y crear atmósferas únicas.
4. **Edita Profesionalmente:**
   o Utiliza software como Adobe Premiere, Final Cut Pro o aplicaciones móviles como CapCut para añadir transiciones, correcciones de color y música que complementen tu mensaje.
5. **Integra Música y Efectos de Sonido:**
   o La banda sonora es crucial para generar emociones. Elige música libre de derechos que resuene con tu narrativa.

Ejemplo práctico:
Si eres una marca de café:

- Video: "Desde la Granja a Tu Taza"
- Planos iniciales: Granjeros recolectando granos bajo el sol.
- Desarrollo: El proceso de tostado en cámaras lentas con primeros planos.
- Desenlace: Una taza de café servido, con vapor y música cálida de fondo.
- Llamado a la acción: "Prueba la experiencia auténtica. Pide ahora en nuestra tienda online".

Consejos Brutales:

- **Usa Drones para Planos Aéreos:** Si es relevante, utiliza drones para capturar paisajes o vistas panorámicas que añadan un factor "wow" a tu video.
- **Aplica Color Grading:** Ajusta los tonos y colores para transmitir una emoción específica: cálidos para cercanía, fríos para elegancia, vivos para energía.
- **Crea Intriga en los Primeros 3 Segundos:** Los espectadores deciden si siguen viendo un video en los primeros segundos, así que asegúrate de empezar con una imagen o mensaje cautivador.

Acción Inmediata:
Graba un video corto de alta calidad sobre tu producto o servicio.
Incluye planos atractivos, edítalo con música impactante y publica un teaser en tus redes sociales para medir la respuesta de tu audiencia.

Consejo 261: Publica Historias Inspiradas en Diseños Minimalistas

¿Qué significa?
El diseño minimalista implica usar elementos visuales simples, elegantes y enfocados para comunicar mensajes claros y atractivos. Este estilo elimina distracciones y resalta lo esencial, logrando que el contenido sea fácil de entender y visualmente placentero.

¿Por qué es importante?

El diseño minimalista no solo mejora la estética de tus publicaciones, sino que también facilita la comunicación de ideas. Los usuarios están más inclinados a interactuar con contenido limpio y bien estructurado, especialmente en plataformas saturadas de información.

¿Cómo hacerlo?

1. **Define tu Mensaje Principal:**
   o Antes de diseñar, identifica el mensaje clave que deseas transmitir. Esto asegurará que todo en tu diseño lo refuerce.
2. **Usa Espacios en Blanco:**
   o Los espacios vacíos alrededor de tus elementos visuales ayudan a dirigir la atención y evitan la saturación visual.
3. **Elige Colores Neutros o Tonos Suaves:**
   o Paletas simples como blanco, negro, gris y un toque de color acentuado generan armonía y profesionalismo.
4. **Limita Fuentes y Elementos Visuales:**
   o Usa una o dos tipografías limpias y reduce los gráficos adicionales. Menos es más en diseño minimalista.
5. **Incorpora Imágenes de Alta Calidad:**
   o Usa imágenes claras y nítidas que complementen tu mensaje sin competir con el texto.

Ejemplo práctico:

Si estás promocionando un curso online:

- Imagen: Fondo blanco con una computadora portátil abierta.
- Texto: "Transforma tu carrera. Aprende habilidades digitales hoy."
- Diseño: Un solo botón destacado en color vibrante que dice: "Inscríbete ahora".

Consejos Brutales:

- **Mantén la Consistencia Visual:** Usa siempre los mismos colores, fuentes y estilos minimalistas para reforzar tu identidad de marca.

- **Prioriza la Jerarquía Visual:** Asegúrate de que el ojo de tu audiencia siga un camino lógico, con el mensaje más importante destacado.
- **No Temas al Espacio Vacío:** Es un recurso poderoso que mejora la claridad y elegancia del diseño.

Acción Inmediata:
Selecciona una publicación que desees actualizar. Rediseña su contenido usando principios minimalistas: elimina elementos innecesarios, usa una paleta simple y enfoca tu mensaje principal. Publica el resultado y mide la respuesta de tu audiencia.

Consejo 262: Genera Campañas Basadas en el Uso de Gráficos en Movimiento

¿Qué significa?
Los gráficos en movimiento, también conocidos como *motion graphics*, son animaciones visuales que combinan texto, ilustraciones y elementos visuales para crear contenido dinámico y atractivo. Estas herramientas son ideales para transmitir mensajes complejos de forma rápida y entretenida.

¿Por qué es importante?
El contenido animado capta la atención de los usuarios en redes sociales de manera más efectiva que los elementos estáticos. Además, los gráficos en movimiento pueden simplificar conceptos difíciles, mejorar la retención de información y aumentar la interacción con tu audiencia.

¿Cómo hacerlo?

1. **Identifica el Propósito de la Animación:**
   o Define qué quieres lograr: ¿educar, entretener, anunciar un producto o resaltar una promoción?
2. **Simplifica el Mensaje:**
   o Los gráficos en movimiento deben ser breves y directos. Evita saturar con demasiada información.
3. **Usa Colores y Tipografías Consistentes:**

o Mantén la identidad visual de tu marca en los gráficos animados. Usa siempre tu paleta de colores y fuentes.

4. **Integra Elementos Visuales Dinámicos:**
   o Añade transiciones suaves, efectos de entrada y salida, y movimientos sutiles para mantener el interés.

5. **Aprovecha Herramientas Accesibles:**
   o Plataformas como Canva, Adobe After Effects y Lottie permiten crear gráficos en movimiento sin necesidad de conocimientos avanzados.

Ejemplo práctico:

Si lanzas un nuevo producto:

- **Idea:** Un gráfico en movimiento que muestre el antes y después del uso de tu producto.
- **Diseño:** Combina texto que diga "¡Transforma tu piel!" con animaciones que resalten ingredientes clave o beneficios del producto.
- **Duración:** 15 a 30 segundos, ideal para Instagram o TikTok.

Consejos Brutales:

- **Optimiza para Redes Sociales:** Asegúrate de que la calidad del video sea alta y el tamaño esté optimizado para las plataformas donde lo publicarás.
- **Incluye una Llamada a la Acción:** Al final de la animación, invita a tu audiencia a comprar, visitar tu sitio web o suscribirse a tu newsletter.
- **No Excedas la Duración:** Los gráficos en movimiento funcionan mejor cuando son concisos y no sobrepasan los 30 segundos.

Acción Inmediata:

Elige un tema relevante para tu marca y diseña un gráfico en movimiento. Prueba con una oferta especial o un mensaje educativo. Publica el contenido en tus redes sociales y monitorea las métricas para evaluar su impacto.

Consejo 263: Diseña Contenidos que Resalten Diseños Simétricos y Ordenados

¿Qué significa?
Los diseños simétricos y ordenados son composiciones visuales que equilibran elementos para crear una sensación de armonía y profesionalismo. Este enfoque se basa en la organización y el equilibrio visual para atraer a la audiencia de forma subconsciente.

¿Por qué es importante?
La simetría transmite estabilidad, confianza y atractivo estético. Un diseño bien organizado facilita la comprensión del mensaje y genera una experiencia visual agradable, aumentando la probabilidad de que tu audiencia interactúe con el contenido.

¿Cómo hacerlo?

1. **Establece un Marco de Diseño:**
    o Utiliza una cuadrícula o guía para garantizar que los elementos estén alineados de manera uniforme.
2. **Equilibra los Elementos Visuales:**
    o Asegúrate de que los gráficos, texto y espacios en blanco estén distribuidos proporcionalmente para evitar la saturación.
3. **Usa Colores Complementarios:**
    o Elige tonos que armonicen y refuercen la sensación de simetría.
4. **Aplica la Regla de los Tercios:**
    o Divide tu diseño en nueve partes iguales y coloca los elementos clave donde se cruzan las líneas.
5. **Opta por Tipografías Legibles:**
    o El texto debe ser claro y fácil de leer. Evita mezclar demasiadas fuentes para mantener el orden visual.

Ejemplo práctico:
Promoción de un nuevo curso:

- **Diseño:** Una imagen central del curso rodeada de iconos alineados que representen los temas principales.

- **Texto:** Coloca el título en la parte superior, y la fecha y el llamado a la acción en la parte inferior, ambos centrados.
- **Formato:** Asegúrate de que el diseño funcione tanto para publicaciones cuadradas como para historias verticales.

Consejos Brutales:

- **Usa Herramientas de Diseño:** Programas como Figma o Canva ofrecen plantillas con simetría predefinida para que tus diseños luzcan profesionales.
- **Mantén Coherencia Visual:** Usa siempre los mismos márgenes y proporciones en tus publicaciones para fortalecer tu identidad visual.
- **Prueba con Espacios en Blanco:** Los espacios vacíos alrededor de los elementos pueden resaltar aún más la simetría y el orden.

Acción Inmediata:
Elige una publicación reciente que haya tenido buen rendimiento y rediseñala usando principios de simetría y orden. Publica el nuevo diseño y compara las métricas para medir su impacto visual y de interacción.

Consejo 264: Publica Retos que Inviten a Crear Diseños Propios

¿Qué significa?
Un reto de diseño propio es una dinámica donde invitas a tu audiencia a crear contenido visual relacionado con tu marca o temática. Esto fomenta la creatividad, incrementa la participación y genera un sentido de comunidad al dar protagonismo a tus seguidores.

¿Por qué es importante?
Los retos creativos involucran directamente a tu audiencia, transformándola en co-creadora de contenido. Esto no solo aumenta el engagement, sino que también diversifica el contenido de tu marca con ideas frescas provenientes de tus seguidores.

¿Cómo hacerlo?

1. **Define un Tema Relacionado con Tu Marca:**
   o Por ejemplo, si vendes ropa deportiva, el reto puede ser: "Diseña tu conjunto deportivo ideal".
2. **Crea Instrucciones Claras:**
   o Explica cómo participar y establece parámetros (como usar un color o un formato específico).
3. **Usa un Hashtag Oficial:**
   o Crea un hashtag único para rastrear las participaciones, como #RetoCreativoConTuMarca.
4. **Ofrece una Recompensa:**
   o Anuncia premios atractivos, como descuentos exclusivos, productos gratuitos o un reconocimiento en tu perfil.
5. **Promociona el Reto:**
   o Comparte publicaciones, historias y videos que expliquen el reto y muestren ejemplos de participación.
6. **Destaca los Mejores Diseños:**
   o Publica los diseños más creativos en tus redes, etiquetando a sus autores para fomentar la conexión.

Ejemplo práctico:
Si gestionas una marca de café:

- **Reto:** "Diseña la etiqueta perfecta para nuestra próxima edición especial".
- **Instrucciones:** Pide que los diseños sean enviados en un formato específico y que incluyan el logo de la marca.
- **Recompensa:** Publicar el diseño ganador en la etiqueta del producto y regalar un lote del café al creador.

Consejos Brutales:

- **Inspira con Ejemplos:** Publica diseños anteriores o conceptos para animar a la audiencia a participar.
- **Colabora con Influencers:** Involucra a creadores con seguidores afines para dar mayor alcance al reto.
- **Fomenta la Inclusividad:** Asegúrate de que el reto sea accesible para personas con diferentes niveles de habilidad.

Acción Inmediata:
Anuncia un pequeño reto creativo en tus historias de hoy. Pide a tus seguidores que diseñen algo simple, como un logo alternativo o un fondo para tus publicaciones. Mide la interacción y ajusta futuros retos según los resultados.

Consejo 265: Lanza Encuestas sobre Preferencias Visuales en tu Comunidad

¿Qué significa?
Una encuesta sobre preferencias visuales es una herramienta para conocer los gustos estéticos de tu audiencia. Puedes preguntarles qué colores, estilos o formatos prefieren, lo que te permitirá adaptar tu contenido visual a sus intereses.

¿Por qué es importante?
El contenido visual impacta directamente en la percepción de tu marca. Al entender las preferencias de tu comunidad, puedes asegurarte de que tus publicaciones sean atractivas, relevantes y conecten emocionalmente con ellos. Esto incrementa la interacción y fomenta la fidelidad.

¿Cómo hacerlo?

1. **Define el Objetivo de la Encuesta:**
   o Decide qué aspectos visuales quieres explorar: colores, estilos de diseño, tipos de contenido, etc.
2. **Crea Preguntas Directas:**
   o Ejemplo: "¿Prefieres imágenes con colores brillantes o tonos suaves?"
   o "¿Te gustan más los gráficos minimalistas o los diseños cargados de detalles?"
3. **Usa Formatos Interactivos:**
   o Realiza encuestas en historias de Instagram, Twitter o LinkedIn para captar respuestas rápidas.
4. **Incluye Ejemplos Visuales:**
   o Muestra imágenes o videos representativos para que tu audiencia comprenda mejor las opciones.

5. **Analiza las Respuestas:**
    o Revisa los resultados y utiliza esa información para ajustar el estilo de tus publicaciones.

Ejemplo práctico:
Si gestionas una tienda de decoración:

- Publica una encuesta en historias de Instagram con dos imágenes:
    o **Pregunta 1:** "¿Qué estilo prefieres para tu hogar? Opción 1: Nórdico | Opción 2: Bohemio".
    o **Pregunta 2:** "¿Qué colores encuentras más relajantes? Tonos pastel o colores tierra".

Consejos Brutales:

- **Hazlo Regularmente:** Las preferencias pueden cambiar con las tendencias. Repite las encuestas de forma periódica.
- **Comparte los Resultados:** Publica lo que tu audiencia eligió para que se sientan involucrados en el proceso.
- **Utiliza los Resultados para Crear Contenido:** Diseña publicaciones que incorporen los estilos más votados y menciona que fue gracias a la comunidad.

Acción Inmediata:
Hoy mismo, lanza una encuesta sencilla en tus historias de Instagram con dos opciones de diseño. Anuncia que usarás las respuestas para mejorar tu contenido visual y muestra los resultados en tiempo real.

Consejo 266: Genera Historias Visuales Basadas en el Estilo de Vida de tu Audiencia

¿Qué significa?
Las historias visuales basadas en el estilo de vida muestran cómo tu marca encaja en la vida diaria de tu audiencia. Se trata de crear contenido que represente situaciones reales y deseables para tus seguidores, generando una conexión emocional y aspiracional.

¿Por qué es importante?

Las personas tienden a relacionarse con marcas que comprenden y reflejan su estilo de vida. Este enfoque permite que tu audiencia vea tus productos o servicios como una extensión natural de su rutina, aumentando la afinidad y las posibilidades de conversión.

¿Cómo hacerlo?

1. **Investiga a tu Audiencia:**
   - Identifica sus intereses, actividades diarias, aspiraciones y retos comunes.
   - Usa encuestas, comentarios o herramientas analíticas para obtener esta información.
2. **Crea Escenarios Relatables:**
   - Diseña contenido que represente momentos clave: desde un café matutino hasta un viaje de fin de semana, dependiendo de tu nicho.
3. **Usa Modelos Representativos:**
   - Colabora con personas que reflejen las características de tu audiencia: edad, estilo de vida y valores.
4. **Incorpora tu Producto de Forma Natural:**
   - Muestra cómo tu producto mejora o complementa la rutina de tu audiencia sin ser intrusivo.
5. **Aprovecha Formatos Visuales:**
   - Usa fotografías, videos o gráficos atractivos que capturen la esencia de esos momentos.

Ejemplo práctico:

Si tienes una marca de ropa deportiva:

- Publica un video mostrando a alguien usando tus prendas durante una rutina de yoga al amanecer, enfatizando comodidad y estilo.
- Acompáñalo con un texto: "Comienza tu día en equilibrio, con la ropa que te sigue el ritmo".

Consejos Brutales:

- **Crea Historias Localizadas:** Adapta las historias visuales a contextos específicos según tu audiencia global o regional.

- **Usa la Estacionalidad:** Ajusta las historias al clima o a eventos actuales, como vacaciones o festividades.
- **Sé Aspiracional:** Diseña escenarios que tu audiencia desee alcanzar, pero que también sientan como posibles.

Acción Inmediata:
Selecciona un momento clave del día de tu audiencia (como la hora de almuerzo o el tiempo libre después del trabajo). Diseña una publicación visual que muestre cómo tu marca puede mejorar ese momento y compártela en tus redes sociales.

Consejo 267: Diseña Campañas que Usen Elementos de Diseño de Realidad Aumentada

¿Qué significa?
La realidad aumentada (RA) integra elementos virtuales en el entorno real de tus usuarios mediante cámaras de dispositivos móviles o aplicaciones específicas. Diseñar campañas con RA permite a tu audiencia interactuar directamente con tus productos o servicios, creando experiencias inmersivas y memorables.

¿Por qué es importante?
La RA aumenta la interacción y el engagement al permitir que los usuarios experimenten tu marca de forma única. Estas campañas también generan curiosidad y viralidad, posicionando tu negocio como innovador y tecnológico.

¿Cómo hacerlo?

1. **Elige el Propósito de la RA:**
   o Decide si la experiencia será para probar productos (maquillaje, muebles), jugar (minijuegos temáticos) o interactuar con tus elementos de marca.
2. **Colabora con Herramientas de RA Accesibles:**
   o Usa plataformas como Spark AR, Lens Studio o filtros de redes sociales para desarrollar experiencias.
3. **Integra la RA a tu Estrategia:**

o   Crea un puente entre la RA y tu objetivo comercial: enlaces directos a compras, generación de leads o aumento de visitas a tu sitio web.

4. **Hazlo Fácil y Divertido:**
   o   Diseña experiencias intuitivas para usuarios con diferentes niveles de conocimiento tecnológico.

5. **Promociona tu Campaña:**
   o   Comunica cómo acceder a la experiencia RA en tus redes sociales y publicaciones, y utiliza hashtags relevantes para maximizar el alcance.

Ejemplo práctico:
Si tienes una tienda de decoración:

- Crea una experiencia de RA donde los usuarios puedan "colocar" virtualmente tus muebles en sus casas a través de la cámara de su móvil.
- Incluye un botón de compra directa en la aplicación o plataforma.

Consejos Brutales:

- **Personaliza la Experiencia:** Permite que los usuarios añadan detalles únicos, como elegir colores o estilos dentro de la RA.
- **Aprovecha Eventos Especiales:** Diseña experiencias relacionadas con fechas clave, como probar disfraces para Halloween o decoración navideña.
- **Fomenta el Contenido Generado por Usuarios:** Motiva a los participantes a compartir su experiencia en redes sociales, incrementando la viralidad.

Acción Inmediata:
Investiga una plataforma de RA que sea compatible con tus productos o servicios. Diseña un prototipo simple (como un filtro de prueba) y prueba la aceptación inicial con un segmento pequeño de tu audiencia.

Consejo 268: Publica Comparaciones Visuales Basadas en Opciones Creativas

¿Qué significa?

Las comparaciones visuales son representaciones gráficas o imágenes que muestran las diferencias clave entre dos o más opciones. Al incluir un enfoque creativo, puedes destacar aspectos únicos de tu marca o producto, capturando la atención de tu audiencia con un contenido llamativo y claro.

¿Por qué es importante?

Estas comparaciones ayudan a los usuarios a entender rápidamente los beneficios de tus productos o servicios frente a la competencia. Además, el uso de diseños creativos asegura que tu contenido se destaque en el saturado espacio digital.

¿Cómo hacerlo?

1. **Elige Elementos Comparables:**
   - Identifica características que son relevantes para tu audiencia, como precio, calidad, funcionalidad, resultados o diseño.
2. **Apuesta por un Estilo Visual Impactante:**
   - Usa infografías, colores llamativos y elementos interactivos para que la comparación sea fácil de entender y agradable de ver.
3. **Resalta tus Ventajas Clave:**
   - Enfatiza los beneficios únicos de tu oferta, como resultados comprobados, valores emocionales o ventajas económicas.
4. **Mantén la Transparencia:**
   - Aunque es tentador exagerar, presenta información honesta y respaldada por datos. La autenticidad genera confianza.
5. **Incluye un Llamado a la Acción (CTA):**
   - Después de mostrar tu ventaja, motiva a los usuarios a tomar una decisión, como visitar tu sitio web, probar tu producto o realizar una compra.

Ejemplo práctico:
Si tienes una marca de cosméticos:

- Diseña una imagen con una tabla que compare tu base de maquillaje con otra del mercado.
- Incluye columnas con características como cobertura, durabilidad, ingredientes y precio.
- Usa colores para destacar tus ventajas y agrega un botón de "Pruébala ahora" al pie de la comparación.

Consejos Brutales:

- **Incorpora Testimonios:** Añade citas breves de clientes reales que refuercen los puntos destacados en tu comparación.
- **Juega con Formatos Innovadores:** Usa carruseles en Instagram o videos cortos que muestren la comparación en acción.
- **Aprovecha el Humor:** Si el tono de tu marca lo permite, usa memes o caricaturas para hacer que la comparación sea más memorable.

Acción Inmediata:
Elige un producto o servicio que quieras destacar hoy. Diseña una comparación visual simple con herramientas como Canva o Figma, destacando tres beneficios clave frente a la competencia. Publica el contenido con un CTA directo y mide la reacción de tu audiencia.

Consejo 269: Lanza Dinámicas que Promuevan el Diseño Colaborativo

¿Qué significa?
El diseño colaborativo involucra a tu audiencia en el proceso creativo de tu marca. Esto puede incluir pedirles ideas para nuevos productos, votaciones para elegir diseños finales o incluso co-creaciones de contenido visual que reflejen sus opiniones y preferencias.

¿Por qué es importante?
Involucrar a tu comunidad en el diseño fortalece la conexión emocional

con tu marca. Les hace sentir parte del proceso, lo que genera fidelidad y entusiasmo por los resultados finales. Además, obtendrás ideas frescas directamente de las personas que consumen tu producto.

¿Cómo hacerlo?

1. **Crea Encuestas y Votaciones:**
   o   Usa las herramientas de encuestas en redes sociales para que tu audiencia elija entre opciones de diseño, colores o estilos.
2. **Fomenta la Co-Creación:**
   o   Pide a tus seguidores que envíen sus propuestas o ideas de diseño a través de un concurso creativo.
3. **Usa Hashtags de Participación:**
   o   Crea un hashtag específico para recopilar las ideas o propuestas de diseño de tu comunidad.
4. **Comparte el Proceso:**
   o   Muestra avances de las ideas seleccionadas y destaca cómo la colaboración está dando forma a tu producto final.
5. **Involucra a Microinfluencers:**
   o   Invita a creadores de contenido locales o relevantes en tu industria a colaborar en el diseño y promoción del producto.

Ejemplo práctico:
Si tienes una marca de ropa:

- Publica en tus historias varias opciones de patrones para una nueva colección y deja que tus seguidores voten.
- Haz un concurso en el que los participantes propongan frases creativas para una línea de camisetas.

Consejos Brutales:

- **Reconoce la Contribución de la Comunidad:** Menciona a quienes participaron en la creación del diseño final y otórgales beneficios exclusivos, como descuentos o productos gratuitos.

- **Documenta Todo:** Muestra el proceso completo desde la ideación hasta el lanzamiento. Esto refuerza la transparencia y el impacto de la colaboración.
- **Ofrece Premios Relevantes:** Asegúrate de que los premios para quienes participen estén alineados con los intereses de tu audiencia, incentivando mayor participación.

Acción Inmediata:
Publica una encuesta en tus redes sociales sobre un aspecto clave de diseño que planees lanzar pronto. Usa las respuestas para guiar tu decisión y anuncia los resultados agradeciendo a tu comunidad por su colaboración.

Consejo 270: Genera Videos Basados en la Transformación Visual de tus Productos

¿Qué significa?
Este enfoque consiste en crear videos que muestren la evolución o transformación de un producto, servicio o espacio gracias a tu marca. Estos contenidos son impactantes porque resaltan el cambio tangible que genera tu oferta.

¿Por qué es importante?
Los videos que muestran una transformación clara son visualmente atractivos y fáciles de entender. Capturan la atención del público rápidamente y generan confianza, ya que demuestran el valor de tu producto de manera directa y evidente.

¿Cómo hacerlo?

1. **Define un Antes y un Después Impactante:**
   o Elige un producto o servicio que tenga un efecto visible y significativo en su uso. Asegúrate de que la diferencia sea clara.
2. **Usa Técnicas de Grabación Dinámicas:**
   o Utiliza efectos de transición, cámaras rápidas (time-lapse) o ángulos creativos para enfatizar la transformación.

3. **Cuenta una Historia con el Proceso:**
   - o Añade una narrativa que explique el contexto inicial, el problema y cómo tu producto contribuye al cambio.
4. **Incluye Testimonios:**
   - o Si es posible, incluye las opiniones de clientes reales que hablen sobre su experiencia antes y después de usar tu producto.
5. **Utiliza Música Emocional:**
   - o Escoge una banda sonora que refuerce el impacto visual y conecte emocionalmente con tu audiencia.

Ejemplo práctico:
Si tienes un servicio de limpieza profesional, graba un video mostrando un espacio completamente desordenado y cómo, gracias a tu equipo, se transforma en un lugar organizado y reluciente. Añade una breve narración sobre los beneficios de un entorno limpio para el bienestar.

Consejos Brutales:

- **Enfócate en Cambios Relevantes:** No se trata solo de la apariencia, sino también de cómo la transformación mejora la vida de tu audiencia.
- **Aprovecha los Efectos de Contraste:** Usa filtros o ediciones que hagan que el "antes" parezca más impactante, pero siempre sin distorsionar la realidad.
- **Segmenta el Público:** Crea versiones del video adaptadas a los intereses de diferentes segmentos de tu audiencia.

Acción Inmediata:
Graba un video corto de uno de tus productos o servicios mostrando un cambio antes y después. Súbelo a tus redes sociales con un texto que resuma el impacto de tu oferta y una llamada a la acción directa, como "¡Descubre cómo puedes lograr esto también!"

Bloque 19: "Estrategias de Crecimiento Sin Límites"

Consejo 271: Diseña Campañas Multicanal para Expandir Tu Alcance

¿Qué significa?

Una campaña multicanal implica usar varias plataformas y medios de comunicación para difundir tu mensaje, asegurando que alcance a tu audiencia desde diferentes ángulos. Combinar redes sociales, email marketing, contenido en blogs y colaboraciones externas puede maximizar tu impacto y garantizar que tu mensaje no pase desapercibido.

¿Por qué es importante?

Cada canal tiene una audiencia única y un propósito diferente. Mientras Instagram puede ser ideal para contenido visual e inspiración, el email marketing es excelente para mensajes directos y conversiones. Al integrar varios canales, puedes llegar a un público más amplio, reforzar tu mensaje y aumentar las posibilidades de que tu campaña sea efectiva.

¿Cómo hacerlo?

1. **Define el Objetivo de la Campaña:** ¿Quieres aumentar las ventas, generar leads o mejorar el reconocimiento de tu marca? Define un objetivo claro antes de comenzar.
2. **Selecciona los Canales Adecuados:** Identifica las plataformas donde está tu audiencia, como Facebook, Instagram, TikTok, LinkedIn, correo electrónico o incluso eventos offline.
3. **Adapta el Mensaje a Cada Canal:** Ajusta tu mensaje al estilo y tono que funciona mejor en cada plataforma, pero mantén la coherencia de tu campaña.

4. **Coordina el Calendario de Publicaciones:** Planifica cuándo y cómo lanzar contenido en cada canal para evitar saturar a tu audiencia y mantener el interés constante.
5. **Mide y Ajusta:** Usa herramientas de análisis para evaluar el rendimiento de cada canal y ajusta tu estrategia en tiempo real para optimizar los resultados.

Ejemplo práctico
Objetivo: Lanzar una nueva línea de productos de skincare.
Estrategia:

- En Instagram: Publica videos de "unboxing" y tutoriales de uso.
- En Facebook: Comparte historias de transformación de clientes reales.
- Email Marketing: Envía un descuento exclusivo para los primeros compradores.
- Blog: Publica artículos sobre los beneficios de los ingredientes clave en los productos.

Consejos brutales:

- **Usa Retargeting:** Si alguien interactúa en un canal, como visitar tu sitio web, sigue comunicándote con ellos a través de anuncios en redes sociales o correos electrónicos.
- **Crea Contenido Complementario:** Asegúrate de que los mensajes en diferentes canales se apoyen entre sí. Por ejemplo, un post en redes sociales podría enlazar a un artículo de blog más detallado.
- **Mantén un Mensaje Coherente:** Aunque adaptes el contenido a cada plataforma, la esencia y el objetivo de la campaña deben ser los mismos.

Acción inmediata:
Elige un objetivo para una campaña y selecciona al menos tres canales para ejecutarla. Diseña contenido adaptado para cada plataforma, lánzalo de forma coordinada y monitorea los resultados para identificar cuál canal es más efectivo para tu audiencia.

Consejo 272: Publica Contenidos Exclusivos en Plataformas Emergentes

¿Qué significa?

Las plataformas emergentes son espacios digitales que están ganando popularidad y atrayendo nuevas audiencias. Crear contenido exclusivo en estas plataformas te permite llegar a un público menos saturado, establecerte como pionero en el espacio y generar una conexión fresca y auténtica con tu audiencia.

¿Por qué es importante?

Las audiencias en plataformas emergentes suelen ser más receptivas y comprometidas porque buscan contenido innovador. Además, la competencia es menor en comparación con las redes más consolidadas. Si te posicionas temprano, puedes construir una base de seguidores leales que crecerá contigo a medida que la plataforma gane popularidad.

¿Cómo hacerlo?

1. **Investiga Plataformas Nuevas:** Mantente actualizado sobre las tendencias y nuevas plataformas como BeReal, Lemon8, o cualquier otra que esté ganando relevancia en tu nicho.
2. **Adapta el Contenido al Formato:** Cada plataforma tiene un estilo único. Aprende cómo funciona y crea contenido que encaje con sus características y dinámica.
3. **Sé Constante:** Publica contenido regularmente para construir una presencia sólida antes de que la plataforma se sature.
4. **Usa la Exclusividad como Gancho:** Promociona el contenido exclusivo en tus otras redes sociales, destacando que solo está disponible en esa plataforma.
5. **Interactúa Activamente:** Como las comunidades en estas plataformas suelen ser pequeñas al principio, aprovecha para interactuar directamente con tus seguidores y destacar entre los demás creadores.

Ejemplo práctico

Si eres una marca de moda:

- Publica adelantos de tus nuevas colecciones exclusivamente en una plataforma emergente.

- Crea contenido "detrás de cámaras" del diseño y producción que solo tus seguidores en esa plataforma puedan ver.

Consejos brutales:

- **Aprovecha el Algoritmo a tu Favor:** Las plataformas nuevas suelen priorizar el contenido de creadores activos para fomentar el engagement. Sé constante desde el inicio.
- **Colabora con Creadores Emergentes:** Encuentra influencers que estén creciendo en esas plataformas y trabaja con ellos para aumentar tu alcance.
- **Hazlo Exclusivo:** Usa frases como "Solo aquí podrás ver esto" para atraer seguidores a la nueva plataforma.

Acción inmediata:
Elige una plataforma emergente que esté ganando popularidad en tu nicho. Crea una cuenta, investiga qué tipo de contenido funciona mejor y publica tu primer contenido exclusivo esta semana. Promociónalo en tus redes principales para atraer tráfico inicial.

Consejo 273: Aprovecha el Poder de los Microinfluencers para Conectar Localmente

¿Qué significa?
Los microinfluencers son creadores de contenido con audiencias más pequeñas (generalmente entre 1,000 y 100,000 seguidores), pero altamente comprometidas. Aprovechar su influencia, especialmente en tu comunidad local o en un nicho específico, puede ayudarte a construir conexiones auténticas y confiables con tu público objetivo.

¿Por qué es importante?
A diferencia de los grandes influencers, los microinfluencers tienden a tener una relación más cercana y genuina con su audiencia. Esto significa que sus recomendaciones son más creíbles, lo que puede traducirse en una mayor conversión y lealtad a tu marca. Además, suelen ser más accesibles en términos de costos y colaboración.

¿Cómo hacerlo?

1. **Identifica Microinfluencers en tu Nicho o Localidad:** Busca perfiles en Instagram, TikTok o LinkedIn que se alineen con tus valores y objetivos. Herramientas como Heepsy o Upfluence pueden ayudarte a encontrarlos.
2. **Analiza su Engagement:** Más importante que el número de seguidores es la interacción que generan. Revisa los comentarios, likes y respuestas en sus publicaciones.
3. **Construye una Relación Personal:** Antes de proponer una colaboración, interactúa con su contenido. Comenta, comparte y haz que se familiaricen contigo.
4. **Propuesta de Valor Clara:** Al contactarlos, sé directo sobre cómo tu marca puede beneficiar a su audiencia. Proporcionales muestras gratuitas, descuentos exclusivos o incentivos por resultados.
5. **Diseña Contenido Auténtico:** Permíteles mantener su estilo y voz en las publicaciones patrocinadas. Esto asegura que el mensaje sea más orgánico y creíble.
6. **Mide Resultados:** Analiza el impacto de la colaboración en términos de alcance, tráfico y conversiones para ajustar futuras estrategias.

Ejemplo práctico
Si tienes un negocio local de comida saludable:

- Encuentra microinfluencers locales apasionados por el fitness o la alimentación consciente.
- Ofréceles una experiencia en tu restaurante o envíales un paquete de tus mejores productos para que compartan su opinión en redes sociales.

Consejos brutales:

- **Hazlo Recíproco:** Invítalos a eventos exclusivos o experiencias especiales para que sientan que son parte de algo único.
- **Trabaja a Largo Plazo:** Colaborar de manera recurrente con un microinfluencer puede fortalecer la conexión con su audiencia.

- **Fomenta el Código de Confianza:** Pide que sean transparentes con su audiencia sobre la colaboración para mantener la credibilidad.

Acción inmediata:
Identifica tres microinfluencers relevantes en tu área o nicho. Estudia su contenido, analiza su engagement y envíales un mensaje personalizado proponiendo una colaboración que beneficie a ambas partes.

Consejo 274: Lanza Programas de Fidelización para Clientes Frecuentes

¿Qué significa?
Los programas de fidelización son estrategias diseñadas para recompensar a tus clientes habituales, incentivándolos a seguir comprando y participando con tu marca. Estos programas pueden incluir puntos canjeables, descuentos exclusivos, regalos o acceso a eventos especiales.

¿Por qué es importante?
Retener clientes existentes es mucho más rentable que adquirir nuevos. Además, los clientes fieles no solo compran más, sino que también son más propensos a recomendar tu marca. Un programa de fidelización efectivo fortalece la relación con tu audiencia, aumenta el valor de por vida del cliente (CLV) y crea una comunidad comprometida.

¿Cómo hacerlo?

1. **Define Recompensas Claras y Valiosas:** Ofrece incentivos atractivos que sean relevantes para tus clientes, como descuentos, productos gratuitos o acceso anticipado a lanzamientos.
2. **Crea un Sistema Sencillo:** Diseña un sistema fácil de entender y usar. Por ejemplo, acumular puntos por cada compra que puedan canjearse por beneficios concretos.
3. **Personaliza las Recompensas:** Utiliza datos de tus clientes para ofrecer recompensas personalizadas que aumenten su conexión con la marca.

4. **Incorpora Tecnología:** Usa plataformas como Smile.io o Loyverse para gestionar tu programa de manera eficiente y digitalizada.
5. **Comunica tu Programa:** Asegúrate de que todos tus clientes conozcan el programa a través de campañas en redes sociales, correos electrónicos y banners en tu sitio web.
6. **Mide y Ajusta:** Monitorea el impacto del programa en la retención y ventas, y ajusta las recompensas o estrategias según sea necesario.

Ejemplo práctico
Si tienes una tienda online de moda:

- Crea un programa donde los clientes acumulen puntos por cada euro gastado.
- Permite canjear puntos por descuentos exclusivos o envíos gratuitos.
- Ofrece beneficios especiales, como acceso anticipado a rebajas para los miembros más leales.

Consejos brutales:

- **Gamifica el Proceso:** Incluye niveles (como bronce, plata y oro) para que los clientes se esfuercen por alcanzar beneficios exclusivos.
- **Crea Experiencias Exclusivas:** Organiza eventos o lanzamientos solo para miembros del programa.
- **Refuerza el Sentido de Comunidad:** Fomenta la interacción entre los miembros del programa a través de grupos en redes sociales o foros privados.

Acción inmediata:
Diseña un esquema básico de recompensas para tu programa de fidelización. Establece objetivos claros y utiliza redes sociales para lanzar una campaña que invite a tus clientes frecuentes a unirse.

Consejo 275: Publica Contenidos de Valor Adaptados a Cada Red Social

¿Qué significa?
Cada red social tiene su propio formato, estilo y audiencia. Publicar contenido de valor significa ofrecer información útil, entretenida o inspiradora que conecte con tu público, pero adaptándolo al lenguaje y formato específicos de cada plataforma.

¿Por qué es importante?
Un contenido bien adaptado maximiza el alcance, la interacción y la conversión. Lo que funciona en Instagram puede no resonar en LinkedIn, y un enfoque único para todas las plataformas puede parecer genérico o fuera de lugar. Conocer las expectativas y dinámicas de cada red permite crear mensajes más efectivos y relevantes.

¿Cómo hacerlo?

1. **Conoce las Características de Cada Red:**
   - **Instagram:** Imágenes atractivas y videos cortos con descripciones ligeras y hashtags relevantes.
   - **TikTok:** Videos cortos y creativos que generen impacto inmediato.
   - **LinkedIn:** Contenido profesional y educativo que aporte valor en tu industria.
   - **Twitter:** Mensajes breves, directos y relevantes con un tono conversacional.
   - **Facebook:** Publicaciones más variadas, desde videos hasta texto extenso, con enfoque en comunidades y grupos.
2. **Adapta el Formato:** Usa imágenes cuadradas o verticales en Instagram, mientras que en LinkedIn prioriza el texto acompañado de gráficos profesionales.
3. **Personaliza el Mensaje:** Asegúrate de que el tono y estilo del contenido sean acordes a la red. Usa un tono informal y creativo en TikTok, pero profesional en LinkedIn.
4. **Integra Historias:** Usa las historias de Instagram o Facebook para compartir contenido efímero y generar conexión emocional.

5. **Utiliza Herramientas Analíticas:** Monitorea las métricas de cada red para entender qué tipo de contenido tiene más éxito y ajusta tu estrategia en consecuencia.

Ejemplo práctico
Si promocionas un curso online:

- **Instagram:** Publica una imagen llamativa con un testimonio breve de un estudiante exitoso.
- **TikTok:** Graba un video dinámico mostrando un avance del curso en acción.
- **LinkedIn:** Escribe un artículo destacando cómo tu curso puede resolver un problema común en la industria.
- **Twitter:** Crea un hilo explicando los beneficios del curso en pasos simples.

Consejos brutales:

- **Prueba Formatos Nuevos:** Si estás en Instagram, experimenta con Reels; en LinkedIn, intenta con documentos descargables.
- **Mantén la Coherencia Visual:** Aunque el formato cambie, usa colores y estilos que sean consistentes con tu marca.
- **Incluye Llamadas a la Acción:** Motiva a tu audiencia a compartir, comentar o visitar tu sitio, pero adapta el CTA al estilo de cada red.

Acción inmediata:
Elige una publicación reciente y adáptala para otra red social que aún no hayas utilizado. Asegúrate de personalizar el mensaje y el formato según la plataforma.

Consejo 276: Diseña Estrategias Basadas en Innovaciones Tecnológicas

¿Qué significa?
Las innovaciones tecnológicas abren oportunidades para conectar con audiencias de maneras más creativas, eficientes y personalizadas.

Diseñar estrategias basadas en estas herramientas significa integrar lo último en tecnología, como inteligencia artificial, realidad aumentada, chatbots o análisis de datos, en tu enfoque de marketing en redes sociales.

¿Por qué es importante?
Las redes sociales evolucionan rápidamente, y las marcas que aprovechan las nuevas tecnologías se posicionan como líderes en su industria. Estas herramientas no solo mejoran la experiencia del usuario, sino que también optimizan procesos internos, como la segmentación de audiencias, la automatización de tareas y el análisis de métricas.

¿Cómo hacerlo?

1. **Explora las Tendencias Actuales:** Mantente informado sobre herramientas y tecnologías emergentes en redes sociales, como algoritmos avanzados, funciones interactivas o aplicaciones de análisis predictivo.
2. **Incorpora Chatbots:** Usa bots para responder preguntas frecuentes, asistir a usuarios en tiempo real y recopilar información útil para personalizar futuras interacciones.
3. **Experimenta con Realidad Aumentada (AR):** Crea filtros personalizados, demostraciones de productos o experiencias inmersivas para captar la atención de tu audiencia.
4. **Usa Inteligencia Artificial (IA):** Automatiza la creación de contenido, personaliza recomendaciones o analiza grandes volúmenes de datos para identificar tendencias y oportunidades.
5. **Implementa Análisis de Datos Avanzados:** Usa herramientas como Google Analytics, Hootsuite o HubSpot para identificar patrones de comportamiento y ajustar tu estrategia en consecuencia.
6. **Personalización Automática:** Usa plataformas que ajusten automáticamente el contenido según las preferencias del usuario, como recomendaciones de productos basadas en su historial de compras.
7. **Integra NFTs o Blockchain (si es relevante):** Explora cómo estas tecnologías pueden ofrecer exclusividad y valor a tu comunidad, por ejemplo, con productos digitales únicos.

Ejemplo práctico
Una marca de moda podría:

- Implementar un filtro de realidad aumentada en Instagram que permita a los usuarios "probarse" prendas.
- Usar inteligencia artificial para enviar sugerencias personalizadas basadas en el estilo y las compras anteriores de cada cliente.
- Integrar un chatbot en Facebook para responder consultas sobre tallas y tiempos de entrega.

Consejos brutales:

- **Invierte en Capacitación:** Capacita a tu equipo en el uso de las nuevas tecnologías para maximizar su impacto.
- **No Tecnicices Demasiado:** Aunque uses tecnología avanzada, haz que la experiencia sea intuitiva y centrada en el usuario.
- **Mide Todo:** Cada innovación debe estar respaldada por métricas claras para evaluar su éxito y retorno de inversión.

Acción inmediata:
Selecciona una tecnología que aún no hayas probado, como chatbots o AR, e intégrala en tu próxima campaña en redes sociales. Mide su impacto en términos de engagement y satisfacción del cliente.

Consejo 277: Lanza Contenidos Temáticos Relacionados con Eventos Relevantes

¿Qué significa?
Crear y compartir contenidos que se alineen con eventos, celebraciones o temas relevantes en el momento permite que tu marca esté en sintonía con lo que importa a tu audiencia. Esto incluye festividades, acontecimientos globales, lanzamientos de tendencias o incluso temas virales que dominan las conversaciones en redes sociales.

¿Por qué es importante?
El contenido temático aprovecha la atención que ya está centrada en un evento, ayudándote a posicionarte como una marca actual y conectada.

Además, este enfoque fomenta la interacción, ya que las personas tienden a compartir publicaciones que reflejan lo que están viviendo o sintiendo en ese momento.

¿Cómo hacerlo?

1. **Investiga Eventos Clave:** Identifica fechas importantes, celebraciones locales o globales y eventos de interés relacionados con tu nicho. Usa calendarios temáticos o herramientas como Google Trends para anticiparte.
2. **Crea Contenido Personalizado:** Diseña publicaciones, videos o gráficos que conecten el evento con los valores y servicios de tu marca. Por ejemplo, en el Día Mundial del Medio Ambiente, destaca tus iniciativas sostenibles.
3. **Incluye Hashtags Relevantes:** Participa en la conversación global usando hashtags populares relacionados con el evento para aumentar tu alcance y visibilidad.
4. **Adapta tus Productos o Servicios:** Ofrece promociones temáticas, ediciones especiales o descuentos que se alineen con la celebración.
5. **Crea Historias o Videos en Tiempo Real:** Si es un evento en directo, comparte actualizaciones, encuestas y reacciones en tus historias para involucrar a tu audiencia.
6. **Haz Colaboraciones:** Asóciate con influencers o marcas que también participen en el evento para maximizar tu impacto.
7. **Planifica con Anticipación:** Aunque algunos eventos surgen de manera espontánea, muchos son previsibles. Prepara tu contenido con tiempo para garantizar calidad y relevancia.

Ejemplo práctico
Si tienes una cafetería y se acerca el Día Internacional del Café, puedes:

- Crear publicaciones sobre la historia del café o curiosidades únicas.
- Ofrecer descuentos en tus bebidas ese día.
- Hacer un video mostrando cómo preparar una receta especial de café.
- Invitar a tus seguidores a compartir sus fotos disfrutando de café usando un hashtag exclusivo de tu marca.

Consejos brutales:

- **Sé Creativo y Único:** Aunque muchos participen en un evento, encuentra una manera de destacar con un ángulo inesperado o una propuesta innovadora.
- **No lo Forces:** Participa solo en eventos que se alineen genuinamente con tu marca y tu audiencia.
- **Aprovecha los Temas Virales con Rapidez:** Si surge un evento inesperado, actúa rápido para incluirte en la conversación de forma relevante.

Acción inmediata:
Busca el próximo evento relevante para tu audiencia en el calendario. Diseña al menos una publicación temática que se conecte con él y prográmala para maximizar su impacto.

Consejo 278: Genera Anticipación con Lanzamientos Estratégicos

¿Qué significa?
Un lanzamiento estratégico no es simplemente presentar un nuevo producto o servicio, es construir emoción, curiosidad y deseo en tu audiencia antes del gran día. Se trata de un proceso meticuloso donde cada etapa del lanzamiento crea expectativa y hace que las personas estén ansiosas por participar o adquirir lo que ofreces.

¿Por qué es importante?
Cuando generas anticipación, incrementas el interés y la demanda antes de que tu producto esté disponible. Esto no solo mejora las ventas iniciales, sino que también fortalece el posicionamiento de tu marca como innovadora y deseada.

¿Cómo hacerlo?

1. **Crea un Calendario de Lanzamiento:** Divide el lanzamiento en fases: pre-lanzamiento, lanzamiento y post-lanzamiento.

Planifica cuidadosamente cada etapa para mantener el interés constante.

2. **Anuncia con Teasers:** Publica avances crípticos o intrigantes en redes sociales. Usa frases como "algo grande está por venir" o imágenes que solo revelen una parte del producto.

3. **Involucra a tu Audiencia:** Haz encuestas, preguntas o desafíos relacionados con el lanzamiento. Esto crea un vínculo emocional y genera un sentido de pertenencia.

4. **Crea Exclusividad:** Ofrece acceso anticipado a tus seguidores más leales o suscriptores de tu newsletter. Esto genera un sentimiento de privilegio y urgencia.

5. **Usa Cuenta Regresiva:** Publica un contador en tiempo real o crea publicaciones diarias recordando cuántos días faltan para el lanzamiento.

6. **Colabora con Influencers:** Trabaja con personas influyentes para que hablen del próximo lanzamiento, amplificando tu alcance.

7. **Cierra con un Evento Especial:** Organiza un webinar, una transmisión en vivo o incluso un evento físico para revelar el producto y responder preguntas en tiempo real.

Ejemplo práctico
Imagina que lanzas una línea de ropa sostenible:

- En la fase de pre-lanzamiento, podrías mostrar videos cortos del proceso de fabricación o el empaque sin revelar las piezas completas.
- Publica una encuesta para preguntar a tu audiencia qué colores prefieren en sus prendas.
- El día del lanzamiento, haz un live en Instagram donde expliques las características de la línea y ofrezcas un descuento especial para las primeras 50 compras.

Consejos brutales:

- **Crea Intriga pero No Confusión:** Asegúrate de que tus avances despierten curiosidad, pero sean lo suficientemente claros para mantener el interés.
- **Incluye Testimonios Previos:** Si es posible, comparte opiniones de quienes ya probaron el producto durante la etapa de prueba.

- **Mantén el Ritmo:** No permitas que pase mucho tiempo entre avances, ya que podrías perder la atención de tu audiencia.

Acción inmediata:
Elige un producto o servicio que planeas lanzar próximamente. Diseña un cronograma de actividades para las próximas dos semanas, incluyendo teasers, colaboraciones y el evento de presentación. ¡Ponte manos a la obra!

Consejo 279: Comparte Casos de Estudio Destacando Resultados Medibles

¿Qué significa?
Un caso de estudio es una narrativa detallada que describe cómo tu producto o servicio ayudó a alguien a resolver un problema específico, logrando resultados concretos. Más que solo un testimonio, un caso de estudio incluye datos, ejemplos claros y un análisis del impacto positivo que tu marca puede generar.

¿Por qué es importante?
Las personas confían más en los resultados tangibles que en las promesas. Mostrar casos de estudio genera confianza y credibilidad, ayudando a potenciales clientes a visualizar cómo tu producto puede beneficiarlos. Además, humaniza tu marca al destacar historias reales.

¿Cómo hacerlo?

1. **Selecciona el Caso Adecuado:** Elige un cliente o proyecto que refleje claramente los beneficios de tu producto y tenga resultados medibles.
2. **Estructura el Caso:**
   - **Problema inicial:** Describe el reto o necesidad que enfrentaba el cliente.
   - **Solución:** Explica cómo tu producto o servicio abordó ese problema.
   - **Resultados:** Presenta datos y métricas claras (aumento de ventas, ahorro de tiempo, etc.).

3. **Incluye Visuales:** Usa gráficos, imágenes del proceso o capturas de pantalla para reforzar los resultados.
4. **Hazlo Relatable:** Escoge casos que sean relevantes para tu audiencia principal. Por ejemplo, si vendes software para emprendedores, destaca una historia de un negocio pequeño que escaló gracias a ti.
5. **Difunde en Múltiples Formatos:** Publica el caso en tu blog, redes sociales, newsletter e incluso como video en YouTube.
6. **Solicita la Colaboración del Cliente:** Si es posible, incluye declaraciones del cliente destacando su experiencia contigo. Esto aumenta la autenticidad del caso.

Ejemplo práctico
Supongamos que ofreces servicios de marketing digital:

- **Problema inicial:** Un cliente tenía poca visibilidad online y un bajo flujo de leads.
- **Solución:** Implementaste una campaña de anuncios en redes sociales segmentada.
- **Resultados:** En tres meses, aumentaron un 50% su tráfico web y lograron un crecimiento del 30% en clientes potenciales calificados.

Publica el caso con gráficos comparativos del tráfico antes y después, citas del cliente y un video breve mostrando tu estrategia.

Consejos brutales:

- **Sé Transparente:** Comparte tanto los logros como los desafíos que enfrentaste en el proceso. Esto hace que el caso sea más auténtico.
- **Usa Números Específicos:** Frases como "aumento del 200% en ventas" son más impactantes que "mejoraron sus resultados".
- **Adapta el Lenguaje:** Presenta el caso en un tono sencillo y accesible para tu audiencia, evitando términos técnicos complejos.

Acción inmediata:
Identifica a uno de tus clientes más exitosos. Comunícate con ellos para crear un caso de estudio juntos, destacando los resultados logrados.

Diseña un gráfico atractivo con los datos clave y publícalo esta semana en tus redes sociales.

Consejo 280: Utiliza Historias de Transformación Personal Inspiradas en Tu Marca

¿Qué significa?
Las historias de transformación personal son relatos que muestran cómo tu marca, producto o servicio ha cambiado positivamente la vida de alguien. Estas historias conectan emocionalmente con tu audiencia, demostrando el impacto real que puedes tener en sus vidas.

¿Por qué es importante?
Las personas buscan autenticidad y quieren ver pruebas tangibles de que tu marca puede ayudarlas. Una historia de transformación no solo inspira, sino que también refuerza la confianza en tus productos al mostrar cómo pueden marcar la diferencia en el día a día de tus clientes.

¿Cómo hacerlo?

1. **Identifica Casos Reales:** Busca clientes que hayan tenido una experiencia significativa con tu marca. Elige historias que sean emotivas y que reflejen los valores de tu marca.
2. **Estructura la Narrativa:**
    - **Inicio:** Presenta al protagonista y el desafío que enfrentaba antes de conocerte.
    - **Desarrollo:** Detalla cómo tu producto o servicio ayudó a superar ese desafío.
    - **Desenlace:** Muestra los resultados obtenidos y cómo la vida de la persona cambió positivamente.
3. **Usa un Tono Cercano y Relatable:** Narra la historia en un lenguaje que conecte con las emociones de tu audiencia, sin sonar demasiado técnico o comercial.
4. **Incorpora Visuales:** Apoya la historia con imágenes, videos o gráficos que refuercen los logros o cambios alcanzados.

5. **Pide Testimonios Directos:** Incluye citas textuales del cliente donde compartan su experiencia en sus propias palabras. Esto añade autenticidad.
6. **Enfócate en el Resultado:** Resalta cómo la vida del cliente ha mejorado de manera medible o emocional.

Ejemplo práctico
Si vendes productos para el cuidado de la piel:

- **Inicio:** Ana tenía problemas de acné que afectaban su autoestima y evitaba las reuniones sociales.
- **Desarrollo:** Tras usar tu rutina de productos durante tres meses, Ana comenzó a notar mejoras significativas.
- **Desenlace:** Ahora, su piel está más sana y su confianza ha mejorado. Ana se siente cómoda enfrentando nuevos retos en su vida personal y profesional.

Complementa esta historia con imágenes del "antes y después" y un video breve donde Ana comparte su experiencia.

Consejos brutales:

- **Haz un Seguimiento Continuo:** Registra el progreso del cliente a lo largo del tiempo para mostrar cambios graduales y sostenidos.
- **Muestra Diversidad:** Incluye historias de diferentes perfiles de clientes para que más personas puedan sentirse identificadas.
- **Resalta los Obstáculos:** No tengas miedo de mostrar los retos iniciales del cliente. Esto hace que la transformación sea más impactante y auténtica.

Acción inmediata:
Contacta a un cliente que haya tenido una experiencia significativa con tu producto. Pídele permiso para compartir su historia y crea una publicación en tus redes sociales destacando su transformación. Usa fotos, citas y resultados tangibles para hacerla irresistible.

Consejo 281: Crea Contenidos Adaptados a la Usabilidad Móvil

¿Qué significa?

Adaptar tus contenidos a dispositivos móviles significa optimizar cada pieza de contenido (imágenes, videos, texto) para que sea fácilmente accesible, legible y atractiva desde smartphones y tablets. Hoy en día, la mayoría de los usuarios interactúan con las redes sociales desde sus móviles, por lo que diseñar contenido que se adapte perfectamente a este formato es esencial para captar y mantener su atención.

¿Por qué es importante?

El 70% o más del tráfico digital global proviene de dispositivos móviles. Si tu contenido no está optimizado para estos, podrías perder una gran parte de tu audiencia. Un diseño adaptado mejora la experiencia del usuario, aumenta la interacción y fomenta la conversión, ya sea en forma de clics, likes o ventas.

¿Cómo hacerlo?

1. **Usa Formatos Verticales:** Crea videos e imágenes en formato vertical (9:16), ya que se ven mejor en pantallas móviles y ocupan más espacio, captando la atención de manera efectiva.
2. **Texto Claro y Conciso:** Evita textos largos y opta por titulares impactantes y subtítulos fáciles de leer. Usa tipografías grandes y bien espaciadas para mejorar la legibilidad.
3. **Optimiza el Tiempo de Carga:** Asegúrate de que tus imágenes y videos sean de alta calidad, pero con un tamaño optimizado para que no tarden en cargar, ya que esto puede frustrar a los usuarios.
4. **Diseña CTA Amigables:** Coloca botones de llamada a la acción (CTA) que sean grandes y fácilmente tocables, con texto que destaque y sea claro.
5. **Prueba en Diferentes Dispositivos:** Antes de publicar, revisa cómo se ve tu contenido en varios tamaños de pantalla para garantizar una experiencia uniforme.
6. **Usa Historias y Reels:** Estas herramientas están diseñadas específicamente para usuarios móviles y generan una mayor interacción.

7. **Incorpora Microcontenidos:** Usa GIFs, stickers, emojis y efectos interactivos que sean atractivos y fáciles de consumir en cuestión de segundos.

Ejemplo práctico
Si estás promocionando una receta saludable:

- Crea un video vertical de 30 segundos mostrando el paso a paso rápido y dinámico.
- Asegúrate de incluir texto grande para los ingredientes y un CTA como "Descubre más recetas en nuestra web".
- Usa música ligera y un fondo visual limpio para no saturar la pantalla.

Consejos brutales:

- **Aprovecha las Pruebas A/B:** Publica la misma pieza de contenido con ligeros cambios en diseño o formato para determinar cuál funciona mejor en dispositivos móviles.
- **Añade Subtítulos:** Muchas personas consumen contenido móvil con el sonido apagado, por lo que los subtítulos son clave para transmitir tu mensaje.
- **Evita los Detalles Pequeños:** Diseños minimalistas y limpios funcionan mejor en pantallas pequeñas.

Acción inmediata:
Selecciona una de tus publicaciones recientes y revísala en tu smartphone. ¿Es legible y atractiva? Si no, ajusta los elementos visuales y el texto para que se vean perfectos en formato móvil y relanza la publicación.

Consejo 282: Publica Encuestas que Exploren Expectativas del Futuro

¿Qué significa?
Publicar encuestas sobre expectativas futuras implica preguntar a tu audiencia acerca de sus predicciones, deseos o inquietudes relacionadas

con temas relevantes a tu nicho. Esto no solo genera interacción, sino que también posiciona a tu marca como visionaria y comprometida con entender las aspiraciones de sus seguidores.

¿Por qué es importante?
Las encuestas son herramientas poderosas para conocer a tu audiencia y generar conversaciones. Al hablar sobre el futuro, estás invitando a tu comunidad a soñar, reflexionar y expresar su opinión, lo que fomenta el compromiso emocional y fortalece la conexión con tu marca. Además, te ayuda a recopilar datos valiosos para ajustar tu estrategia.

¿Cómo hacerlo?

1. **Elige Temas Relevantes:** Asegúrate de que las encuestas estén relacionadas con tu nicho y los intereses de tu audiencia. Por ejemplo, si estás en el sector tecnológico, pregunta sobre las herramientas que creen que serán populares en los próximos años.
2. **Usa Formatos Visuales Atrayentes:** Crea encuestas con diseños llamativos para captar la atención en el feed. Usa stickers en historias o gráficos interactivos en publicaciones.
3. **Involucra Tendencias Actuales:** Relaciona tus encuestas con eventos o movimientos en tendencia para aumentar la relevancia.
4. **Incluye Opciones Interesantes:** Asegúrate de que las respuestas sean atractivas y variadas, y, si es posible, incluye una opción de "Otros" para permitir más flexibilidad.
5. **Analiza los Resultados:** Responde a las interacciones y usa los resultados para generar nuevos contenidos o ajustar tus productos y servicios.
6. **Integra Call-to-Actions:** Al final de la encuesta, invita a tus seguidores a compartir más ideas en los comentarios o a estar atentos a los resultados.

Ejemplo práctico
Si tienes una marca de ropa sostenible:

- Publica una encuesta en tus historias con preguntas como:
  - ¿Qué tejido crees que dominará la moda sostenible en los próximos años?
    a) Algodón orgánico

b) Cáñamo

c) Fibras recicladas

d) Otros.

- Acompáñalo con un CTA: "¿Tienes otra idea? ¡Escríbela en los comentarios!"

Consejos brutales:

- **Muestra los Resultados en Tiempo Real:** Publica actualizaciones sobre cómo van las votaciones para mantener a tu audiencia interesada.
- **Crea Conversaciones Posteriores:** Usa los resultados para iniciar discusiones o desarrollar nuevos contenidos relacionados.
- **Gamifica el Proceso:** Añade un toque divertido ofreciendo pequeños incentivos para quienes participen, como un descuento o mención especial.

Acción inmediata:
Diseña y publica una encuesta hoy mismo relacionada con una tendencia emergente en tu nicho. Usa historias o publicaciones en carrusel, y no olvides acompañarla de elementos visuales atractivos y un CTA para maximizar la interacción.

Consejo 283: Diseña Retos Basados en Cambios Globales de Tu Industria

¿Qué significa?
Diseñar retos inspirados en los cambios globales de tu industria implica crear desafíos interactivos que motiven a tu audiencia a explorar, adaptarse o incluso anticiparse a transformaciones importantes que están ocurriendo en el sector. Estos retos pueden ser educativos, creativos o reflexivos, dependiendo de los objetivos de tu marca.

¿Por qué es importante?
Los cambios globales impactan en la percepción y las necesidades de los consumidores. Al generar retos que giren en torno a estas transformaciones, posicionas a tu marca como un líder que entiende el

panorama actual, se adapta a él y guía a su comunidad hacia el éxito. Además, estos desafíos fomentan la participación activa de tu audiencia, aumentando el engagement y la conexión con tu marca.

¿Cómo hacerlo?

1. **Identifica Cambios Relevantes:** Investiga tendencias, innovaciones o problemáticas globales que afecten a tu industria. Por ejemplo, en el ámbito tecnológico, puedes enfocarte en la inteligencia artificial o la sostenibilidad digital.
2. **Diseña un Reto con Propósito:** Define un objetivo claro para el desafío. Puede ser educativo, como enseñar una nueva práctica, o colaborativo, como invitar a tu comunidad a generar ideas para enfrentar un cambio.
3. **Crea Instrucciones Claras y Sencillas:** Asegúrate de que las reglas sean fáciles de entender y que el reto sea accesible para diferentes niveles de conocimiento o experiencia.
4. **Incorpora Elementos Visuales y Multimedia:** Usa gráficos, videos o plantillas descargables para motivar la participación.
5. **Ofrece un Incentivo:** Recompensa la participación con menciones en redes, certificados digitales, descuentos o premios exclusivos.
6. **Comparte los Resultados:** Publica las mejores participaciones y reconoce a los participantes destacados para inspirar a otros a unirse en el futuro.

Ejemplo práctico
Si tienes una marca de alimentos saludables:

- **Reto:** "Crea tu Comida Saludable Basada en Plantas en 10 Minutos".
- **Instrucciones:**
  1. Prepara una receta usando al menos tres ingredientes de origen vegetal.
  2. Publica una foto o video etiquetándonos y usando el hashtag #RetoComidaVerde.
  3. Comparte una reflexión sobre cómo este plato contribuye a un estilo de vida más sostenible.
- **Premio:** Una guía de recetas gratuita y un descuento en tu próxima compra.

Consejos brutales:

- **Colabora con Expertos:** Si es posible, involucra a especialistas o influencers de tu sector para respaldar el reto y aumentar su alcance.
- **Adapta el Reto a Diferentes Audiencias:** Crea versiones del desafío que sean atractivas tanto para principiantes como para expertos.
- **Usa los Resultados para Crear Contenido:** Convierte las participaciones en historias, posts o incluso campañas futuras que destaquen la creatividad de tu comunidad.

Acción inmediata:
Selecciona un cambio relevante en tu industria y diseña un reto breve relacionado con este tema. Lánzalo esta semana en tus redes sociales, asegurándote de incluir elementos visuales atractivos y un incentivo claro para los participantes.

Consejo 284: Publica Contenidos sobre el Futuro del Marketing Digital

¿Qué significa?
Crear y compartir contenidos que exploren el futuro del marketing digital implica analizar tendencias emergentes, tecnologías innovadoras y cambios en el comportamiento del consumidor para educar a tu audiencia y posicionarte como un visionario en tu sector. Estos contenidos pueden incluir predicciones, análisis de expertos o ejemplos prácticos que ilustren hacia dónde se dirige la industria.

¿Por qué es importante?
El marketing digital está en constante evolución, y mantenerse a la vanguardia es crucial para destacar en un mercado competitivo. Al compartir conocimientos sobre el futuro, demuestras tu autoridad, inspiras confianza y atraes a una audiencia interesada en estar un paso adelante. Además, este enfoque fomenta la conversación y el engagement, ya que las personas quieren saber cómo adaptarse y aprovechar las nuevas oportunidades.

¿Cómo hacerlo?

1. **Investiga Fuentes Confiables:** Lee informes de tendencias, estudios de mercado y publicaciones de líderes de la industria para estar actualizado sobre las novedades en marketing digital.
2. **Identifica Temas Relevantes:** Enfócate en áreas como inteligencia artificial, marketing de voz, realidad aumentada, blockchain, o el impacto de las nuevas regulaciones de privacidad.
3. **Simplifica Conceptos Complejos:** Usa infografías, videos o publicaciones claras que expliquen conceptos avanzados de manera accesible para tu audiencia.
4. **Comparte Casos Prácticos:** Incluye ejemplos de marcas que ya están aplicando estas tendencias con éxito, lo que hará que tu contenido sea más tangible y valioso.
5. **Predice con Base Sólida:** Haz predicciones respaldadas por datos y análisis, lo que aumentará tu credibilidad como experto.
6. **Invita a la Conversación:** Incluye preguntas abiertas al final de tus publicaciones para fomentar la participación y obtener perspectivas de tu comunidad.

Ejemplo práctico
Tema: "El Impacto de la Inteligencia Artificial en el Marketing de Contenidos"

- **Publicación:**
  "¿Sabías que el 70% de los profesionales de marketing creen que la IA revolucionará la creación de contenido en los próximos 5 años? Desde chatbots más humanos hasta recomendaciones personalizadas, la tecnología está redefiniendo cómo nos conectamos con las audiencias. 🚀

  👉 ¿Cómo crees que la IA transformará el marketing? Comparte tu opinión y sé parte del cambio. #FuturoDelMarketing #IAyMarketing"

Consejos brutales:

- **Crea Series de Contenido:** Publica una serie de posts, cada uno enfocado en un aspecto del futuro del marketing digital, como tendencias específicas o industrias afectadas.
- **Colabora con Expertos:** Invita a líderes de opinión a compartir sus predicciones en tu plataforma. Esto aumenta tu alcance y credibilidad.
- **Adapta los Contenidos al Formato Ideal:** Publica infografías en Instagram, videos explicativos en TikTok o LinkedIn, y artículos detallados en tu blog.

Acción inmediata:
Elige una tendencia emergente en marketing digital, como el metaverso o el uso de NFTs en estrategias de marca. Crea una publicación informativa al respecto y compártela en todas tus redes sociales esta semana, adaptando el contenido según cada plataforma.

Consejo 285: Lanza Dinámicas Colaborativas para Promover la Innovación

¿Qué significa?
Las dinámicas colaborativas son actividades diseñadas para involucrar a tu audiencia en la creación de ideas, contenido o proyectos relacionados con tu marca. Estas iniciativas no solo fomentan la interacción, sino que también promueven la creatividad colectiva, permitiendo que tu comunidad contribuya a la innovación de tu negocio.

¿Por qué es importante?
Involucrar a tu audiencia de manera activa crea un sentido de pertenencia y compromiso. Las personas se sienten valoradas cuando tienen la oportunidad de contribuir, lo que fortalece la lealtad hacia tu marca. Además, las dinámicas colaborativas generan ideas frescas e innovadoras que pueden mejorar tus productos, servicios o estrategias.

¿Cómo hacerlo?

1. **Identifica un Propósito Claro:** Decide el objetivo de la dinámica, ya sea generar ideas para un nuevo producto, diseñar una campaña publicitaria o encontrar soluciones a un desafío específico.
2. **Elige el Formato Adecuado:** Opta por encuestas, concursos de ideas, retos de diseño o debates en foros y redes sociales.
3. **Promueve la Participación:** Publica invitaciones atractivas con mensajes claros y llamativos, explicando cómo los participantes pueden involucrarse y qué ganarán al hacerlo.
4. **Facilita Herramientas Creativas:** Proporciona plantillas, ejemplos o recursos que inspiren y guíen a tu audiencia en la participación.
5. **Incentiva a los Colaboradores:** Ofrece premios simbólicos, reconocimientos públicos o incluso la posibilidad de implementar las ideas ganadoras en tu negocio.
6. **Comparte Resultados:** Publica los resultados de la dinámica, destacando las mejores contribuciones y agradeciendo públicamente a los participantes.

Ejemplo práctico
Si eres una marca de moda:

- **Dinámica:** "Diseña la camiseta de nuestra próxima colección"
- **Publicación:**

  🎨 "¡Queremos que seas parte de nuestra próxima colección! Diseña una camiseta que represente el estilo y valores de nuestra marca.

  ✅ ¿Cómo participar? Sube tu diseño con el hashtag #MiDiseñoPara[NombreDeLaMarca] y cuéntanos la historia detrás de tu creación.

  🎁 Premios: El diseño ganador se incluirá en nuestra colección, y su creador recibirá un lote de productos exclusivos. ¡Participa antes del [fecha]! 🕐 "

Consejos brutales:

- **Involucra Influencers Locales:** Pide a microinfluencers que participen en la dinámica y promuevan la actividad en sus redes sociales para maximizar el alcance.
- **Crea una Plataforma Dedicada:** Si la dinámica es compleja, diseña una página web o sección especial para gestionar y exhibir las contribuciones de los participantes.
- **Reutiliza el Contenido Generado:** Usa las ideas, fotos o videos de los participantes como parte de tu estrategia de contenido para demostrar la conexión con tu comunidad.

Acción inmediata:
Lanza una encuesta en tus historias de Instagram o Twitter preguntando a tu audiencia qué tipo de dinámica les gustaría ver. Utiliza las respuestas para planificar una actividad colaborativa que fomente la creatividad e innovación.

Bloque 20: "Innovación Constante y Evolución de tu Marca"

Consejo 286: Publica Historias Inspiradas en el Futuro de tu Nicho

¿Qué significa?
Proyectar el futuro de tu industria a través de historias creativas es una estrategia poderosa para posicionarte como un visionario dentro de tu nicho. Esto implica explorar tendencias emergentes, innovaciones y escenarios que inspiren a tu audiencia a pensar más allá del presente.

¿Por qué es importante?
Hablar sobre el futuro conecta con las aspiraciones y sueños de tu comunidad. Las personas buscan marcas que lideren y les muestren una dirección clara hacia dónde va su industria. Esto no solo te diferencia, sino que te posiciona como una fuente confiable de insights y tendencias.

¿Cómo hacerlo?

1. **Investiga las Tendencias Emergentes:**
   o Mantente al día con las últimas innovaciones tecnológicas, cambios sociales o económicos que impacten tu nicho.
2. **Crea Escenarios Imaginativos:**
   o Desarrolla historias que representen cómo podrían evolucionar las necesidades de tu audiencia o cómo tu marca podría adaptarse a esos cambios.
3. **Involucra a Expertos del Sector:**
   o Colabora con líderes de opinión para dar credibilidad a tus proyecciones y enriquecer tus narrativas.
4. **Inspira con Visuales Futuristas:**

- Usa gráficos, videos o animaciones que representen tus ideas de manera clara y atractiva.
5. **Relaciónalo con tu Propuesta de Valor:**
   - Muestra cómo tu marca estará preparada para liderar o contribuir a ese futuro.

Ejemplo práctico:
Una empresa de tecnología puede publicar una historia en video sobre cómo la inteligencia artificial transformará la vida cotidiana en los próximos 10 años, destacando cómo sus productos estarán en el centro de esa revolución.

Consejos Brutales:

- **Educa mientras Inspiras:** Proporciona datos o estadísticas que respalden tus visiones del futuro.
- **Crea Anticipación:** Publica contenidos en serie que inviten a tu audiencia a seguirte para descubrir la próxima gran idea.
- **Aprovecha los Sentimientos de Progreso:** Haz que tus historias reflejen optimismo y posibilidades positivas para resonar emocionalmente con tu comunidad.

Acción Inmediata:
Elige una tendencia emergente en tu nicho y escribe una publicación hoy mismo que describa cómo será su impacto en los próximos años. Usa visuales cautivadores para reforzar tu mensaje y termina con una pregunta que invite a tu audiencia a compartir sus propias predicciones.

Consejo 287: Diseña Retos que Inviten a Imaginar el Futuro de tu Industria

¿Qué significa?
Un reto creativo y participativo en el que tu audiencia pueda visualizar y expresar cómo imaginan el futuro de tu industria. Esto fomenta la interacción, incentiva la creatividad y genera contenido generado por los usuarios que enriquece tu marca.

¿Por qué es importante?

Hacer que tu comunidad participe activamente en imaginar el futuro crea un vínculo emocional y los posiciona como co-creadores de la visión de tu marca. Además, los retos estimulan la conversación en torno a temas relevantes y te ayudan a comprender las expectativas de tu audiencia.

¿Cómo hacerlo?

1. **Define un Tema Inspirador:**
   - Elige un aspecto relevante de tu industria (tecnología, sostenibilidad, innovación, etc.) como eje del reto.
2. **Establece Formatos Creativos:**
   - Invita a los participantes a usar imágenes, videos, historias o ilustraciones para expresar sus ideas sobre el futuro.
3. **Ofrece una Motivación Tangible:**
   - Proporciona un incentivo, como un premio o reconocimiento público, para los participantes más destacados.
4. **Crea un Hashtag Específico:**
   - Diseña un hashtag único para recopilar las participaciones y aumentar la visibilidad del reto.
5. **Involucra a Influenciadores:**
   - Colabora con líderes de opinión en tu nicho para dar más alcance y legitimidad al reto.

Ejemplo práctico:

Una marca de moda sostenible puede lanzar un reto titulado: **"Moda en 2050"**, invitando a los participantes a diseñar y compartir conceptos de ropa del futuro creada con materiales innovadores y sostenibles.

Consejos Brutales:

- **Hazlo Viral:** Promueve el reto en múltiples plataformas para maximizar la participación.
- **Incentiva el Pensamiento Colaborativo:** Anima a los participantes a comentar y votar las ideas de otros usuarios.
- **Celebra las Mejores Ideas:** Organiza una votación para que tu comunidad elija a los ganadores y destaca sus contribuciones en tus redes.

Acción Inmediata:
Crea hoy mismo un esquema para un reto futuro en tu nicho. Define el tema, formato, hashtag y un cronograma claro para su promoción y ejecución. Anuncia el reto en una publicación inicial que capte la atención de tu audiencia.

Consejo 288: Genera Comparaciones Visuales de Avances Tecnológicos

¿Qué significa?
Comparaciones visuales que muestran cómo los avances tecnológicos han transformado tu industria o producto. Esto puede incluir "antes y después" de procesos, productos o servicios, destacando la evolución y el impacto positivo de la innovación.

¿Por qué es importante?
Las comparaciones visuales captan rápidamente la atención, facilitan la comprensión de cambios significativos y posicionan a tu marca como innovadora y en constante evolución. Además, ayudan a educar a tu audiencia y generan confianza en tu capacidad de adaptación tecnológica.

¿Cómo hacerlo?

1. **Selecciona Cambios Relevantes:**
   o Identifica avances tecnológicos clave en tu industria o en tus procesos que hayan generado un impacto visible.
2. **Crea Imágenes Comparativas Claras:**
   o Usa imágenes o gráficos simples y visualmente atractivos para mostrar el contraste entre el pasado y el presente.
3. **Explica los Beneficios:**
   o Acompaña las imágenes con descripciones claras sobre cómo estos avances han mejorado la calidad, eficiencia o experiencia del cliente.
4. **Incluye Testimonios o Datos:**

o   Refuerza tu mensaje con datos relevantes o comentarios de clientes que hayan experimentado los beneficios de estos avances.

5. **Utiliza Historias Visuales:**
   o   Combina las comparaciones con un storytelling que explique cómo estos cambios fueron posibles y qué significan para el futuro.

Ejemplo práctico:
Una empresa de energía renovable puede mostrar cómo sus paneles solares han evolucionado en eficiencia y diseño en los últimos diez años. Podría incluir una gráfica comparativa de rendimiento energético entre los modelos antiguos y los nuevos.

Consejos Brutales:

- **Usa Gráficos Interactivos:** Si tienes un sitio web o app, crea gráficos interactivos donde los usuarios puedan explorar detalles de los avances.
- **Destaca Cambios Cotidianos:** Las comparaciones relacionadas con experiencias diarias, como el ahorro de tiempo o dinero, son más impactantes para la audiencia.
- **Apela a la Nostalgia:** Las comparaciones con tecnología antigua pueden generar empatía y reforzar la percepción de progreso.

Acción Inmediata:
Elige un avance tecnológico relevante de tu marca o industria. Crea una publicación que incluya una comparación visual clara y un texto que destaque los beneficios de este progreso. Comparte el contenido en tus redes con un llamado a la acción para que tu audiencia comente su experiencia con la evolución tecnológica.

Consejo 289: Lanza Campañas Basadas en el Valor de Innovar Permanentemente

¿Qué significa?
Se trata de diseñar campañas que destaquen cómo tu marca o industria

mantiene un compromiso constante con la innovación, mostrando avances continuos y cómo estos benefician a tu audiencia. Estas campañas deben transmitir la idea de que tu empresa está siempre un paso adelante.

¿Por qué es importante?

En un mercado competitivo, las marcas que se perciben como innovadoras generan mayor confianza y lealtad en sus clientes. Resaltar tu enfoque en la innovación te posiciona como un líder visionario en tu sector, atrayendo tanto a clientes como a posibles socios comerciales interesados en ser parte de algo transformador.

¿Cómo hacerlo?

1. **Identifica tus Innovaciones Clave:**
   o Enumera los avances tecnológicos, procesos o ideas que han mejorado tu oferta recientemente o que están en desarrollo.
2. **Crea Historias de Innovación:**
   o Narra cómo surgieron tus innovaciones, los retos que enfrentaste y los resultados alcanzados. Usa un tono cercano y motivador.
3. **Involucra a tus Clientes:**
   o Muestra cómo tu compromiso con la innovación ha impactado positivamente a tus clientes o usuarios, utilizando casos reales o testimonios.
4. **Usa Formatos Creativos:**
   o Diseña videos, infografías o publicaciones interactivas que expliquen visualmente el impacto de tus avances. Haz que tu audiencia pueda experimentar o visualizar estos cambios.
5. **Llama a la Acción:**
   o Invita a tu audiencia a opinar sobre qué áreas consideran prioritarias para innovar, haciendo que se sientan parte del proceso.

Ejemplo práctico:

Una empresa de calzado deportivo puede lanzar una campaña que destaque cómo ha incorporado materiales sostenibles en sus productos, acompañada de un video que muestre el proceso de desarrollo y su impacto ambiental positivo.

Consejos Brutales:

- **Muestra Transparencia:** Habla también de los desafíos que enfrentas para innovar, lo que fortalecerá la percepción de autenticidad.
- **Celebra tu Equipo Creativo:** Dedica espacio a mostrar a las personas detrás de tus avances. Esto genera conexión y humaniza tu marca.
- **Anticipa el Futuro:** Comparte visiones a largo plazo sobre cómo planeas seguir innovando y qué impacto esperas generar.

Acción Inmediata:
Crea un post hoy que destaque una innovación reciente de tu marca, ya sea un nuevo producto, mejora de procesos o iniciativa de impacto social. Usa un formato atractivo, como un video breve, y cierra con una invitación a tu audiencia a compartir ideas sobre qué les gustaría ver en el futuro.

Consejo 290: Publica Historias Basadas en la Adaptabilidad a Cambios de Mercado

¿Qué significa?
Es compartir historias que resalten cómo tu marca ha logrado ajustarse a las transformaciones del mercado, destacando su capacidad para responder rápidamente a nuevos retos, tendencias y necesidades. Estas historias deben mostrar resiliencia y visión estratégica.

¿Por qué es importante?
La adaptabilidad es una de las cualidades más valoradas en un entorno empresarial cambiante. Mostrar cómo tu marca ha superado desafíos y aprovechado oportunidades genera confianza en tus clientes y posiciona a tu negocio como preparado para cualquier escenario futuro.

¿Cómo hacerlo?

1. **Identifica Cambios Clave del Mercado:**
   - o Analiza los momentos en que tu marca enfrentó nuevos desafíos, como cambios en la demanda, tecnologías emergentes o crisis globales.
2. **Cuenta la Historia Completa:**
   - o Explica el contexto del cambio, las decisiones que tomaste y los resultados obtenidos. Sé honesto con los retos enfrentados y resalta los aprendizajes.
3. **Destaca tu Resiliencia:**
   - o Enfatiza las cualidades que permitieron a tu marca adaptarse: innovación, trabajo en equipo, creatividad o enfoque en el cliente.
4. **Involucra a tu Audiencia:**
   - o Pide a tus seguidores que compartan cómo ellos han enfrentado cambios en sus vidas o negocios. Esto creará un diálogo auténtico y significativo.
5. **Utiliza Formatos Visuales:**
   - o Complementa tus historias con imágenes, gráficos o videos que ilustren el antes y después de la adaptación de tu marca.

Ejemplo práctico:
Un restaurante puede contar cómo durante una crisis implementaron entregas a domicilio, destacando la rapidez con que se reorganizaron y cómo lograron seguir satisfaciendo a sus clientes.

Consejos Brutales:

- **Muestra Innovación en Acción:** Resalta cambios que no solo te ayudaron a adaptarte, sino que también mejoraron tus productos o servicios.
- **Incluye Testimonios Reales:** Integra la voz de clientes o empleados que vivieron los cambios de primera mano. Esto le dará autenticidad a tu historia.
- **Proyecta Hacia el Futuro:** Cierra cada historia explicando cómo estas adaptaciones te prepararon para futuros retos o tendencias.

Acción Inmediata:
Hoy mismo, redacta una publicación sobre un cambio significativo que tu marca haya enfrentado. Incluye un gráfico comparativo que ilustre los resultados obtenidos antes y después de implementar la nueva estrategia.

Consejo 291: Diseña Estrategias que Resalten el Valor de Explorar Nuevas Ideas

¿Qué significa?
Desarrollar estrategias que muestren a tu audiencia cómo tu marca abraza la creatividad, la innovación y la exploración de lo desconocido. Esto incluye destacar proyectos experimentales, colaboraciones innovadoras y soluciones únicas que se diferencian de las convencionales.

¿Por qué es importante?
Explorar nuevas ideas no solo posiciona a tu marca como líder en innovación, sino que también crea una conexión emocional con tu audiencia al mostrar que estás dispuesto a asumir riesgos y pensar de manera disruptiva. Este enfoque genera curiosidad y admiración, atrayendo a clientes que valoran la originalidad y la evolución.

¿Cómo hacerlo?

1. **Identifica Proyectos o Prototipos Innovadores:**
   o Selecciona ideas que representen un enfoque audaz y único en tu industria. Esto puede incluir productos experimentales, servicios personalizados o tecnologías pioneras.
2. **Crea Contenido Educativo sobre el Proceso:**
   o Comparte cómo surgió la idea, los pasos que seguiste para desarrollarla y los aprendizajes obtenidos durante el proceso.
3. **Resalta los Beneficios del Pensamiento Creativo:**
   o Enfócate en cómo estas ideas mejoran la vida de tus clientes, optimizan procesos o aportan valor a la sociedad.
4. **Invita a tu Audiencia a Participar:**

- o Pide sugerencias o ideas a tus seguidores, convirtiéndolos en parte activa del proceso creativo. Esto fomenta la interacción y refuerza su lealtad hacia tu marca.

5. **Usa Historias Inspiradoras:**
   - o Comparte anécdotas reales de personas o equipos que fueron impulsados por la curiosidad y lograron resultados extraordinarios gracias a su creatividad.

Ejemplo práctico:
Una empresa de tecnología puede compartir cómo desarrolló un prototipo de software para mejorar la sostenibilidad ambiental, incluyendo detalles sobre los desafíos superados y su impacto potencial en la sociedad.

Consejos Brutales:

- **Comparte Fracasos Productivos:** Hablar de ideas que no funcionaron como esperabas, pero que llevaron a descubrimientos valiosos, muestra autenticidad y resiliencia.
- **Integra Colaboraciones Únicas:** Resalta proyectos en los que trabajaste con expertos de otros sectores para generar soluciones originales.
- **Demuestra Resultados Tangibles:** Presenta estadísticas, imágenes o casos de éxito que demuestren el impacto real de tu exploración de nuevas ideas.

Acción Inmediata:
Crea una publicación que muestre un proyecto innovador en desarrollo. Incluye imágenes del proceso creativo y termina con una pregunta abierta que invite a tu audiencia a compartir sus ideas o sugerencias.

Consejo 292: Genera Videos Basados en Proyectos Experimentales

¿Qué significa?
Crear contenido en formato de video que documente proyectos experimentales, prototipos, o procesos creativos de tu marca. Este

enfoque no solo muestra la capacidad de innovación de tu empresa, sino que también genera interés al compartir una visión única y emocionante de lo que está por venir.

¿Por qué es importante?
Los videos tienen un impacto visual y emocional poderoso. Al mostrar tus proyectos experimentales, puedes captar la atención de tu audiencia y posicionar a tu marca como un referente en innovación. Además, los videos generan un sentido de anticipación y curiosidad, incentivando el compromiso y la conversación en redes sociales.

¿Cómo hacerlo?

1. **Planifica el Contenido del Video:**
   o Define qué aspectos del proyecto quieres destacar: ¿Es el proceso de desarrollo? ¿El equipo involucrado? ¿Los retos enfrentados?
   o Identifica el público objetivo y adapta el mensaje para que sea relevante y comprensible.
2. **Utiliza Recursos Visuales Atractivos:**
   o Incluye imágenes del proyecto, diagramas, animaciones o clips en cámara lenta que resalten detalles únicos.
3. **Cuenta una Historia:**
   o Estructura el video con un inicio que capte la atención, un desarrollo que explique el proyecto y un cierre que motive a la acción, como dejar un comentario o compartir.
4. **Muestra Resultados y Proyecciones:**
   o Si el proyecto está en una fase avanzada, incluye pruebas de concepto o resultados preliminares.
   o Explica cómo este proyecto podría impactar a tus clientes o la industria.
5. **Involucra a tu Equipo:**
   o Presenta a las personas detrás del proyecto para humanizar la experiencia. Esto crea una conexión más profunda con tu audiencia.

Ejemplo práctico:
Un estudio de diseño presenta un video en el que muestran un prototipo de silla ergonómica que están desarrollando, destacando su proceso de

fabricación sostenible, pruebas de comodidad y cómo planean lanzarla al mercado.

Consejos Brutales:

- **Incorpora Preguntas al Final:** Termina el video con preguntas que involucren a tu audiencia: "¿Qué opinas de este diseño?" o "¿Cómo usarías esta tecnología en tu día a día?".
- **Incluye Comparativas Visuales:** Resalta cómo tu proyecto experimental se diferencia de las soluciones actuales del mercado.
- **Optimiza para Redes Sociales:** Usa subtítulos y mantén el video en un formato adecuado para plataformas como Instagram Reels o TikTok.

Acción Inmediata:
Selecciona un proyecto experimental de tu marca y graba un video corto que documente su progreso. Publícalo hoy en tus redes sociales, utilizando hashtags relevantes para maximizar su alcance.

Consejo 293: Publica Comparativas Visuales que Destaquen Innovaciones Recientes

¿Qué significa?
Crear publicaciones en las que compares tus productos, servicios o procesos innovadores con métodos tradicionales o con tus versiones anteriores. Estas comparativas deben centrarse en resaltar claramente los beneficios y las mejoras introducidas, utilizando imágenes impactantes y fáciles de entender.

¿Por qué es importante?
Las comparativas visuales son una herramienta poderosa para demostrar el progreso y el valor de tus innovaciones. Este enfoque ayuda a tu audiencia a comprender rápidamente qué hace diferente y superior tu propuesta, facilitando la toma de decisiones. Además, refuerza tu posicionamiento como líder en innovación.

¿Cómo hacerlo?

1. **Selecciona un Enfoque Clave:**
   o Elige un aspecto específico de tu innovación que sea relevante para tu audiencia: mayor eficiencia, sostenibilidad, diseño mejorado, etc.
2. **Crea un Diseño Claro y Atractivo:**
   o Usa gráficos, infografías o fotografías que comparen visualmente ambos elementos (antes vs. después, tu innovación vs. el estándar del mercado).
3. **Destaca los Beneficios Principales:**
   o Utiliza texto breve y directo para resaltar las ventajas clave, como "50% más rápido" o "3 veces más duradero".
4. **Incluye Datos Concretos:**
   o Si es posible, respalda tus comparaciones con estadísticas, estudios o testimonios reales que refuercen la credibilidad de tu mensaje.
5. **Incorpora Llamadas a la Acción:**
   o Anima a tu audiencia a explorar más detalles, probar el producto o compartir su opinión sobre la innovación presentada.

Ejemplo práctico:
Una marca de electrodomésticos publica un gráfico comparativo mostrando cómo su nueva aspiradora consume un 30% menos de energía y tiene un 20% más de capacidad de succión que el modelo anterior.

Consejos Brutales:

- **Mantén la Simplicidad Visual:** Evita saturar la comparativa con demasiados elementos. Usa colores contrastantes para destacar las mejoras.
- **Incluye Testimonios o Casos Reales:** Agrega citas de clientes o ejemplos específicos para dar más peso a tus afirmaciones.
- **Haz Comparaciones en Video:** Los videos son ideales para mostrar dinámicas en tiempo real, como la velocidad de un nuevo proceso o la efectividad de un producto innovador.

Acción Inmediata:
Identifica una innovación reciente en tu producto o servicio y crea una

publicación comparativa visual. Lánzala hoy mismo en redes sociales con un diseño atractivo y datos concretos para captar la atención de tu audiencia.

Consejo 294: Lanza Encuestas sobre Expectativas de Innovación en tu Nicho

¿Qué significa?
Diseñar encuestas que te permitan conocer qué espera tu audiencia en términos de innovación dentro de tu industria. Estas encuestas pueden abordar temas como nuevas funcionalidades, tendencias emergentes, problemas por resolver o características deseadas en productos y servicios.

¿Por qué es importante?
Comprender las expectativas de tu público te da una ventaja competitiva: puedes desarrollar soluciones alineadas con sus necesidades reales. Además, involucrar a tu audiencia en el proceso de innovación refuerza la conexión emocional con tu marca, haciéndoles sentir parte de tu crecimiento.

¿Cómo hacerlo?

1. **Define el Objetivo de la Encuesta:**
   o Identifica qué información necesitas. Por ejemplo, "¿Qué mejora técnica esperas en un smartphone?", "¿Qué tendencias te interesan más en alimentación sostenible?"
2. **Haz Preguntas Específicas y Claras:**
   o Usa preguntas directas y opciones de respuesta simples (múltiple opción, escalas de 1 a 5). Esto aumenta la tasa de participación.
3. **Utiliza Plataformas Atractivas:**
   o Diseña la encuesta en herramientas como Instagram Stories, Google Forms o encuestas interactivas en LinkedIn para que sean visuales y accesibles.
4. **Promociona la Participación:**

- Motiva a tus seguidores a responder ofreciendo incentivos simbólicos como acceso exclusivo a resultados, sorteos o descuentos en productos futuros.

5. **Analiza los Resultados y Actúa:**
   - Utiliza los datos recopilados para orientar tus esfuerzos de innovación y comunícalo a tu audiencia. Demostrar que sus opiniones influyen refuerza la confianza en tu marca.

Ejemplo práctico:
Una marca de ropa sostenible lanza una encuesta en Instagram preguntando:

- "¿Qué prefieres en nuestra próxima colección?
  A) Materiales reciclados.
  B) Diseño minimalista.
  C) Tecnología antimanchas."

Al obtener respuestas, la marca adapta sus diseños a las preferencias del público.

Consejos Brutales:

- **Sé Transparente con los Propósitos de la Encuesta:** Explica cómo usarás la información para que las personas se sientan cómodas participando.
- **Mantén la Encuesta Breve:** No más de 3-5 preguntas para garantizar una alta tasa de respuesta.
- **Fomenta la Creatividad:** Deja espacio para comentarios abiertos donde los participantes puedan sugerir ideas únicas.

Acción Inmediata:
Crea una encuesta breve sobre innovaciones en tu nicho y publícala hoy en tus redes sociales. Asegúrate de incluir un mensaje que destaque la importancia de la opinión de tu audiencia para futuras mejoras.

Consejo 295: Diseña Contenidos que Refuercen la Necesidad de Evolucionar

¿Qué significa?
Crear contenidos que resalten la importancia de la evolución constante en un mundo de cambios rápidos. Estos mensajes muestran a tu audiencia por qué adaptarse a nuevas ideas y tecnologías es esencial, y posicionan a tu marca como un líder visionario.

¿Por qué es importante?
La evolución no solo genera innovación, sino que asegura la relevancia de tu marca. Al demostrar que comprendes el futuro y que te estás preparando para él, inspiras confianza y motivas a tu audiencia a evolucionar contigo. Esto no solo impulsa la lealtad, sino que también fortalece tu imagen de autoridad.

¿Cómo hacerlo?

1. **Explora los Cambios en Tu Nicho:**
   Habla de tendencias, tecnologías emergentes y transformaciones clave en tu industria. Muestra cómo estás integrando estas innovaciones en tu estrategia.
2. **Comparte Historias Inspiradoras:**
   Cuenta casos de éxito de empresas o personas que han logrado resultados sobresalientes al abrazar el cambio.
3. **Crea Guías Prácticas:**
   Proporciona pasos concretos para que tu audiencia adopte prácticas innovadoras, vinculando estas acciones con tus productos o servicios.
4. **Destaca el Progreso en Tu Marca:**
   Muestra cómo tu marca ha evolucionado a lo largo del tiempo, destacando mejoras, nuevos lanzamientos y aprendizajes clave.
5. **Usa Contenidos Visuales:**
   Infografías, videos y líneas de tiempo son herramientas perfectas para ilustrar el camino de la innovación y sus beneficios.

Ejemplo práctico:
Si tu empresa vende software empresarial, publica un artículo titulado:
"Cómo la Transformación Digital Puede Multiplicar la Eficiencia en

2024." Destaca ejemplos concretos y muestra cómo tu solución puede ayudar en esta transición.

Consejos brutales:

1. **Aprovecha los Cambios Globales:**
   Relaciona tus mensajes con eventos actuales o transformaciones globales para ganar relevancia.
2. **Recompensa la Innovación de Tu Audiencia:**
   Lanza concursos donde los usuarios compartan ideas innovadoras relacionadas con tu industria. Premia las más interesantes.

Acción inmediata:
Hoy mismo, identifica una tendencia clave en tu industria. Crea una publicación que explique por qué es crucial para el futuro y cómo tu marca está ayudando a adaptarse. Incluye un llamado a la acción que motive a tus seguidores a compartir sus ideas sobre el tema.

Consejo 296: Publica Retos que Promuevan el Pensamiento Creativo y Disruptivo

¿Qué significa?
Crear desafíos o dinámicas que motiven a tu audiencia a salir de su zona de confort y pensar de manera innovadora. Estos retos deben alentar ideas frescas y perspectivas únicas, fomentando la participación y reforzando la imagen de tu marca como un motor de inspiración y cambio.

¿Por qué es importante?
El pensamiento creativo impulsa la innovación y resuelve problemas de formas nuevas. Al promover este tipo de dinámicas, posicionas tu marca como un catalizador de ideas disruptivas, atrayendo a una audiencia que valora la originalidad y el cambio.

¿Cómo hacerlo?

1. **Define un Tema Inspirador:**
   Enfoca el reto en un problema o necesidad relevante para tu nicho. Por ejemplo, "¿Cómo imaginan la tecnología que cambiará nuestras vidas en los próximos 10 años?"
2. **Facilita la Participación:**
   Crea una estructura sencilla para que tu audiencia pueda unirse al reto. Puede ser a través de un comentario, un video o una publicación con un hashtag único.
3. **Incluye Incentivos:**
   Ofrece recompensas atractivas, como menciones especiales, premios físicos o acceso exclusivo a contenido o eventos.
4. **Destaca las Mejores Respuestas:**
   Publica las ideas más interesantes en tus plataformas, reconociendo el esfuerzo de los participantes y generando mayor interacción.
5. **Fomenta la Colaboración:**
   Diseña retos donde las personas puedan trabajar juntas, compartiendo perspectivas y enriqueciendo las ideas colectivas.

Ejemplo práctico:
Si eres una marca de diseño gráfico, lanza un reto como: "Crea un logo que represente la sostenibilidad en 2050." Pide a los participantes que publiquen sus diseños con un hashtag como #DiseñoDelFuturo.

Consejos brutales:

1. **Conecta el Reto con Valores de Tu Marca:**
   Asegúrate de que el desafío esté alineado con la misión y visión de tu empresa, reforzando tu identidad.
2. **Usa Historias para Inspirar:**
   Antes de lanzar el reto, comparte ejemplos de creatividad disruptiva para motivar a tu audiencia.

Acción inmediata:
Hoy mismo, diseña un reto simple que invite a tus seguidores a compartir una idea creativa relacionada con tu industria. Publica las instrucciones claras y promociona el desafío en todas tus plataformas.

Consejo 297: Genera Historias Visuales que Representen Cambios Transformadores

¿Qué significa?
Las historias visuales que capturan transformaciones significativas son una poderosa herramienta para inspirar, educar y conectar emocionalmente con tu audiencia. Estas historias deben narrar procesos de cambio profundo, ya sea a nivel personal, comunitario o industrial.

¿Por qué es importante?
El cambio resuena profundamente en las personas. Historias bien contadas de transformaciones generan empatía, aspiración y compromiso, elementos esenciales para construir lealtad hacia tu marca. Además, posicionan tu contenido como relevante y memorable.

¿Cómo hacerlo?

1. **Identifica un Cambio Impactante:**
   Encuentra historias reales que reflejen una evolución importante. Esto podría ser un cliente que transformó su vida gracias a tu producto o cómo tu marca ayudó a resolver un problema ambiental.
2. **Usa Imágenes o Videos Significativos:**
   Asegúrate de que los elementos visuales representen claramente el "antes" y el "después". Los cambios deben ser evidentes e impactantes.
3. **Narra el Proceso:**
   Describe los retos enfrentados y los logros obtenidos en el camino. Esto crea un contexto emocional que resalta el valor de la transformación.
4. **Incluye la Participación de la Audiencia:**
   Invita a tus seguidores a compartir sus propias historias de cambio relacionadas con tu marca o nicho.
5. **Mantén la Autenticidad:**
   Las historias deben ser genuinas y verídicas. Exagerar o manipular puede dañar la confianza de tu audiencia.

Ejemplo práctico:
Si eres una marca de fitness, crea una historia visual con imágenes de un

557

cliente que pasó de un estilo de vida sedentario a correr maratones, destacando cómo tu programa de entrenamiento fue clave en su transformación.

Consejos brutales:

1. **Resalta el Impacto Humano:**
   Muestra cómo el cambio transformó no solo resultados tangibles, sino también emociones, perspectivas y calidad de vida.
2. **Involucra a Tu Comunidad:**
   Lanza una campaña donde los seguidores compartan sus propios cambios usando un hashtag. Esto amplifica el alcance y refuerza el sentido de comunidad.

Acción inmediata:
Identifica hoy mismo una historia de transformación que puedas compartir. Diseña una publicación visual que narre el antes y después con claridad, y acompáñala de un texto que describa el viaje. Publica y mide la respuesta de tu audiencia.

Consejo 298: Lanza Dinámicas Basadas en Proyecciones Futuras

¿Qué significa?
Las dinámicas que invitan a tu audiencia a imaginar el futuro son una forma innovadora de fomentar la participación y el compromiso. Al centrarse en proyecciones, abres un diálogo sobre cómo podría evolucionar tu nicho, producto o incluso la sociedad.

¿Por qué es importante?
Estas dinámicas posicionan tu marca como visionaria, fomentan la creatividad de tu audiencia y generan contenido fresco. Además, invitar a las personas a pensar en el futuro las conecta emocionalmente con tu marca, ya que las haces partícipes de algo más grande.

¿Cómo hacerlo?

1. **Define un Tema Relevante:**
   Escoge un aspecto de tu nicho que tenga impacto en el futuro.
   Por ejemplo, en tecnología, puedes preguntar cómo serán los
   dispositivos móviles en 10 años.
2. **Crea un Formato Interactivo:**
   Diseña encuestas, retos, videos o publicaciones que permitan a tu
   audiencia compartir sus ideas.
3. **Incorpora Elementos Visuales:**
   Usa gráficos, infografías o ilustraciones que representen posibles
   escenarios. Esto estimula la imaginación y genera más interés.
4. **Involucra a Expertos:**
   Colabora con profesionales de tu industria para ofrecer
   predicciones creíbles que complementen las ideas de tu
   audiencia.
5. **Fomenta la Colaboración:**
   Invita a las personas a discutir y debatir las proyecciones
   compartidas, creando una comunidad activa en torno al tema.

Ejemplo práctico:
Si tienes una marca de moda sostenible, lanza una dinámica en redes
preguntando: "¿Cómo imaginan la ropa del futuro? Diseños, materiales,
tendencias… ¡Compártanlo!" Complementa con imágenes conceptuales
y un hashtag atractivo.

Consejos brutales:

1. **Ofrece Reconocimientos:**
   Premia las ideas más creativas con menciones, descuentos o
   premios. Esto incentiva una mayor participación.
2. **Haz un Resumen Creativo:**
   Compila las mejores contribuciones y publícalas en un video o
   artículo para resaltar la creatividad de tu comunidad.

Acción inmediata:
Hoy mismo, diseña una dinámica que invite a tu audiencia a proyectar el
futuro de tu industria. Usa una encuesta en historias, un post interactivo
o un video corto para iniciar la conversación. Mide la interacción y
ajusta para futuras dinámicas.

Consejo 299: Diseña Contenidos Inspirados en Logros Inesperados

¿Qué significa?
Los logros inesperados son aquellos momentos de éxito que nadie anticipaba, pero que reflejan innovación, perseverancia o incluso pura creatividad. Este tipo de contenido inspira, sorprende y muestra el lado humano y auténtico de tu marca.

¿Por qué es importante?
Compartir logros inesperados genera una conexión emocional profunda con tu audiencia. Refuerza la idea de que, detrás de cada éxito, hay esfuerzo, resiliencia y momentos de aprendizaje. Además, este enfoque humaniza tu marca, destacando que el éxito no siempre es lineal.

¿Cómo hacerlo?

1. **Identifica Historias Relevantes:**
   Busca logros o resultados de tu equipo, clientes o proyectos que hayan sido sorpresivos pero significativos.
2. **Usa el Formato Narrativo:**
   Cuenta cómo comenzó la historia, los retos que enfrentaste y cómo se llegó al resultado inesperado. Esto mantiene a tu audiencia enganchada.
3. **Incluye Elementos Visuales:**
   Usa fotos, gráficos o videos para ilustrar el proceso y el resultado. Haz que la experiencia sea tangible para tu audiencia.
4. **Relaciona el Logro con Tu Marca:**
   Muestra cómo tus valores, productos o servicios jugaron un papel clave en alcanzar ese logro.
5. **Invita a Reflexionar:**
   Al final de tu contenido, pregunta a tu audiencia cómo han manejado situaciones inesperadas o qué logros personales les han sorprendido.

Ejemplo práctico:
Imagina que tienes una cafetería local y, durante un evento benéfico,

lograste recaudar el doble de lo esperado. Publica:

"Cuando iniciamos este evento, no esperábamos más que un pequeño impacto, pero gracias a ustedes recaudamos el doble de nuestra meta. Este éxito nos recuerda lo poderosa que es nuestra comunidad. ¡Gracias por inspirarnos a seguir adelante!"

Consejos brutales:

1. **Enfócate en el Aprendizaje:**
   No solo compartas el logro; explica qué aprendiste del proceso y cómo ese aprendizaje beneficia a tu comunidad o producto.
2. **Celebra con tu Audiencia:**
   Si tu logro fue gracias a ellos, organiza algo especial: un sorteo, un evento en vivo o una mención pública.

Acción inmediata:
Elige un logro reciente, inesperado pero significativo de tu marca. Diseña una publicación que incluya la historia detrás de ese logro, el impacto generado y una reflexión para tu audiencia. Compártela hoy mismo y prepárate para las reacciones positivas.

Consejo 300: Publica Historias Visuales que Celebren el Progreso de tu Marca

¿Qué significa?
Mostrar el crecimiento y progreso de tu marca es una forma poderosa de inspirar y conectar con tu audiencia. Estas historias no solo reflejan tu evolución, sino también el impacto que has generado en tu comunidad a lo largo del tiempo.

¿Por qué es importante?
Las personas aman las historias de crecimiento y superación. Celebrar el progreso de tu marca genera orgullo, confianza y lealtad entre tus seguidores. También demuestra que eres transparente y estás comprometido con la mejora continua.

¿Cómo hacerlo?

1. **Resalta Momentos Clave:**
   Selecciona hitos importantes, como el lanzamiento de un producto, una expansión o un logro significativo.
2. **Usa Imágenes Comparativas:**
   Muestra el "antes y después" de tu marca: desde tu primer producto hasta el más reciente, o desde un pequeño equipo hasta una gran comunidad.
3. **Cuenta Historias Reales:**
   Comparte anécdotas detrás de cada logro, como desafíos superados o decisiones clave que marcaron la diferencia.
4. **Involucra a tu Comunidad:**
   Agradece a tus seguidores, clientes y equipo por ser parte de ese progreso. Haz que se sientan incluidos en tu historia.
5. **Cierra con Visión de Futuro:**
   Termina destacando tus metas y lo que planeas lograr próximamente, invitando a tu audiencia a ser parte del próximo capítulo.

Ejemplo práctico:

Si eres una tienda de ropa sostenible, publica:

"Hace tres años, comenzamos con una sola máquina de coser y un sueño: crear moda que cuidara del planeta. Hoy, gracias a ustedes, hemos reciclado más de 10 toneladas de textiles y vestido a miles de personas con orgullo. ¡El viaje apenas comienza!"

Consejos brutales:

1. **Incluye a los Clientes:**
   Destaca historias de clientes que hayan crecido o logrado algo con tu producto. Hazlos protagonistas de tu progreso.
2. **Celebra con una Línea de Tiempo:**
   Diseña una línea gráfica que resuma visualmente tu viaje, marcando cada hito con una breve descripción y fotos impactantes.

Acción inmediata:
Revisa tu historia como marca y selecciona tres hitos significativos. Crea una publicación visual que los resuma y compártela, agradeciendo a tu audiencia y motivándola a continuar contigo en el camino hacia el futuro.

Bloque Extra: "Las 12 Llaves de Oro que te Abrirán las Puertas de la Comunicación Efectiva"

Llave 1. Comprender la Importancia de la Comunicación en Nuestras vidas

Imagina por un momento una vida sin la capacidad de comunicarte. Piensa en la frustración de no poder expresar tus deseos, sentimientos, o ideas. La comunicación no es solo una herramienta; es la esencia misma de nuestra humanidad, el pilar sobre el que se sostienen nuestras relaciones, nuestros sueños y nuestro progreso.

Desde el **primer llanto** de un bebé, que avisa a sus padres de que necesita algo, hasta las profundas conversaciones que tenemos con seres queridos en momentos críticos, la comunicación es nuestro puente hacia los demás y hacia nosotros mismos. Cada palabra, cada gesto, cada mirada, tiene el poder de **transformar el mundo** a nuestro alrededor.

Pero ¿qué hace que la comunicación sea tan vital?

La Comunicación es la Clave del Éxito

1. **Conexiones Humanas**: Nos conecta a nivel emocional y nos permite compartir experiencias, ya sean de alegría, tristeza, triunfo o derrota. A través de la comunicación, tejemos la red de relaciones que nos sostiene en los momentos más oscuros y celebra con nosotros en los momentos más brillantes.
2. **Innovación y Progreso**: La historia está llena de ejemplos donde una simple conversación ha desencadenado ideas revolucionarias. Piensa en los grandes inventos, en los movimientos sociales, en las soluciones a problemas complejos.

Todo comenzó con una conversación, con una chispa de comunicación que encendió la llama del cambio.

3. **Influencia y Persuasión**: Un buen comunicador tiene el poder de influir, de motivar, de cambiar percepciones. Con las palabras adecuadas, podemos inspirar a otros a alcanzar sus máximos potenciales, a superar obstáculos y a lograr lo imposible.

La Magia de una Comunicación Efectiva

Comunicar no es solo hablar; es **escuchar, entender y responder**. Es un arte que va más allá de las palabras y que incluye la empatía, la autenticidad y la claridad.

- **Escuchar Activamente**: La verdadera comunicación comienza con la escucha. Es cuando nos detenemos a prestar atención a las palabras y emociones del otro que realmente conectamos y comprendemos.
- **Ser Auténtico**: Las personas se sienten atraídas por la autenticidad. Cuando hablamos desde el corazón, cuando somos genuinos, establecemos una conexión que trasciende lo superficial.
- **Claridad y Precisión**: La claridad en la comunicación evita malentendidos y conflictos. Expresarse de manera precisa y directa asegura que el mensaje llegue de manera efectiva y sin distorsiones.

Transformando Vidas a Través de la Comunicación

Piensa en esos momentos en los que una conversación cambió tu vida. Tal vez fue una palabra de aliento en un momento de duda, una idea inspiradora que te llevó a tomar una decisión crucial, o un consejo sabio que te guió en el camino correcto.

La comunicación tiene el poder de **cambiar destinos**, de abrir puertas y de crear oportunidades. Es la herramienta que nos permite compartir nuestra visión, persuadir a otros de nuestras ideas y colaborar para un futuro mejor.

El Desafío y la Promesa

Dominar el arte de la comunicación no es un camino fácil. Requiere práctica, dedicación y una disposición constante para aprender y mejorar. Pero la recompensa es inmensa. Conviértete en un maestro de la comunicación y verás cómo se multiplican tus oportunidades, cómo se fortalecen tus relaciones y cómo tu influencia crece de manera exponencial.

Te invito a embarcarte en este viaje. A explorar las técnicas, las estrategias, y los secretos de la comunicación efectiva. Porque en tus palabras está el poder de cambiar el mundo. Descubre el arte de comunicar de una manera nunca vista antes y conviértete en el comunicador que siempre has soñado ser.

Espero que esta introducción te haya encendido las ganas de profundizar en el fascinante mundo de la comunicación

---

Llave 2. Autenticidad y Credibilidad: La Base de la Conexión

La autenticidad y la credibilidad son fundamentales para cualquier forma de comunicación efectiva. Sin estas cualidades, es difícil establecer una conexión genuina y duradera con nuestra audiencia. Aquí exploramos cómo ser auténticos y construir credibilidad en nuestras interacciones cotidianas.

¿Qué es la Autenticidad?

La autenticidad se refiere a ser genuino y verdadero en nuestras interacciones. Significa ser nosotros mismos sin intentar adoptar una personalidad que no nos pertenece. La autenticidad es atractiva porque transmite sinceridad y confianza, y ayuda a construir relaciones basadas en la honestidad y el respeto mutuo.

Cómo Ser Auténtico

1. **Sé Tú Mismo:**
   - No intentes ser alguien que no eres. Las personas valoran la sinceridad y pueden detectar cuando alguien no está siendo genuino. Mostrar tus verdaderas opiniones, emociones y valores fortalece la conexión con los demás.
2. **Acepta Tus Defectos:**
   - Todos tenemos imperfecciones. Aceptarlas y ser transparentes sobre ellas puede ser más atractivo que tratar de ocultarlas. Al mostrar vulnerabilidad, demostramos humanidad y generamos empatía.
3. **Habla Desde el Corazón:**
   - Comunicar tus pensamientos y sentimientos de manera honesta y emocional conecta de manera más profunda con la audiencia. La pasión y la convicción en tus palabras pueden inspirar y motivar a los demás.

La Importancia de la Credibilidad

La credibilidad es la base sobre la cual se construyen la confianza y el respeto. Si las personas no confían en ti o en lo que dices, es poco probable que te escuchen o actúen en función de tus palabras.

Cómo Construir Credibilidad

1. **Conocimiento y Preparación:**
   - Demuestra que sabes de lo que hablas. Investiga y prepárate bien antes de cualquier comunicación importante. Ser percibido como un experto en tu campo aumenta tu credibilidad.
2. **Consistencia:**
   - La consistencia entre lo que dices y lo que haces es esencial. Cumple tus promesas y sigue los mismos principios en todas tus interacciones. La coherencia entre tus palabras y acciones refuerza la confianza.
3. **Transparencia:**
   - Ser transparente y abierto sobre tus intenciones y motivos ayuda a construir confianza. Admitir errores y corregirlos muestra integridad y fortalece tu credibilidad.

4. **Citar Fuentes Confiables:**
    - ○ Referenciar fuentes confiables y datos verificables en tus argumentos fortalece tu mensaje. Las personas son más propensas a confiar en ti si saben que te basas en información precisa y fiable.

Ejemplo Práctico

Imaginemos que estás dando una presentación sobre un nuevo producto. Para ser auténtico y construir credibilidad, podrías:

- **Compartir una Experiencia Personal:** "Cuando empecé a usar este producto, también tenía dudas, pero aquí está cómo me ayudó a resolver mis problemas."
- **Presentar Datos y Fuentes:** "Según un estudio reciente de [institución reconocida], este producto ha demostrado mejorar la eficiencia en un 30%."
- **Mantener la Transparencia:** "Nos hemos encontrado con algunos desafíos durante el desarrollo, pero hemos trabajado arduamente para superarlos y aquí están los resultados."

Conclusión

Ser auténtico y creíble son componentes esenciales de la comunicación efectiva. La autenticidad nos permite conectar genuinamente con los demás, mientras que la credibilidad asegura que nuestras palabras sean escuchadas y valoradas. Al integrar estas cualidades en nuestras interacciones, no solo mejoramos nuestras habilidades comunicativas, sino que también fortalecemos nuestras relaciones y aumentamos nuestro impacto en cualquier ámbito de la vida.

Llave 3. Imagen Personal: La Primera Impresión lo es Todo

La imagen personal juega un papel crucial en la comunicación y en cómo somos percibidos por los demás. La forma en que nos vestimos, nuestra higiene y presentación general pueden influir significativamente en la primera impresión que causamos, conocida como el "efecto halo".

¿Qué es el Efecto Halo?

El efecto halo es un fenómeno psicológico donde las personas juzgan nuestras características basándose en una primera impresión superficial. Si nos vemos limpios y bien arreglados, es probable que la gente asuma que somos organizados y competentes en otras áreas de nuestras vidas. Esta primera impresión puede tener un impacto duradero, afectando cómo nos perciben en situaciones futuras.

Elementos Clave de la Imagen Personal

1. **Vestimenta:**
   o Usar ropa adecuada para la ocasión es esencial. La vestimenta debe estar limpia, bien ajustada y reflejar profesionalidad. Esto no significa necesariamente vestirse de manera formal, sino más bien adaptarse al contexto y la cultura del entorno.
2. **Higiene Personal:**
   o Mantener una buena higiene personal es crucial. Esto incluye bañarse regularmente, mantener el cabello limpio y bien cuidado, y asegurar que las uñas estén limpias y recortadas.
3. **Accesorios:**
   o Los accesorios, como relojes, joyas y bolsos, deben ser discretos y apropiados. Evitar el exceso puede ayudar a proyectar una imagen más pulida y profesional.
4. **Postura y Lenguaje Corporal:**
   o Una postura erguida y un lenguaje corporal abierto pueden proyectar confianza y seguridad. Evitar encorvarse y mantener contacto visual son pequeños ajustes que pueden hacer una gran diferencia.

La Influencia de la Imagen Personal

La imagen personal no solo afecta cómo nos ven los demás, sino también cómo nos sentimos con nosotros mismos. Vestirse bien y cuidar nuestra apariencia puede aumentar nuestra autoestima y confianza, lo cual se refleja en nuestra manera de comunicarnos.

Mejora Continua

La imagen personal no es estática; puede y debe ser mejorada continuamente. Esto no significa cambiar quiénes somos, sino presentar la mejor versión de nosotros mismos. La autocrítica constructiva y la disposición a aprender y adaptarse son fundamentales para este proceso.

Conclusión

La imagen personal es un componente esencial de la comunicación efectiva. Al cuidar nuestra apariencia, no solo mejoramos la primera impresión que causamos en los demás, sino que también fortalecemos nuestra propia confianza y autoestima. Recordemos que cada detalle cuenta y que la mejora continua es clave para proyectar una imagen positiva y profesional.

Llave 4. Analizar y Mejorar Nuestra Comunicación: La Clave del Éxito Personal y Profesional

La comunicación es una herramienta poderosa que puede abrir puertas tanto en el ámbito personal como en el profesional. Analizar y mejorar nuestras habilidades comunicativas no solo nos ayuda a transmitir nuestros mensajes de manera más eficaz, sino que también nos permite conectarnos mejor con las personas a nuestro alrededor. Aquí exploramos cómo llevar a cabo este proceso de manera efectiva.

Autoevaluación: El Primer Paso

El primer paso para mejorar nuestra comunicación es llevar a cabo una autoevaluación honesta. Esto implica reflexionar sobre cómo nos comunicamos en diferentes situaciones y con diferentes personas. Algunas preguntas clave que podemos hacernos incluyen:

- ¿Me expreso de manera clara y concisa?
- ¿Escucho activamente a los demás?
- ¿Muestro empatía y comprensión en mis interacciones?
- ¿Cómo reacciono ante los desacuerdos o críticas?

Estas preguntas nos ayudan a identificar nuestras fortalezas y áreas de mejora. Es importante ser honestos con nosotros mismos y estar abiertos a recibir feedback de los demás.

El Papel del Feedback

El feedback es un componente crucial en el proceso de mejora. Pedir feedback a colegas, amigos y familiares nos proporciona una perspectiva externa sobre cómo nos comunicamos. Es útil preguntar sobre aspectos específicos, como nuestra claridad al hablar, nuestro tono de voz y nuestra capacidad para escuchar. A partir de este feedback, podemos identificar patrones y áreas específicas en las que necesitamos trabajar.

Formación Continua

La formación continua es esencial para el desarrollo de nuestras habilidades comunicativas. Esto puede incluir:

- **Cursos y Talleres:** Participar en cursos de comunicación, oratoria o liderazgo puede proporcionarnos herramientas y técnicas específicas para mejorar nuestra comunicación.
- **Lectura:** Leer libros y artículos sobre comunicación eficaz, persuasión y liderazgo nos brinda conocimientos teóricos que podemos aplicar en nuestras interacciones diarias.
- **Práctica Deliberada:** Practicar nuestras habilidades de manera deliberada, como hacer presentaciones frente a un espejo o grabar nuestras conversaciones y analizarlas, nos ayuda a identificar áreas de mejora.

Técnicas y Estrategias

Algunas técnicas y estrategias que podemos implementar para mejorar nuestra comunicación incluyen:

- **Escucha Activa:** Escuchar de manera activa implica prestar atención completa a la persona que habla, sin interrumpir, y responder de manera adecuada. Esto muestra respeto y fomenta una comunicación más efectiva.
- **Claridad y Concisión:** Ser claro y conciso en nuestra comunicación ayuda a evitar malentendidos. Esto implica organizar nuestros pensamientos antes de hablar y utilizar un lenguaje simple y directo.
- **Control del Tono de Voz:** Nuestro tono de voz puede afectar significativamente cómo se perciben nuestros mensajes. Es importante ser consciente de nuestro tono y ajustar nuestra entonación según la situación.
- **Lenguaje Corporal:** Nuestro lenguaje corporal puede reforzar o contradecir lo que decimos verbalmente. Usar gestos abiertos y mantener el contacto visual puede ayudar a transmitir confianza y sinceridad.

La Importancia de la Mejora Continua

La comunicación es una habilidad que se puede y debe mejorar constantemente. Incluso los grandes comunicadores siguen perfeccionando sus técnicas. La mejora continua nos ayuda a adaptarnos a diferentes situaciones y audiencias, y a mantenernos relevantes en un mundo en constante cambio.

Conclusión

Analizar y mejorar nuestra comunicación es un proceso continuo que requiere autoevaluación, feedback, formación y práctica. Al invertir tiempo y esfuerzo en desarrollar nuestras habilidades comunicativas, podemos aumentar nuestra capacidad para influir, persuadir y conectar con los demás de manera significativa. La comunicación eficaz no solo mejora nuestras relaciones personales, sino que también puede impulsar nuestro éxito profesional.

Llave 5. Habilidades No Verbales: Comunicar Más Allá de las Palabras

La comunicación no verbal es una parte esencial de la forma en que nos expresamos y nos conectamos con los demás. A menudo, nuestras acciones y expresiones pueden decir más que nuestras palabras. Aquí exploramos cómo utilizar el lenguaje corporal, las expresiones faciales y otros elementos no verbales para mejorar nuestra comunicación.

¿Qué es la Comunicación No Verbal?

La comunicación no verbal incluye todos los mensajes que transmitimos sin usar palabras. Esto abarca una amplia gama de comportamientos, como el lenguaje corporal, las expresiones faciales, el contacto visual, la postura, los gestos y el uso del espacio personal.

Elementos Clave de la Comunicación No Verbal

1. **Lenguaje Corporal:**
   o **Postura:** Una postura abierta y relajada proyecta confianza y accesibilidad. Mantenerse erguido con los hombros hacia atrás puede mostrar que estamos seguros y comprometidos.
   o **Gestos:** Los gestos pueden enfatizar puntos importantes y añadir dinamismo a nuestra comunicación. Sin embargo, es importante usar gestos naturales y evitar exagerarlos, ya que esto puede parecer falso o forzado.
2. **Expresiones Faciales:**
   o **Sonrisa:** Una sonrisa genuina puede crear un ambiente positivo y acogedor. Las expresiones faciales deben coincidir con el tono de nuestras palabras para evitar confusión.
   o **Ojos:** El contacto visual es crucial para establecer una conexión. Mantener el contacto visual muestra que estamos interesados y comprometidos con la conversación.
3. **Proxémica:**
   o **Espacio Personal:** Respetar el espacio personal de los demás es importante para mantener la comodidad y la

confianza. Acercarse demasiado puede ser percibido como invasivo, mientras que mantenerse demasiado distante puede parecer desinteresado.

4. **Paralingüística:**
   o **Tono de Voz:** El tono, el volumen y la velocidad de nuestra voz pueden transmitir emociones y matices que las palabras por sí solas no pueden. Un tono calmado y moderado generalmente es más efectivo que uno muy alto o muy bajo.
   o **Pausas y Ritmo:** Como mencionamos anteriormente, las pausas pueden ser utilizadas estratégicamente para enfatizar puntos y permitir que la audiencia procese la información.

Importancia de la Comunicación No Verbal

1. **Refuerza el Mensaje Verbal:**
   o La comunicación no verbal puede reforzar y complementar lo que decimos verbalmente. Por ejemplo, asentir con la cabeza mientras escuchamos a alguien puede mostrar que estamos de acuerdo y prestando atención.
2. **Construye Relaciones:**
   o Las señales no verbales pueden ayudar a construir y mantener relaciones al mostrar empatía, comprensión y atención. Un buen lenguaje corporal puede hacer que los demás se sientan escuchados y valorados.
3. **Gestiona Percepciones:**
   o La manera en que nos presentamos no verbalmente puede influir en cómo los demás nos perciben. Una postura confiada y gestos abiertos pueden hacer que nos vean como líderes competentes y accesibles.

Práctica y Mejora

1. **Observación y Reflexión:**
   o Observar a buenos comunicadores y reflexionar sobre nuestras propias interacciones puede ayudarnos a identificar áreas para mejorar. Prestar atención a cómo las

personas utilizan su lenguaje corporal puede proporcionar valiosas lecciones.
2. **Feedback y Autoevaluación:**
    o Pedir feedback sobre nuestra comunicación no verbal y llevar a cabo una autoevaluación regular puede ayudarnos a mejorar. Grabarse durante presentaciones o conversaciones importantes y analizar los videos puede ser una herramienta útil.
3. **Practicar Técnicas Específicas:**
    o Practicar técnicas específicas, como mantener el contacto visual, utilizar gestos naturales y adoptar una postura abierta, puede ayudarnos a incorporar estas habilidades en nuestras interacciones diarias.

Ejemplo Práctico

Imaginemos que estamos dando una presentación importante. Aquí hay algunas formas de utilizar la comunicación no verbal para mejorar nuestro impacto:

- **Postura:** Mantenerse erguido y firme, con los hombros relajados.
- **Contacto Visual:** Mirar a diferentes miembros de la audiencia para establecer una conexión.
- **Gestos:** Utilizar las manos para enfatizar puntos clave, pero de manera natural y controlada.
- **Expresiones Faciales:** Mostrar entusiasmo y compromiso a través de sonrisas y expresiones alineadas con el contenido del mensaje.

Conclusión

La comunicación no verbal es una herramienta poderosa que puede mejorar significativamente nuestras habilidades comunicativas. Al ser conscientes y mejorar nuestra manera de usar el lenguaje corporal, las expresiones faciales y otros elementos no verbales, podemos reforzar nuestro mensaje verbal, construir relaciones más fuertes y gestionar mejor cómo somos percibidos por los demás. La práctica y la autoevaluación continua son claves para desarrollar estas habilidades y convertirnos en comunicadores más efectivos.

Llave 6. Comunicación para Generar Acción: Inspirando el Cambio

La comunicación eficaz no solo se trata de transmitir información, sino de motivar a los demás a actuar. En el ámbito profesional, personal o social, nuestra capacidad para inspirar y generar acción es lo que realmente mide el éxito de nuestra comunicación. Aquí exploramos cómo podemos lograr este objetivo de manera efectiva.

Objetivo de la Comunicación

El objetivo final de cualquier acto comunicativo debe ser claro: generar una acción específica en la audiencia. Esto puede ser persuadir a un cliente para que compre un producto, motivar a un equipo a alcanzar una meta, o simplemente inspirar a alguien a adoptar un nuevo hábito. Definir claramente este objetivo nos permite estructurar nuestro mensaje de manera que guíe a la audiencia hacia la acción deseada.

Estructura del Mensaje

Para generar acción, es esencial que nuestro mensaje esté bien estructurado. Una estructura efectiva incluye:

1. **Introducción:** Captar la atención de la audiencia desde el principio es crucial. Podemos empezar con una anécdota, una pregunta intrigante o un dato sorprendente que relacione con el tema principal.
2. **Cuerpo:** Aquí desarrollamos nuestros argumentos de manera lógica y organizada. Es importante presentar los beneficios claros y tangibles de realizar la acción que proponemos. Utilizar ejemplos y evidencias concretas puede reforzar nuestros puntos.
3. **Conclusión:** En la conclusión, debemos resumir los puntos clave y reiterar la llamada a la acción. Es útil finalizar con una afirmación poderosa o una pregunta que incite a la reflexión.

Técnicas de Persuasión

Varias técnicas de persuasión pueden ser empleadas para fortalecer nuestro mensaje y motivar a la acción:

- **Reciprocidad:** La gente tiende a devolver favores. Ofrecer algo de valor (información, un recurso gratuito, etc.) puede motivar a la audiencia a responder positivamente.
- **Escasez:** La percepción de escasez puede aumentar el deseo. Resaltar la exclusividad o la limitación temporal de una oportunidad puede impulsar a la audiencia a actuar rápidamente.
- **Autoridad:** Presentarse como un experto o citar a fuentes confiables puede aumentar la credibilidad y la influencia de nuestro mensaje.
- **Consistencia:** Las personas tienden a actuar de manera coherente con sus compromisos anteriores. Enfatizar acuerdos previos puede fomentar la acción.
- **Empatía:** Mostrar comprensión y conectar emocionalmente con la audiencia puede aumentar la receptividad y el compromiso.

Proporcionar Pasos Claros

Para facilitar la acción, es esencial proporcionar pasos claros y específicos que la audiencia pueda seguir. Esto puede incluir:

- **Instrucciones Detalladas:** Proporcionar instrucciones paso a paso sobre qué hacer a continuación.
- **Recursos Adicionales:** Ofrecer recursos adicionales, como enlaces, tutoriales o contactos, que apoyen a la audiencia en la realización de la acción.
- **Llamada a la Acción:** Incluir una llamada a la acción clara y directa, como "Regístrate ahora", "Contacta con nosotros", o "Empieza hoy".

Seguimiento y Feedback

El seguimiento es una parte crucial del proceso de generar acción. Esto implica:

- **Verificar la Acción:** Confirmar si la audiencia ha realizado la acción propuesta y ofrecer apoyo adicional si es necesario.
- **Solicitar Feedback:** Pedir feedback sobre la experiencia de la audiencia para entender qué funcionó y qué podría mejorarse.
- **Ajustar Estrategias:** Utilizar el feedback recibido para ajustar y mejorar nuestras estrategias de comunicación en el futuro.

Ejemplo Práctico

Imaginemos que hemos dado una charla sobre la importancia del reciclaje. Al final de la charla, en lugar de simplemente concluir con un "Gracias por escuchar", debemos proporcionar una acción siguiente clara, como:

- "Aquí tienen un enlace a una guía rápida para empezar a reciclar en casa."
- "Regístrense en nuestro programa de reciclaje comunitario y reciban un kit de bienvenida gratuito."
- "Contáctenme si tienen alguna pregunta o necesitan apoyo adicional."

De esta manera, no solo transmitimos información, sino que también motivamos a la audiencia a actuar de inmediato.

Conclusión

Generar acción es el verdadero objetivo de la comunicación eficaz. Al estructurar nuestro mensaje de manera clara, utilizar técnicas de persuasión, proporcionar pasos concretos y realizar un seguimiento adecuado, podemos inspirar a nuestra audiencia a tomar las acciones deseadas. La capacidad de motivar y guiar a los demás hacia la acción no solo mejora nuestra comunicación, sino que también amplía nuestro impacto y éxito en todos los ámbitos de la vida.

Llave 7. Proactividad y Planificación: La Clave del Éxito en la Comunicación

La proactividad y la planificación son componentes esenciales de la comunicación efectiva. Tomar la iniciativa y tener un plan claro no solo demuestra determinación y dirección, sino que también ayuda a guiar a los demás y a alcanzar los objetivos de manera más eficiente. Aquí exploramos cómo incorporar estas cualidades en nuestras interacciones diarias.

¿Qué es la Proactividad?

La proactividad implica tomar el control de las situaciones y actuar antes de que ocurran los problemas. En lugar de reaccionar a los eventos a medida que suceden, ser proactivo significa anticiparse a las necesidades y desafíos, y actuar en consecuencia para manejar o evitar posibles problemas.

Importancia de la Proactividad en la Comunicación

1. **Anticipación de Necesidades:**
   o Ser proactivo nos permite anticipar las necesidades y preocupaciones de nuestra audiencia. Esto puede significar preparar respuestas para posibles preguntas, abordar preocupaciones antes de que se mencionen, o proporcionar información adicional que sabemos que será útil.
2. **Establecer Metas Claras:**
   o La proactividad incluye establecer metas claras y específicas para nuestras interacciones. Esto nos da una dirección y un propósito, y ayuda a mantener nuestras comunicaciones enfocadas y productivas.
3. **Tomar la Iniciativa:**
   o Tomar la iniciativa significa ser el primero en actuar. En el contexto de la comunicación, esto puede significar iniciar conversaciones importantes, proponer soluciones y tomar decisiones audaces.

Planificación Efectiva

La planificación es el proceso de pensar y organizar las actividades necesarias para alcanzar un objetivo deseado. Una planificación efectiva en la comunicación incluye:

1. **Definir Objetivos Claros:**
   o Antes de cualquier interacción, es crucial definir claramente qué queremos lograr. Esto puede ser tan simple como persuadir a alguien de nuestro punto de vista o tan complejo como negociar un acuerdo importante.
2. **Desarrollar un Plan de Acción:**

- o Un plan de acción detallado incluye los pasos específicos que seguiremos para alcanzar nuestros objetivos. Esto puede incluir la preparación de materiales, la organización de la información y la práctica de nuestras presentaciones.
3. **Prever Obstáculos:**
   - o Parte de la planificación efectiva es prever posibles obstáculos y preparar estrategias para superarlos. Esto puede incluir tener respuestas listas para posibles objeciones o preparar alternativas si nuestro plan inicial no funciona.
4. **Asignar Recursos:**
   - o Identificar y asignar los recursos necesarios, como tiempo, dinero y personas, es esencial para la ejecución exitosa de nuestro plan.

Técnicas de Planificación

Algunas técnicas y herramientas que pueden ayudar en la planificación incluyen:

- **Matrices de Prioridades:** Ayudan a identificar qué tareas son más importantes y urgentes.
- **Líneas de Tiempo:** Visualizar el tiempo necesario para cada tarea puede ayudar a mantener el plan en marcha.
- **Listas de Verificación:** Aseguran que todas las actividades necesarias se completen a tiempo.
- **Análisis FODA:** Evaluar las fortalezas, oportunidades, debilidades y amenazas de nuestro plan.

Ejemplo Práctico

Supongamos que estamos planeando una presentación para proponer una nueva idea de proyecto a nuestro equipo. Aquí se muestra cómo la proactividad y la planificación pueden ayudar:

1. **Definir el Objetivo:** Queremos que el equipo apruebe y se entusiasme con la nueva idea.
2. **Anticipar Necesidades:** Preparar una lista de posibles preguntas y preocupaciones que el equipo pueda tener.

3. **Desarrollar un Plan de Acción:**
   o Crear una presentación visualmente atractiva.
   o Preparar datos y estadísticas que respalden la idea.
   o Practicar la presentación varias veces.
4. **Prever Obstáculos:** Considerar posibles objeciones y preparar respuestas.
5. **Asignar Recursos:** Reservar tiempo en la agenda del equipo para la presentación y asegurarse de tener todos los materiales listos.

Conclusión

La proactividad y la planificación son habilidades fundamentales para la comunicación efectiva. Tomar la iniciativa y tener un plan claro no solo nos permite anticiparnos a las necesidades y desafíos, sino que también nos ayuda a guiar a los demás y a alcanzar nuestros objetivos de manera más eficiente. Al incorporar estas cualidades en nuestras interacciones diarias, podemos mejorar significativamente nuestra capacidad para influir, persuadir y liderar.

Llave 8. Adaptabilidad y Feedback: Mejora Continua en la Comunicación

La adaptabilidad y la capacidad para recibir y utilizar feedback son esenciales para una comunicación efectiva y para el crecimiento personal y profesional. La comunicación no es un proceso estático; es dinámico y evolutivo, lo que significa que debemos estar preparados para ajustar nuestras estrategias según las circunstancias y las respuestas de los demás. Aquí exploramos cómo ser adaptable y cómo utilizar el feedback de manera constructiva.

La Importancia de la Adaptabilidad

La adaptabilidad es la capacidad de ajustarse a nuevas condiciones y de modificar nuestro comportamiento según las necesidades del entorno. En términos de comunicación, esto significa ser flexible y estar dispuesto a cambiar nuestra manera de comunicar según la situación y la audiencia.

1. **Respuesta a la Audiencia:**
   - Escuchar y observar las reacciones de la audiencia nos permite ajustar nuestro mensaje en tiempo real. Si notamos que nuestro mensaje no está siendo bien recibido, podemos modificar nuestro enfoque para mantener la atención y el interés.
2. **Ajustes Basados en el Contexto:**
   - Diferentes contextos requieren diferentes estilos de comunicación. Por ejemplo, una reunión informal con colegas puede permitir un tono más relajado, mientras que una presentación formal ante ejecutivos requiere un enfoque más estructurado y profesional.
3. **Innovación y Creatividad:**
   - Ser adaptable también implica estar abierto a nuevas ideas y métodos. Innovar en nuestra manera de comunicar puede hacer que nuestros mensajes sean más efectivos y memorables.

Recibir y Utilizar Feedback

El feedback es una herramienta valiosa para mejorar nuestra comunicación. Aprender a recibir y utilizar el feedback de manera constructiva nos ayuda a identificar nuestras fortalezas y áreas de mejora.

1. **Solicitar Feedback:**
   - Pedir feedback de manera proactiva demuestra nuestra disposición a mejorar. Podemos solicitar feedback de colegas, supervisores, amigos o incluso de nuestra audiencia después de una presentación.
2. **Escuchar Activamente:**
   - Es crucial escuchar el feedback sin defensivas. Aceptar críticas constructivas con una mente abierta nos permite aprender y crecer. Tomar notas puede ser útil para recordar los puntos clave del feedback recibido.
3. **Analizar el Feedback:**
   - Evaluar el feedback recibido para identificar patrones y áreas específicas donde podemos mejorar. Esto nos ayuda a enfocar nuestros esfuerzos en aspectos concretos de nuestra comunicación.

4. **Implementar Cambios:**
   o Utilizar el feedback para hacer ajustes y mejoras en nuestra comunicación. Esto puede incluir cambios en nuestro tono de voz, lenguaje corporal, estilo de presentación o la manera en que estructuramos nuestros mensajes.
5. **Solicitar Seguimiento:**
   o Después de implementar cambios basados en el feedback, solicitar una retroalimentación adicional para evaluar la efectividad de las mejoras y hacer ajustes adicionales si es necesario.

Ejemplo Práctico

Supongamos que después de una presentación, recibes feedback de que tu tono de voz era monótono y difícil de seguir. Aquí tienes cómo podrías manejarlo:

1. **Solicitar Feedback Detallado:** Pregunta a la persona que te dio el feedback si puede proporcionar ejemplos específicos y sugerencias sobre cómo mejorar.
2. **Escuchar y Reflexionar:** Acepta el feedback sin ponerte a la defensiva y reflexiona sobre cómo podrías haber variado tu tono de voz.
3. **Practicar el Cambio:** Realiza ejercicios de modulación de voz y práctica de presentaciones con un enfoque en variar tu tono.
4. **Implementar y Evaluar:** En tu próxima presentación, aplica las técnicas que has practicado y pide a alguien que te proporcione feedback nuevamente.

Conclusión

La adaptabilidad y el uso efectivo del feedback son componentes esenciales para una comunicación eficaz. Ser adaptable nos permite ajustar nuestras estrategias según las necesidades de la audiencia y el contexto, mientras que el feedback nos proporciona una guía valiosa para la mejora continua. Al integrar estas prácticas en nuestras interacciones diarias, podemos mejorar significativamente nuestras habilidades comunicativas y aumentar nuestro impacto y éxito en todos los ámbitos de la vida.

Llave 9. La Importancia de la Pausa: El Poder del Silencio en la Comunicación

En la comunicación, no solo lo que decimos tiene impacto, sino también cómo lo decimos. Las pausas estratégicas y el uso del silencio pueden ser herramientas poderosas para mejorar la eficacia de nuestro mensaje. Aquí exploramos cómo y por qué las pausas son esenciales en una comunicación efectiva.

¿Por Qué Son Importantes las Pausas?

Las pausas sirven para varios propósitos en la comunicación:

1. **Proporcionar Tiempo para Procesar:**
   - Las pausas dan a la audiencia tiempo para asimilar lo que se ha dicho. Esto es especialmente importante cuando se presentan ideas complejas o información nueva. Permitir un momento de silencio ayuda a que el mensaje se asiente y sea mejor entendido.
2. **Enfatizar Puntos Clave:**
   - Utilizar una pausa después de un punto importante puede subrayar su relevancia. El silencio crea un efecto de énfasis, destacando el mensaje en la mente de la audiencia.
3. **Regular el Ritmo:**
   - Las pausas ayudan a regular el ritmo del discurso, haciendo que la comunicación sea más fluida y natural. Un ritmo demasiado rápido puede resultar abrumador, mientras que uno muy lento puede perder el interés de la audiencia. Las pausas equilibran el ritmo y mantienen la atención.
4. **Generar Anticipación:**
   - El uso del silencio puede generar anticipación y mantener a la audiencia atenta. Las pausas antes de una declaración importante pueden aumentar la expectativa y el impacto del mensaje.

Tipos de Pausas y Cómo Usarlas

1. **Pausa de Pensamiento:**
   o Estas pausas permiten al hablante organizar sus pensamientos antes de continuar. Son útiles en debates o presentaciones improvisadas.
2. **Pausa de Énfasis:**
   o Utilizadas para destacar una frase o idea clave. Por ejemplo, decir "Este es el punto más importante" seguido de una breve pausa puede enfatizar la relevancia del mensaje.
3. **Pausa de Suspenso:**
   o Crean anticipación y mantienen el interés de la audiencia. Antes de revelar una información crucial, una breve pausa puede aumentar la expectativa.
4. **Pausa de Respiración:**
   o Ayudan a regular el ritmo y a mantener una entonación adecuada. También evitan que el hablante se quede sin aliento, asegurando una comunicación más clara y consistente.

Ejemplos Prácticos

1. **Presentaciones:**
   o En una presentación, después de presentar un dato o una estadística importante, hacer una pausa de unos segundos permite a la audiencia absorber la información y reflexionar sobre su significado.
2. **Conversaciones:**
   o Durante una conversación, usar pausas estratégicas puede mostrar que estamos escuchando activamente y considerando lo que la otra persona dice. Esto mejora la calidad de la comunicación y construye una relación más fuerte.
3. **Discursos:**
   o En discursos públicos, las pausas pueden ser utilizadas para dividir el contenido en secciones manejables, mantener la atención del público y enfatizar puntos cruciales.

Práctica y Mejora

1. **Grabación y Revisión:**
   o Grabar nuestras presentaciones o discursos y revisarlos puede ayudarnos a identificar dónde podemos incorporar pausas de manera más efectiva. Observar nuestros propios patrones de habla nos permite hacer ajustes necesarios.
2. **Respiración Consciente:**
   o Practicar técnicas de respiración consciente puede ayudar a incorporar pausas naturales en nuestra comunicación. La respiración profunda y controlada no solo mejora nuestra salud, sino también nuestra capacidad de hablar de manera clara y pausada.
3. **Feedback Externo:**
   o Solicitar feedback de colegas, amigos o mentores sobre el uso de pausas puede proporcionar valiosas perspectivas y sugerencias para mejorar.

Conclusión

Las pausas son un componente esencial de la comunicación efectiva. Utilizadas de manera estratégica, pueden mejorar la claridad de nuestro mensaje, mantener la atención de la audiencia y enfatizar puntos clave. La práctica y la conciencia del uso del silencio pueden transformar nuestra manera de comunicarnos, haciéndonos más persuasivos y efectivos en nuestras interacciones diarias.

Llave 10. La Narrativa Personal: El Poder de Contar Historias

Contar historias es una herramienta poderosa en la comunicación. Las historias bien contadas pueden capturar la atención de la audiencia, hacer que las ideas complejas sean más comprensibles y dejar una impresión duradera. Aquí exploramos cómo utilizar la narrativa personal para mejorar nuestras habilidades comunicativas y conectar de manera más profunda con los demás.

¿Qué es la Narrativa Personal?

La narrativa personal se refiere a la práctica de compartir experiencias, anécdotas y relatos personales como parte de nuestro mensaje. Estas historias pueden ser desde eventos de nuestra propia vida hasta historias de otros que nos han impactado o enseñado una lección valiosa.

Importancia de Contar Historias

1. **Captura la Atención:**
   o Las historias tienen el poder de captar la atención de la audiencia desde el principio. Una buena historia puede hacer que la audiencia se sienta conectada emocionalmente y más receptiva a nuestro mensaje.
2. **Hace las Ideas Memorables:**
   o Las ideas y conceptos presentados a través de historias son más fáciles de recordar. Las historias crean imágenes mentales y emociones que permanecen en la memoria de la audiencia mucho después de que se hayan dicho las palabras.
3. **Humaniza el Mensaje:**
   o Las historias personales humanizan nuestro mensaje y nos hacen parecer más accesibles y auténticos. Compartir nuestras propias experiencias nos ayuda a conectar con la audiencia en un nivel más profundo y personal.

Cómo Contar una Buena Historia

1. **Estructura Clara:**
   o Una buena historia tiene una estructura clara con un comienzo, un desarrollo y un desenlace. Esto ayuda a la audiencia a seguir el hilo y a entender el mensaje principal.
2. **Detalles Vívidos:**
   o Incluir detalles vívidos y descripciones sensoriales puede hacer que la historia sea más real y atractiva. Describir lo que vimos, escuchamos, sentimos y experimentamos puede transportar a la audiencia a la escena de la historia.
3. **Personajes Relatables:**

- Incluir personajes con los que la audiencia pueda identificarse hace que la historia sea más efectiva. Los personajes que enfrentan desafíos, toman decisiones y muestran emociones humanas pueden resonar profundamente con la audiencia.

4. **Emociones Auténticas:**
   - Mostrar emociones genuinas es crucial para una buena narrativa. Compartir nuestras propias emociones y reacciones a los eventos de la historia puede ayudar a la audiencia a empatizar y conectarse emocionalmente.

5. **Mensaje Claro:**
   - Cada historia debe tener un mensaje claro o una lección. Es importante asegurarse de que el punto principal de la historia se alinee con el propósito de nuestra comunicación y que quede claro para la audiencia.

Ejemplo Práctico

Supongamos que estamos dando una presentación sobre la importancia de la resiliencia. Podríamos compartir una historia personal sobre un momento en el que enfrentamos una adversidad y cómo logramos superarla. Aquí hay un ejemplo de cómo estructurar esta historia:

1. **Inicio:**
   - "Hace unos años, me enfrenté a uno de los desafíos más grandes de mi vida. Era un momento en el que todo parecía ir en mi contra..."
2. **Desarrollo:**
   - "Cada día era una lucha, y a menudo me sentía desanimado. Pero, a pesar de las dificultades, encontré pequeñas formas de seguir adelante. Un día, decidí que no iba a rendirme..."
3. **Desenlace:**
   - "Con el tiempo, mi persistencia dio frutos. No solo superé el desafío, sino que aprendí valiosas lecciones sobre la importancia de la resiliencia y el poder de no rendirse."
4. **Mensaje:**
   - "Esta experiencia me enseñó que, independientemente de las dificultades que enfrentemos, siempre podemos encontrar la fuerza para seguir adelante. La resiliencia no

solo nos ayuda a superar los desafíos, sino que también nos hace más fuertes."

Conclusión

La narrativa personal es una herramienta poderosa para mejorar nuestra comunicación. Las historias bien contadas capturan la atención, hacen que las ideas sean memorables y humanizan nuestro mensaje. Al utilizar la narrativa personal de manera efectiva, podemos conectar de manera más profunda con nuestra audiencia y comunicar nuestro mensaje de manera más impactante.

Llave 11. Emociones y Empatía: El Corazón de la Comunicación Efectiva

Las emociones y la empatía son componentes fundamentales en la comunicación. Reconocer y manejar nuestras propias emociones, así como entender y responder a las emociones de los demás, puede transformar la manera en que nos conectamos e influimos. Aquí exploramos cómo desarrollar y aplicar estas habilidades para mejorar nuestra comunicación.

La Importancia de las Emociones

Las emociones juegan un papel crucial en la forma en que percibimos y reaccionamos al mundo. Afectan nuestras decisiones, comportamientos y relaciones. En la comunicación, las emociones pueden:

1. **Fortalecer la Conexión:**
   o Mostrar nuestras emociones de manera genuina puede ayudar a construir relaciones más profundas y auténticas. Las personas tienden a conectar más con aquellos que son abiertos y sinceros sobre sus sentimientos.
2. **Aumentar la Persuasión:**
   o Las emociones pueden ser una herramienta poderosa para persuadir e influir. Un mensaje cargado de emoción

puede ser más impactante y memorable que uno puramente racional.

3. **Facilitar la Comprensión:**
   - Expresar nuestras emociones claramente puede ayudar a los demás a entender mejor nuestro punto de vista y nuestras necesidades. Esto puede reducir malentendidos y mejorar la colaboración.

Desarrollo de la Empatía

La empatía es la capacidad de entender y compartir los sentimientos de los demás. Es una habilidad esencial para la comunicación efectiva porque nos permite:

1. **Escuchar Activamente:**
   - La escucha activa implica prestar atención plena a lo que dice la otra persona, así como a sus emociones y lenguaje corporal. Esto nos permite captar tanto el mensaje explícito como el implícito.
2. **Mostrar Comprensión:**
   - A través de la empatía, podemos demostrar que entendemos y valoramos los sentimientos de los demás. Esto puede fortalecer las relaciones y fomentar un ambiente de confianza y respeto.
3. **Responder de Manera Adecuada:**
   - La empatía nos ayuda a elegir las palabras y acciones correctas para responder a las emociones de los demás. Esto puede desactivar conflictos, ofrecer apoyo y construir una conexión más fuerte.

Estrategias para Desarrollar la Empatía

1. **Practicar la Escucha Activa:**
   - Dedica tiempo a escuchar a los demás sin interrumpir y presta atención a sus palabras, tono de voz y lenguaje corporal. Esto no solo mejora la comprensión, sino que también muestra respeto y consideración.
2. **Ponerse en el Lugar del Otro:**
   - Intenta imaginar cómo se siente la otra persona y qué podría estar pensando. Preguntarse "¿Cómo me sentiría

yo en su situación?" puede ayudar a desarrollar una perspectiva más empática.

3. **Expresar Empatía Verbalmente:**
   o Utiliza frases que demuestren empatía, como "Entiendo cómo te sientes" o "Debe ser muy difícil para ti". Estas expresiones pueden validar los sentimientos de la otra persona y mostrar que estás conectado emocionalmente.

4. **Observar y Aprender:**
   o Observa cómo las personas empáticas se comunican y aprende de sus interacciones. Ver cómo otros manejan sus emociones y responden a las de los demás puede ofrecer valiosas lecciones.

Ejemplo Práctico

Supongamos que un compañero de trabajo está visiblemente molesto porque un proyecto no salió como esperaba. Aquí hay una manera de aplicar la empatía en esta situación:

1. **Escuchar Activamente:**
   o Dedica unos minutos a escuchar sin interrumpir mientras tu compañero expresa sus frustraciones.

2. **Mostrar Comprensión:**
   o Podrías decir algo como "Parece que este proyecto era realmente importante para ti. Entiendo lo frustrante que debe ser."

3. **Responder de Manera Adecuada:**
   o Ofrecer apoyo práctico, como "¿Hay algo en lo que pueda ayudarte para mejorar la situación?" o simplemente ofrecer tu presencia y comprensión.

Conclusión

Las emociones y la empatía son el corazón de la comunicación efectiva. Al reconocer y manejar nuestras propias emociones, y al desarrollar la empatía hacia los demás, podemos mejorar nuestras relaciones y nuestra capacidad de influir positivamente en cualquier entorno. La práctica y la conciencia continua de estas habilidades nos permiten convertirnos en comunicadores más efectivos y humanos.

Llave 12. Conclusión: La Integración de Habilidades para una Comunicación Efectiva

A lo largo de este libro, hemos explorado diversos aspectos de la comunicación efectiva, desde la importancia de la imagen personal hasta el papel fundamental de las emociones y la empatía. En este último apartado, integramos todas estas habilidades y técnicas para construir un enfoque holístico y coherente que nos ayude a convertirnos en comunicadores excepcionales.

Síntesis de las Habilidades Clave

1. **Autenticidad y Credibilidad:**
   o Ser auténtico y construir credibilidad son fundamentales para establecer una conexión genuina con nuestra audiencia. La transparencia, la consistencia y la integridad son claves para ganar y mantener la confianza de los demás.
2. **Imagen Personal:**
   o Nuestra apariencia influye en la primera impresión que causamos. Mantener una imagen cuidada y adecuada para cada situación nos ayuda a proyectar confianza y profesionalidad.
3. **Análisis y Mejora de la Comunicación:**
   o La autoevaluación y la formación continua son esenciales para identificar áreas de mejora y desarrollar nuestras habilidades comunicativas. Escuchar activamente y ajustar nuestro enfoque según el feedback recibido nos permite evolucionar constantemente.
4. **Habilidades No Verbales:**
   o El lenguaje corporal, las expresiones faciales y otros elementos no verbales son cruciales para reforzar nuestro mensaje verbal y construir relaciones más fuertes.
5. **Comunicación para Generar Acción:**
   o El objetivo final de la comunicación debe ser inspirar a los demás a actuar. Estructurar nuestros mensajes de manera clara, utilizar técnicas de persuasión y proporcionar pasos concretos ayuda a lograr este objetivo.
6. **Proactividad y Planificación:**

- Tomar la iniciativa y tener un plan claro nos permite anticiparnos a las necesidades y desafíos, y guiar a los demás de manera efectiva. La planificación detallada y la capacidad de ajustar nuestro enfoque en función de las circunstancias son esenciales para alcanzar nuestros objetivos.

7. **Adaptabilidad y Feedback:**
   - La capacidad de adaptarnos y utilizar el feedback de manera constructiva nos permite mejorar continuamente nuestra comunicación. Ser flexibles y abiertos al cambio nos ayuda a manejar diferentes situaciones y audiencias de manera efectiva.

8. **La Importancia de la Pausa:**
   - Utilizar pausas estratégicas y el silencio en nuestras conversaciones y presentaciones puede mejorar la claridad de nuestro mensaje, mantener la atención de la audiencia y enfatizar puntos clave.

9. **Narrativa Personal:**
   - Contar historias bien estructuradas y emocionales puede capturar la atención de la audiencia y hacer que nuestras ideas sean más memorables y humanas.

10. **Emociones y Empatia:**
    - Reconocer y manejar nuestras emociones, así como desarrollar la empatía hacia los demás, son fundamentales para una comunicación efectiva y para construir relaciones auténticas y significativas.

Integración de Habilidades en la Práctica

Para integrar estas habilidades de manera efectiva en nuestra comunicación diaria, podemos seguir estos pasos:

1. **Autoevaluación Regular:**
   - Realizar autoevaluaciones periódicas para identificar nuestras fortalezas y áreas de mejora en la comunicación. Reflexionar sobre nuestras interacciones pasadas y buscar feedback de los demás.

2. **Formación Continua:**
   - Participar en cursos, talleres y actividades de desarrollo personal que nos ayuden a mejorar nuestras habilidades

comunicativas. Leer libros y artículos sobre
comunicación efectiva y aplicar las lecciones aprendidas.
3. **Práctica Deliberada:**
   o   Practicar deliberadamente nuestras habilidades
       comunicativas en diferentes contextos. Esto puede incluir
       hacer presentaciones, participar en debates, contar
       historias y practicar la escucha activa.
4. **Adaptación y Flexibilidad:**
   o   Ser flexibles y estar dispuestos a ajustar nuestro enfoque
       según las necesidades de la situación y la audiencia.
       Utilizar el feedback recibido para hacer mejoras
       continuas.
5. **Autenticidad y Empatía:**
   o   Ser auténticos y mostrar empatía en todas nuestras
       interacciones. Esto nos ayuda a construir relaciones más
       fuertes y a comunicar de manera más efectiva y humana.

Conclusión final

La comunicación efectiva es una habilidad multifacética que requiere
una combinación de técnicas y enfoques. Al integrar habilidades como la
imagen personal, la autoevaluación, la autenticidad, la planificación y la
empatía, podemos convertirnos en comunicadores más efectivos y lograr
un mayor impacto en nuestras interacciones personales y profesionales.
La práctica constante y el compromiso con la mejora continua son
esenciales para desarrollar y perfeccionar estas habilidades, y para
convertirnos en los mejores comunicadores que podemos ser.

Bibliografía (Libros, Plataformas, Blogs y Webs) para Expandir tu Conocimiento de una manera Brutal

A continuación tienes las fuentes clave que respaldan los 300 consejos para ser el mejor vendedor en redes sociales. Estos recursos incluyen libros, blogs, expertos, y plataformas educativas que han sido fundamentales para desarrollar y profundizar los temas tratados en este libro. Cada uno de estos referentes ofrece valiosos conocimientos sobre marketing digital, ventas, psicología del consumidor y estrategias efectivas de comunicación.

Libros

1. **"Véndele a la Mente, No a la Gente" - Jürgen Klaric**
   Un enfoque práctico para entender la psicología del consumidor y cómo vender conectando con sus emociones.
2. **"Marketing Digital para Dummies" - Raúl Hernández González**
   Guía completa sobre las estrategias de marketing digital aplicables en redes sociales para mejorar la visibilidad y las ventas.
3. **"La Vaca Púrpura" - Seth Godin**
   Un libro esencial sobre cómo destacar y diferenciarse en un mercado saturado, aplicable a ventas en redes sociales.
4. **"Color Psychology and Color Theraphy" - Faber Birren**
   Fundamental para comprender cómo los colores influyen en las reacciones de las personas, pudiendo mejorar las decisiones de compra y la percepción de la marca.
5. **"Influye y Convence" - Juan Vizuete** Estrategias para persuadir y conseguir lo que te propongas sabiendo comunicarte de manera efectiva.

Plataformas, Blogs y Webs

1. **Instagram: Jordi Segués**
   @thejordisegues
   Ofrece valiosos consejos sobre cómo aumentar la visibilidad y conversión en Instagram, un canal clave para muchos negocios.

2. **TikTok: Carlos Muñoz**
   @mastermunozoficial
   Carlos comparte estrategias de marketing personalizadas para TikTok, ideal para negocios que buscan conectar con una audiencia más joven y dinámica.

3. **YouTube: Juan Merodio**
   @Juanmerodio
   Juan comparte estrategias de ventas, creación de contenido, publicidad en redes sociales y cómo mejorar la presencia digital de marcas.

4. **Facebook Business**
   https://www.facebook.com/business
   La página oficial de Facebook Business ofrece recursos en español, incluidos casos de estudio, guías y estrategias para mejorar las campañas publicitarias y las ventas en Facebook e Instagram.

5. **LinkedIn Learning**
   https://www.linkedin.com/learning
   Escribe en el buscador de LinkedIn "ventas redes sociales" y aparecerán cursos en español que cubren todos los aspectos del marketing digital y la venta en redes sociales, con una estructura didáctica que permite aprender a tu ritmo.

6. **Hootsuite**
   https://blog.hootsuite.com
   Valiosos consejos sobre cómo optimizar tu presencia en redes sociales, aumentar seguidores y maximizar la conversión.

7. **Vilma Núñez**
   https://vilmanunez.com/blog
   Referente en marketing digital con estrategias enfocadas en redes sociales y ventas.

8. **Juan Merodio**
   https://juanmerodio.com/blog

Expertos en marketing digital y redes sociales que ofrecen valiosos consejos para aumentar las ventas y la presencia online.

9. **Carlos Bravo (Marketing de Guerrilla)**
   https://www.marketingguerrilla.es
   Blog con estrategias innovadoras de marketing, ideal para emprendedores que buscan destacarse en redes sociales.

10. **Buffer**
   https://buffer.com/resources
   Ofrece recursos prácticos sobre cómo gestionar y mejorar el rendimiento de tus redes sociales y aumentar las ventas.

Esta bibliografía incluye las fuentes clave de conocimiento que inspiraron muchos de los consejos y estrategias que aparecen en este libro. Puedes consultar estos recursos para profundizar en las áreas de ventas, marketing digital y manejo de redes sociales, y seguir aprendiendo de los mejores expertos en el campo. ¡Aprovecha estos recursos y lleva tu negocio al siguiente nivel!

www.ingramcontent.com/pod-product-compliance
Lightning Source LLC
Chambersburg PA
CBHW071354050326
40689CB00010B/1634